Medien – Kultur – Kommunikation

Herausgegeben von
A. Hepp, Bremen
F. Krotz, Bremen
W. Vogelgesang, Trier

Kulturen sind heute nicht mehr jenseits von Medien vorstellbar: Ob wir an unsere eigene Kultur oder ‚fremde' Kulturen denken, diese sind umfassend mit Prozessen der Medienkommunikation verschränkt. Doch welchem Wandel sind Kulturen damit ausgesetzt? In welcher Beziehung stehen verschiedene Medien wie Film, Fernsehen, das Internet oder die Mobilkommunikation zu unterschiedlichen kulturellen Formen? Wie verändert sich Alltag unter dem Einfluss einer zunehmend globalisierten Medienkommunikation? Welche Medienkompetenzen sind notwendig, um sich in Gesellschaften zurecht zu finden, die von Medien durchdrungen sind? Es sind solche auf medialen und kulturellen Wandel und damit verbundene Herausforderungen und Konflikte bezogene Fragen, mit denen sich die Bände der Reihe „Medien – Kultur – Kommunikation" auseinandersetzen. Dieses Themenfeld überschreitet dabei die Grenzen verschiedener sozial- und kulturwissenschaftlicher Disziplinen wie der Kommunikations- und Medienwissenschaft, der Soziologie, der Politikwissenschaft, der Anthropologie und der Sprach- und Literaturwissenschaften. Die verschiedenen Bände der Reihe zielen darauf, aus gehend von unterschiedlichen theoretischen und empirischen Zugängen, das komplexe Interdependenzverhältnis von Medien, Kultur und Kommunikation in einer breiten sozialwissenschaftlichen Perspektive zu fassen. Dabei soll die Reihe sowohl aktuelle Forschungen als auch Überblicksdarstellungen in diesem Bereich zugänglich machen.

Herausgegeben von
Prof. Dr. Andreas Hepp
Universität Bremen

Dr. Waldemar Vogelgesang
Universität Trier

Prof. Dr. Friedrich Krotz
Universität Bremen

Jan-Hendrik Passoth · Josef Wehner (Hrsg.)

Quoten, Kurven und Profile

Zur Vermessung der sozialen Welt

Springer VS

Herausgeber
Dr. Jan-Hendrik Passoth
TU Berlin, Deutschland

PD Dr. Josef Wehner
Universität Bielefeld, Deutschland

Die vorliegende Publikation entstand in dem von der Deutschen Forschungsgemeinschaft (DFG) geförderten Schwerpunktprogramm 1505 „Mediatisierte Welten: Kommunikation im medialen und sozialen Wandel" (http://www.mediatisiertewelten.de/).

DFG Schwerpunktprogramm 1505 MEDIATISIERTE WELTEN

DFG Deutsche Forschungsgemeinschaft

ISBN 978-3-531-17189-0
DOI 10.1007/978-3-531-93139-5

ISBN 978-3-531-93139-5 (eBook)

Die Deutsche Nationalbibliothek verzeichnet diese Publikation in der Deutschen Nationalbibliografie; detaillierte bibliografische Daten sind im Internet über http://dnb.d-nb.de abrufbar.

Springer VS
© Springer Fachmedien Wiesbaden 2013
Das Werk einschließlich aller seiner Teile ist urheberrechtlich geschützt. Jede Verwertung, die nicht ausdrücklich vom Urheberrechtsgesetz zugelassen ist, bedarf der vorherigen Zustimmung des Verlags. Das gilt insbesondere für Vervielfältigungen, Bearbeitungen, Übersetzungen, Mikroverfilmungen und die Einspeicherung und Verarbeitung in elektronischen Systemen.

Die Wiedergabe von Gebrauchsnamen, Handelsnamen, Warenbezeichnungen usw. in diesem Werk berechtigt auch ohne besondere Kennzeichnung nicht zu der Annahme, dass solche Namen im Sinne der Warenzeichen- und Markenschutz-Gesetzgebung als frei zu betrachten wären und daher von jedermann benutzt werden dürften.

Gedruckt auf säurefreiem und chlorfrei gebleichtem Papier

Springer VS ist eine Marke von Springer DE. Springer DE ist Teil der Fachverlagsgruppe Springer Science+Business Media.
www.springer-vs.de

Inhalt

Jan-Hendrik Passoth & Josef Wehner
Quoten, Kurven und Profile – Zur Vermessung der sozialen Welt. Einleitung........ 7

I. Kalkulieren, Organisieren, Rationalisieren

Hendrik Vollmer
Fantastische Zahlen 27

Uwe Vormbusch
Taxonomien des Flüchtigen. Das Portfolio als Wettbewerbstechnologie der
Marktgesellschaft 47

Hannah Mormann
Zur informationstheoretischen und organisationstheoretischen
Formalisierung von Organisation 69

II. Numerische Repräsentationen und mediale Sichtbarkeit

Ralf Adelmann
Die Normalitäten des *Long Tail*. Zur „Sichtbarkeit" von mobilen
Medien und Nischenkulturen 89

Mario Donick
Hörverhaltens-Statistiken bei *last.fm* als Kontext für Kommunikation 105

Götz Bachmann
Listen, Zeit und Atmosphären. Die Kommentarlisten der japanischen
Videoplattform Nico Nico Douga 115

III. Messungen und Kopplungen

Andreas Schmitz
Partnerwahl als Praxis reziproker Klassifikation. Das Beispiel dyadischer
Interaktionen auf einem Online-Partnermarkt 147

Julie Woletz & Martina Joisten
Usability-Verfahren zwischen ökonomischen Interessen und Nutzerwünschen .. 169

Niels Taubert
Bibliometrie in der Forschungsevaluation. Zur Konstitution und Funktionslogik
wechselseitiger Beobachtung zwischen Wissenschaft und Politik 179

Christoph Engemann
Write me down, make me real – zur Gouvernemedialität digitaler Identität 205

IV. Vom Protokollanten zum Mittler

Matthias Wieser
Wenn das Wohnzimmer zum Labor wird. Medienmessungen
als Akteur-Netzwerk 231

Jan-Hendrik Passoth
Not only Angels in the Cloud. Rechenpraxis und die Praxis der Rechner 255

Oliver Märker & Josef Wehner
„E-Partizipation" – Politische Beteiligung als statistisches Ereignis 273

Über die Autorinnen und Autoren 293

Quoten, Kurven und Profile – Zur Vermessung der sozialen Welt. Einleitung

Jan-Hendrik Passoth & Josef Wehner

Zu den Auffälligkeiten unserer modernen Welt gehört die Allgegenwart zahlenbasierter Darstellungen. Ereignisse und Entwicklungen in Politik, Wirtschaft oder Wissenschaft werden uns zunehmend in Form von Umfragewerten, Börsenwerten oder Rankings vermittelt. Wir haben uns daran gewöhnt, mit Hilfe von Statistiken und entsprechenden Infografiken wie Diagrammen, Kurven oder Listen über das tagesaktuelle Weltgeschehen informiert zu werden. Zahlen dienen nicht nur der Außendarstellung und Information der Öffentlichkeit. Unternehmen führen hochkomplexe Kalkulationen auch und gerade für Zwecke der internen Kontrolle und Steuerung durch. Verwaltungen nutzen Statistiken, um Entscheidungen für die Politik vorzubereiten. Parteien orientieren sich in Fragen der programmatischen Ausrichtung und Wahl ihres Spitzenpersonals an Meinungsumfragen. Leistungen und Förderwürdigkeit von Universitäten und ihren Wissenschaftlern richten sich nach Drittmitteleinwerbungen, Zitationsindizes und Hochschulrankings. Schulen vergleichen und bewerten die Leistungen ihrer Schülerinnen und Schüler mit Hilfe von Notensystemen. Selbst die Art und Weise, wie Unternehmen oder Parteien zu ihren Kunden bzw. Wählern Kontakt aufnehmen, wie sie diese in das jeweilige Teilgeschehen einbeziehen, ist längst zu einer Frage der Möglichkeiten der Vermessung und Verrechnung ihrer Meinungen, Erwartungen und Gewohnheiten geworden. Vor diesem Hintergrund wundert es dann auch nicht, dass immer häufiger, wenn wir andere beobachten und bewerten, uns mit anderen vergleichen, um einschätzen zu können, wo wir stehen und wie wir uns verbessern können, Statistiken und entsprechende Bewertungen im Spiel sind. So orientieren wir uns beispielsweise in Fragen des Konsums kultureller Güter – etwa bei der Auswahl von Musiktiteln, der Entscheidung für Bücher oder der Bewertung von Kinofilmen – auch deshalb an Zuschauerquoten, Charts, Bestsellerlisten oder an in Sternchen ausgedrückten Bewertungen, um uns unserer Zugehörigkeit zu bestimmten Lebensformen und Geschmackskulturen zu versichern und uns von anderen abzugrenzen.

Der Umgang mit Zahlen beschränkt sich bekanntermaßen in seiner Bedeutung nicht auf die heutige Gesellschaftsform. Allerdings hat er unter neuzeitlichen Bedingungen entscheidende Prägungen erhalten. Prozesse der Verwissenschaftlichung (Statistik, Betriebswirtschaft etc.), der Standardisierung und Systematisierung wie auch der Organisierung haben den Zahlengebrauch auf neue technische, methodische und institutionelle Fundamente stellen können, ohne die sich weder das moderne Staatswesen (Foucault 2006) noch die kapitalistische Wirtschaftsordnung (Weber 1980; Sombart 1987) gebildet und durchgesetzt hätten. Rechenverfahren gelten als Ausdruck und Treiber sowohl der kapitalistischen Betriebsführung (Vormbusch 2007) wie auch der staatsbürokratischen Formalisierung und Rationalisierung (Carroll 2006). Erklären lässt sich dies mit einer Besonderheit des Zahlengebrauchs: Entscheidungen – ob nun in wirtschaftlichen oder politischen Kontexten – lassen sich mit Hilfe von Zahlen auf eine objektive, jederzeit und an jedem Ort nachprüfbare Basis stellen. Jedenfalls wird Zahlen dies unterstellt. Deshalb fällt es schwer, ihnen zu widersprechen, meistens gelingt das nur mit Hilfe neuer Berechnungen. Diese Unterstellung ist nicht grundlos, sie beruht auf der Annahme, dass sich Verfahren des Rechnens von besonderen raum-zeitlichen wie auch sozialen Gegebenheiten abstrahieren lassen, indem unter anderem vom Vertrauen in die Verlässlichkeit der Person auf das Vertrauen in ein formales Verfahren umgestellt wird (Daston & Galison 2007).

Es sind die Figur des „austauschbaren Beobachters" (Daston 2003a) und die damit verbundene Unterstellung kontextindifferenter Geltungsbedingungen, die Rechenverfahren über ihre Ursprungsdomänen Handel und Politik hinaus mittlerweile auch in anderen gesellschaftlichen Bereichen wie der Wissenschaft, Bildung, der Gesundheit oder dem Sport zum Einsatz kommen lassen. Mit dem Zahlengebrauch werden jedoch auch Praktiken der Selbst- und Fremdkontrolle, der Wettbewerbsorientierung und Selbstoptimierung verbreitet. Diese wiederum verschaffen immer mehr gesellschaftlichen Teilbereichen wichtige Grundlagen für eine operative Eigenständigkeit, Anhaltspunkte für interne Differenzierungs- und Komplexitätssteigerungen sowie Möglichkeiten, die Beziehungen zum Publikum (Wähler, Kunden, Patienten) wie auch zu anderen Feldern zu rationalisieren (vgl. Desrosières 1998). Die Praxis, die Welt in Zahlen auszudrücken, wird deshalb auch gern mit der Vorstellung eines Universalcodes in Verbindung gebracht, der dazu verhilft, die Begrenzungen funktions- und ortsspezifischer Spezialsprachen zu überwinden zugunsten eines tendenziell globalen Beobachtungsraums, in dem in zuvor festgelegten Hinsichten (Indikatoren) definierte (soziale) Sachverhalte verglichen werden können (Espeland & Stevens 2008). Davon ausgehend lassen sich dann selbst Phänomene des sozialen, kulturellen wie technologischen Wandels, insbesondere die Verbreitung von sozialen und technischen Innovationen, mit der Bildung von zahlenbasierten Kommunikationsräumen und darin eingelassenen Unterscheidungs- und Vergleichsmöglichkeiten in Verbindung bringen (Heintz 2010).

So unbestritten es sein dürfte, dass Verfahren des Rechnens als unhinterfragte Grundlage mitunter weltweiter Vergleichskommunikationen auf immer mehr sozialen Feldern fungieren, so wenig Zweifel lassen kritische Beobachter dieser Entwicklung daran aufkommen, dass die den Statistiken und entsprechenden Repräsentation unterstellte Objektivität und die mit ihr verbundene Vertrauenswürdigkeit sich tatsächlich selbst einer spezifischen, mehrstufigen Praxis verdankt (Porter 1996). Damit ist zunächst einmal gemeint, dass die abstrakten Regeln des Rechnens, sobald sie die „Quarantänestationen" der selbstgenügsamen Mathematik verlassen, stets eingebettet sind in Verfahren, die sich auf definierte Ausschnitte der Gesellschaft, der Technik oder Natur beziehen. Unter Messen ist also mehr zu verstehen als nur die Durchführung von Rechenprozeduren. Wir haben es hier immer auch mit einem auf empirische Objekte bezogenen und diese miteinander vergleichenden Verfahren zu tun (vgl. Vollmer 2003). Ein solches auf Rechenvorgängen beruhendes Vergleichen erfordert jedoch eine Reihe besonderer Vorkehrungen. So ist daran zu erinnern, dass Messverfahren nicht einfach der zu vermessenden Welt entnommen werden können, sondern zunächst einmal zu entwickeln und zu etablieren sind, was sie dem Einfluss heterogener Faktoren (beteiligte Akteure, Wissenssysteme etc.) aussetzt und von vielen Abstimmungen, Verhandlungen und Entscheidungen abhängig macht. Auch die Anwendung eines Messverfahrens setzt die Bearbeitung von Kontingenzen voraus. So muss vor allem entschieden werden, was überhaupt gemessen werden soll. Messungen berücksichtigen immer nur spezielle Wirklichkeitsausschnitte, vernachlässigen dagegen viele mögliche andere. Vor allem aber sind die zu vermessenden Objekte durch entsprechende Vorarbeiten erst einmal messbar zu machen, das heißt zu vereinheitlichen und anhand ausgesuchter Kriterien vergleichbar zu machen. Flankierend dazu sind Situationen zu schaffen, in denen Messverfahren vor störenden Einflüssen geschützt werden, da nur so nachprüfbare Ergebnisse gewonnen werden können. Schließlich bedarf es solcher Strukturen in Wirtschaft, Politik und anderen gesellschaftlichen Bereichen, die einen fortlaufenden Bedarf für Messergebnisse anmelden und deren Weiterverarbeitung ermöglichen. Und selbstverständlich erfordern die Durchführung von Messverfahren und das Auswerten ihrer Ergebnisse spezielle Kompetenzen bei all denjenigen, die mit diesen Vorgängen befasst sind.

Messvorgänge sind also in mehrfacher Hinsicht voraussetzungsvoll; sie bilden künstliche Veranstaltungen, verlangen umfangreiche, wiederum lokal geprägte, verhandlungs- und entscheidungsabhängige „Reinigungsarbeiten", damit sie überhaupt durchgeführt werden können (Alonso & Starr 1987; Amann & Knorr Cetina 1988). Dass sie dennoch den Eindruck abstrakter Objektivität und Evidenz befördern, kann dann ebenfalls mit einer Praxis, nämlich der des „Unsichtbarmachens" eben dieser Selektivität und Kontextualität des Messens, erklärt werden. Lynch spricht in diesem Zusammenhang von einem Prozess des "constituting and ‚framing' [of] a phenomenon so that it can be measured and mathematically described" (Lynch 1998: 218). Nur so konnte unbemerkt bleiben, dass die einmal gebildeten Messindikatoren und damit verbundenen Klassifikationen, indem sie nicht ignorierbare Vergleiche anbieten und relevante Informationsquellen verfügbar machen, auf das Selbstverständnis der Messobjekte zurückwirken (Espeland &

Stevens 2008; Vormbusch 2007). Zahlenbasierte Vergleichssysteme wie etwa Notenspiegel, Rankings oder Indizes bilden immer auch wichtige Orientierungsressourcen. Sie motivieren Leistungsbereitschaft und Wettbewerbsorientierung, fordern dazu auf, die abstrakten Messergebnisse auf die Besonderheiten der jeweiligen Handlungskontexte zurückzuübersetzen, denen sie entnommen wurden, und regen zu Selbstbewertungen und -veränderungen an. Auf diese Weise tragen sie bei konsequenter Befolgung entscheidend zur Entstehung und Entfaltung all der Objekte (Wähler, Kunden, Mitarbeiter, Schüler, Patienten usw.) bei, die sie in vermeintlich neutraler Einstellung nur zu beobachten vorgeben (Hacking 1992).

Mediatisierung des Messens

Bei näherer Betrachtung fällt auf, dass in den hier angesprochenen sozialwissenschaftlichen Debatten die Frage nach der Relevanz alter und neuer technischer Medien weitgehend ausgeklammert bleibt. Das muss verwundern, nehmen doch vor allem die modernen Massenmedien in diesem Zusammenhang eine Sonderstellung ein (Wehner et al. 2012). Bekanntermaßen messen diese besonders solchen Ereignissen einen hohen Nachrichtenwert bei, die sich für eine quantifizierende Bearbeitung und Darstellung eignen. Bereits aus diesem Grunde liegt die Vermutung nahe, dass der statistikorientierte Blick auf das Weltgeschehen durch die Massenmedien nachhaltig gefördert wird. Hinzu kommt, dass Fernsehen, Radio und Zeitungen wechselseitige Beobachtungen zwischen gesellschaftlichen Teilbereichen wie Politik, Bildung oder Wirtschaft fördern, indem sie fortlaufend deren Selbstquantifizierungen in Form von Umfragewerten, Beliebtheitsrankings, Absatzzahlen, Börsenkursen oder Bilanzen etc. veröffentlichen. Sie tragen damit zur Bildung von Kommunikationsräumen bei, in denen sich die jeweils Beteiligten (Parteien, Unternehmen, Hochschulen) unter den Augen eines Publikums aufeinander beziehen und vergleichen können. Es sind also die Massenmedien, die jene zahlenbasierte Vergleichskommunikationen fördern, von denen angenommen wird, dass sie eine wichtige Antriebsfeder sozialen und technologischen Wandels darstellen (Heintz 2010). Hinzu kommt, dass Massenmedien ihre eigenen Publikumsbeziehungen mit Hilfe von Messverfahren organisieren. Zuschauer, Hörer oder Leser gewinnen Eingang in das System der Massenmedien vor allem in Gestalt von Messergebnissen („Quoten") und stimulieren dort ebenfalls Prozesse wechselseitiger Beobachtung und Konkurrenz – umgekehrt machen sich die Medien durch die Quote und ihre Übersetzung in entsprechende Darstellungsformen für ihr Publikum beobachtbar (vgl. Schneider & Otto 2007).

Vor diesem Hintergrund stellt sich die Frage, welche Impulse von den neuen digitalen Medien, insbesondere vom Internet, in Hinblick auf die Verbreitung und Wirkungsweisen numerischer Verfahren zu erwarten sind. Die neuen elektronischen Medien sind in den letzten Jahren vorrangig unter dem Aspekt gesteigerter Eingriffs-, Mitwirkungs- und Vernetzungsmöglichkeiten diskutiert worden („Web 2.0"). Es ging dabei um Formen des persönlichen Mediengebrauchs, um Prozesse der Vernetzung, Gemeinschaftsbildung und Kollaboration und nicht zuletzt um Interaktivität. Dabei wurde weitgehend übersehen, dass sich das Internet zu einem komplexen Datenraum entwickelt, der zunehmend von Computerprogrammen bevölkert wird, die diesen Raum unentwegt nach verwertbaren interessanten Spuren absuchen. Es sind vor allem die neuen Teilnehmerfreiheiten, die für dieses gesteigerte Datenaufkommen verantwortlich sind und die es sinnvoll erscheinen lassen, das Netz pausenlos zu „monitoren" und die Aktivitäten von Millionen von Netzteilnehmern in Hinblick auf Gemeinsamkeiten und Unterschiede auszuwerten. So viel scheint jedenfalls gewiss: Mit dem Übergang von traditionellen, analogen (Massen-)Medien zu den neuen, digitalen Medien nehmen die Möglichkeiten, Rezeptions- wie Produktionsaktivitäten in Echtzeit zu protokollieren und in verrechenbare Daten zu transformieren, in bislang nicht da gewesenem Maße zu (vgl. Napoli 2011). Das gilt nicht nur für Webseiten, Chats oder Email, sondern in gleichem Maße für digitales Fernsehen mit Rückkanal, IP-Radio und IP-basierte Telefoniedienste. Die so erzeugten Daten ermöglichen eine Vielzahl neuer Formen statistikbasierter Inklusionen, etwa in Form von errechneten Nutzer- und Nutzungsprofilen oder Ähnlichkeitsvergleichen. Medienentrepreneure basteln fast täglich an neuen Techniken; neue Möglichkeiten werden in großer Vielzahl ausprobiert. Gleichzeitig verlieren die Formen quantifizierender Umweltbeobachtung, auf die sich die traditionellen Medien so sehr eingestellt haben, ihre Relevanz. Am Beispiel der Quote wird das überdeutlich: Wenn eine Sendung nicht mehr nur zum Ausstrahlungszeitpunkt gesehen werden kann, sondern über diverse legale wie illegale Distributionskanäle – von den Mediatheken über YouTube bis zu Filesharingdiensten – vielfach verfügbar ist: Welche Rezeptionsaktivität muss dann eigentlich noch gezählt werden? Wenn eine über das Online-Angebot eines Fernsehsenders herunter geladene Sendung viral eine Unmenge an Rezipienten erreicht: Muss man dann nicht mehr zählen als den einmaligen Download? In den Bereich der technischen Infrastrukturen quantifizierender Umweltbeobachtungen des Mediensystems ist Bewegung gekommen.

Bei den Massenmedien sind es ganz bestimmte Formen der Messung und Verrechnung von Bürgern, Konsumenten oder Zuschauern, die unter der Bedingung massenmedialer Informations- und Redundanzverarbeitung besondere Prominenz erlangt haben: nämlich Häufigkeiten, Durchschnitte, Abweichungsmaße – Verteilungsmaße also, die auf massenhafte Vollerfassung bei weitgehend akzeptierten Informationsverlusten abzielen. Es geht darum zu erfahren, was die Mehrheit der Bürger meint, was möglichst viele Konsumenten kaufen und was möglichst viele Zuschauer sehen wollen. Unter Internetbedingungen sind es jetzt nicht mehr nur Top-Listen, Durchschnittsnutzungen und Häufigkeitsmaße, die beständig berechnet werden, sondern Ähnlichkeitsmaße zwischen unterschiedlichsten Merkmalen, die wiederum zur Bildung von komplexen Clustern und Profilen führen. Je mehr Aktivitäten – ob nun in Bereichen der Unterhaltung, des Konsums und der Information, aber auch der Mobilität oder des Wohnens – sich ins Netz verlagern, desto attraktiver und einfacher wird es, nischenförmige Mediengewohnheiten zu beobachten, auszuwerten und, wie die Debatte um den „long tail" (Anderson 2006) gezeigt hat, auch zu bedienen, die weit unter dem Radar der Massenmedien liegen. Gefördert wird diese Entwicklung zusätzlich dadurch, dass nun auch solche Datenquellen (etwa zum räumlichen Bewegungsverhalten) einbezogen werden können, die ursprünglich vom Netz getrennt waren, nun aber daran angeschlossen sind, wie etwa die Mobiltelefone.

Und noch etwas anderes fällt auf: Obwohl bereits die klassischen Medien über ein ausgeklügeltes System der Publikumsmessung verfügen, bleiben die Messungen doch stets nachträgliche, zusätzliche Veranstaltungen, über deren Relevanz für die Programme bzw. Angebotsstrukturen entschieden werden muss. Dies ändert sich in dem Augenblick, wo jede Medienaktivität immer auch eine messbare Größe darstellt. Eben dies geschieht im Internet, in dem jeder Klick, jeder Up- und Download und jeder Kommentar eine für entsprechende Programme protokollierbare und analysierbare Aktivität darstellt. Fast könnte man meinen, dass sich die Frage, welcher soziale Sachverhalt Gegenstand von Messverfahren werden soll, erübrigt, insofern als jede Aktivität vermessen werden kann, sofern sie sich im Netz realisiert. Jeder Messakt trägt dann prinzipiell und automatisch zum Aufbau von Webseiten bei, fließt in die Auswahl von Angeboten ein. So gesehen ideologisieren die Visionäre des Web 2.0 das Internet, wenn sie behaupten, die Teilnehmer selbst hätten nun die Chance, in Eigenregie – solange sie vor politischen oder kommerziellen Gängelungen geschützt bleiben – darüber zu befinden, was sie im Netz sehen, hören oder lesen bzw. mit wem sie sich über welche Themen austauschen und verständigen wollen. Sie lassen außer Acht, dass zur Infrastruktur der Netze auch die wachsende Vielfalt von Verdatungs- und Analysealgorithmen gehört, die in all diesen Hinsichten Vermittlungsfunktionen übernehmen. Sie schieben sich zwischen Dateneingebenden und Datenentnehmenden, erfassen und analysieren die entsprechenden Netzaktivitäten, um Vorlieben und Gewohnheiten kennenzulernen, vergleichen diese, suchen nach Gemeinsamkeiten und Unterschieden, bilden Profile und Cluster an, sortieren und filtern die Angebote (vgl. Röhle 2010). Um jedoch nicht im Gegenzug den Fehler zu wiederholen, diese Entwicklungen und deren Relevanz für die Informations- und Kommunikationsverhältnisse in den Netzen im Sinne neuer Techno-Dystopien zu überzeichnen, empfiehlt sich ein genaueres Hinschauen.

Zu den Beiträgen des Bandes

Im Januar 2009 fand an der Universität Bielefeld die Tagung „Von der Klasse zum Cluster" statt. Auf ihr trugen Vertreter verschiedener Disziplinen ihre Sicht auf die hier angesprochenen Entwicklungen vor. Mit dem vorliegenden Sammelband werden die gehaltenen Vorträge zusammen mit einigen ergänzenden Beiträgen einem breiteren Publikum zugänglich gemacht.

Kalkulieren, Organisieren, Rationalisieren

Den Anfang machen Ausführungen zu der Frage, wie Zahlensysteme (Börsenwerte, Bilanzen) sich auf spezielle Wirklichkeiten beziehen und wie diese Wirklichkeiten durch die Zahlen hindurch erfasst und gedeutet werden. Sich mit Zahlen zu befassen, schließt also immer die Fähigkeit ein, auf solche hinter ihnen liegende Wirklichkeiten schließen zu können. Soweit es dabei um Vergleiche (etwa Leistungen) geht, sind die damit Adressierten gehalten, anhand der Ergebnisse nicht nur sich selbst und andere zu bewerten, sondern daraus auch für sich Schlüsse in Hinblick auf Möglichkeiten der Selbstveränderung und -verbesserung zu ziehen. Schließlich ist zu berücksichtigen, dass solche Fähigkeiten und Bereitschaften angemessene bzw. fördernde Umgebungen benötigen, um sich zu entfalten. Auch wenn hier der Bezug zu den alten und neuen Medien noch nicht im Vordergrund steht, so wird er doch vorbereitet.

So geht *Hendrik Vollmer* in seinem Beitrag „Fantastische Zahlen" von der Überlegung aus, dass Zahlensysteme in alltäglichen Gebrauchszusammenhängen niemals für sich stehen, sondern stets auf spezifische Weltausschnitte verweisen. Am Beispiel eines Online-Börsenforums, in dem die Gewinnaussichten einer Unternehmensaktie debattiert werden, zeigt er, dass diese „hinter" den Zahlen stehenden Wirklichkeiten nicht einfach vorliegen, sondern erst mit Hilfe aktiver Deutungsarbeit in Erscheinung treten. Das eigentlich Faszinierende an Zahlen, Zahlensystemen und Rechentechniken liegt demnach darin, dass sie es gestatten, Räume für kontroverse Deutungen zu erschließen. Zahlen wie etwa Börsen- und Unternehmensdaten zu lesen, bedeutet deshalb gerade nicht, eine vorgefertigte, gesicherte, nicht weiter auslegbare Wirklichkeit präsentiert zu bekommen, sondern im Gegenteil, sich auf Unsicherheit, auf Risiko, auf einen Wettbewerb um beste oder wenigstens tragfähige Deutungen einzulassen. Zahlen stehen also nicht für unumstößliche Wahrheiten, sondern für Chancen, Hoffnungen, Versprechen und Befürchtungen. Dies betrifft die Kaufwerte eines Unternehmens ebenso wie die Umfragewerte einer Partei oder die Noten eines Schülers. *Vollmer* spricht deshalb auch vom „fantasierenden Blick" auf das Zahlengeschehen. Ihm ist wichtig, dass dieser Blick bzw. die damit verbundene Decodierarbeit nicht etwa als eine fehlgeleitete

Form des Umgangs mit Zahlen verstanden wird, sondern im Grunde als die einzig angemessene, die auch bzw. gerade dort anzutreffen ist, wo die Profi-Zahlendeuter zuhause sind, wo große Datenmengen anfallen und professionelle Auswertungen erwartet werden. Gerade hier, wie etwa in den Controlling-Abteilungen der Unternehmen oder Wahlkampfzentralen der Parteien, wo, von außen betrachtet, der Zahlengebrauch kontrolliert und nüchtern erscheint, wird die interpretative Flexibilität der Zahlen genutzt und ist der spekulative, vermutende und fantasierende Umgang mit der kalten Zahl gefragt und wird der fantasierende Blick geschult und entsteht ein „fantastischer Realismus".

Auch *Uwe Vormbusch* interessiert sich in seinem Beitrag „Taxonomie des Flüchtigen. Das Portfolio als Wettbewerbstechnologie der Marktgesellschaft" für die auf Rechnen und Zahlensystemen basierende Erschließung von Wirklichkeitsbezügen und Kommunikationsformen. Er zeigt, wie sich mit dem Aufkommen der modernen Wissens- und Finanzökonomie und der mit ihr verbundenen Aufwertung qualitativer Arbeits- und Leistungsvermögen neue Formen der Quantifizierung und Kalkulation etablieren. Im Mittelpunkt seiner Ausführungen steht das sog. „Portfolio", ein aus der Finanzwirtschaft stammendes Verfahren, das auf ganz unterschiedliche Bereiche der Darstellung und Kalkulierbarkeit bislang nur schwer messbarer unternehmensrelevanter Ressourcen (z.B. Finanzwirtschaft, Bildung, Gesundheit) erfolgreich übertragen wurde, wie das Beispiel des „Human Resource Portfolios" zeigt. Mit seiner Hilfe werden nun auch stärker kontext- oder personengebundene Ereignisse, Aktivitäten und Interessen objektivierbar und für anschließende Kalkulationen verfügbar gemacht. So lassen sich beispielsweise Leistungen von Unternehmensmitarbeitern objektivieren und vergleichen, ebenso – mit Blick auf die Zukunft – Hinweise auf die weitere Entwicklung des Leistungsvermögens gewinnen, die wiederum – gegenwartsbezogen – für Zwecke der Kontrolle, Steuerung und Optimierung genutzt werden können. Der Sinn solcher Berechnungs- und Darstellungsformate wie der Leistungsportfolios scheint sich nicht darin zu erschöpfen, der Unternehmensleitung zusätzliche Möglichkeiten der Kontrolle und Steuerung zu ermöglichen. Zusätzlich werden immer auch die Mitarbeiter in wettbewerbsorientierte Beobachtungs- und Aushandlungsverhältnisse versetzt, das heißt, sie werden angeleitet, sich fortlaufend wechselseitig – unter den Augen Dritter (Management) – zu beobachten und zu vergleichen sowie nach Möglichkeiten zu suchen, sich zu verbessern. Es ist vor allem diese Leistungs- und Wettbewerbsförderung, die portfoliobasierten Steuerungsansätzen zu einer gesellschaftsweiten Verbreitung verholfen hat.

Während *Vollmer* und *Vormbusch* im Rahmen ihrer Ausführungen die Frage nach der Relevanz technischer Medien eher am Rande aufgreifen, indem sie insbesondere die doppelte Buchführung als Abkömmling einer Technologie des Schreibens verstehen, stellt *Hannah Mormann* in ihrem Beitrag „Zur informationstheoretischen und organisationstheoretischen Formalisierung von Organisation" die neuen

Computermedien ins Zentrum ihrer Argumentation. Sie beschäftigt sich mit der Relevanz relationaler Datenbanksysteme für moderne Unternehmen. Am Beispiel der Einführung von Unternehmenssoftware („Electronic Resource Planning Software") zeigt sie, wie nicht nur auf der Ebene der verwendeten Vermessungstechnologien, sondern auch der organisationalen Abläufe eine zunehmende Formalisierung zu beobachten ist. Mit der Formalisierung der Daten in Tabellen einerseits, mit der Formalisierung „typischer" softwaretechnischer Antworten auf unternehmensrelevante Fragen andererseits, um die sich eine ganze Beratungs- und Programmierungsindustrie gebildet hat, wird organisationsinterne Komplexität verringert und induziert zugleich. In dem Maße, wie sich so standardisierte Formen der (internen) Unternehmensbeobachtung verbreiten, steigt auch die Relevanz der Organisationsformen, die mit ihnen möglich sind.

Numerische Repräsentationen und mediale Sichtbarkeit

Was aber, wenn gar nicht mehr entschieden werden muss, ob gemessen werden soll oder nicht, wenn die Übersetzung in Zahlen nicht mehr von Hand, sondern automatisch erfolgt, und wenn die Repräsentationen nicht stabil sind, sondern sich fortlaufend verändern? All dies geschieht mit der Einführung des Internets und zeigt sich in besonderer Weise dort, wo die Ergebnisse internetunterstützter Verdatungen und Analyse nicht nur für möglichst zielgruppengenaue Angebotserstellungen („Long Tail") oder Plattformgestaltungen („Usability") genutzt werden, sondern auch als („user generated") Content dienen. Nicht nur Social Media-Plattformen wie Facebook, sondern auch Unterhaltungsplattformen wie Last.fm spiegeln den Teilnehmern in Form numerischer Konstrukte (z.B. sog. Freundeslisten oder Playlists) ihr Beteiligungsverhalten zurück. Hier stellt sich die Frage, wie das Verhältnis der Teilnehmer zu solchen infografischen Aufbereitungen und Repräsentationen des quantifizierten Beteiligungsgeschehens zu bewerten ist, ob bzw. welche Beziehungen und welche Selbst- und Fremdverortungspotentiale aus solchen zahlenbasierten Ordnungssystemen hervorgehen und in welcher Beziehung diese zu realweltlichen Orientierungssystemen stehen.

Dazu beschreibt *Ralf Adelmann* in seinem Beitrag „Die Normalitäten des Long Tail. Zur ‚Sichtbarkeit' von mobilen Medien und Nischenkulturen", wie generell durch Verbindungen mobiler Medien (Smartphones, Netbooks etc.) mit den Möglichkeiten der digitalen Verdatung und Analyse von Internetaktivitäten Nischenkulturen und ihre vielfältigen Praxen der Sicherung von Zugehörigkeiten und Konstruktion von Identitäten gefördert werden. Er vertritt die These, dass Messungen im Internet gerade solchen Teilnehmergruppen und -interessen entgegenkommen, die unter massenmedialen Bedingungen „unsichtbar" bleiben mussten. Sie gewinnen jetzt mit den vielen Plattformen, auf denen ihre Informations- und Kommunikationsgewohnheiten, ihre besonderen Themen, Vorlieben und Probleme berücksichtigt und festgehalten werden, eine mediale Bühne und damit eine Sichtbarkeit, die ihnen bislang verwehrt blieb. Über die neuen mobilen Trägermedien trifft eine vorhandene, jedoch aufgrund fehlender medialer Objektivierungsmöglichkeiten bislang unsichtbar gebliebene Vielfalt populärkulturelle Praxen auf das Internet mit seiner eingebauten Nischenförderung („long tail"), die ihnen neue Entfaltungs- und Stabilisierungschancen eröffnet. Ihren sichtbaren Niederschlag finden die entsprechenden Aktivitäten dann u.a. in der Form von Rankings, Listen oder Profilen, also in visuellen Repräsentationen statistischer Protokollierungen und Analysen. Diese lassen sich, so *Adelmann* im Anschluss an Forschungen der Cultural Studies, als neue Wissens- und Ordnungsstrukturen medial geprägter Kulturen verstehen. So gesehen müssen die Möglichkeiten der automatisierten Datenerzeugung und -analyse im Netz nicht länger vorrangig als Anzeichen einer neuen Form der (staatlichen) Überwachung und Kontrolle oder als Hinweise auf neue Herrschafts- oder Manipulationsinstrumente in den Händen von Marketing und Werbung verstanden werden, sondern können auch als Chance einer Überwindung etablierter medialer Formate der Selbstdarstellung und -verständigung gedeutet werden.

Auf solche ambivalenten Effekte der statistischen Verfahren im Internet geht auch *Mario Donick* in seinem Beitrag „Hörverhaltens-Statistiken bei last.fm als Kontext für Kommunikation" näher ein. Im Mittelpunkt seiner Überlegungen steht die Beobachtung, dass sich im Internet nicht nur neue Bühnen der Selbstdarstellung anbieten, sondern auch neue Transparenz und Konsistenzanforderungen entstehen. Plattformen wie last.fm zeichnen sich dadurch aus, dass sie jeden ihrer Hörer kennenlernen wollen, um diesen nur noch solche Angebote – in diesem Fall: Interpreten oder Titel – zu empfehlen, die ihren Vorlieben entsprechen. Dieses Kennenlernen basiert auf statistischen Analysen des Hörerverhaltens. Einen Nebeneffekt solcher Auswertungen bilden Nutzerprofile, die auch auf den Plattformen zu sehen sind. Da es nun wenig Sinn macht, die Plattform zu täuschen, also mit Hinweisen auf Vorlieben zu füttern, die gar nicht bestehen, macht sich der Einzelne mit seinen Profilen für interessierte andere Teilnehmer der Plattform auf eine Art und Weise beobachtbar, die er nur wenig beeinflussen kann. Je präziser entsprechende Vorlieben und Gewohnheiten mit Hilfe statistischer Verfahren erkannt und durch entsprechende Angebotsauswahl bedient werden, desto schwieriger wird es auf Plattformen wie last.fm sich zu anonymisieren und den Blicken anderer Teilnehmer zu entziehen. Online-Nutzerprofile stehen generell – also auch auf anderen Plattformen mit hohen Datenaufkommen und statistischen Verfahren für die Teilnehmeranalyse (wie z.B. Facebook) – für ein Transparenz- und Objektivitätsversprechen: Sie werden als Informationen über die „echten" Interessen und Vorlieben eines anderen Teilnehmers behandelt und können deshalb auch genutzt werden, um Widersprüche in den Selbstdarstellungen zu erkennen und zu thematisieren. Dies erzeugt zusätzliche Bedarfe für Kommunikation, in denen entsprechende Irritationen, Abweichungen, Inkonsistenzen verhandelt werden können.

Die Relevanz von Listen für die Repräsentation von Onlineaktivitäten vertieft *Götz Bachmann* in seinem Beitrag „Listen, Zeit und Atmosphären. Die Kommentarlisten der japanischen Videoplattform *Nico Nico Douga*". Er führt uns ein in die hierzulande vermutlich relativ unbekannten Formen des japanischen Konsums von Videos auf Internetplattformen. Dabei interessieren ihn vor allem die ungewöhnlichen Möglichkeiten, Videos zu kommentieren. Auf Plattformen wie *Nico Nico Douga* werden in großer Zahl Kommentare zu den Videos verfasst – und zwar während diese gerade zu sehen sind. Geordnet werden sie mit einer relativ alten Formatierungshilfe, der Liste. Das Besondere an solchen Video-Kommentarlisten ist nun, so *Bachmann*, dass hier die einzelnen Beiträge eine Art spontane Überschreibung des Videos darstellen, also im Video auftauchen und wie ein sich allmählich durch weitere dazu kommende Beiträge verdichtender Stream im Stream wirken. Da die Liste fortlaufend erweiterbar bleibt, handelt es sich nicht um statische Momentaufnahmen von Nutzereindrücken und -meinungen, sondern um bleibend unfertige, zu fortlaufender Reflexion und weiterer Kommentierung auffordernde Repräsentationen. *Bachmann* sieht in ihnen sich fortlaufend transformierende „Quasi-Objekte", über die sich zwischen den Beteiligten ein besonderes Live-Erleben einstellen kann, eine eng mit fernöstlichen kulturellen Besonderheiten verbundene Synchronisierung des Sehens und Hörens.

Messungen und Kopplungen

Indem nun solche bislang von den Sensoren der Massenmedien unentdeckte Nischenkulturen im Netz mit Hilfe zahlenbasierter Darstellungen eine Bühne für ihre Anliegen finden bzw. sich als solche überhaupt erst bilden, werden sie auch für andere, zunächst noch unbeteiligte, dennoch interessierte Dritte beobachtbar. Die Frage ist hier, um wen es sich bei diesen Dritten jeweils handelt, welche Einsichten in die Verteilungen und Dynamik von Präferenzen und Informations- und Kommunikationsgewohnheiten sich für interessierte Nischen-Beobachter überhaupt eröffnen, aber auch, ob sich für die so Beteiligten wechselseitige Bezugnahmemöglichkeiten ergeben und für welche Zwecke diese genutzt werden.

Dass in diesem Zusammenhang nicht nur an die „üblichen Verdächtigen" aus Politik und Wirtschaft zu denken ist, zeigt *Andreas Schmitz* in seinem Beitrag „Partnerwahl als Praxis reziproker Klassifikation. Das Beispiel dyadischer Interaktionen auf einem Online-Partnermarkt". Auch Sozialwissenschaftler profitieren davon, wenn Aktivitäten nicht nur entscheidungsabhängig und nachträglich, sondern im Vollzug – auch dann, wenn die Beobachteten nicht damit rechnen – etwa mit Hilfe von sog. Logfiles protokolliert und ausgewertet werden können. Jeder Klick ist immer auch ein speicherbares und messbares Datum. Viele Webseiten erlauben deshalb, auch unbedachte Aspekte des Teilnehmerverhaltens wie etwa die Verweildauer oder das Navigieren zu analysieren. Für Sozialwissenschaftler bilden die kommunikativen Besonderheiten des Internets – darin die automatisierten Verdatungs-, Aufzeichnungs-, Speicher- und Analysemöglichkeiten des Internets eingeschlossen – deshalb nicht nur einen interessanten Forschungsgegenstand. Sie verhelfen auch zu einer ungewöhnlichen Forschungsmethodik, insofern als sie die Gelegenheit bieten, wie von außen und gleichsam auf Augenhöhe dem Entstehen sozialer Gebilde in ungewöhnlicher Detailbezogenheit beizuwohnen und damit auch solche Phänomene beobachten zu können, die sich einer Perspektive verschließen, in der die Forschungsobjekte zwangsläufig als immer schon fertig vorgefunden werden und nur durch methodische Kunstgriffe auf mögliche Entstehungsgründe hin befragt werden können. Am Beispiel von Online-Partnerbörsen wird diese These näher überprüft. Hier unterstützen bereits installierte Datenbanken und statistisch begründete Voreinstellungen der Zugriffs- und Wahlmöglichkeiten die Anbahnung von Paarbeziehungen. Interessierte Dritte, wie in diesem Fall der soziologisch motivierte Beobachter, werden durch zusätzliche statistische Verfahren in die Lage versetzt, unbemerkt sämtliche damit verbundenen Aktivitäten der Teilnehmer für anschließende Analyseschritte aufzeichnen zu können.

Dass die kommerzielle Medienforschung ebenfalls von den neuen Aufzeichnungs- und Analysemöglichkeiten profitiert, zeigen *Julie Woletz* und *Martina Joisten* in ihrem Beitrag „Usability-Verfahren zwischen ökonomischen Interessen und Nutzerwünschen". Sie fragen danach, welche neuen Möglichkeiten der Beobachtung von Mediennutzern sich für die Gestaltung und Optimierung von Internetangeboten erschließen. Ihr Gegenstand sind Nutzerexperimente, in denen Umgangsformen mit speziellen Webseiten protokolliert und ausgewertet werden. Blickdatenanalysen können dann Aufschluss darüber geben, wie sich die Aufmerksamkeiten der Nutzer verteilen, welche Details und Zusammenhänge eines Webangebots erfasst werden und welche nicht, oder wie lange an welchen Stellen verweilt wird. Die so gewonnen Daten lassen sich für weitere statistische Auswertungen und Vergleiche nutzen, aber auch mit qualitativen Verfahren kombinieren, die mehr auf die Motive, Emotionen und Interessen der Nutzer eingehen. Im Unterschied zur Publikumsmessung, die ebenfalls mit einem Mix aus quantitativen und qualitativen Methoden arbeitet, müssen die quantitativ orientierten Nutzerbeobachtungen nicht entweder auf die Phase der Entwicklung oder der Nutzung eines Medienangebots beschränkt bleiben, sondern können beständig und wiederholt fortgesetzt werden. Internetangebote bleiben so gesehen im Status der Unfertigen und fortlaufend Veränderbaren und Verbesserbaren. Die dazu erforderlichen Daten lassen sich im Vollzug der Nutzung gewinnen, müssen also nicht zwangsläufig im Rahmen zusätzlicher, künstlicher Veranstaltungen erhoben werden.

In seinem Beitrag „Bibliometrie in der Forschungsevaluation. Zur Konstitution und Funktionslogik wechselseitiger Beobachtung zwischen Wissenschaft und Politik" führt *Niels Taubert* aus, wie die Wissenschaft sich durch quantifizierende Leistungsvergleiche für Außenstehende, in diesem Fall die (Forschungs- und Bildungs-)Politik, nachvollziehbar und für anschließende Bewertungen und budgetäre Entscheidungen zugänglich macht. Ähnlich wie die Publikumsmessungen für die Beziehungen zwischen Medien und Wirtschaft, so scheinen Statistiken zum Publikationsverhalten der Wissenschaftler wie der Zitations-Index wechselseitige Beobachtungen zwischen Wissenschaft und Politik zu unterstützen. Allerdings zeigt sich, dass die methodische und organisatorische Umsetzung der Idee der Messbarkeit wissenschaftlichen Arbeitens bis auf den heutigen Tag ein ungewöhnlich verhandlungs- und abstimmungsintensives Unterfangen geblieben ist. Die dem Messen innewohnende Selektivität bleibt zwar in der Praxis wissenschaftlicher Selbst- und Fremdbeobachtung aufgrund unterstellter Objektivität unthematisiert, was vor allem die Akzeptanzbereitschaft der Politik gegenüber den Möglichkeiten wissenschaftsbezogener Messverfahren sowie deren Funktion als Begründer globaler Beobachtungs- und Vergleichsmöglichkeiten erklärt. Eine Reaktivität des Messens lässt sich jedoch kaum übersehen. Die Etablierung von Beobachtungsräumen mit Hilfe statistischer Verfahren zieht in den gemessenen wissenschaftlichen Feldern Effekte nichtintendierter Selbstoptimierungen im Sinne von Gegen- und Abwehrmaßnahmen nach sich, die wiederum die Verfahren der Politik unter Anpassungsdruck setzen. Diese Dynamik wechselseitiger Beeinflussungen wird, so *Taubert*, durch die fortschreitende Digitalisierung wissenschaftlicher Kommunikation weiter verstärkt. Denn im Internet lässt sich nicht nur das wissenschaftliche Publikationsverhalten differenzierter und einfacher vermessen, auch das wissenschaftliche Rezeptionsverhalten (Rechercheverhalten, Downloadaktivitäten etc.) hinterlässt jetzt Datenspuren und gewinnt damit eine statistische Relevanz.

Christoph Engemann geht in seinem Beitrag „Write me down, make me real – zur Gouvernemedialität digitaler Identität" auf das Verhältnis von Staat und Bürgertum und dessen Prägung durch den medialen Wandel ein. In einem historischen Rückblick erinnert er daran, dass dieses Verhältnis immer auch geprägt war von den Möglichkeiten der eindeutigen Identitifizierbarkeit des Bürgers. Moderne Staatlichkeit und die Durchsetzbarkeit entsprechender rechtlicher Regelungen sind angewiesen auf die Möglichkeit, Handlungen der Bürger in einem abgrenzbaren Raum eindeutig identifizieren zu können. Bürger wird nur, wer sich durch Namen und Ausweis identifizierbar und adressierbar macht und so für die – immer auch statistischen Verfahren und Apparaturen einschließenden – administrativen Steuerungs- und Kontrollmechanismen erreichbar wird. Vor diesem Hintergrund bilden die Anonymisierungspotentiale des Internets und die damit verbundene Ablösung der Informations- und Kommunikationsverhältnisse vom Körper für den Staat eine große Herausforderung, da sie die im Medium der Schriftlichkeit etablierten Verfahren der Identifizierung und Adressierung tendenziell außer Kraft zu setzen drohen, damit jedoch auch die bisherigen staatlichen Kontroll- und Sanktionsmöglichkeiten. Verfahren der Speicherung und Auswertung von Datenspuren bilden hier nur eine Notlösung, weil sie zum einen große Datenmengen und aufwendige Rechenverfahren erfordern, zum anderen immer nur Wahrscheinlichkeiten und Prognosen errechnen, vielleicht auch Netzzugänge (IP-Adressen) ermitteln, den eindeutigen Bezug zwischen einer Person und digitalen Aktivitäten so aber nicht nachweisen können. Abhilfe soll vor allem ein digitales Pendant zur eigenhändigen Unterschrift, die digitale Signatur, schaffen. Sie soll die „Lesbarkeit" des virtuellen Raums für den Staat verbessern, das heißt erlauben festzustellen, wo von wem bzw. welchem Körper im Netz welche Aktivitäten zu welchem Zeitpunkt ausgehen, um so die Durchführbarkeit staatlicher Regelungen, Kontrollen und Sanktionen wiederherzustellen – und damit auch all jener statistisch basierten Zugriffs- und Erhebungsverfahren, wie sie sich auf die Vielfalt staatlich-administrativer Zuständigkeiten verteilen.

Vom Protokollanten zum Mittler

Die Mitwirkung von Verfahren der Verdatung und Analyse am Zustandekommen von Informations- und Kommunikationsverhältnissen geschieht in der Regel diskret und unthematisch. Es wird über Ergebnislisten, über Rankings und Tabellen kommuniziert, es werden Vergleichskommunikationen angeregt und anschließende Verhandlungen darüber geführt, wie mit solchen (Zwischen-)Ergebnissen umzugehen ist. Das Zustandekommen der jeweiligen Zahlensysteme bleibt eher unbeobachtet. Unter Internetbedingungen scheint sich dies zu ändern. Verfahren der Datenerfassung und -analyse geraten jetzt stärker in den Vordergrund, sie beginnen Aktivitäten zu vermitteln, greifen in Abläufe strukturierend ein, beginnen sich als mitwirkende Einheiten in Abläufe einzumischen.

So zeigt *Matthias Wieser* in seinem Beitrag „Wenn das Wohnzimmer zum Labor wird. Medienmessungen als Akteur-Netzwerk", wie bereits unter massenmedialen Bedingungen Statistiken, allen voran die Fernsehquote, zum Aufbau des modernen Mediensystems beigetragen haben. Es sind statistische Verfahren und entsprechende Messapparaturen, die das (Fernseh-)Publikum als solches überhaupt erst hervorbringen, kalkulierbar und prognostizierbar machen – einerseits für die Medienverantwortlichen, andererseits für interessierte Außenstehende, die, wie die Werbeindustrie, sich über tagesaktuelle Zuschauerverhältnisse und deren Trendentwicklungen informieren wollen. Der Herstellungsprozess der Quote umfasst die komplexe methodisch-apparatetechnische Übersetzung einer unübersichtlichen und unbeherrschbaren Vielfalt lebensweltlich partikularer Rezeptionskontexte und -gewohnheiten in ein abstraktes Symbolsystem, auf das sich anschließend, weil jetzt ein Vorverständnis eben jener kontextuellen Besonderheiten nicht länger erforderlich ist, ganz unterschiedliche Interessens- und Wissensvertreter beziehen können. Als Zahlencode wird das Rezeptionsgeschehen für Medienverantwortliche, Werbeunternehmer und -kunden wie auch für die Politik lesbar gemacht und zum geteilten Gegenstand kommunikativer Aushandlungen. Es sind also Messungen und ihre Ergebnisse, die maßgeblich am Aufbau und der Fortsetzbarkeit netzförmiger Beziehungen der Medienbeteiligten mitwirken. Allerdings, so *Wieser*, wird dieses sich auf Zahlensystemen gründende Netzwerk herausgefordert durch die Vervielfältigung der Trägermedien (Notebook, Smartphones) und den damit einhergehenden Möglichkeiten, dieselben Inhalte zu unterschiedlichen Zeitpunkten an verschiedenen Orten zu rezipieren. Das Internet wirkt auf das etablierte Netzwerk der Quotenforschung und die damit verbundenen Beobachtungsmöglichkeiten destabilisierend und verlangt nach neuen Lösungen.

Jan-Hendrik Passoth zeigt in seinem Beitrag „Not only Angels in the Cloud. Rechenpraxis und die Praxis der Rechner", wie sich die mediensoziologische Forschung im Schatten der über 40 Jahre ziemlich stabilen soziotechnischen Konstellation der Massenmedien konzeptionell auf diese eingestellt hat. Die nun seit bald zwei Jahrzehnten andauernden Debatten über das „Neue" der eigentlich gar nicht mehr neuen Medien zeigen, wie veränderungsresistent die um die Massenmedien herum organisierte Systematik von Kategorien – Sender, Programm, Publikum – ist. Diese medientheoretischen Kategorien sind nach dem Modell des Boten eingerichtet, der unverändert das eigentliche Wort zu übertragen scheint, was sie tatsächlich aber aktiv vermitteln und daher nicht sonderlich gut auf die zu beobachtende Veränderung der Rolle der Medientechnologie einstellt. Besonders auffällig aber ist diese in Bezug auf die Veränderungen im Bereich der Vermessung und Verrechnung von Nutzungspraxis: Wenn für die Protokollanten und Algorithmen der Nutzungsmessung jede noch so marginale Aktivität ein verwertbares Datum darstellt und wenn die so entstehenden Datensammlungen beständig automatisiert nach Möglichkeiten durchforstet werden, das Medienangebot anzupassen, dann sind die Beiträge der Medientechnologie längst nicht nur mehr Botengänge, sondern vermittelndes und veränderndes Mitspielen. Notwendig für ihre Berücksichtigung in der soziologischen Analyse ist eine Umstellung des Praxisbegriffs, so dass er nicht mehr nur das Rechnen als Praxis, sondern auch die Praxis der Rechner systematisch erfassbar macht. Die Praxis der Rechner wird so zu einem prägenden Bestandteil eines heterogenen Arrangements von Praxisformen, das von Medientechniken infrastrukturell zusammen gehalten wird und Medienwandel ist dann weder bloß technischer Wandel, noch ein Wandel der Umgangsweisen von Nutzern mit einer Medientechnik, sondern die beständige Rekonfiguration heterogener Arrangements von Praxisformen.

Wie statistische Protokolle und Analysen die Nutzeraktivitäten im Internet nicht nur monitoren, sondern auch in Beziehung zu setzen beginnen, zeigen *Oliver*

Märker und *Josef Wehner* in ihrem Beitrag „E-Partizipation – Politische Beteiligung als statistisches Ereignis". Ihr Gegenstand sind Online-Plattformen im politischen Feld, auf denen Teilnehmern Gelegenheit gegeben wird, sich zu Themen wie etwa der Finanzlage einer Stadt oder Kommune zu äußern. Anders als in vielen politikwissenschaftlichen Lesarten, die der Frage nach einer möglichen Belebung demokratischer Kommunikationsideale nachgehen, wird hier in der internetbasierten Beteiligung eine Fortsetzung des statistischen Zugriffs auf die Bürger gesehen. Die beiden Autoren zeigen, wie auf solchen Plattformen automatisierte Verfahren der Verdatung und Auswertung am Zustandekommen dessen beteiligt sind, was in vermeintlich neutraler, distanzierter Perspektive nur aufgezeichnet werden soll. Protokollier- und Analyseprogramme, darauf basierende Ordnungsfunktionen wie etwa Beitrags- und Vorschlagslisten, oder Filter-, Sortierhilfen dienen nicht nur der Information über den Verlauf des Beteiligungsgeschehens. Ihre viel bedeutsamere Funktion kann darin gesehen werden, dass sie zwischen den – vor allem zu Beginn eines Beteiligungsprozesses – noch zusammenhanglos wirkenden Teilnehmern und ihren Beiträgen Verbindungen (thematische Nähen und Fernen z.B.) herstellen und diese nutzen, um daran anschließend in das Verfahren einzugreifen (z.B. Teilnehmer aufzufordern, ähnliche Beiträge zu berücksichtigen). Durch diese Vermittlungsarbeit wird ein zu Beginn noch relativ offenes Beteiligungsgeschehen schrittweise in ein strukturiertes übersetzt.

Die in diesem Band versammelten Beiträge wollen für die sozialwissenschaftliche Beschäftigung mit den Bedingungen, Folgen und Effekten von Vermessungs- und Verrechnungspraktiken werben. So unterschiedlich sie auch sein mögen, sie zeigen, wie fruchtbar die Beschäftigung mit der sich verändernden Rolle kalkulativer Verfahren und den mit ihr erzeugten Rankings, Indizes, Quoten, Profilen, Listen, Graphen, Diagrammen und Zahlensystemen sein kann. Wenn man der Vermutung nachgeht, dass uns diese Phänomene in Zukunft eher häufiger als seltener beschäftigen werden, dann stellt man fest, dass die konzeptionellen, methodischen und heuristischen Mittel, die die Sozialwissenschaften für ihre Analyse zur Verfügung haben, zwar vorhanden sind, aber der Ausarbeitung und der Schärfung am empirischen Material bedürfen. Die Beiträge in diesem Band sind als ein Versuch dieser Art zu verstehen – selbstverständlich ohne Anspruch auf Vollständigkeit. Daran, dass sie in einem Band versammelt werden konnten, haben Sabine Adam, Melanie Langer, Julien Schneider und vor allem André Armbruster einen großen Anteil. Ihnen sei hiermit herzlich gedankt.

Literatur

Alonso, William/Starr, Paul (Hrsg.) (1982): The politics of numbers. New York: Russel Sage
Amann, Klaus/Knorr Cetina, Karin (1988): The fixation of (visual) evidence. In: Human Studies 11. 133-169
Anderson, Chris (2006): The Long Tail: How endless choice is creating unlimited demand. London et al.: Random Houses Business Books
Carroll, Patrick (2006): Science, Culture, and Modern State Formation. Berkeley, CA: University of California Press
Daston, Lorraine (2003a): Objektivität und die Flucht aus der Perspektive. In: Daston (2003b): 127-155
Daston, Lorraine (2003b): Wunder, Beweise und Tatsachen. Zur Geschichte der Rationalität. Frankfurt am Main: Fischer
Daston, Lorraine/Galison, Peter (2007): Objektivität. Frankfurt am Main: Suhrkamp
Desrosières, Alain (1998): The Politics of Large Numbers: A History of Statistical Reasoning. Cambridge, MA: Harvard University Press
Espeland, Wendy N./Stevens, Michel L. (2008): A Sociology of Quantification. In: European Journal of Sociology 49. 401-436
Foucault, Michel (2006): Sicherheit, Territorium, Bevölkerung. Frankfurt am Main: Suhrkamp
Hacking, Ian (1992): Statistical Language, Statistical Truth and Statistical Reason. The self-authentification of a Style of Scientific Reasoning, In: McMullen (1992): 130-157
Heintz, Bettina (2010): Numerische Differenz. Überlegungen zu einer Soziologie des (quantitativen) Vergleichs. In: Zeitschrift für Soziologie 39. 162-181
Hepp, Andreas/Krotz, Friedrich (Hrsg.) (2012): Mediatisierte Welten. Forschungsfelder und Beschreibungsansätze. Wiesbaden: VS Verlag für Sozialwissenschaften
Lynch, Michael (1998): The externalized retina: Selection and mathematization in the visual documentation of objects in the life sciences. In: Human Studies 11. 201-234
McMullen, Eman (Hrsg.) (1992): Social Dimensions of Science. Notre Dame, IN: Notre Dame University Press
Mennicken, Andrea/Vollmer, Hendrik (Hrsg.) (2007): Zahlenwerk. Kalkulation, Organisation und Gesellschaft. Wiesbaden: VS Verlag für Sozialwissenschaften
Napoli, Philip M. (2010): Audience Evolution. New Technologies and the Transformation of Media Audiences. New York: Columbia University Press
Porter, Theodore M. (1996): Trust in Numbers: The Pursuit of Objectivity in Science and Public Life. Princeton, NJ: Princeton University Press
Röhle, Theo (2010): Der Google-Komplex. Über Macht im Zeitalter des Internets. Bielefeld: transcript
Schneider, Irmela/Otto, Isabel (Hrsg.) (2007): Formationen der Mediennutzung II. Bielefeld: transcript
Sombart, Werner (1902): Der moderne Kapitalismus. Historisch-systematische Darstellung des gesamteuropäischen Wirtschaftslebens von seinen Anfängen bis zur Gegenwart (Ausgabe 1987). München: dtv
Vollmer, Hendrik (2003): Grundthesen und Forschungsperspektiven einer Soziologie des Rechnens. In: Sociologia Internationalis 41. 1-23
Vormbusch, Uwe (2007): Die Kalkulation der Gesellschaft. In: Mennicken/Vollmer (2007): 43-64
Weber, Max (1980): Wirtschaft und Gesellschaft: Grundriss der verstehenden Soziologie. Tübingen: Mohr (zuerst 1921).
Wehner, Josef/Passoth, Jan-Hendrik/Sutter, Tilmann (2012): Gesellschaft im Spiegel der Zahlen – Die Rolle der Medien. In: Hepp/Krotz (2012): 59-85

I. Kalkulieren, Organisieren, Rationalisieren

Fantastische Zahlen

Hendrik Vollmer

„835% ist das realistisch?", fragt die Autorin des ersten Eintrags in einem über gut drei Monate auf knapp 350 Einträge angewachsenen Online-Diskussionsforum.[1] Sie bezieht sich mit ihrer Frage auf die Gewinnträchtigkeit der Aktie des Unternehmens „Global Systems Dynamix", im Verlaufe der Diskussion zumeist als „Papier" oder „Wert" bezeichnet. Es handelt sich um die Aktie eines Herstellers energiesparender LED-Leuchten, vertrieben durch dessen Tochtergesellschaft „Clean Light Green Light". Anlass der Frage und des ersten Beitrags im Diskussionsforum vom 2. Dezember 2010 ist der in einer Pressemitteilung vom Vortag verkündete Beginn eines großen „LED-Beleuchtungs-Nachrüstungs-Pilotprojektes" in Zusammenarbeit „mit einer der größten Lebensmittelketten in den USA" (1).[2] Die Autorin leitet die Wiedergabe der offensichtlich aus einer Vorlage kopierten Pressemitteilung mit den Worten ein, sie habe „heute eine Mail mit dem Hinweis auf dieses Papier erhalten" und es klinge „nicht schlecht". Unmittelbar nach der Veröffentlichung ihres Beitrags entspinnt sich eine Diskussion: In den ersten vier Stunden nach Veröffentlichung erscheinen zwanzig Folgebeiträge, nach drei Tagen sind es 32, nach einer Woche 208. Seinen aktivsten Tag erlebt das Forum am 8. Dezember 2010, einem Tag mit 116 Beiträgen zwischen 9.20h und 20.23h. Am 9. Dezember folgen 34 Beiträge, am 10.12. noch einmal 62, danach verflacht die Diskussionsaktivität (s. Abbildung 1). Insgesamt verzeichnet dieses Diskussionsforum bis Ende März 2011 ca. 21.500 Zugriffe bei 349 Beiträgen.

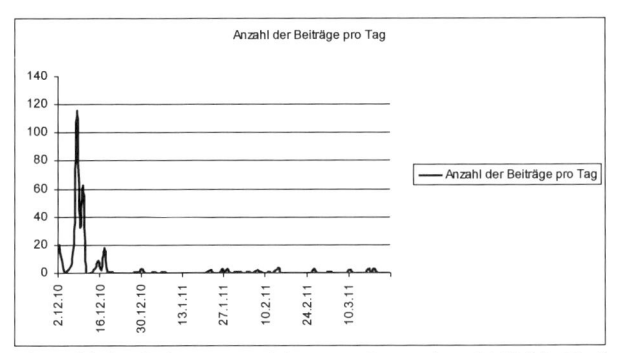

Abbildung 1: Anzahl der Beiträge pro Tag von Dezember 2010 bis Ende März 2011

Der in der Abbildung dargestellte Kurs der Diskussionsaktivitäten korreliert in interessanter Weise mit dem Kurs des Aktienwertes der „Global Systems Dynamix" an deutschen Handelsplätzen vom Dezember 2010 bis März 2011. In der ebenso rasant ansteigenden wie verebbenden Diskussion über diesen Wert, seine Entwicklung und sein Kurspotenzial, zirkulieren Hoffnungen auf zukünftige Zahlen und „Kursziele" ebenso wie skeptische, warnende und von Beginn an auch hämische Einschätzungen, die sich allesamt mit dem Kursverfall der Aktie verflüchtigen. Die schriftlichen Diskussionsaktivitäten der Autorinnen und Autoren bezeugen eine Episode des Investierens in Wertentwicklungen auf Basis einer zur Diskussion gestellten, weder gänzlich uninformierten noch unwidersprochenen Fantasie, einer Erwartung „fantastischer Zahlen" (278, 291), die am Ende unerfüllt bleibt. Dennoch zeigt sich in dieser Hoffnung auf fantastische Zahlen, so werde ich nachfolgend argumentieren, keine grundsätzliche Fehlleistung der beteiligten Autorinnen und Spekulanten, sondern eher ein Fehlschlagen einer ebenso praktischen wie allgegenwärtigen Alltagskompetenz im Einzelfall. Diese Kompetenz erwächst aus einem spezifischen Blick auf Zahlen, der gerade in dem Maße, wie er in Zahlen die Wirklichkeit sucht, immer auch fantasieren *muss*, aus einer Art fantastischen Realismus kollektiven Zahlengebrauchs.

„Was schnell steigt kann auch genauso schnell wieder fallen!!" (114)

Am Anfang der Diskussion im Online-Forum steht die Frage nach den möglichen Kursgewinnen der „Global Systems Dynamix"-Aktie, auf den Punkt gebracht in der „835%"-Titelzeile des ersten Beitrags. Es folgen eine Reihe lakonischer Bemerkungen wie „10 Mio. % in drei Tagen" (3) und „wann kapiert ihr endlich: Es gibt mit den Zombieaktien nichts, rein gar nichts zu holen. Obwohl... Frust.. genau.. den gibt es zu holen" (2), aber auch vorsichtigere wie „Habt ihr überhaupt mal euch den Wert angeschaut bevor ihr Statements abgebt?" (5). Es wird erörtert, ob es sich bei der Aktie nun um einen „Pennystock" handle oder nicht (9, 10) und ob jemand denn über „fundamentale Daten" zum Unternehmen verfüge (11). In der Folge tauschen die Autoren Informationen und Internetverlinkungen aus, die zum Teil auf die Firmenwebseite verweisen (12, 13), zum Teil auf weitere Informationen von Börsenwebseiten und Presseinformationen, die beispielsweise vermelden, die GDS habe „jetzt bereits ein As im Ärmel, das alleine schon ausreicht, um die Aktie um 1000% ansteigen zu lassen" (16), die auf die Zukunftsträchtigkeit der LED-Beleuchtung gerade im durch das Pilotprojekt anvisierten Markt der Supermarktketten verweisen (16) und von den ersten vielversprechenden Handelstagen der Aktie an der Frankfurter Börse berichten (16, 17, 20, 27, 31, 38). Einige Autorinnen melden, sie seien nun „eingestiegen" (22, 25) und „bereits kräftig im plus" (30), bemängeln dabei aber auch durchgängig weiter das Fehlen von „Fundamentaldaten" (28, 32, 36, 38, 51).

Zwischen dem 3. und 8. Dezember wird die Diskussion überwiegend von zwei Autorinnen getragen, die Aktien erworben haben und nun den stetig steigenden Kurs und das zu diesem Zeitpunkt große Handelsvolumen kommentieren: „Aktie steigt seit dem Börsengang in Frankfurt vor ein paar Wochen faktisch jeden Tag" (34); „Jetzt gerade eben über 33.000 Stück (!) die letzten Tage sogar über 40.000 Stück. Heute in Stuttgart & Frankfurt sehr großes Volumen bei steigenden Kursen." (37); „also wenn wir heute Abend bei knapp 1,80 liegen sehe ich mein Bauchgefühl bestätigt. Schauen wir mal weiter." (40); „als kurzfristiges Kursziel sehen ja einige 3-4 Euro. Was macht Global Dynamix eigentlich mit dem vielen Geld?" (49); „in vier Tagen 30 % Buchgewinn ist eine tolle Sache" (51); „Heute hat jemand über 91.000 Stücke auf einmal gekauft(!)" (55); „Eröffnung mit +4,3% und jetzt werden einige wach." (59). Im Verlaufe des 8. Dezembers steigen weitere Teilnehmer in die Diskussion ein, die sich zunehmend auf die Frage konzentriert, ob das Unternehmen wirklich seriös sei. Ein Autor stellt fest, die Firma sei „ne Betrugsklitsche aber das wisst ihr ja sicher" und verweist auf „Google Street View", das unter der offiziellen Firmenadresse keine physische Präsenz der Firma erkennen lässt (69): „Kannst ja mal bei dem Modeladen im Erdgeschoss anrufen und fragen, ob es die Firma gibt und ob da wirklich Büros in Benutzung sind." (82) Es wird über die Tatsache diskutiert, ob die Existenz einer deutschen 0180er-Telefon-Hotline etwas über die Seriosität des Unternehmens aussage (79, 80), dann wird dessen Homepage kritisch unter die Lupe genommen (83, 84, 86, 87). Ein weiterer Autor schaltet sich ein und meldet „mir reichts Jetzt, habe grad für 2,32 und 63% Gewinn verkauft viel Spass noch" (88). Beobachtet wird der Kurs im Hinblick auf die Stabilität seines Aufwärtstrends, und die Autorinnen erinnern sich mehrfach gegenseitig daran, ihre „SL" (Stopp-Loss-Order) „nachzuziehen", also die Preisgrenzen, bei deren Unterbietung ihre Händler die Aktie automatisch abstoßen, dem steigenden Kurs anzupassen, um sich so bei fallendem Kurs die resultierenden „Zwischengewinne" zu sichern (30, 32, 37, 51, 55, 59, 66, 74, 83, 85, 100).

Bis in den Nachmittag des 8. Dezembers steigt der Kurs der Aktie. Einige Teilnehmer ermahnen zur Vorsicht („Was schnell steigt kann auch genauso schnell wieder fallen!!"; 114), andere klingen euphorisch: „Selbst wenn alles inszeniert ist wir stehen ja ers am Anfang!" (109). Dann beginnt der Kurs um kurz nach 15 Uhr zu fallen, einige Autoren schreiben, dass sie nun ihre SL-Orders aktivieren würden (120, 124) und „zumindest mit Gewinn raus" (127) seien. Dann scheinen die Kurse kurzfristig wieder anzusteigen, neue Autoren schalten sich ein („und jetzt rumpelt der Kurs wieder so schnell nach oben wie er vorhin gepurzelt ist"; 154), die Veteranen machen sich so ihre Gedanken, ob „wohl ein ganz großer einen Riesenbatzen verkauft und unten eingesammelt. StopLoss-abfischen würde ich sagen. Kennt man aus dem Kinohit Wallstreet." (159); und die Skeptiker fragen: „Wer fällt denn wieder auf so ne Abzock Klitsche rein??" (165). Rückblickend betrachtet ist der 8. Dezember nicht nur der Tag mit der höchsten Aktivität in diesem Diskussionsforums, sondern auch der Tag des historischen Höchststandes eines Aktienkurses, der in der Folgezeit über 90 Prozent seines Wertes verlieren wird.

Am Morgen des 9. Dezembers ist es im Forum zunächst relativ ruhig. Eine Autorin meldet eine „neue Abwärtswelle im Anmarsch" (179). „2€ – ob wir die Grenze nochmal wiedersehen? Im Moment ist ja mehr als Ruhe in dem Ding, der ganze Markt scheint derzeit besseres zu tun zu haben", fragt sich ein Teilnehmer, der im Laufe der Vortage in die Aktie investiert hatte (183). Ein Autor antwortet „Das Vertrauen ist seit gestern Nachmittag weg, die Aktie ist nur noch was für hartgesottene Zocker" (184), eine Wahrnehmung, die weitere Teilnehmer bestätigen (189, 194, 196, 202). Eine der Autorinnen, die zunächst die Diskussion im Forum zu zweit dominiert hatten, hatte selbst Aktien geordert, die sie dank ihrer eng gesetzten SL-Order noch mit Gewinn verkaufen konnte. Am Abend des 9. Dezembers zieht sie ihr Resümee: „Selten so etwas gesehen :) Sieht ja lustig aus. Morgen gibts noch einmal ein Verkaufssignal im MACD. Aber auch so wird der Wert auf 0,01 EUR gehen" (202).[3] Und einer der frühen Skeptiker verweist auf die ersten Beiträge des Forums: „das Ding war Betrug mit Ansage. Bereits auf Seite 1 haben einige darauf hingewiesen und direkt schwarze Sternchen bekommen für ihre kritischen Kommentare. Irgendwie hält sich mein Mitleid mit den Zockern, die in so ner Bude Geld verbrennen, doch in engen Grenzen. Ich hoffe mal, dass wenigstens einige aus Schaden klug werden und beim nächsten Dummpush etwas klüger sind. Ich hab allerdings meine Zweifel. Leider lohnt sich die Masche immer wieder und an der Aussage hat sich NICHTS geändert" (209). Der Wert der Aktie befindet sich in den Augen der Autorinnen nun im freien Fall: „Wir alle (außer natürlich den rechtzeitig ausgestiegenen) haben richtig den Ar*ch versohlt bekommen und trotzdem kommen hier immer noch Leute zum x-ten mal mit dieser Meldung vom 05.12. und posten ihren unwohl riechenden braten von 835-1400%, womöglich noch an einem Tag realisierbar" (222).

Die Beiträge der folgenden Tage sind angesichts des Kursverfalls überwiegend von Spott geprägt. Die Überzeugung, dass die Aktie „auf Sicht der nächsten 12-18 Monaten ein Potenzial von 1000% (Kursziel: 13,00 EUR) bereithält" (16), scheint von niemandem mehr geteilt zu werden, auch nicht von denjenigen, die noch an den grundsätzlichen Wert des Unternehmens und seiner Energie sparenden LED-Beleuchtungstechnik glauben: „[D]ie Aktie hat in der Vergangenheit sehr wohl Rendite abgeworfen. Vermutlich nur für die Falschen. Dass es nicht 1300% waren ist richtig. Auch keine 835%. Aber für die Absahner – zu denen ich leider nicht zähle – könnte sie bereits mal 100% gemacht haben" (302). Hier findet sich die

Zahl 835 wieder, und der Beitrag stammt tatsächlich von derselben Autorin, die das Forum gut zwei Wochen zuvor mit ihrer Frage nach den 835 Prozent eröffnet hatte. Allerdings melden sich auch die Autoren einer frühen mit dem optimistischen Kursziel verbundenen Kaufempfehlung (16) noch einmal zu Wort:

> Trotz Shortattacke bleibt Kursziel von 13 EUR bestehen! Und wir bleiben auch jetzt bei dieser ursprünglichen Prognose! Und dass, obwohl einmal mehr die ‚Dunklen Mächte der Börse', besser bekannt als Shorter oder Leerverkäufer, auf die Global Dynamix Solutions aufmerksam geworden sind und unbarmherzig zugeschlagen haben. Von 2,50 EUR wurde der Kurs binnen kurzer Zeit auf 0,90 EUR abwärts getrieben. Begünstigt durch gesetzte Stopps anderer Aktionäre war der Kurs trotz einer starker Nachfrage dann nach unten hin erst einmal nicht mehr aufzufangen. Mittlerweile, eine Woche nach der großen Shortattacke, steht die Aktie bei 0,65 EUR. Aufgrund der fundamental starken Voraussetzungen des Unternehmens trauen wir der Aktie dennoch zu, kurzfristig wieder auf 1,70 EUR anzusteigen. (306)

Ende März 2011 liegt der Wert der Aktie von „Global Dynamix Solutions" bei knapp 20 Cent. Aus dieser Episode ließe sich vieles lernen über die Schwierigkeiten von Kleininvestoren bei der Interpretation von Börsen- und Unternehmensdaten, über den Umgang mit automatischen Handelsinstrumenten (die dann in einigen Fällen doch nicht oder zu spät greifen) oder über den Umgang mit Marktvolatilität sowie über die Strategien von Kleinanlegern und ihre mögliche Manipulation. Die Diskussion orientiert sich an Zahlen, die letztendlich der Maßstab der Bewertung sind und es auch bleiben, nämlich an den Preisen der Aktie des Unternehmens zu verschiedenen Zeitpunkten. Gleichzeitig sind die Autorinnen durchgängig skeptisch gegenüber diesen Preisen, fragen sich, durch wessen Käufe und Verkaufe sie wohl bestimmt werden und worauf das Versprechen von 1000 Prozent Rendite beruhen mag. Sie fragen nach „Fundamentaldaten", zum Beispiel nach ordnungsgemäß geprüften Umsätzen und Bilanzen – und sie investieren doch in das „Kursziel" mit seinem Versprechen einer Steigerung von 835 oder gar 1000 Prozent hin oder reagieren möglicherweise auf die über zwei, drei Tage robuste Aufwärtsbewegung des Kurses. Zahlen nehmen eine prominente Position in den Beiträgen der Autoren und ihren Versuchen ein, sich am Markt auf der Basis von Finanzwebseiten und Diskussionsforen, Google Street View, Presseinformationen und Transaktionsplattformen zu orientieren.

Der prominenten Position quantitativer Signale in den Beiträgen verweist nicht auf nüchternes Kalkulieren der Autorinnen. Vielmehr stehen Zahlen für Hoffnungen und Enttäuschungen, Vergewisserungen und Projektionen. Die Zahl 835 aus der Titelzeile des Forums wird erst im 275. Beitrag tatsächlich problematisiert. Der Autor dieses Beitrags wiederholt einfach nur die Frage aus der Titelzeile des ersten Beitrags (der die Zahl im Titel, aber nicht im Haupttext aufführt) ohne weiteren Kommentar. Der 276. Beitrag nimmt dies in gebrochenem Deutsch auf: „Frage?835% von was? Eine scheiss Aktie. Ich habe schlechte Erfarung. mit 1,85€ gekauft und halte immer noch. Wenn 835% von 0,50€ dann wird max.4,16€. Ich habe natürlich anderes erwartet. Aber zeit ist vorbei, eifach geduld.meine Meinung" (276). Der nächste kommentiert: „Falsche Rechnung. 835% von 0,01€ = 0,07€ ; ich sagte es bereits: Würstchenbude mit Lampenschublade." (277), bis dann später die Autorin des ersten Beitrags die Zahl wiederholt (302; s.o.), um sich von dieser Zahl zu distanzieren, ohne jedoch die Herkunft zu diskutieren. Die Zahl 835 steht wie ein Titel, ein Versprechen oder eine Möglichkeit über dem Forum und wird doch von den allermeisten Beiträgen gar nicht thematisiert. Sie repräsentiert nicht eine geprüfte Wahrheit, sondern eine vage Hoffnung, dann eine bange Frage, eine Enttäuschung – und vielleicht am Ende doch wieder eine Hoffnung. Von Anfang an wird die Titelzahl mit der Frage nach ihrem Wirklichkeitsgehalt ins Spiel gebracht und steht gleichzeitig für eine Fantasie oder, in der Sprache der Skeptiker, einen „Dummpush" (209): „Das Spiel ist immer das gleiche. Aus dem Nichts taucht eine Firma mit fantastischen Perspektiven in der heißesten Branche auf. Explorer, Solar, LED.....Der Phantasie sind keine Grenzen gesetzt. Dann die Gier schüren mit Prognosen, die so hoch sind, dass sie niemand hinterfragt. Und schon meinen einige Anleger, dass man ohne Risiko einen gewaltigen Profit machen kann. Schafe unter Wölfen" (278). Gibt es eine Basis der Fantasie jenseits der Gier? „Die Firma ist REAL und existiert....also keine Briefkastenfirma, um hier abzuzocken! Die Zahlen kommen um den 26.01.2011 - 28.01.2011. Es werden fantastische Zahlen mit erheblichen Umsatzsteigerung erwartet" (291), so ein Diskussionsteilnehmer, der dann nach der tatsächlichen Veröffentlichung dieser Zahlen Anfang Februar konstatiert: „Selten so einen Schrott gesehen *******lachmichtot*********269.674 $ Gesamtumsatz ?????? Wo sind denn die 400 % Steigerung zu 2009 ????" (330). „Darf ich auch mal kurz lachen?" (331), fragt daraufhin eine andere Autorin, die an die frühere Einlassung des Autors über die „fantastischen Zahlen" erinnert und ihn abermals zitiert. „Da darfst Du mal kurz lachen!!", lautet dessen Antwort: „Ich war kurze Zeit davon überzeugt! Habe mich dann aber aber eines Besseren belehren lassen!! Nicht umsonst um verschiedene Beiträge hier!! Auch von Dir!! Von mir aus, reite daruf herum......dass ich ich hab irreführen lassen!! Habe in der Richtung wohl dazugelernt! Danke..." (332).

Handelt es sich bei der Hoffnung auf „fantastische Zahlen" nun um das Produkt individueller Fantasien einzelner Diskussionsteilnehmer und Kleininvestoren, um das Gespinst von „Schafen unter Wölfen" (278), die ihre Lektion in Nüchternheit und Objektivität noch nicht gelernt haben („Bitte Bilanz genau lesen: Umsatz = $ 1,370.438, nicht $ 269.674, dies ist das angegebene Vermögen"; 333), um ein irreguläres Spekulieren unter Novizen und Kleinspekulanten, über das Veteranen des Börsengeschehens nur müde lächeln werden? Zweifellos schlägt das fantastische Potenzial des Aktienwertes auf dem Höhepunkt der Diskussionsaktivität in diesem Online-Forum sowohl Novizen als auch Veteranen in seinen Bann und motiviert ein Interesse an weiteren Zahlen und Informationen, das genau dann verfliegt, als sich mit dem ungebremsten Fall des Börsenkurses der Glaube an „fantastische Zahlen" auflöst: Mit dem Verlust dieser Hoffnung („Der Titel geht in Richtung seines (wahren) Nominalwertes von 1 Zehntel-Penny"; 318) erlahmt auch das Interesse der Autorinnen, von den Novizen zu den (selbstdeklarierten) Veteranen. Beide Gruppen interessieren die möglicherweise fantastischen Werte genau so lange, wie sie tatsächlich fantastisch bleiben.

Beinahe überall, wo fortwährend alte durch neue Zahlen ersetzt werden und Teilnehmer gebannt ihre Veränderung verfolgen, ob in Wettbüros und auf Finanzmärkten (Preda 2006; Stäheli 2004) oder in den Büros von Banken und staatlichen Kreditwächtern (Grimpe 2010: 165-189), sind Zukunftshoffnungen immer auch Hoffnungen auf bestimmte Zahlen und bestimmte Zahlen immer auch Anlass für bestimmte Hoffnungen oder Ängste. Die Orientierungen an Zahlen in den Buchführungs- und Controlling-Abteilungen und den „Management Cockpits" formaler Organisationen fällt in dieser Hinsicht nicht grundsätzlich anders aus (Vollmer 2008): Noch die langweiligsten und nüchternsten Zahlen verweisen in den Augen der Teilnehmer immer auch auf einzulösende Versprechen, Hoffnungen oder Befürchtungen, auf ein zukünftiges und jenseitiges Potenzial, das es zu erkennen und auf dessen Basis es zu handeln gilt. Das Interesse an fantastischen Werten ist in dieser Hinsicht also überaus durchschnittlich und gewöhnlich. Der fantasierende Blick auf Zahlen, der in diesen ein verstecktes Potenzial erkennen möchte, der an Preisen Projektionen anschließt und aus Kurszielen Gewinnerwartungen schöpft, ist durch und durch pragmatisch, motiviert und bindet Handlungen und Handlungsstrategien und erweist sich bei näherer Betrachtung keineswegs als Abweichung von einer ansonsten nüchternen kollektiven Normalität des Zählens, Vermessens, Buchens und Rechnens dar: Der fantasierende Blick auf Zahlen ist für die Pragmatik des kollektiven Zahlengebrauchs ausgerechnet dort besonders deutlich konstitutiv, wo die Verwendung von Zahlen auf den ersten Blick besonders streng organisiert, kontrolliert und geschult erscheint. Das Interesse an Zahlen ist immer auch ein fantasierendes Interesse an Preisen, Werten oder Messungen als Signale über Wirklichkeiten, Möglichkeiten, Risiken und versteckte Potenziale. Und weil es sich um ein Interesse an fantastischen Werten handelt, dass in seiner Fantasie geschult ist, ist das Fantasieren auf der Basis von Zahlen einer soziologischen Analyse zugänglich.

Der verzögerte Aufstieg organisierten Rechnens

Der weitaus größte Anteil zeitgenössischer Rechenaktivitäten wird im Rahmen von Organisationen auf den Weg gebracht und kontrolliert. Blickt man auf die vielfältigen Genealogien organisierten Rechnens (z.B. Miller & Napier 1993), steht vor den beeindruckenden Rechenarchitekturen der Gegenwart die mittelalterliche Kodifizierung der doppelten Buchführung, deren historische Ursprünge sich wiederum bis in prähistorische Zeiten zurückverfolgen lassen (Schmandt-Besserat 1981). Tatsächlich sehen viele Autoren in der Aufzeichnung von Welt in Zahlenform einen wesentlichen Startpunkt der Entwicklung des Schreibens (Goody 1986: 50ff.; Schmandt-Besserat 1997). Die historischen Genealogien des Zählens, Verbuchens und Rechnens reichen von der Sumerischen Buchführung, des Sammelns von Lehmfiguren in Urnen, zu den komplexen Gegenwartsarchitekturen der Kapitalrechnung über Organisationen und Finanzmärkte hinweg (Macintosh et al. 2000). Es sind die Diskontinuitäten und Verzögerungen in der langfristigen Ausuferung der Techniken organisierten Rechnens, die für die besonderen gesellschaftlichen Umstände sensibilisieren, die dessen Verbreitung fördern und zwischenzeitlich auch immer wieder im Sande verlaufen lassen.

Die Kodifizierung der doppelten Buchführung durch den Franziskanermönch Luca Pacioli im 15. Jahrhundert findet zunächst unter ganz anderen Vorzeichen statt, als man sie vor dem Hintergrund des Profitstrebens von Kaufleuten (und dann von Industriellen oder Investoren) erwarten würde: Für Pacioli war die *Summa de Arithmetica, Geometria, Proportioni et Proportionalita* ein pädagogisches Projekt, um den Methoden der Buchführung eine systematische Form zu geben, die auf mathematischen Prinzipien beruhte, die in ihrer Symmetrie zugleich Ausdruck der göttlichen Ordnung der Welt sein sollten (Thompson 1994: 47-51; vgl. Peragallo 1938). Der geschulte Blick auf die Zahlen in Konten und Handelsbüchern sollte die göttliche Ordnung in den weltlichen Transaktionen erblicken können. Weber und Sombart vereinte die Ansicht, dass die von Pacioli kodifizierte Buchführungstechnik eine der wesentlichen historischen Voraussetzungen kapitalistischen Wirtschaftens darstellte (Weber 1972: 44-59; Sombart 1969: 110-136), doch für beinahe vier Jahrhunderte ab der Veröffentlichung der *Summa* dominiert der scholastische Geist Paciolis: Trotz des Erfolgs der Summa als eine Art Weltbestseller der aufsteigenden Druckindustrie (vgl. auch Thompson 1991) werden die Möglichkeiten der doppelten Buchführung zunächst kaum für die Kapitalrechnung genutzt. Historiker haben deshalb immer wieder an der Gültigkeit der so genannten Weber-Sombart-These von der doppelten Buchführung als technischer Grundlage kapitalistischen Wirtschaftens gezweifelt (z.B. Yamey 1949). Doch warum blieb die doppelte Buchführung über einen derart langen Zeitraum trotz günstiger Ausgangsbedingungen im Kontext des Fernhandels und über weite Strecken vehementer Industrialisierung und massiven Organisationswachstums hinweg eine Rechentechnik, die sich auf die ordnungsgemäße Verbuchung von Transaktionen konzentrierte, anstatt der Rentabilität von Kapitalinvestitionen in der Zirkulation von Gütern, Maschinen oder Arbeitskräften nachzugehen?

Die vielleicht interessanteste Antwort auf diese Frage haben Keith Hoskin und Richard Macve in den 1980er Jahren gegeben. Aus ihrer Sicht erklärt sich der über Jahrhunderte verzögerte, am Ende aber durchschlagende Erfolg der doppelten Buchführung als kollektiver Kerntechnologie der rechnerischen Kontrolle von Erwerb, Handel und Produktion aus einer Änderung des kollektiven Umgangs mit Texten, die sie auf den Begriff des *alphanumerischen Schreibens* bringen (Hoskin & Macve 1986: 109-111). Es handelt sich hierbei um die Anreicherung und Verknüpfung von Techniken der Buchführung mit pädagogischen Techniken der Bewertung und Evaluation, die in dieser Perspektive den späten Siegeszug organisierten Rechnens als zentraler Technik des Planens und Entscheidens erklärt (Hoskin & Macve 1994). Ein besonders eindrucksvolles Indiz für diese disziplinäre Genealogie organisierten Rechnens finden Hoskin und Macve (1988) in den „West Point connections". Sie können zeigen, dass *alle* Innovatoren organisierten Rechnens, deren Pionierleistungen Alfred Chandler (1977) in seinem paradigmatischen Traktat über die „Visible Hand" des Managements im historischen Wachstum von Wirtschaftsorganisationen in den USA für seine funktionalistische Interpretation der systematischen Bedeutung von Rechentechnologien in Anspruch nehmen möchte, Absolventen der Militärakademie von West Point sind. Die Vehemenz, mit der diese Rechenpioniere Organisationen wie die großen Eisenbahnunternehmen und ersten Konzerne unter das Regime von Investitionskennzahlen bringen, erwächst aus einer Verwendung von Zahlen, die sich nicht mehr nur für die Kontrolle der Mittelverwendung und die ordnungsgemäße Verbuchung aller geleisteten Transaktionen interessiert – diese Sorge um die Bewahrung von Ordnung und Symmetrie im Wirtschaften und Aufzeichnen war Paciolis primäres Anliegen, wenn nicht überhaupt das primäre Anliegen organisierten Rechnens über viele Jahrhunderte hinweg (vgl. Ezzamel 2009; Quattrone 2004). Mit der Verknüpfung der Technik der doppelten Buchführung mit dem pädagogischen Blick auf Zahlen als Symptome für Leistungen und Leistungsvermögen wendet sich der Blick organisierten Rechnens von der Vergangenheit auf die Zukunft: Aus einer Technologie zur Überprüfung von Symmetrie, Ordnung und Vollständigkeit wird eine allgegenwärtige Entscheidungshilfe bei der Planung weiteren Organisierens (Hoskin & Macve 1994: 79f.). Dies bringt eine Eigendynamik organisierten Rechnens hervor, die auf Expansion eingestellt ist: „Weber's high bureaucracies are giving way to accounting-led organizations which both give more space for calculative individual initiative and locate the power over individuals in more dynamic flexible control systems which ultimately empower them to discipline their selves in a constant play of accountability and responsibility" (Hoskin & Macve 1994: 91).

Der geschulte Blick auf Zahlen findet in dieser Perspektive erst über die individuelle Aneignung und beständige Anpassung an neue Aufgaben des Organisierens weitreichende Verbreitung. Bei Chandlers Rechenpionieren finden wir dieselbe an

Zahlen geheftete Sorge um Investitionen, dieselbe Hoffnung auf „fantastische Zahlen" und denselben fantasierenden Blick wie bei den Kleinspekulanten im Online-Diskussionsforum: in der zentralen Innovation von „return on investment"-Kennzahlen auf der einen (Chandler 1977: 67-87), in der Suche nach „Fundamentaldaten" auf der anderen Seite. In den Teilnehmern des Online-Forums können wir zwar weder „West Point"-Absolventen noch Controller oder Bankangestellte erkennen (obwohl es sich durchaus um solche handeln mag), aber wir sehen Autorinnen, die sich wie Chandlers Rechenpioniere als Anwälte von Kapitalwerten sehen, für deren zukünftige Preise und Renditen sie Sorge tragen; die möglicherweise feststellen müssen, dass sie (noch) nicht besonders gut in dieser Rolle sind, und aus dieser Erfahrung lernen wollen: „Kommt mir hier vor als wären hier nur Pessis unterwegs. Wer jetzt hin wirft, der hätte nie anfangen dürfen mit Spekul" (347). Der fantasierende Blick auf Werte möchte ein Potenzial entdecken, das bereits vorhanden und insofern realistisch zu sein hat, aber in den Zahlen entdeckt werden muss, um sich in der Zukunft realisieren zu können – wenn man nur die richtigen Beurteilungen fällt und angemessene Anschlusshandlungen wählt: kaufen oder verkaufen, investieren oder abstoßen, kürzen oder ausbauen. Die Pointe der Rekonstruktion des langsamen Aufstiegs organisierten Rechnens durch Hoskin und Macve ist, dass es weder die Technik einer regularisierten Zahlenproduktion noch der Aufstieg der kapitalistischen Wirtschaftsordnung ist, die dem Organisieren nach Zahlen zum Durchbruch verhilft, sondern die Schulung von Organisationsmitgliedern, die in Zahlen die verborgenen Möglichkeiten einer erst noch zu organisierenden Zukunft zu erblicken vermögen. Erst dadurch werden aus Buchungen Investitionen und aus Zahlenwerten fantastische Möglichkeiten. Der fantasierende Blick, der in den Zahlen verborgene Chancen des Organisierens, der Steigerung der Profitrate oder des Einfahrens von Verkaufserlösen zu erkennen vermag, ist ein geschulter Blick – und der geschulte Blick auf Zahlen schwingt sich in historischer Perspektive erst dann zu einem zentralen Mittel des Organisierens auf, sobald er sich als fantasierender Blick von seinen klerikalen Restriktionen befreit, sich nicht mit der Kontemplation einer (göttlich oder sonst wie) gegebenen Ordnung zufrieden geben mag, und sobald aus der Fantasie ewiger Symmetrie eine Fantasie unsicherer und genau deshalb gewinnträchtiger Zukunft geworden ist.

Fantastische Leistungen

Die Diskussion über mögliche Renditen und Kurssteigerungen unter Freizeitspekulanten und Kleininvestoren verdeutlicht, dass der fantasierende Blick auf Zahlen, so sehr er sich im Einzelfall täuschen mag, in der Gegenwart eine durchschnittliche, geschulte und weiter schulbare Alltagskompetenz darstellt. Hoskin und Macve heben in ihrer Genealogie organisierten Rechnens immer wieder die „educational connection" (Hoskin & Macve 1994: 90) der Rechenpioniere hervor. Eine „educational connection" wird man auch hinsichtlich der nur graduell um Finanzmarktwissen erweiterten Alltagskompetenzen des Lesens von Zahlen vermuten, die sich bei den Autorinnen des Online-Forums zeigen. Diese greifen auf erworbene Kompetenzen im Umgang mit Zeichen zurück, bei denen sich in jeder einzelnen Instanz des Zählens und Rechnens typische Mikrostrukturen offenbaren. Insbesondere erzeugt der geschult fantasierende Blick dabei eine typische Doppelbödigkeit des Umgangs mit Zahlen, die sich in *allen* Alltagspraktiken des Zahlengebrauchs wiederfindet und die dem Zahlengebrauch letztendlich ebenso realistische wie fantastische Züge verleiht.

Diese Doppelbödigkeit liegt darin begründet, dass kompetente Teilnehmer in den Zahlen sowohl vordergründig und transparent artikulierte Informationen als auch Hinweise auf verborgene Wirklichkeiten, Potenziale und Chancen erblicken. Dieser fantastische Realismus, der eine in Zahlen verborgene Wirklichkeit sucht, ist nun keineswegs ein in irgendeiner Weise exotisches Ergebnis der disziplinärtechnologischen Ausgestaltung des Erziehungssystems, wie sie von Hoskin und Macve in Anlehnung an Michel Foucault (1977) beschrieben wird. Er erwächst aus der Kombination disziplinärer Technologien der Untersuchung und Inspektion individuellen Handlungsvermögens mit dessen summarischer Erfassung in Texten, Zahlen und Zeugnissen (Hoskin & Macve 1986: 111-116), die in einer viel allgemeineren und breiteren Streuung quasi-pädagogischer Handlungsorientierungen resultiert als sich alleine im fantasierenden Blick auf Zahlen offenbart. Das „Zensurenpanoptikum" (Kalthoff 1996) verweist wie viele andere Manifestationen der Schulung von Lese- und Darstellungskompetenzen auf Praktiken des Sehens ebenso wie auf solche des Gesehenwerdens, aus denen in der klassischen foucauldianischen Beschreibung die Übernahme der erzieherischen Perspektive durch die Erzogenen erwächst (vgl. etwa Foucault 1988). Erst durch diese Verkörperung in Sehern und Gesehenen, Lesern und Autorinnen gewinnen die Praktiken „alphanumerischer" Sichtbarkeit ihre Mobilität über die Disziplinarinstitutionen hinaus. Der fantasierende Blick auf Zahlen und die mit ihm korrespondierende vordergründig-hintergründige Doppelbödigkeit kollektiven Zahlengebrauchs ist daher im Zusammenhang mit einer Generalisierung von Handlungsorientierungen und Aufmerksamkeiten zu verstehen, die sich nicht nur im Umgang mit Zahlen, sondern in vielen anderen Aspekten alltäglichen Handelns in der Gegenwart wiederfindet. Dieser allgemeine Zusammenhang bettet den fantasierenden Blick auf Zahlen so gründlich in verwandte Alltagspraktiken ein, dass er als solcher selten thematisiert wird. Ein instruktives Beispiel für diese Einbettung des fantasierenden Blicks auf Zahlen in genealogisch verwandte und in ähnlicher Weise doppelbödige Alltagspraktiken ist die gesellschaftliche Verallgemeinerung der Idee messbarer Leistungen und deren Mobilisierung in den unterschiedlichsten Handlungskontexten (vgl. Scheytt et al. 2011). Insbesondere die Arbeiten von Barbara Townley haben in überzeugender Weise gezeigt, dass in Wirtschaftsorganisationen Techniken des Personalmanagements greifen, die aus den gleichen disziplinär-pädagogischen Genealogien erwachsen sind wie die Techniken organisierten Rechnens. Es handelt sich dabei um Techniken der Leistungsmessung, die auf einer „codification and enumeration of activity and movement" (Townley 1993: 531), auf einem „accounting in detail" (Townley 1996), auf einer spezifischen „mathesis" beruhen, in der „accounting" und Personalmanagement in der Herstellung von Klassifikationen, Taxonomien und Messungen komplementäre Funktionen in der Führung von Organisationsmitgliedern und Organisationsprozessen übernehmen (Townley 1995, 1998: 204f.). Die Buchführung über Leistungen, die zu einer Buchführung des Leistungsvermögens und schließlich zu einem Mittel der Leistungslenkung wird, diffundiert aber nicht einfach nur von Schulen und Universitäten in die Breite der verschiedenen Organisationsfelder der Gegenwart, sondern wird graduell zu einer globalen Idee des Steuerns und Regierens verallgemeinert: Auf die Bewertung des Bildungsstands von Schulkindern und Schulklassen folgt die Vermessung des Bildungsstandes ganzer Bevölkerungen und diese steht bald neben der Bewertung ganzer Staatsgebilde, Regierungssysteme und Volkswirtschaften durch globale Rankings und Ratings (vgl. Heintz & Vollmer 2011). So treffen sich in der Generalisierung der Idee der Leistungsvermessung die beiden foucauldianischen Großerzählungen von der Disziplinierung aus dem Bündnis von Wissens- und Erziehungspraktiken auf der einen und der Entwicklung von Gouvernementalität als allgemeiner Form der Regierungskunst auf der anderen Seite (Foucault 2004a, 2004b).

„At the same time, there is little in Foucault to explain local action", stellen Findlay und Newton (1998: 225) lapidar fest. Und tatsächlich sollte die Kohärenz dieses globalen Schulungszusammenhangs – Generalisierung der Idee der Leistungsvermessung, Diffusion disziplinärer Technologien der Sichtbarmachung, voranschreitende (Selbst-)Regierungsprojekte – nicht über die zunächst für sich genommen außerordentlich widersprüchliche Grundkonstruktion des Leistungskonzeptes (oder gar des „Leistungsprinzips") hinwegtäuschen: Die Leistung ist einerseits eine ganz und gar lokale und konkrete Aktivität, eine Arbeit, die bestimmt und vermessen werden kann; andererseits ist die Leistung nicht die Arbeit, sondern ihr gemessener Wert als das, was die Arbeit leistet, was an ihr wertvoll und zu würdigen ist. Die Leistung ist einerseits die Arbeit an und für sich, andererseits ihr Wert für andere. Geht man das Problem der Leistungsmessung alleine auf der Ebene der Leistungszeugnisse an, tauchen die entsprechenden Widersprüche nicht auf, solange Leistungen in Texte eingebettet bleiben, die Leistungsvergleiche hinreichend unproblematisch erscheinen lassen und die lokalen Kontexte der Leistungserbringung in hinreichender Form ausblenden. Auf der Ebene der lokalen Ordnung von Leistungsaktivitäten hingegen kommt es zu einer Ordnung von „performances", die von der ganzen Bandbreite an Komplexitäten und Schwierigkeiten gekennzeichnet ist, die daher rühren können, eben nicht „nur" arbeiten, sondern Arbeit auch als Leistung darstellen zu müssen, die von anderen als solche erkannt und bewertet werden kann.

In gewisser Weise verweist das Problem der Leistungsmessung damit auf ein Grundproblem aller Teilnehmer in allen sozialen Situationen: ihr eigenes Handeln für andere Teilnehmer bedeutsam und verständlich zu machen. Garfinkel (1967: 36ff.) hat die damit gegebene elementare Reflexivität sozialen Handelns, das zu einem gewissen Teil *immer* auch Darstellung seiner selbst sein muss, als Ausgangspunkt des ethnomethodologischen Forschungsprogramms genommen, und von Goffman (1959) stammen die in der Soziologie vielleicht bekanntesten Beobachtungen zu den alltäglichen Handlungsproblemen, die aus dem Darstellungszwang allen sozialen Handelns resultieren. Mit der Verbreitung alphanumerischen Schreibens und Lesens von Leistungen verschärfen sich diese Darstellungszwänge in historisch spezifischer Art und Weise: Das Publikum, für das ein Handeln als Leistung dargestellt werden muss, ist in der Regel nicht oder nur unvollständig und mittelbar in der Situation anwesend, in der etwas geleistet wird; der Lehrer beurteilt, aber der spätere Arbeitgeber liest; der Vorarbeiter zählt, aber das Lohnbüro zahlt; das Unternehmen bilanziert, Anteilseigner und Investoren reagieren (vielleicht); die Antragstellerin legt ihre Vorarbeiten und Qualifikationen dar, aber wer liest ihren Antrag? Leistungen sind *Hybride von Aktivitäten und Darstellungen*, deren problematische Einheit lokal nur unvollständig unter Kontrolle gebracht werden kann, wenn ihr Publikum diffus bleibt – vor allem dann, wenn unbekannte Leserinnen alphanumerischer Leistungszeugnisse adressiert werden. Die Leistungszeugnisse zirkulieren über einzelne soziale Situationen hinweg und die Produzenten von Leistungen können somit nicht wissen, in welchen Zusammenhängen ihre Aktivitäten aufgrund der Zirkulation von Leistungszeugnissen gelesen und bewertet werden. Die Einbettung von Leistungskontexten in Infrastrukturen der Vermessung und Inspektion bringt es dann mit sich, dass selbst Aktivitäten, deren Relevanz zunächst lokal bleiben darf, auf die eventuelle Inspektion und Bewertung durch noch unbekannte Teilnehmer einzustellen ist: Leistungsträger bemühen sich um „auditable performances" (vgl. Power 1999: 91ff.), um sich auf Leistungsbewertungen vorzubereiten, von denen sie noch gar nicht wissen, ob sie überhaupt jemals stattfinden werden.

Das alles bleibt in seiner Allgemeinheit ganz im Rahmen der von Foucault analysierten kollektiven Verallgemeinerung von Techniken der Regulierung anhand deren Übernahme durch die Regulierten, doch es hat eine besondere mikrosoziologische Pointe: Teilnehmer, deren Aktivitäten in Leistungszusammenhängen vermessen und bewertet werden, müssen sich die Perspektive der Leistungsbewerter aneignen, um Kontrolle über die Bewertung ihrer Aktivitäten zu gewinnen; diese Perspektive ist nur sehr unvollständig lokal zu erschließen und deshalb auf Fantasie angewiesen (vgl. Scheytt et al. 2011). Gleichzeitig ist auch die Lesekompetenz der Leistungsbewerter, sobald diese sich nicht mehr in derselben sozialen Situationen wie die Träger einer Leistung befinden, notwendig eine fantasierende: Eine Leistung muss aus einem Leistungszeugnis erlesen werden – und aus der Leistung ein Leistungsvermögen. Beide Arten des Fantasierens über Leistungen, die des Fantasierens über Publika und des Fantasierens über qua Leistung bezeugte langfristig beständige, steigerungsfähige oder verfallsgefährdete Werte, machen eine Alltagskompetenz der Leistungsbeurteilung in der Gegenwart aus und sind für durchschnittliche Teilnehmer sozialer Situationen hochgradig gängige Orientierungen in der Hervorbringung, Darstellung und Beurteilung eigener und fremder Aktivitäten.

Es ist dann zweifellos kein Zufall, dass die Kaufempfehlung für die „Global Systems Dynamix"-Aktie sieben Mal das Wort „Potenzial" benutzt, sechs Mal davon in Verbindung mit Zahlen (16). Es ist eine Alltagspraxis, in Zahlen Hinweise auf Verborgenes zu entdecken, ebenso wie es eine Alltagspraxis ist, anhand von Zahlen und in der Darstellung eigener Aktivitäten Hinweise auf Verborgenes zu geben, einerseits verborgenes Potenzial, Handlungschancen und Profitmöglichkeiten zu suchen, andererseits all das für andere, häufig noch unbekannte Teilnehmer möglichst effektiv zu suggerieren. Der fantasierende Blick auf Zahlen ist häufig auch ein fantasierender Blick auf verborgene Leistungen und Leistungsvermögen, und Zahlenwerte mögen dann besonders fantastisch sein, wenn sie fantastische Leistungen annoncieren. In beiden Hinsichten erwächst das Fantastische der Zahlen und Zeugnisse aus dem ebenso geschulten wie fantasierenden Blick kompetenter Teilnehmer, die Zahlen wie Leistungen in größere Bewertungszusammenhänge einzubetten vermögen, die über eine lokale Situation hinausweisen. In diesem Sinne ist der fantasierende Blick auf Zahlen und Leistungen, eine alltagspraktische Orientierung von Teilnehmern, die in alphanumerisch geprägten Bewertungszusammenhängen leben (vgl. Grimpe 2010: 231-235) – und insofern ist er in seiner Fantasie ganz und gar realistisch.

Mikrostrukturen des Zahlengebrauchs

Eine Leistung ist gleichzeitig ein bestimmter gemessener Wert und die verborgene Arbeit „hinter" der Messung, die kompetente Leserinnen in der Betrachtung von Leistungswerten zu entdecken vermögen und die von einer Messung auf ein bestimmtes Leistungsvermögen zu schließen erlaubt. In gleicher Weise wird die Verbindung vom vordergründigen Informationsgehalt eines Zahlenwertes zum Hintergrund dessen, was ein Zählwert an Wirklichkeit oder an bloßem Wirklichkeitspotenzial auszudrücken vermag, durch die besondere Form der Lesekompetenz hergestellt, die ich oben als fantasierenden Blick auf Zahlen angesprochen habe. Der fantastische Realismus kollektiven Zahlengebrauchs resultiert aus dieser mehrfachen Lesbarkeit von Zahlen hinsichtlich ihrer vordergründigen und hintergründigen Bedeutungen. Als besondere Lesekompetenz ist er aufgrund der Allgegenwart von Leistungs- und Bewertungszusammenhängen überaus alltäglich und als typische Mikrostruktur des Zahlengebrauchs wird er in den unterschiedlichsten sozialen Situationen von deren Teilnehmern reproduziert.

Die Soziologie hat den Gebrauch mathematischer Zeichen im Anschluss an Wittgenstein (1974) in erster Linie als Sprachspiel rekonstruiert, das besonders starr institutionalisierten Konventionen folgt, deren Befolgung die universale Gültigkeit bestimmter Rechenverfahren und Rechenergebnisse garantiert (Bloor 1994). Unter Mathematikern wird die Selbstbezüglichkeit dieser Konventionen so weit verallgemeinert, dass sie in einer Form des Sprachspiels resultiert, in der mathematische Zeichen und Operationen ausschließlich auf andere mathematische Zeichen und Operationen verweisen (Heintz 2000). In Alltagspraktiken des Rechnens ist dies ebenso wenig der Fall wie dann, wenn Zahlen nicht mehr nur auf der selbstreferenziellen Ordnung mathematischer Symbole, sondern auf empirisch kontingenten Messungen beruhen (z.B. Lave 1986; Heintz 2007: 74ff.). Dann verweisen Zahlen sowohl auf eine selbstreferenzielle mathematische Ordnung, in der Additionen derselben Zahlen immer zu denselben Ergebnissen führen, als auch auf Ausschnitte einer von Zahlen repräsentierten Wirklichkeit, in der man die sprichwörtlichen Äpfel und Birnen nicht addieren sollte. Diese doppelte Rahmung ist der Normalfall gegenstandsbezogenen Rechnens im Alltag, ob es dabei nun um Geld, Leistungen, Kosten oder Ballbesitz geht.[4] Schon die „einfache" Praxis des Zählens erfordert von kompetenten Teilnehmern eine doppelte Aufmerksamkeit sowohl auf die Vervollständigung einer bloßen Zahlenreihe als auch auf die gezählten Gegenstände. Diese Aufmerksamkeit korreliert mit einer doppelten Rahmung des Zahlengebrauchs: einerseits gerahmt durch die selbstreferenziellen Regeln des Zählens und Rechnens, andererseits durch das, auf was die Zahlen in der jeweiligen Situation verweisen; einerseits durch ihre arithmetische Bedeutung, andererseits durch ihre Bedeutung als Symptome, Messungen oder Repräsentationen (vgl. Vollmer 2007: 583-589).

Während sich die erste Rahmung durch die unbedingte Eindeutigkeit des Zählens und Rechnens auszeichnet und über die unterschiedlichsten sozialen Situationen hinweg in der gleichen Form mobilisiert wird, ist die Frage, auf was Zahlen verweisen, was sie also an Welt, Wirklichkeit und Möglichkeit konkret bedeuten sollen, eine Frage kontingenter Rahmungsaktivitäten in konkreten sozialen Situationen. Dieser zweite Rahmungsaspekt ist für Situationsteilnehmer keineswegs immer fragwürdig – Zahlen auf kleinen Klebezetteln in Supermarktregalen werden beispielsweise auch ohne Währungszeichen als Preise erkannt, ebenso wie Zahlen auf Schulzeugnissen als Zensuren –, doch ist diese Rahmung von Situation zu Situation variabel und in viel stärkerem Ausmaß auf die Kompetenz der Teilnehmerinnen in der Deutung von Situationen angewiesen als die Manipulation von Zahlen als bloße Ziffern. Die Mikrostrukturen des alltäglichen Zahlengebrauchs bringen also eine Gleichzeitigkeit vordergründiger Transparenz eindeutiger Zahlen und hintergründiger, kontingenter und von den Teilnehmern konkreter Situationen erst zu erschließender Bedeutungen hervor. Die Regularität und Gleichförmigkeit des Zählens und Rechnens ist deshalb ebenso konstitutiv für den kollektiven Zahlengebrauch wie die Fähigkeit von Situationsteilnehmern, aus den Zahlen Verweise auf etwas abzulesen, das anhand der Zahlen zu erschließen bleibt. In diesem Sinne erfordert die kompetente Verwendung von Zahlen von den Teilnehmern sozialer Situationen immer sowohl Kompetenzen konformer Regelbefolgung als auch Fähigkeiten zur Mutmaßung über Verborgenes und nur indirekt anhand von Zahlen Gegenwärtiges – insbesondere dann, wenn die Zahlen nicht an den Gegenständen kleben, deren Preise, Eigenschaften oder Leistungen sie bezeichnen.

Der fantasierende Blick auf Zahlen ist deshalb ein zentraler Bestandteil der Alltagspraxis des Zählens und Rechnens und ein systematisches Korrelat kollektiver Mikrostrukturen des Zahlengebrauchs, die in ihrer Doppelbödigkeit, ihrem fantastischen Realismus, ähnlich universell sind wie die Regeln der Arithmetik in ihrer Eindeutigkeit (oder „Einbödigkeit"). Zahlen haftet tatsächlich genau in dem Maße etwas Fantastisches an, wie sie von Situationsteilnehmern als Symptome von etwas Wirklichem, Mess- und Zählbarem gelesen werden, das anhand von Zahlen vergegenwärtigt werden muss. Im Alltagsinteresse an Zahlen als Zugängen zu Werten und Wirklichkeiten, Möglichkeiten und Chancen offenbart sich eine Praxis des Zahlengebrauchs, die in dem Maße spekulativ und riskant ausfällt, wie sie realistisch und nüchtern sein möchte. Rückblickend erscheint deshalb auch der spezifische Blick der klösterlichen Buchführung, der sich anhand von Zahlen am Vergangenen und Gegebenen vergewissern möchte, als dabei lediglich in sehr spezifischer Weise fantasierend. Weder die Welt noch die klösterliche Ordnung, weder der Handel noch seine Transaktionen sind jemals symmetrisch gewesen, ihre Symmetrie ist das Resultat eines in besonders restriktiver Weise geschulten fantasierenden Blickes, der vier Jahrhunderte braucht, um als fantastischer Realismus, der sich von der Vergangenheit ab- und der Zukunft zuwendet, weitere Freiheitsgrade zu gewinnen.

Letztendlich ist es deshalb bezeichnend, wenn die Titelzeile des Börsenforums – „835% ist das realistisch?" – Fantasie und Realismus miteinander verknüpft und sich das Interesse der Teilnehmerinnen an dieser Verknüpfung und ihrem Gegenstand genau in dem Moment verflüchtigt, wo die fantastischen und realistischen Aspekte des Kurswertes auseinandertreten (s.o., Abbildung 1) – bis auf Weiteres: „sobald man mal erste Daten bekommt, die auch auf gescheite kurzfristige Steigerungen hinweisen, werde ich wieder einsteigen. Im Augenblick werde ich das Geld kurzfristig in andere Werte investieren" (329).

Anmerkungen

1 Die Beiträge dieses Forums wurden, wie bei vielen anderen Online-Diskussionsplattformen über Börsenkurse, auf unterschiedlichen Finanzmarktseiten im Internet „gespiegelt", so auf http://boerse.freenet.de/forum/_hot/427055/thread?order=asc (Abgerufen am 24.3.2011); http://www.ariva.de/forum/835-ist-das-realistisch-427055 (Abgerufen am 24.3.2011); http://www.stock-world.de/board/forum_gesamt/427055/thread.m?page=-2&secu=103561366 (Abgerufen am 23. März 2011); http://forum.stocks.ch/forum/lebt_ja_noch-t427055 (Abgerufen am 23. März 2011). Die Beiträge in diesem Diskussionsforum bestehen aus einer Themen- oder Betreffzeile (ähnlich der einer Email), aus der auch der Verfasser und der Zeitpunkt des Postings hervorgeht, dem Text des Beitrages und einer Bewertungssäule am rechten Rand des Beitrages, die Auskunft gibt über die Bewertung des Beitrags durch andere Nutzer (im Falle des ersten Beitrags einmal als „informativ", dreimal „interessant", einmal „gut analysiert", einmal „witzig". Da die Anzahl der Bewertungen in keinem Verhältnis zu der Anzahl der Beiträge steht (von denen die allermeisten unbewertet bleiben), werde ich auf diese Bewertungen nicht weiter eingehen. Ich benutze zum Verweis auf die Autorinnen der Beiträge nachfolgend unsystematisch weibliche und männliche Formen, und Geschlechtszuordnungen wären auf Basis der Autorenangaben nur bedingt möglich. Interpunktions- und andere Fehler behalte ich bei der Wiedergabe der Beiträge bei.
2 Zahlen in Klammer beziehen sich auf die Nummer des Forumsbeitrags, aus dem zitiert wird (die Beiträge im Forum sind fortlaufend nummeriert).
3 Der MACD (Moving Average Convergence/Divergence)-Indikator beschreibt den Trend eines Kurses und kann aufgrund von Kursabweichungen Kauf- und Verkaufssignale geben.
4 Und sie ist damit ein elementares Charakteristikum dessen, was Uwe Vormbusch (2011) so trefflich als Soziokalkulation bezeichnet.

Literatur

Bloor, David (1994): What Can the Sociologist of Knowledge Say About 2+2=4?. In: Ernest (1994): 21-32
Chandler, Alfred D. (1977): The Visible Hand: The Managerial Revolution in American Business. Cambridge, MA; London: Belknap
Ernest, Paul (Hrsg.) (1994): Mathematics, Education and Philosophy: An International Perspective. London: Falmer
Ezzamel, Mahmoud (2009): Order and Accounting as a Performative Ritual: Evidence from Ancient Egypt. In: Accounting, Organizations and Society 34. 348-380
Findlay, Patricia/Newton, Tim (1998): Re-framing Foucault: The Case of Performance Appraisal. In: McKinlay/Starkey (1998): 211-229
Foucault, Michel (1977): Überwachen und Strafen: Die Geburt des Gefängnisses. Frankfurt am Main: Suhrkamp
Foucault, Michel (1988): Technologies of the Self. In: Martin et al. (1988): 16-49
Foucault, Michel (2004a): Geschichte der Gouvernementalität I. Sicherheit, Territorium, Bevölkerung. Vorlesung am Collège de France 1977-1978. Frankfurt am Main: Suhrkamp

Foucault, Michel (2004b): Geschichte der Gouvernementalität II. Die Geburt der Biopolitik. Vorlesung am Collège de France 1978-1979. Frankfurt am Main: Suhrkamp
Garfinkel, Harold (1967): Studies in Ethnomethodology. Englewood Cliffs, NJ: Prentice-Hall
Goffman, Erving (1959): The Presentation of Self in Everyday Life. Garden City, NY: Doubleday
Goody, Jack (1986): The Logic of Writing and the Organization of Society. Cambridge: Cambridge University Press
Grimpe, Barbara (2010): Ökonomie sichtbar machen. Die Welt nationaler Schulden in Bildschirmgröße. Eine Ethnographie. Bielefeld: transcript
Heintz, Bettina (2000): „In der Mathematik ist ein Streit mit Sicherheit zu entscheiden": Perspektiven einer Soziologie der Mathematik. In: Zeitschrift für Soziologie 29. 339-360
Heintz, Bettina (2007): Zahlen, Wissen, Objektivität. In: Mennicken/Vollmer (2007): 65-85
Heintz, Bettina/Vollmer, Hendrik (2011): Globalizing Comparisons: Performance Measurement and the 'Numerical Difference' in Global Governance. Vortrag auf der Konferenz der International Studies Association in Montréal, März 2011
Hopwood, Anthony G./Miller, Peter (Hrsg.) (1994): Accounting as Social and Institutional Practice. Cambridge: Cambridge University Press
Hoskin, Keith/Macve, Richard H. (1986): Accounting and the Examination: A Genealogy of Disciplinary Power. In: Accounting, Organizations and Society 11. 105-136
Hoskin, Keith/Macve, Richard H. (1994): Writing, Examining, Disciplining: The Genesis of Accounting's Modern Power. In: Hopwood/Miller (1994): 67-97
Kalthoff, Herbert, (1996): Das Zensurenpanoptikum. Eine ethnographische Studie zur schulischen Bewertungspraxis. In: Zeitschrift für Soziologie 25. 106-124
Lave, Jean (1986): The Values of Quantification. In: Law (1986): 88-111
Law, John (Hrsg.) (1986): Power, Action and Belief: A New Sociology of Knowledge. Sociological Review Monograph 32. London: Routledge & Kegan Paul
Macintosh, Norman B./Shearer, Teri/Thornton, Daniel B./Welker, Michael (2000): Accounting as Simulacrum and Hyperreality: Perspectives on Income and Capital. In: Accounting, Organizations and Society 25. 13-50
Martin, Luther H./Gutman, Huck/Hutton, Patrick H. (Hrsg.) (1988): Technologies of the Self: A Seminar With Michel Foucault. Amherst: University of Massachusetts Press
McKinlay, Alan/Starkey, Ken (Hrsg.) (1998): Foucault, Management and Organization Theory. London; Thousand Oaks: Sage
Mennicken, Andrea/Vollmer, Hendrik (Hrsg.) (2007): Zahlenwerk. Kalkulation, Organisation und Gesellschaft. Wiesbaden: VS Verlag für Sozialwissenschaften
Miller, Peter/Napier, Christopher (1993): Genealogies of Calculation. In: Accounting, Organizations and Society 18. 631-647
Peragallo, Edward (1938): Origin and Evolution of Double Entry Bookkeeping: A Study of Italian Practice from the 14th Century. Concord, NH: Rumford
Power, Michael (1999): The Audit Society: Rituals of Verification. Oxford; New York: Oxford University Press
Preda, Alex (2006): Socio-technical Agency in Financial Markets: The Case of the Stock Ticker. In: Social Studies of Science 36. 753-782
Quattrone, Pablo (2004): Accounting for God: Accounting and Accountability Practices in the Society of Jesus (Italy, XVI-XVII centuries). In: Accounting, Organization and Society 29. 647-683
Schmandt-Besserat, Denise (1981): From Tokens to Tablets: A Revaluation of the So-Called 'Numerical Tablets'. In: Visible Language 15. 321-344
Schmandt-Besserat, Denise (1997): How Writing Came About. Austin: University of Texas Press.
Scheytt, Tobias/Huber, Christian/Junne, Barbara/Junne, Jaromir (2011): Kontextualität von Leistung. Überlegungen zur hartnäckigen Unschärfe eines grundlegenden Begriffs im Controlling. In: Seicht (2011): 131-153

Seicht, Gerhard (Hrsg.) (2011): Jahrbuch für Controlling und Rechnungswesen. Wien: LexisNexis

Sombart, Werner (1969): Der moderne Kapitalismus: Historisch-systematische Darstellung des gesamteuropäischen Wirtschaftslebens von seinen Anfängen bis zur Gegenwart. 2. Band: Das europäische Wirtschaftsleben im Zeitalter des Frühkapitalismus. München; Leipzig: Duncker & Humblot (zuerst 1902)

Stäheli, Urs (2004): Der Takt der Börse. Inklusionseffekte von Verbreitungsmedien am Beispiel des Börsen-Tickers. In: Zeitschrift für Soziologie 33. 245-263

Thompson, Grahame (1991): Is Accounting Rhetorical? Methodology, Luca Pacioli and Printing. In: Accounting, Organizations and Society 16. 572-599

Thompson, Grahame (1994): Early Double-Entry Bookkeeping and the Rhetoric of Accounting Calculation. In: Hopwood/Miller (1994): 40-66

Townley, Barbara (1993): Foucault, Power/Knowledge and Its Relevance for Human Resource Management. In: Academy of Management Review 18. 518-545

Townley, Barbara (1995): Managing By Numbers: Accounting, Personnel Management and the Creation of a Mathesis. In: Critical Perspectives on Accounting 6. 555-575

Townley, Barbara (1996): Accounting in Detail: Accounting for Individual Performance. In: Critical Perspectives on Accounting 7. 565-584

Townley, Barbara (1998): Beyond Good and Evil: Depth and Division in the Management of Human Resources. In: McKinlay/Starkey (1998): 191-210

Vollmer, Hendrik (2007): How to Do More With Numbers. Elementary Stakes, Framing, Keying, and the Three-Dimensional Character of Numerical Signs. In: Accounting, Organizations and Society 32. 577-600

Vollmer, Hendrik (2008): Zahlenspiele und Regierungsphantasien. In: WestEnd – Neue Zeitschrift für Sozialforschung 5. 102-115

Vormbusch, Uwe (2011): Die Herrschaft der Zahlen. Zur Kalkulation des Sozialen in der kapitalistischen Moderne. Frankfurt am Main; New York: Campus

Weber, Max (1972): Wirtschaft und Gesellschaft: Grundriss der verstehenden Soziologie. Tübingen: Mohr (zuerst 1921)

Wittgenstein, Ludwig (1974): Bemerkungen über die Grundlagen der Mathematik. Frankfurt am Main: Suhrkamp

Yamey, Basil S. (1949): Scientific Bookkeeping and the Rise of Capitalism. In: Economic History Review 1. 99-113

Taxonomien des Flüchtigen. Das Portfolio als Wettbewerbstechnologie der Marktgesellschaft.

Uwe Vormbusch

Für Max Weber stellten die rationale Kapitalrechnung und eine kalkulativ vermittelte Orientierung an Marktchancen und Rentabilität charakteristische Merkmale des okzidentalen Kapitalismus dar. Allerdings bewegt sich Weber noch ganz selbstverständlich im Rahmen einer Buchhaltung der *Dinge*; die Substanz ökonomischer Werte und ihre Hervorbringung im Medium kalkulatorischer Messung sind ihm noch nicht problematisch geworden. Der Beitrag geht zunächst davon aus, dass im Rahmen einer Gesellschaftsformation, die man mit aller Vorsicht als „intangiblen Kapitalismus" bezeichnen kann, die Kommensuration, Bewertung und Entfaltung immaterieller Vermögenswerte ein zentrales Steuerungsproblem darstellt. Die These lautet, dass das – ursprünglich dem Feld der Finanzwirtschaft entstammende - Portfolio die paradigmatische Technologie der Repräsentation und Verfügbarmachung dieser flüchtigen, kontextgebundenen und in ihrer Substanz unbestimmten Ressourcen darstellt. Mittels des Portfolios wird die Intangibilität und Flüchtigkeit immaterieller Werte von einem Problem in ein genuines Rationalisierungspotenzial transformiert – in Form kontinuierlicher Reflexions- und Selbstverbesserungsprozesse innerhalb eines Feldes wettbewerblich konkurrierender Handlungsträger.

Rationale Kapitalrechnung bei Max Weber

In den im letzten Lebensjahr Webers entstandenen Vorbemerkungen zu den „Gesammelten Aufsätzen zur Religionssoziologie" hebt dieser die Bedeutung der Kapitalrechnung für den okzidentalen Kapitalismus hervor. Konzeptionell sind es vor allem drei Sondererscheinungen, die diese „nirgends sonst auf der Erde entwickelte Art des Kapitalismus" (Weber 1973: 347) auszeichnen: die rational-kapitalistische Organisation formell freier Arbeit, die Trennung von Haushalt und Betrieb, sowie die rationale Buchführung. „Die moderne rationale Organisation des kapitalistischen Betriebs wäre nicht möglich gewesen ohne zwei weitere wichtige Entwicklungselemente: die Trennung von Haushalt und Betrieb, welche das heutige Wirtschaftsleben schlechthin beherrscht, und, damit eng zusammenhängend, die rationale *Buchführung*." (Weber 1973: 347) Ein kapitalistischer Wirtschaftsakt beruhe auf der Erwartung von Gewinn durch Ausnützung formell friedlicher Tauschchancen. Eine solche, an formell friedlichen Tauschchancen orientierte Wirtschaft aber sei ohne Kapitalrechnung nicht denkbar: „Wo kapitalistischer Erwerb rational erstrebt wird, da ist das entsprechende Handeln orientiert an Kapital*rechnung*". Für eine kapitalistische Unternehmung gleich welcher Organisationsform sei mithin „das Entscheidende, dass eine Kapital*rechnung* in Geld aufgemacht wird, sei es nun in modern buchmäßiger oder in noch so primitiver und oberflächlicher Art. [...]" (Weber 1973: 344f.).

Weber beschränkt die Wirkungsweise der rationalen Buchführung nicht auf eine Anfangs- und Schlussbilanz. Die kapitalistische Wirtschaft sei vielmehr in allen Einzelakten und Wirtschaftsentscheidungen durch permanente Kalkulation gekennzeichnet. Er nimmt insofern eine gesteigerte Alltagsbedeutung für die Wirtschaftssubjekte an. Es geht um nicht weniger als die ökonomische und rechnungsmäßige Kalkulation „jeder einzelnen Handlung". Dies bedeutet aber nichts Anderes, als dass die Rationalität der wirtschaftlichen Handlungen in hohem Grade von der Rationalität der zugrunde gelegten Kapitalrechnung abhängig ist. Die Genauigkeit und der Entwicklungsstand der Buchführung entscheiden so gesehen über den Grad der Rationalität des kapitalistischen Erwerbs. Kalkulation ist die Grundlage rational kapitalistischen Erwerbs, hier trifft sich Weber mit Sombart, auch wenn er diesen Punkt in technischer Hinsicht leider nicht besonders gründlich ausgeführt hat. Exakte Kalkulation erscheint so als die unhintergehbare Grundlage kapitalistischen Wirtschaftens. Gleichzeitig ist sie nur „auf dem Boden freier Arbeit" denkbar: denn erst zu jenem historischen Zeitpunkt, wenn Kalkulation von Verwandtschafts-, ständischen und feudalen Restriktionen gelöst wird, kann „exakt" und „betriebsförmig" kalkuliert werden. Die exakte Kalkulation ökonomischer bzw. marktgängiger Güter ist dementsprechend von der Entfaltung des Kapitalismus nicht nur nicht zu trennen, sondern stellt deren Grundlage dar (vgl. Kula 1986, der die Ausweitung kalkulatorischer Systeme des Messens auf immer mehr soziale Tatbestände und ihre Standardisierung ebenfalls mit der Durchsetzung des Marktes und der Überwindung der ständischen Gesellschaft in Verbindung bringt). Allerdings bleiben Webers Ausführungen diesbezüglich fragmentarisch. Erst in neuerer Zeit ist das Verhältnis von Organisation (Betriebsführung), Kapitalismus und (legitimer) Herrschaft – um es in Webers Worten zu sagen - wieder kritisch reflektiert worden. Es ist das Verdienst der interdisziplinären Accounting-Forschung, diesen Zusammenhang seit den 1980er Jahren als Forschungsgegenstand etabliert zu haben (vgl. Vollmer 2003; Vormbusch 2004).

Kritische Accounting-Forschung

Angesichts der alltäglichen Selbstverständlichkeit, mit der kalkulative Konstrukte wie das Bruttosozialprodukt, das Hochschulranking, die Evaluation schulischer Leistungen (PISA), die Staatsverschuldung und Arbeitslosenrate heute zur Grundlage der Deutung und des Handelns in organisierten Handlungsbereichen gemacht werden, wird leicht vergessen, „that the urge to quantify and to measure has a long and complex history" (Power 2004a: 766). Dabei wird Kalkulation in der Regel mit Objektivität, mit einer durch standardisierte Techniken ermöglichten Reproduzierbarkeit, sowie mit der Vorstellung einer ausreichenden messtheoretischen Distanz von messendem Subjekt und Messobjekt gleichgesetzt, welche Rückwirkungen des Gemessenen auf das Messsubjekt ausschließen soll. Seit den Anfängen der staatlichen Statistik basiert die Legitimität des organisierten Zahlengebrauchs auf eben diesem institutionalisierten Anspruch der Objektivität und Neutralität. Was würde im Rahmen einer kritischen Auseinandersetzung mit dem Herrschaftscharakter der Zahlen also näherliegen, als diesen Anspruch zu dekonstruieren? Genau hieran setzen die „Critical Accounting Studies" an (vgl. Roslender 1992; Miller & Napier 1993; Puxty 1993; die Beiträge in Hopwood & Miller 1994). Die Einführung systematischer Kalkulations- und Bewertungsverfahren z.B. durch kapitalrenditeorientierte Kennzahlensysteme wie *return on investment* (Chandler & Salsbury 1971; Chandler & Daems 1979; vgl. zu einer Genealogie dieses Konzepts Hoskin & Macve 1988) versprechen eine spezifische Rationalisierung betrieblicher und gesellschaftlicher Herrschaft, indem sie Entscheidungen auf eine messtechnisch objektivierte und intersubjektiv überprüfbare Basis stellen: „Decisions are no longer made on the basis of arbitrary power, but are subject to the neutrality and objectivity claims that calculative practices bring with it" (Miller 1992: 79). Die „disziplinäre Objektivität" des Accounting (Porter 1995) ist in diesem Zusammenhang vor allem durch den Anspruch definiert, Erkenntnis und Erkenntnisverfahren von den ‚korrumpierenden' Einflüssen von Region, Kultur und Subjekt zu lösen. Sie ist, will sie diesen Anspruch auch gegenüber disziplinexternen Akteuren überzeugend kommunizieren, an besondere Formen der Herstellung und Kommunikation von Wissen gebunden. Porter (1994: 39 ff.) spricht in diesem Sinne von einem „cult of impersonality" als Leitvorstellung des Accounting und als die Grundlage seines sich gesellschaftlich ausdehnenden Anspruchs, die Instrumente und damit in gewisser Weise auch die Inhalte und Ziele der Steuerung und Kontrolle zu definieren. Power (2004b: 4) charakterisiert dieses ‚umgedrehte' Verhältnis von eigenlogischen, feldspezifischen Handlungszielen einerseits (hier: der Wissenschaft), zahlenbasierter Steuerung andererseits als „shift from preoccupations with the scientificity of accounts to the financial accountability of science".

Kalkulation als Schreiben von Wert

Es wäre irreführend, kalkulative Praktiken als eine Abfolge formalisierter Rechenschritte zu verstehen. Für die Analyse zahlenbasierter sozialer Praktiken hat sich demgegenüber in der kritischen Accounting-Forschung (vgl. Roslender 1992; die Beiträge in Hopwood & Miller 1994) ein Verständnis von Kalkulation als einer institutionalisierten und politischen, d.h. einer im weitesten Sinne sozialen Praxis durchgesetzt. Diese Auffassung steht immer noch – trotz verschiedener Hinweise auf einen „reflexiven Zahlengebrauch" (vgl. Köhler & Bonß 2007 zur „postamtlichen Statistik") – im Widerspruch zu kulturell eingeschliffenen Vorstellungen des Kalkulierens als schlichtes Rechnen. ‚Rechnen' als notwendige Grundlage kalkulativer Praktiken kann dabei in Form ganz simpler Operationen stattfinden (z.B. wenn periodisch durchgeführte Bildungsmaßnahmen im Rahmen der Aufstellung einer Wissensbilanz schlicht addiert werden) und doch zur Basis komplexer sozialer Handlungsketten wie im Falle von Evaluationen werden. Das Abstraktionsniveau des Rechnens entscheidet somit nicht über die Ziele und den Rationalitätsgrad kalkulativer Praktiken im Rahmen spezifischer Handlungsprogramme wie des ‚New Public Management'. Kalkulative Praktiken stellen vielmehr spezifisch zahlenorientierte Handlungs- und Verfahrensweisen, Konstruktions- und Repräsentationsprozesse dar, welche bereits die Wahrnehmung gesellschaftlicher Leistungsprozesse verändern, indem sie spezifische Aspekte derselben hervorheben, abschatten oder als ökonomisch bzw. politisch bewertbare Tatbestände erst hervorbringen. Damit spielen sie eine konstitutive Rolle in der Konstruktion gesellschaftlicher Wirklichkeiten. Folgerichtig werden in der einschlägigen Literatur die performativen und die sozialkonstruktivistischen Aspekte kalkulativer Praktiken hervorgehoben (z.B. MacKenzie & Millo 2003 zum Finanzmarkt). Kalkulationen beruhen darüber hinaus auf Messungen, wobei diese wiederum konflikt- und interessenbehaftete Einigungsprozesse über das ‚How-to-measure' und entsprechende Kategorisierungen voraussetzen. Die so erreichbare Vergleichbarmachung des Unvergleichbaren ist eine der entscheidenden Leistungen, welche der organisierte Zahlengebrauch in der Gegenwart übernimmt: als ein Medium, welches Kommunikation über qualitativ Verschiedenes innerhalb systemisch ausdifferenzierter Teilbereiche ebenso erlaubt wie die Kommunikation über die Grenzen zwischen diesen Teilbereichen hinweg. Dieser grundsätzlich zunächst sinnvolle Gebrauch zahlenbasierter Denominatoren ermöglicht Kommunikation allerdings um den Preis einer grundsätzlichen Transformation dessen, worüber kommuniziert wird sowie der Form der Kommunikation selbst.

Im Folgenden werden kalkulative Praktiken *erstens* als eine besondere Form des *Schreibens von Wert* aufgefasst. Dieses allgemeine Verständnis hat nicht lediglich den Vorzug, begrifflich unabhängig von einer bestimmten gesellschaftlichen Handlungssphäre zu sein – insofern sich der Begriff des Wertes nicht ausschließlich auf einen monetär bestimmbaren ökonomischen Wert zu beziehen hat (Benchmarking und ‚Economic Value Added' wären Beispiele für solche im engeren Sinne ökonomischen Bewertungssysteme). Mehr noch: Eine solch allgemeine Definition ist die Voraussetzung dafür, dass der Gebrauch von Zahlen ein Verbindungsglied zwischen den ausdifferenzierten Sphären der Ökonomie, Politik, Wissenschaft, sowie zwischen diesen Systemen und der Alltagskultur zu bilden vermag. Kein sozialer Tatbestand, der nicht Gegenstand eines kalkulativen Vergleichens und zahlenbasierter Evaluation werden könnte. Mit den Zahlen der Wirtschaft kann (und muss) auch die Politik rechnen. Zahlen sind das Medium der strukturellen Kopplung gesellschaftlicher Subsysteme (Luhmann) par excellence. Für intersystemische Kommunikationsprozesse ebenso wie für die Etablierung zahlenbasierter Konkurrenzverhältnisse innerhalb eines sozialen Feldes ist allerdings eine weitgehende Abstraktion von der Materialität der Vergleichsobjekte – und teilweise auch ihrer Eingebundenheit in feldspezifische Kontexte und Rechtfertigungsordnungen – funktional notwendig. Es wird sich zeigen, dass dieses Absehen von Materialität und Kontext weniger ein Erkenntnis- und Darstellungsdefizit von Zahlen bedeutet als vielmehr ein steuerungspolitisch ausgesprochen vorteilhaftes Attribut.

Zweitens gehe ich davon aus, dass Kalkulation ihre produktiven Potentiale als eine soziale Praxis entfaltet, welche nicht von den Aushandlungen, Diskussionen und sozialen Interaktionen des sozialen Feldes zu trennen ist. Mehr noch: sie kann ihre produktiven Potentiale nur auf der Grundlage dieser Aushandlungen entfalten – und rahmt diese zugleich im Medium des organisierten Zahlengebrauchs. Die „Kalkulation des Sozialen" (Vormbusch 2012) beschränkt sich nicht auf die Repräsentation immaterieller Leistungsprozesse, sondern nutzt diese Darstellungen, um Deutungs- und Positionskämpfe innerhalb des durch die Darstellungen hervorgebrachten Feldes zu initiieren. Sie benötigt hierzu das „Gehorchen Wollen" und die aktive Teilnahme einer je feldspezifischen Leistungsöffentlichkeit.

Buchführung als *Kapitalform der Schrift*

In der Literatur zur Relevanz früher Buchhaltungstechniken für die Entstehung von Kapitalismus und Moderne sind zwei Ansätze zu unterscheiden. Der eine konzentriert sich auf die Bedeutung der Buchführung im Rahmen ökonomischer Prozesse, z.B. für die Herausbildung neuer Formen von Handel und Organisation im Frühkapitalismus. Hierzu zählen die Arbeiten von Sombart und von Weber, sowie im angelsächsischen Sprachraum z.B. die Arbeiten von Bryer (1993, 2000). Der zweite, stärker an Foucault orientierte Ansatz ist dagegen an den tiefer liegenden Veränderungen in der gesellschaftlichen ‚Textualität' interessiert, auf denen die Buchführung gewissermaßen schwimmt und als deren Ausdruck sie interpretiert wird (vgl. Hoskin & Macve 1986, 1994). Aus der ersten Sicht erscheint die Buchführung als eine der „Sondererscheinungen des Kapitalismus", gewissermaßen als die „Schrift des Kapitals" (Baecker 1993), während sie aus der zweiten eine spezifische Ausprägung der generellen Veränderungen gesellschaftlicher Textformen repräsentiert, also gewissermaßen die *Kapitalform der Schrift* darstellt.

Nach Ansicht von Hoskin und Macve (1986, 1994) waren fundamentale Transformationen der gesellschaftlichen Form des Schreibens und Lesens notwendig, bevor Kalkulation als eine gesellschaftlich verständliche Technologie des Schreibens von Wert etabliert werden konnte. Deren Anfang bilden Innovationen im Bereich der räumlichen Gliederung von Texten im Europa des frühen zwölften Jahrhunderts. Die allgemeine Bedingung für die Genese neuer Formen der Kalkulation und der Kalkulierbarkeit sehen die beiden deshalb im Aufkommen neuer Strukturmerkmale der gesellschaftlichen Textualität, welche den Grundzügen nach im Europa des 13. Jahrhunderts bereits vollendet gewesen sei. Geschriebene Texte nahmen zunehmend die Struktur eines Gitters bzw. Rasters an (*a grid*), ihre Struktur, Lesbarkeit und Zugänglichkeit änderte sich damit fundamental. Kennzeichen dieses Rasters seien die Strukturierung nach einzelnen Kapiteln und Paragraphen, Kapitalüberschriften und Hervorhebungen sowie die Etablierung von Anhängen, Inhalts- und Schlagwortverzeichnissen. Diese neue Struktur macht den Text in neuer Weise „visuell zugänglich" (*visually accessible*). Hierdurch erst sind neue Nutzungs- und Rezeptionsformen möglich. Der Text wird oftmals nicht länger im Ganzen durchgelesen, sondern abschnittsweise. Passagen werden in Relation zu anderen Passagen, auch aus anderen Texten gesetzt. „Its signs no longer speak for themselves but through other signs from elsewhere." (Hoskin & Macve 1986: 110) Diese Veränderung der Textualität folgte der Rationalität eines „re-writing for information-retrieval" (Hoskin & Macve 1986: 110). Rouse und Rouse (1979: 26 ff.) identifizieren in diesem Zusammenhang drei grundlegende Innovationen: die Einführung einer alphanumerischen Ordnung des Textes, für welche arabische Zahlen verwendet wurden, die Einführung von Abschnitten, Überschriften etc., d.h. ein neues Layout, und drittens die Einfügung von Referenzsystemen wie Inhalts- und Schlagwortverzeichnissen, Siglen etc., d.h. gewissermaßen eines sekundären Textes, welcher Metainformationen über den Text selbst enthält.

Hoskin und Macve (1986: 113) gelangen zu der Schlussfolgerung, dass die Durchsetzung der doppelten Buchführung „nur im Licht der Veränderungen im Feld des ‚Schreibens von Geld' verstanden werden" könne (Übersetzung: U.V.), d.h. im Kontext ökonomischer Umbrüche. „Money was developing, then, as a historically new kind of doubled writing, both as debit/credit and in the bilateral system of transactions." (Hoskin & Macve 1986: 120) Das *doubled writing* als Voraussetzung und Form des Geldes (systemtheoretisch könnte man formulieren: als Einheit der Differenz von Soll und Haben) machen sie wiederum an den Veränderungen der Textstruktur frühneuzeitlicher Rechnungslegung fest. So verzeichnete bereits im Jahr 1221 ein florentinisches Rechnungsbuch Darlehen in Form einzelner Paragraphen. Hierbei wurden absichtsvoll Räume für die etwaige Verbuchung von Rückflüssen zu verschiedenen und *ex ante* nicht festlegbaren Zeitpunkten freigelassen. Diese Rückzahlungen wurden dann jedoch einfach in chronologischer Reihenfolge ohne jede weitere Ordnung bzw. Referenz eingefügt, so dass sich bei einer Vielzahl einzelner Rückzahlungen letztlich wieder ein eher chaotisches Gesamtbild ergab. Gleichwohl zeigen sich hier ansatzweise die neuen Gestaltungsprinzipien der Paragraphierung, der Einteilung in Kapitel, der räumlichen und visuellen Aufteilung und Indexikalisierung verschiedener Inhalte etc. „*Qua* text it is still basically a chronological narrative but its nascent systematization of repayments under the relevant paragraph with separation by punctuation offers a measure of visual control, (...)" (Hoskin & Macve 1986: 120). Sukzessive wird so aus der bestenfalls chronologisch, nicht jedoch sachlich bzw. kontenförmig geordneten „Erzählung" wirtschaftlicher Transaktionen, welche nach Ansicht einer Vielzahl von Wirtschaftshistorikern und auch von Sombart (1987) typisch für die mittelalterliche Buchhaltung war, ein System miteinander verknüpfter Konten. Mit der sukzessiven Transformation wirtschaftlicher Texte (insofern auch Schriftformen wie Tabellen, Konten etc. einen in besonderer Weise produzierten, geordneten und zu konsumierenden „Text" darstellen) gehen neue Möglichkeiten der Nutzung einher. So kann eine Bilanz nicht lediglich chronologisch gelesen werden, sondern unter jedem erdenklichen bilanzwirksamen Gesichtspunkt, und das nicht nur einmal, sondern immer wieder von verschiedenen Akteuren und unter ganz verschiedenen Gesichtspunkten. Transaktionen müssen Konten zugeordnet werden, Zuordnungsregeln können standardisiert werden etc. So werden zum einen neue Zugänge zu den kontenförmig dargestellten Informationen möglich, neue Interpretations- bzw. Analyseformen derselben etabliert, entstehen neue Berufsstände zur Erstellung, Kommunikation und Interpretation dieser Bilanzen, und parallel hierzu *schrumpft die soziale Flexibilität in der Interpretation dieser Texte*, insofern standardisierte Regeln der Erstellung und des „Lesens" von Bilanzen etabliert werden, welche den Anspruch ihrer Objektivität untermauern sollen. „In any event, one can conclude that, where in 1250 accounts had begun only halting steps along the textual trail blazed in the scholarly field, by 1350 they had developed so far that they constituted what has generally been seen as an independent *sui generis* kind of new text developed by and for merchants." (Hoskin & Macve 1986: 121) Für Hoskin und Macve liegt die Schlussfolgerung deshalb auf der Hand, dass das voll entwickelte System der doppelten Buchführung mit seiner komplizierten internen Kontenstruktur lediglich eine besondere Ausprägung dieser allgemeinen neuen Textualität sei, „a particular form of the new general textuality." Ohne dies an dieser Stelle weiter ausführen zu können (vgl. Vormbusch 2012), erlaubt dies einen neuen Blick auf die Soziogenese und die Frage der kulturellen „Lesbarkeit" hier zunächst der Bilanz als der dominanten Gestalt ökonomischer Repräsentation, und im Anschluss hieran auch des Portfolios. Das Portfolio ist so gesehen eben deshalb kulturell verständlich, lesbar, und in verschiedenen gesellschaftlichen Feldern implementierbar, weil seine Gestalt das Ergebnis eines viele Jahrhunderte umfassenden Transformationsprozesses der gesellschaftlichen Textualität reflektiert. Das Portfolio ist damit unter den heutigen Bedingungen als eine paradigmatische Manifestation der „Kapitalform der Schrift" zu lesen.

Der Strukturwandel des Kapitalismus und die Vermögenswerte der immateriellen Ökonomie[1]

Im Kontext industriell-kapitalistischer Gesellschaften stand für Unternehmen typischerweise die Produktion und Vermarktung materieller Güter im Vordergrund. Folgerichtig war die betriebliche Kosten- und Leistungsrechnung auf die Erfassung und Bewertung materieller Güter ausgerichtet: Werkstoffe, Hilfsmittel, Halbfertigprodukte, Rohstoffe, Boden, Anlagen und Bestände ebenso wie schließlich das zu verkaufende Endprodukt selbst. Das Gleiche gilt für die externe Unternehmensberichterstattung in Form der Rechnungslegung mit den Adressaten Staat, Fiskus und Kapitalmarktakteure. Diese externe Berichterstattung sei, so bemerkt der Arbeitskreis „Immaterielle Werte im Rechnungswesen" der Schmalenbach-Gesellschaft für Betriebswirtschaft (2004: 223) kritisch, „immer noch wesentlich von der Vorstellung geprägt, dass materielle Werte wie Grundstücke, Gebäude, Produktionsanlagen oder Vorräte die entscheidenden Werttreiber von Unternehmen darstellen". Dies hat zur Folge, dass die gegenwärtigen Instrumente der Unternehmensberichterstattung die immateriellen Vermögenswerte eines Unternehmens kaum abzubilden vermögen. Auf der anderen Seite wird in immer wieder ähnlichen Formulierungen der tief greifende Wandel der ökonomischen Grundlagen der vergangenen Jahrzehnte im Rahmen der Politikberatung folgendermaßen beschrieben: „(…), the developed economies of the world have been undergoing a significant but largely undetected shift in the mode of wealth creation. The root of competitive advantage and economic regeneration lies in our ability to exploit immaterial things – so-called intangibles." (Mantos Associates 2004: 2; Eustace 2000, 2003[2]: 4) Dieser fundamentale Wandel in der Beschaffenheit des ökonomisch relevanten Kapitals werde von den gesellschaftlich etablierten Taxonomien bis jetzt nur ungenügend reflektiert. Gerade für forschungs- und wissensintensive Industrien und Unternehmen wird die Erfassung und Kommunikation immaterieller Werte jedoch immer wichtiger. Denn die eigentlichen Werte des Unternehmens, die es von seiner Konkurrenz unterscheiden und hervorheben (vgl. die „Resource Based View", Fried 2005; Moldaschl 2005a), seien seine „intangible assets".

Lev (2004: 5) verweist in diesem Zusammenhang auf die US-amerikanische Forschung, welche die Investitionen in den USA im Feld immaterieller Ressourcen auf etwa 1 Billion US-$ schätze. Die Investitionen in materielle Produktionsfaktoren beliefen sich in derselben Zeit auf kaum mehr, d.h. auf etwa 1,1 Billionen US-$. „Studies by Hill and Youngman, Croes, and others have confirmed that intangible investment in the order of 10% of the GDP of the developed economies goes unrecorded as such, and observe that the miss-classification of sums of this magnitude distorts our picture and understanding of economic realities" (Eustace 2003: 22). Hofmann (2005: 3) schätzt allein den Markenwert von Coca-Cola auf mehr als 50 Mrd. US-$, gemessen als Gegenwartswert 2005 der (geschätzten) zukünftigen Erträge, die allein auf die Marke zurückzuführen sind. Die Markenwerte von Microsoft und IBM liegen dieser Studie zufolge nur knapp dahinter. Wie man am folgenden Schaubild erkennen kann (Abbildung 1), ist der Markenwert nur ein kleiner Teil des Spektrums immaterieller Werte.

The resource base of the 21st century enterprise

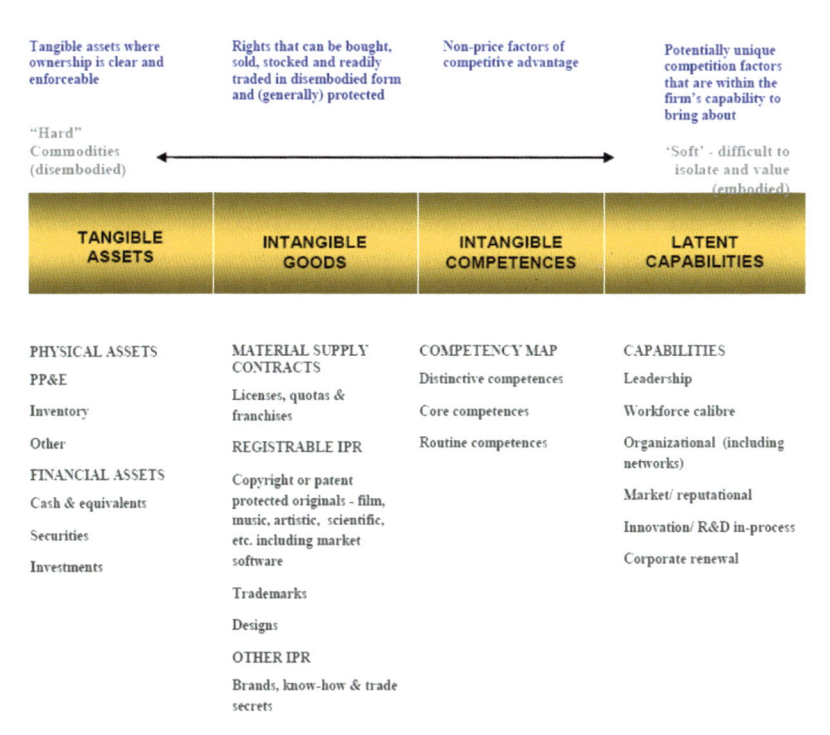

Tangible assets where ownership is clear and enforceable	Rights that can be bought, sold, stocked and readily traded in disembodied form and (generally) protected	Non-price factors of competitive advantage	Potentially unique competition factors that are within the firm's capability to bring about
"Hard" Commodities (disembodied)	←――――――――――――――――――――→		'Soft' - difficult to isolate and value (embodied)
TANGIBLE ASSETS	**INTANGIBLE GOODS**	**INTANGIBLE COMPETENCES**	**LATENT CAPABILITIES**
PHYSICAL ASSETS PP&E Inventory Other FINANCIAL ASSETS Cash & equivalents Securities Investments	MATERIAL SUPPLY CONTRACTS Licenses, quotas & franchises REGISTRABLE IPR Copyright or patent protected originals - film, music, artistic, scientific, etc. including market software Trademarks Designs OTHER IPR Brands, know-how & trade secrets	COMPETENCY MAP Distinctive competences Core competences Routine competences	CAPABILITIES Leadership Workforce calibre Organizational (including networks) Market/ reputational Innovation/ R&D in-process Corporate renewal

Abbildung 1: The shifting coporeate asset base. (Eustace & Youngman in WP1.7)

Marken fallen genauer betrachtet unter die Bezeichnung der „intangiblen Güter". Das bedeutet, dass bei ihnen – anders als z.b. bei den Kompetenzen der Mitarbeiter – die Kriterien der Marktgängigkeit und der rechtlichen Separierbarkeit vorliegen (vgl. zu den Kriterien der Aktivierbarkeit immaterieller Vermögensgegenstände in der Bilanz Diefenbach & Vordank 2003: 7ff.). Das folgende Schaubild verdeutlicht, dass es ein ganzes Spektrum intangibler bzw. immaterieller Werte gibt, welche sich im Hinblick auf ihre Identifizierung, Abgrenzbarkeit, ihren käuflichen Erwerb, d.h. ihre Marktgängigkeit, sowie ihre rechtliche Verfügbarkeit und damit auch im Hinblick auf ihre bilanzielle Erfassung unterscheiden.

Wenn davon ausgegangen wird, dass Max Webers Diktum, Kapitalismus beruhe u.a. auf der kalkulativ vermittelten Orientierung an Marktchancen und Rentabilität, weiterhin zutrifft, dann stellt sich die Frage, wie in einem solchen ‚intangiblen Kapitalismus' die relevanten Werte rechenbar und bewertbar gemacht – und damit in Konkurrenz zueinander gesetzt werden können – selbst und gerade, wenn kein Markt für die Bewertung und den Tausch dieser Werte existiert. Es geht damit um die wettbewerbliche In-Konkurrenzsetzung von gesellschaftlichen Leistungsprozessen jedweder Art, welche – so die Ausgangsüberlegung – weder in Tonnen oder Zeiteinheiten, aber auch nicht schlicht in monetären Wertgrößen gemessen werden können – z.b. weil sie keine Marktgängigkeit aufweisen, und/oder weil sie über den spezifischen Kontext ihres Gebrauchs hinweg keinen Äquivalenzwert aufweisen (vgl. Moldaschl 2005a zur Kontextgebundenheit ‚generativer' Ressourcen). Wenn das Wissenskapital des Wissenskapitalismus nicht in Zeit- und Geldeinheiten kommensurabel gemacht werden kann, wenn für seine fundamentalen Wertgrößen keine Märkte existieren, wie kann dieses Vermögen „in Rechnung gestellt" und gesellschaftlich bzw. ökonomisch erschlossen werden? Diese Frage soll im Folgenden anhand des Portfolios als gesellschaftlicher Wettbewerbstechnologie untersucht werden.

Kalkulieren und Repräsentieren: das Portfolio

Das Portfolio stellt ein spezifisches Darstellungsformat gesellschaftlicher Arbeitspraxen und ‚Vermögen' im weiteren Sinne dar, das in vielen unterschiedlich strukturierten Handlungsfeldern Anwendung findet. Es ist in Gestalt des Unternehmensportfolios ebenso prominent im Rahmen des Shareholder-Value Ansatzes, in Bildungsevaluationen wie PISA, in Technologie-, Aktien-, aber eben auch in den hier näher untersuchten Personalportfolios. Auch wenn seine Funktionen, Gebrauchsweisen und Effekte jeweils feldspezifisch untersucht werden müssen, gehe ich davon aus, dass das Portfolio eine gesellschaftsweit etablierte Technologie des Schreibens von Wert darstellt, eine „skopische Technologie" (vgl. Knorr-Cetina 2003 ursprünglich zu den „screen-worlds" des Devisenhandels), mittels derer Ereignisse, Aktivitäten und Interessen auf eine Oberfläche projiziert werden und damit kalkulativ und visuell zugänglich gemacht werden.

Prominenz und konstitutiven Charakter erlangte das Portfolio zuerst im Feld der Finanzwirtschaft. Wie lässt sich für einen rationalen Investor ein „effizientes" Portfolio ermitteln? Um diese Frage zu beantworten, setzte Harry Markowitz (1952) in seiner später mit dem Nobelpreis ausgezeichneten Arbeit an die modelltheoretische Stelle der bis dato unterstellten monovariablen Gewinnmaximierungsstrategie eines Investors zwei konfligierende Parameter: das Verhältnis von erwarteter Rendite und erwartetem Risiko.

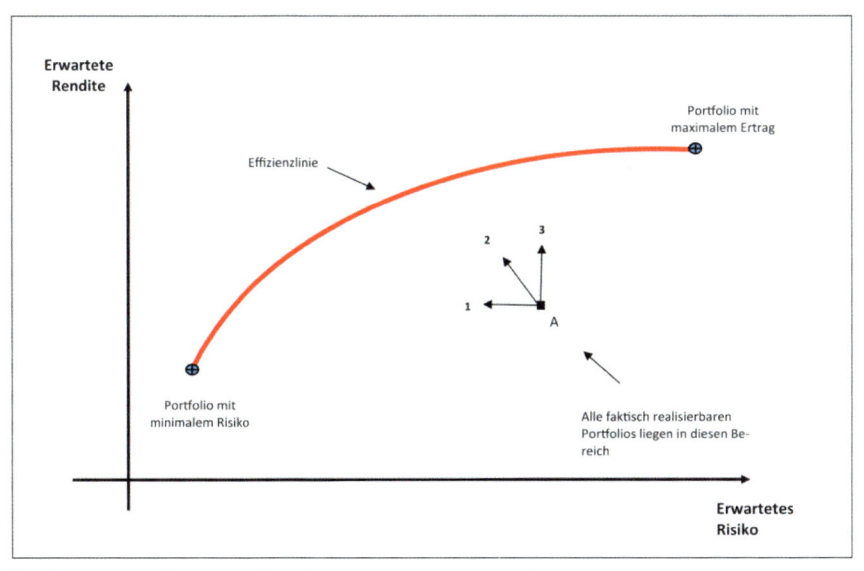

Abbildung 2: Effizientes Portfolio in der Finanzmarkttheorie

y-Achse: erwartete Rendite μ eines beliebigen Portfolios. x-Achse: die Standardabweichung σ (bzw. Varianz σ^2) der erwarteten Rendite μ; σ ist das Maß für das Risiko, dass die erwartete Rendite nicht erzielt wird. Es wird über die Standardabweichung der historischen Erträge zu schätzen versucht. Die rote Linie stellt grafisch die Menge aller „effizienten" Portfolios dar. Es gibt definitionsgemäß keine effizientere Kombination von Investitionen mit der erwarteten Rendite μ und der unerwünschten Volatilität der Rendite (sprich: des Risikos). Einfach ausgedrückt: Eine höhere Renditeerwartung des Gesamtportfolios ist nur auf Kosten einer steigenden Volatilität der Gesamtrendite des Portfolios zu erzielen, d.h. des gesamten Risikos der Investitionen. Aber: es gibt Portfolios, in denen das Verhältnis von Rendite(erwartung) und Risiko optimiert ist – und solche, in denen dies nicht der Fall ist. Das spezifische Risiko eines so genannten „effizienten Portfolios" ist dabei abhängig von der internen Korrelation der einzelnen Wertpapiere. Es nimmt ab, wenn die Kovarianz der einzelnen Investments abnimmt. Es ist vor allem diese Überlegung zum Zusammenhang von Kovarianz und Risiko eines Portfolios, welche dem Investor neue strategische Handlungsmöglichkeiten eröffnet. Ein rationaler Investor wird, abhängig von seinen individuellen Renditeansprüchen und seiner Risikoneigung ein bestimmtes Portfolio auf der Effizienzlinie wählen. Gleich welches er wählen wird: Es gibt kein effizientes Portfolio ohne Diversifikation der einzelnen Anlagen.

Für die Konstruktion eines optimalen Portfolios stellt sich vor allem die Schwierigkeit der Bestimmung der erwarteten Rendite der im Portfolio enthaltenen Werte. Erwartete Renditen können jedoch nicht sicher berechnet, sondern lediglich geschätzt werden. Zur Lösung dieses Problems wird in der Regel auf Zeitreihenvergleiche zurückgegriffen. Die erwartete Rendite wird hierbei aus dem arithmetischen Mittel der realisierten Renditen abgeleitet. Diese Art der Schätzung gilt zwar als vergleichsweise erwartungstreu, „seine Präzision ist jedoch selbst bei langen Datenhistorien gering" (Hagemeister 2010: 5). Ähnliches gilt für die Schätzung von Varianz und Kovarianz, selbst wenn die diesbezüglichen Schätzwerte durch eine Erhöhung der Erhebungsfrequenz von Daten verbessert werden können (Hagemeister 2010: 5). Die Transformation zukünftiger Unsicherheit in ein berechenbares Risiko bildet den Ausgangspunkt der Diversifikationsstrategien und der Bestimmung des „effizienten Portfolios". Diese Transformation von Unsicherheit in Risiko (vgl. Knight 1921) kann aufgrund der Unbestimmtheit der Marktentwicklung nur partiell gelingen. Diese Unbestimmtheit der Zukunft liegt, so die weiteren Überlegungen, auch den nun betrachteten Personalportfolios zugrunde. Die rechnerische Transformation von Unsicherheit in Risiko wird hier jedoch zugunsten eines strukturanalogen Mechanismus ausgesetzt. An die Stelle einer objektivierenden Kalkulation von (zukünftigem) Wert tritt eine spezifische Form der Subjektivierung qua organisiertem Zahlengebrauch.

Human Resource Portfolios

Odiorne (1984) übertrug den Ansatz der Portfoliooptimierung aus dem Feld der Finanz- und Kapitalmarkttheorie auf das Feld des Managements von Humanressourcen. Sein Ziel bestand darin, das strategische Personalmanagement in die Lage zu versetzen, das Personalvermögen der Mitarbeiter einer Firma in gleicher Weise zu analysieren und zu bewerten, wie dies die finanzwirtschaftliche Portfoliotheorie dem Investor im Hinblick auf risikobehaftete Anlagen am Finanzmarkt ermöglicht (vgl. Odiorne 1984: 32). Investitionen in betriebliche Bildung, Motivation und Gehalt sind demzufolge nicht anders als Investitionen in ein differenziertes Portfolio von Mitarbeitern zu betrachten. Wie in der Investitionstheorie auch, bestehe die größte Schwierigkeit in diesem Zusammenhang darin, den Wert des jeweiligen *assets* angemessen zu bestimmen. Hierzu sind Kriterien notwendig, und die beiden grundlegenden Kriterien zur Bewertung von Humanressourcen seien die aktuelle Leistung und das Potenzial der Mitarbeiter. Es geht m.a.W. einmal um die gegenwärtige, das andere Mal um die (notwendig unsichere) zukünftige Leistung. Finanzwirtschaftlich ausgedrückt ist Letztere nichts Anderes als die materiale Basis für den „expected stream of future income", welcher der Firma durch die Beschäftigung des Mitarbeiters zufließt. Damit ist die entscheidende Frage: „How would we value an asset that will pay us $ 8,000 a year for forty years?" (Odiorne 1984: 35).

Das Personalmanagement sieht sich hier ähnlichen Problemen gegenüber wie das finanzwirtschaftliche Fondsmanagement: erstens der Unsicherheit im Hinblick auf den Marktwert der jeweiligen Qualifikation, zweitens hinsichtlich der Veränderung der Nachfrage nach dieser Qualifikation auf den Märkten und damit hinsichtlich des Gewinns, der durch die Nutzung dieser Qualifikation in der Zeit erwirtschaftet werden kann, sowie drittens hinsichtlich der Neigung des Mitarbeiters bzw. bestimmter Klassen von Mitarbeitern, im Unternehmen zu verweilen oder nach besseren Verwertungsmöglichkeiten ihres Vermögens zu suchen. Die drei zentralen Kriterien für die Bestimmung des Gegenwartswerts eines Mitarbeiters sind in diesem Zusammenhang die Leistung, das Potenzial, und schließlich das Risiko, wobei in diesem Zusammenhang markt- und nicht marktinduzierte Risiken unterschieden werden. Ein marktinduziertes Risiko ist z.B. die veränderliche (Markt)Nachfrage nach einem Qualifikationsbündel und – in Abhängigkeit hiervon – die Variabilität der Entlohnung, m.a.W.: das Risiko unkontrolliert steigender Lohn- und Gehaltsansprüche. Ein nicht-marktinduziertes Risiko ist beispielsweise der ‚Opportunismus' des Mitarbeiters, z.B. in Gestalt seiner Neigung, alternative Beschäftigungsangebote zu suchen und zu akzeptieren. Ebenso wie Leistung und Potenzial ist das mit einem Mitarbeiter bzw. einer Gruppe von Mitarbeitern verbundene Risiko einer Unterbrechung bzw. Beendigung des Einkommensstroms ein zentrales Kriterium für die Zuordnung zu bestimmen Risikokategorien: „The permanent employee, with seniority and limited ability to change jobs, has a more certain income stream than the consultant and thus has a lower discount rate." (Odiorne 1984: 38) Für das höhere Risiko, dass der Berater bzw. ein Beschäftigter mit extern nachgefragten Qualifikationen das Unternehmen verlässt, müsse demzufolge eine „Risikoprämie" gezahlt werden.

Entscheidend auch für die Konstruktion eines Personalportfolios ist der Risikodiversifizierungsgedanke. Mittels Diversifikation, d.h. der Investition in unterschiedliche Gruppen von Mitarbeitern, soll das Risiko des Gesamtportfolios minimiert werden (Odiorne 1984: 45ff.) – ein Gedanke, der auf der klassischen Portfoliotheorie von Markowitz (1952) beruht. Die Grundlage des Portfolio-ansatzes bildet dementsprechend die Aufstellung einer Vierfelder-Matrix mit zwei Beurteilungsdimensionen: der aktuellen Leistung und dem zukünftigen Potenzial (vgl. Odiorne 1984: 66; Schellinger 2004: 51).

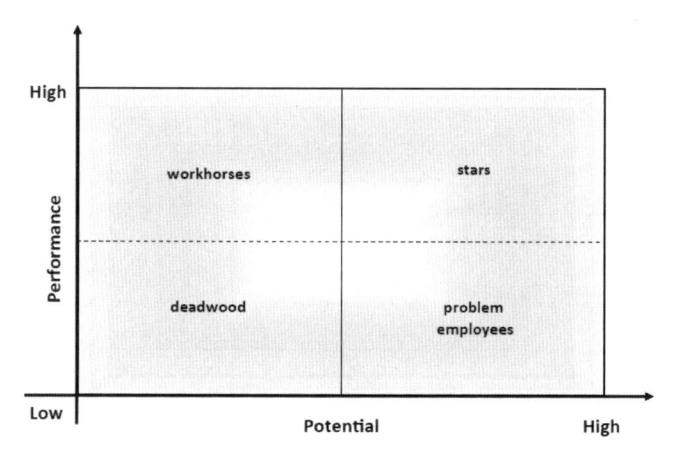

Abbildung 3: The Human Resources Portfolio (in Anlehnung an Odiorne 1984: 66)

Hierbei ist die Dimension der Leistung noch verhältnismäßig einfach auf der Grundlage des jeweiligen betrieblichen Systems von Leistungszielen und -messungen operationalisierbar. Die Operationalisierung des Potenzials eines Mitarbeiters rekurriert wiederum auf die finanz- und betriebswirtschaftliche Vorstellung des „Gegenwartswerts des Geldes". In diesem Modell ist, so Schellinger (2004: 50) das Potenzial eines Mitarbeiters eine „Funktion der diskontierten zukünftigen Wertbeiträge (Einzahlungsüberschüsse) eines Beschäftigten". Die Berechnung dieses Gegenwartswerts hängt von der erwarteten verbleibenden Betriebszugehörigkeit des Mitarbeiters respektive der Veränderung der Marktnachfrage nach seinen Kompetenzen (dem spezifischen Risiko also), seinen derzeitigen Fähigkeiten zur Umsetzung betrieblicher Ziele und seiner diesbezüglichen Entwicklungsmöglichkeiten ab. Praktisch wird dieser Gegenwartswert nicht ‚berechnet', wenn hierunter die Einsetzung personenspezifischer Parameter in eine Formel und deren anschließende Berechnung gemeint ist, als vielmehr geschätzt. Eigene Untersuchungen im Feld des Human Resource Managements in einem transnationalen Mischkonzern belegen zwar die kalkulative Rahmung von Entscheidungen im Feld des Personalmanagements im Sinne des Portfoliomanagements, nicht jedoch eine mathematische Formalisierung dieser Entscheidungen (Vormbusch 2009). Es ist ausreichend, für erzielte Leistungen und erwartete Leistungszukünfte Punktwerte zu vereinbaren und auf dieser Grundlage einen ‚kalkulativen Raum' für Personalentscheidungen aufzuspannen. Das Personalportfolio dient einer systematischen Verknüpfung von Leistungsvergangenheit (Ergebnisse) und möglichen Leistungszukünften (Fähigkeiten bzw. Potenzial), wobei die Personalbeurteilung durch die Aufstellung von individuellen Entwicklungsplänen mit der antizipierten Entwicklung des Geschäftsbereichs und den hieraus ableitbaren Kompetenzanforderungen verknüpft wird. Es handelt sich um eine „systematische Antizipation künftiger Zustände" (Bender 1997: 222 zum funktionalen Leistungsbegriff), aus der in einem ‚retrospektiven' Verfahren wiederum Anforderungen für die gegenwärtige Kompetenzentwicklung abgeleitet werden – für einzelne Mitarbeiter ebenso wie für den Ressourcenpool bzw. den Humankapitalstock des Unternehmens als Ganzen.

Rechenschreiben als diskursive Praxis

Der in den kapitalistischen Gegenwartsgesellschaften dominante Kommensurator gesellschaftlicher Leistungsprozesse ist der Marktmechanismus. Was aber, wenn kein Preis feststellbar ist für immaterielle Güter wie das (lediglich in seinem feld- und organisationsspezifischen Kontext abschätzbare) zukünftige Arbeitsvermögen von Beschäftigten, für das ökonomische Potential einer bestimmten Therapieform seltener Krebserkrankungen, für das Entwicklungspotential der Fakultäten für Zahnmedizin in Nordrhein-Westfalen? In solchen für den intangiblen Kapitalismus typischen Situationen des Marktversagens aufgrund der Ambiguität, Unschärfe, Kontextgebundenheit und Latenz der betrachteten Werte muss an die Stelle des Preismechanismus ein strukturanaloger Mechanismus treten, mit dem man gleichwohl mehr machen (weiter und differenzierter sehen) kann: das Portfolio.

Nicht nur die Praxis des Human Resource Managements ist konstitutiv auf Prozesse der Aushandlung der relativen Wertigkeit sozialer Objekte auf der Grundlage kalkulativer Darstellungsformate angewiesen. Auch in der Hochschulsteuerung wird seit einigen Jahren auf ähnliche Repräsentationsformen zurückgegriffen, so z.B. in den Analysen des einflussreichen „Centrum für Hochschulentwicklung" (z.B. CHE 2009). Hennke (2005) mahnt vor dem Hintergrund einer angenommenen Umverteilung von unternehmerischen Risiken von den Kostenträgern zu den Leistungserbringern eine strategische Portfolioanalyse für Krankenhäuser an. Das Universitätsklinikum Heidelberg arbeitet an einer strategischen „Optimierung des Leistungsportfolios", in dessen Rahmen der erwartete Umsatz mit bestimmten „Angeboten" und ein Vergleich ihrer „Produktlebenszyklen" eine zentrale Rolle spielen (Gürkan 2003; ähnlich Sobhani & Kersting 2009). Den Hintergrund stellt hier die Einführung von Patientenklassifikationssystemen dar (DRGs), mittels derer stationäre Behandlungsfälle anhand von Kriterien wie Diagnosegruppe, Schweregrad und Alter zu Fallgruppen mit entsprechenden Abrechnungspauschalen zusammengefasst werden.

Es ist sicher richtig, dass in jedem dieser Felder detaillierte empirische Analysen zur Relevanz und zum alltagspraktischen Gebrauch portfoliogestützter Repräsentationen von Leistungsprozessen nötig sind. So ist z.b. davon auszugehen, dass die solcherart vermittelten Rationalisierungsprozesse im Kontext des *New Public Management*, zu dem sowohl die Hochschulen als auch Krankenhäuser, Schulen und Arbeitsagenturen gehören, eine andere Form annehmen werden als in der Privatwirtschaft. Gleichwohl existiert m.E. eine gemeinsame Funktionslogik portfoliobasierter Steuerungsansätze immaterieller Vermögenswerte. Diese ist z.B. darin zu sehen, dass in jedem beliebigen dieser Leistungsportfolios den taxierten Wertgrößen ihr gegenwärtiger (funktionaler, d.h. in einem weiteren Sinne prozessbezogener) Wert in Relation zu vergleichbaren Einheiten im Feld zugewiesen wird. Kalkulative Messgrößen und Zielvorgaben spannen einen Entwicklungs- und Bewegungsraum auf, innerhalb dessen ein Subjekt-Objekt (ein Geschäftsbereich, ein Beschäftigter, eine Universität) auf- oder absteigen kann. Wollen wir die spezifische soziale Produktivität des Portfolios verstehen (sein gesellschaftliches Rationalisierungspotential), so ist ein analytischer Dreischritt notwendig.

Der *erste Schritt* besteht in der Kommensurabilisierung von Unterschiedlichem mittels einer gemeinsamen Metrik. Für Espeland und Stevens (1998: 315) stellt Kommensuration einen „fundamentaler Tatbestand des sozialen Lebens" dar. Sie bietet spezifisch Möglichkeiten, „Stellvertreter" bzw. „Annäherungen" für unsichere und flüchtige Momente dieses sozialen Lebens zu konstruieren (Espeland & Stevens 1998: 316), in unseren Worten: für immaterielle Werte. Hier bereits tritt die spezifische Produktivität sozialer Aushandlungen hervor, weil erst auf ihrer Grundlage entschieden werden kann, welche Aspekte des in Frage stehenden gesellschaftlichen Arbeitsprozesses in die Metrik eingehen sollen, und welche nicht – welche also hervorgehoben und welche abgeschattet werden. Kommensuration unterstellt hierbei – setzen wir im Lesen und Schreiben organisierter Zahlensysteme kompetente Akteure voraus – keine Objektivität der Zahlen, sondern lediglich einen institutionell abgesicherten, d.h. bestimmten Konventionen genügenden Vergleich von Unterschiedlichem.

Der *zweite Schritt* erst besteht im Rechnen, d.h. in der Anwendung formaler Rechenvorschriften mit dem Ziel der vergleichenden Darstellung des Kommensurierten in Form von Summen, einer Matrix, einer Tabelle, eines Portfolios. Krämer und Bredekamp (2003a: 17) sprechen diesbezüglich sicher zutreffend von einer „interpretationsindifferenten Algorithmik der Rechenverfahren". Sie betonen damit die Handlungsentlastung des Operierens mit Zahlenzeichen von seiner erfahrungsgestützten Interpretation sowie seinem sozialen Kontext. Rechnen ist nun einerseits integraler Bestandteil kalkulativer Praktiken wie es andererseits lediglich eine ihrer Komponenten darstellt – notwendige, aber nicht hinreichende Bedingung von Kalkulation.

Der *dritte* – und m.E. entscheidende – Schritt besteht in der Stimulierung spezifischer sozialer Aushandlungsprozesse durch die Positionierung eines Objekts in einer Vergleichspopulation und der Etablierung vergleichsweise eindeutiger Konkurrenzbeziehungen zwischen diesen Objekten. Auch das Human Resource Portfolio zielt dementsprechend weniger auf die objektivierende Fremdbeschreibung des ‚Wertes' einzelner Mitarbeiter, als vielmehr auf die subjektivierende Veränderung der Selbstbeschreibungen der Akteure im Feld mit dem Ziel einer Transformation ihrer Handlungsmotive. Damit stellt es ein Instrument der Konkurrenzierung jener Subjekt-Objekte und ihres feldspezifischen Kapitals dar, deren Kompetenzen die Wissens- und Vermögensbasis des intangiblen Kapitalismus darstellen.

Das Portfolio zielt auf die Stimulierung von Deutungs-, Aushandlungs- und Selbstformungsprozessen, welche sich im Medium kalkulierenden Messens und Bewertens vollziehen. Es ist eine, wenn nicht gar das zentrale Steuerungsinstrument zur Stimulierung eines beständigen und unabschließbaren Optimierungsprozesses im Rahmen einer hypertrophen gesellschaftlichen Konkurrenz (vgl. Rosa 2006). Die Legitimität portfoliogestützter Entscheidungen basiert idealtypisch gerade nicht auf dem zur Genüge kritisierten und dekonstruierten Neutralitäts- und Objektivitätsanspruch des Accounting (vgl. Miller 1992), sondern auf asymmetrischen, kollektiven und konflikthaften Aushandlungen, welche im Medium des organisierten Zahlengebrauchs geführt werden. An die gewissermaßen naive Überzeugung der Objektivität von Kennziffern ist die Funktionalität einer solchen Steuerung nicht mehr gebunden. Die Anerkennung der Tatsache, dass es hier nicht um objektive Messungen geht, ist im Gegenteil die Voraussetzung dafür, den Geltungsanspruch von Zahlen auf Bereiche auszudehnen, in denen ihr Objektivitätsanspruch vor dem Hintergrund des Wissens der Akteure und der spezifischen Qualität der zu steuernden Größen nicht akzeptiert werden würde. Es ist die Stärke des hier zu beobachtenden schwachen Geltungsanspruchs kalkulativer Praktiken, auf den Anschein einer objektivistischen Spiegelung der organisatorischen, ökonomischen oder sozialen Wirklichkeit zu verzichten. Erst durch diese Stärke der Schwäche des organisierten Zahlengebrauchs wird seine Ausdehnung auf das Feld der Konstruktion und Repräsentation immaterieller Wertgrößen möglich.

Max Weber bewegte sich im Rahmen einer Buchhaltung der Dinge, und die traditionelle betriebswirtschaftliche Kosten- und Leistungsrechnung reflektiert dies in ihrer Behandlung von Subjekten als Sachen, welche in Kosten- und Zeiteinheiten repräsentiert werden können. Das Innovative an der Form des Portfolios ist vor diesem Hintergrund nicht allein, dass es immaterielle Leistungsparameter in den Blick nimmt – das tun lange erprobte Konzepte des *management by objectives* auch. Interessant erscheint vor allem, dass das Portfolio Aushandlungen über die

Wertigkeit der in es eingetragenen „Objekt-Subjekte" auf eine kollektive Ebene hebt und damit aus der Sicht der Organisation bzw. der Regulierungsinstanz andere Produktivitäts- und Subjektivierungspotentiale zu entfalten verspricht. Es stellt eine – mit den Worten Powers (1997: 6) – „portable" Kulturtechnik dar, deren Grundstruktur und Positionssymbolik aufgrund der von Hoskin und Macve untersuchten kulturellen Lernerfolge im Lesen formaler Repräsentationen sowohl von Laien als auch von feldexternen Experten verstanden wird. Die Konkurrenzbedingungen sowie die Ergebnisse eines über Portfolios ausgetragenen gesellschaftlichen Leistungswettbewerbes sind damit von einer erweiterten Leistungsöffentlichkeit beobachtbar. Und damit wiederum müssen sich die Akteure, welche sich im Rahmen dieser Konkurrenz behaupten müssen (Geschäftsbereiche, Beschäftigte, Universitäten beispielsweise), vor einer ausgedehnten Öffentlichkeit für ihre Leistungen rechtfertigen. Dieser im Hinblick auf Partizipation und demokratische Öffentlichkeit nur schwer abzulehnende Legitimationszwang gewinnt im Kontext von Shareholder Value und „New Public Management" einen doppelten Charakter: als Rationierungs- und als Rationalisierungsinstrument.

Dass portfoliobasierte Steuerung im Zeichen eines hypertrophen Wettbewerbs die Akteure vor Allem unter einen entgrenzten Leistungsdruck stellen, droht darüber hinwegzutäuschen, dass dies ohne vorgängige kommunikative Lernerfolge gar nicht denkbar wäre. Gesellschaftliche Rationalisierung ist bei Habermas (1976) eng verbunden mit Lernprozessen, die in den beiden Dimension des objektivierenden Denkens und moralisch-praktischer Einsicht stattfinden, d.h. nicht nur im Bereich des instrumentellen, sondern ebenso im Bereich des kommunikativen Handelns. Dort drücken sich Lern- und Rationalisierungsprozesse in *neuen Konfliktregelungsmechanismen*, in den *Weltbildern* und in den *Identitätsformationen* aus, während sich die Rationalisierung zweckrationalen Handelns in Technologien, Strategien und Organisationsmustern manifestiert. Das Portfolio ist ein prominentes Instrument der Stimulierung und der Bearbeitung gesellschaftlicher Konflikte zugleich. Nur stellt kommunikatives Handeln in diesem Zusammenhang nicht ein Medium der statusneutralisierten Rechtfertigung von Ansprüchen dar, sondern ist konstitutiver Bestanteil der Effektivierung funktionaler Subsysteme. Damit wird die praktische Rationalität, welche sich in den kommunikativen Aushandlungsprozessen über in ihrem sozialen Wert strittige Größen grundsätzlich ausdrückt, in ihren über den Optimierungsimperativ hinausgehenden Aussagen faktisch negiert. Gleichwohl verweisen Beispiele wie PISA darauf, dass ein über Kalkulation vermittelter und zunächst im Sinne eines nationalen Wettbewerbsdiskurses funktionalisierter Vergleich auch materiale Veränderungen hervorbringen kann, in der Organisation des schulischen Lernprozesses beispielsweise. Diese Lernprozesse können mit Frederick Winslow Taylor nicht als schlichte Intensivierung von Arbeit abgetan werden, sondern enthalten Aspekte einer vernünftigen „Rationalisierung" des Schulbetriebs; ihr Ziel ist Rationierung und Rationalisierung zugleich (wobei Ersteres eine hierarchische Vorgabe, Letzteres das gewünschte Ergebnis darstellt). Mit dieser Fähigkeit, über kalkulativ gerahmte Auseinandersetzungen zumindest potentiell vernünftige Ergebnisse hervorbringen zu können, verweist das Portfolio als Wettbewerbstechnologie konzeptionell weit über den kapitalistischen Markt und den Preismechanismus hinaus.

Anmerkungen

1 Der Ausdruck der ‚immateriellen Ökonomie' (im Englischen enger gefasst als ‚intangible economy') wird in dem ersten Bericht der „High Level Expert Group on the Intangible Economy" (HLEG) an die Kommission der Europäischen Gemeinschaft verwendet.
2 PRISM steht für „Policy-making", „Reporting & Measuring", „Intangibles", „Skills Development" und „Management". Es steht für ein von der Europäischen Kommission beauftragtes Forschungsprogramm der Jahre 2001 bis 2003, das die Bedeutung immaterieller Ressourcen in der Wissensökonomie ausloten sollte; vgl. http://www.intangability.com/wp-content/uploads/2009/03/prism-measurement-and-reporting-of-in tangibles-a-european-policy-perspective.pdf (Abgerufen am 23.01.2012).

Literatur

Arbeitskreis „Immaterielle Werte im Rechnungswesen" der Schmalenbach-Gesellschaft für Betriebswirtschaft (2004): Erfassung immaterieller Werte in der Unternehmensberichterstattung vor dem Hintergrund handelsrechtlicher Rechnungslegungsnormen. In: Horváth/Möller (2004): 221-250
Baecker, Dirk (1993): Die Schrift des Kapitals. In: Gumbrecht/Pfeiffer (1993): 257-272
Bender, Gerd (1997): Lohnarbeit zwischen Autonomie und Zwang. Neue Entlohnungsformen als Element veränderter Leistungspolitik. Frankfurt am Main: Campus
Bryer, Rob A. (1993): Double-Entry Bookkeeping and the Birth of Capitalism. Accounting for the Commercial Revolution in Medieval Northern Italy. In: Critical Perspectives on Accounting 4. 113-140
Bryer, Rob A. (2000): The History of Accounting and the Transition to Capitalism in England. Part one: Theory. In: Accounting, Organizations and Society 25. 131-162
Chandler, Alfred D./Daems, Herman (1979): Administrative Coordination, Allocation and Monitoring. A Comparative Analysis of the Emergence of Accounting and Organization in the U.S.A. and Europe. In: Accounting, Organizations and Society 4 (1/2). 3-20
Chandler, Alfred D./Salsbury, Stephen (1971): Pierre S. du Pont and the Making of the Modern Corporation. New York: Harper & Row
CHE (2009): Das CHE Forschungsranking deutscher Universitäten 2009. Arbeitspapier Nr. 130 (Dezember 2009) Gütersloh: CHE gemeinnütziges Zentrum für Hochschulentwicklung
Diefenbach, Thomas/Vordank, Tino (2003): Intangible Assets und betriebliches Controlling. Beitrag zur Tagung „Nachhaltigkeit von Arbeit und Rationalisierung", TU Chemnitz. 23./24. Januar 2003
Espeland, Wendy N./Stevens, Mitchell L. (1998): Commensuration as a Social Process. In: Annual Review of Sociology 24. 313-343
Eustace, Clark (2000): The Intangible Economy Impact and Policy Issues. Report of the European High Level Expert Group on the Intangible Economy. European Commission (October 2000)
Eustace, Clark (2003): The PRISM Report 2003. Research Findings and Policy Recommendations, European Commission Information Society Technologies Programme. Report Series No. 2 (October 2003)
Fried, Andrea (2005): Was erklärt die Resourve-Based View of the Firm? In: Moldaschl (2005b): 143-175
Gumbrecht, Hans U./Pfeiffer, Karl L. (Hrsg.) (1993): Schrift. München: Wilhelm Fink Verlag

Gürkan, Irmtraud (2003): Struktur- und Prozessveränderungen durch DRGs. Düsseldorf: Vortrag auf dem 26. Dt. Krankenhaustag (19.-21. November 2003)
Habermas, Jürgen (1976): Zur Rekonstruktion des Historischen Materialismus. Frankfurt am Main: Suhrkamp
Hagemeister, Meike M. (2010): Die Schätzung erwarteter Renditen in der modernen Kapitalmarkttheorie. Implizit erwartete Renditen und ihr Einsatz in Kapitalmarktmodell-Tests und Portfoliooptimierung. Wiesbaden: Gabler
Hennke, Matthias (2005): Schon auf schwache Signale achten. Strategisches Radar, eine Lösung für Krankenhäuser? In: ku-Sonderheft Risk-Management 8. 41-43
Hofmann, Jan (2005): Bewertet Immaterielles! Immaterielles Kapital kann und muss bewertet werden – Eigentümer wie Bewerter werden profitieren. Frankfurt am Main: Deutsche Bank Research Diskussionspapier
Hopwood, Anthony G./Miller, Peter (Hrsg.) (1994): Accounting as Social and Institutional Practice. Cambridge: Cambridge University Press
Horváth, Péter/Möller, Klaus (Hrsg.) (2004): Intangibles in der Unternehmenssteuerung. Strategien und Instrumente zur Wertsteigerung des immateriellen Kapitals. München: Verlag Franz Vahlen
Hoskin, Keith W./Macve, Richard H. (1986): Accounting and the Examination. A Genealogy of Disciplinary Power. In: Accounting, Organizations and Society 11 (2). 105-136
Hoskin, Keith W./Macve, Richard H. (1988): The Genesis of Accountability. The West Point Connections. In: Accounting, Organizations and Society 13. 37-73
Hoskin, Keith W./Macve, Richard H. (1994): Writing, examining, disciplining: the genesis of accounting's modern power. In: Hopwood/Miller (1994): 67-97
Knight, Frank H. (1921): Risk, Uncertainty, and Profit. Chicago: University of Chicago Press
Knorr-Cetina, Karin (2003): From Pipes to Scopes. The Flow Architecture of Financial Markets. In: Distinktion 7. 7-23
Köhler, Benedikt/Bonß, Wolfgang (2007): Die reflexive Modernisierung des Zählens. Von der amtlichen zur post-amtlichen Statistik. In: WestEnd. Neue Zeitschrift für Sozialforschung 2. 96-121
Krämer, Sybille/Bredekamp, Horst (2003a): Kultur, Technik, Kulturtechnik: Wider die Diskursivierung der Kultur. In: Krämer/Bredekamp (2003b): 11-22
Krämer, Sybille/Bredekamp, Horst (Hrsg.) (2003b): Bild – Schrift – Zahl. München: Wilhelm Fink Verlag
Kula, Witold (1986): Measures and Men. Princeton: Princeton University Press
Lev, Baruch (2004): Intangibles at a Crossroads. In: Horváth/Möller (2004): 3-14
MacKenzie, Donald/Millo, Yuval (2003): Construction a Market, Performing Theory. The Historical Sociology of a Financial Derivatives Exchange. In: American Journal of Sociology 109. 107-145
Mantos Associates (2004): Report on the Feasibility of a Pan-European Enterprise Data Repository on Intangible Assents. European Commission DG Enterprise. Vol. III. Fact Book (November 2004). URL: http://ec.europa.eu/internal_market/services/docs/brs/competitiveness/2004-study-intang assets-vol3_en.pdf (Abgerufen am 25.01.2012)
Markowitz, Harry (1952): Portfolio Selection. In: The Journal of Finance VII (1). 77-91
Megill, Allan (Hrsg.) (1992): Rethinking Objectivity. Annals of Scholarship. Durham: Duke University Press
Miller, Peter (1992): Accounting and Objectivity. The Invention of Calculating Selves and Calculable Spaces. In: Megill (1992): 61-86
Miller, Peter/Napier, Christopher (1993): Genealogies of Calculation. In: Accounting, Organizations and Society 18 (7/8). 631-647
Moldaschl, Manfred (2005a): Kapitalarten, Verwertungsstrategien, Nachhaltigkeit. Grundbegriff und ein Modell zur Analyse von Handlungsfolgen. In: Moldaschl (2005b): 47-68
Moldaschl, Manfred (Hrsg.) (2005b): Immaterielle Ressourcen. Nachhaltigkeit von Unternehmensführung und Arbeit I. München: Rainer Hampp Verlag
Müller, Hans-Peter (2000): Geld und Kultur. Neuere Beiträge zur Philosophie und Soziologie des Geldes. In: Berliner Journal für Soziologie 3. 423-434

Odiorne, George S. (1984): Strategic Management of Human Resources. San Francisco: Jossey-Bass Publisher
Porter, Theodore M. (1994): Making Things Quantitative. In: Power (2004c): 36-56
Porter, Theodore M. (1995): Trust in Numbers. The Pursuit of Objectivity in Science and Public Life. Princeton: Princeton University Press
Power, Michael (1997): The Audit Society. Rituals of Verification. Oxford: Oxford University Press
Power, Michael (2004a): Counting, Control and Calculation. Reflections on Measuring and Measurement. In: Human Relations 57 (6). 765-783
Power, Michael (2004b): Introduction: from the science of accountants to the financial accountability of science. In: Power (2004c): 1-35
Power, Michael (Hrsg.) (2004c): Accounting and Science. Natural Inquiry and Commercial Reason. Cambridge: Cambridge University Press
Puxty, Anthony G. (1993): The Social & Organizational Context of Management Accounting. London: Academic Press
Rosa, Hartmut (2006): Wettbewerb als Interaktionsmodus. Kulturelle und sozialstrukturelle Konsequenzen der Konkurrenzgesellschaft. In: Leviathan 34 (1). 82-104
Roslender, Robin (1992): Sociological Perspectives. On Modern Accountancy. London: Routledge
Rouse, Richard H./Rouse, Mary A. (1979): Preachers, Florilegia and Sermons. Studies on the Manipulus florum of Thomas of Ireland. Toronto: Pontifical Institute of Medieval Studies
Schellinger, Jochen (2004): Konzeption eines wertorientierten strategischen Personalmanagements. Frankfurt am Main: Peter Lang
Sobhani, Bidjan/Kersting, Thomas (2009): Wer Rosinen picken will, muss Wein anbauen. Portfoliomanagement im Krankenhaus. In: Das Krankenhaus 1. 1-5
Sombart, Werner (1987) [1916]: Der moderne Kapitalismus. Band II. Das europäische Wirtschaftsleben im Zeitalter des Frühkapitalismus. Unveränderter Nachdruck der zweiten, neugearbeiteten Auflage (Duncker & Humblot 1916). München: Deutscher Taschenbuch Verlag
Townley, Barbara (1993): Foucault, Power/Knowledge, and its Relevance for Human Resource Management. In: Academy of Management Review 18 (3). 518-545
Townley, Barbara (1995): Managing by Numbers: Accounting, Personnel Management and the Creation of a Mathesis. In: Critical Perspectives on Accounting 6. 555-575
Vollmer, Hendrik (2003): Bookkeeping, Accounting, Calculative Practice. The Sociological Suspense of Calculation. In: Critical Perspectives on Accounting 3. 353-381
Vormbusch, Uwe (2004): Accounting. Die Macht der Zahlen im gegenwärtigen Kapitalismus. In: Berliner Journal für Soziologie 1. 33-50
Vormbusch, Uwe (2009): Karrierepolitik. Zum biografischen Umgang mit ökonomischer Unsicherheit. In: Zeitschrift für Soziologie 38 (4). 282-299
Vormbusch, Uwe (2012): Herrschaft der Zahlen. Zur Kalkulation des Sozialen in der kapitalistischen Moderne. Frankfurt am Main: Campus Verlag
Weber, Max (1973): Vorbemerkung zu den Gesammelten Aufsätzen zur Religionssoziologie. In: Winckelmann (1973): 340-356
Winckelmann, Johannes (Hrsg.) (1973): Max Weber. Soziologie, Universalgeschichtliche Analysen, Politik. Stuttgart: Alfred Kröner Verlag

Zur informationstheoretischen und organisationstheoretischen Formalisierung von Organisation

Hannah Mormann

Vor fast 40 Jahren, im Jahre 1972, erschien in der Reihe IBM-Beiträge zur Datenverarbeitung ein Artikel mit dem etwas sperrigen Titel *Auftragsabwicklung, Disposition und Versandsteuerung integriert im Realzeitbetrieb* von Hermann Meier, Dietmar Hopp und Hasso Plattner. Hopp und Plattner waren damals IBM-Mitarbeiter, einige Monate später gründeten sie mit drei anderen Kollegen das Softwareunternehmen *Systemanalyse und Programm-Entwicklung* (SAP). Meier war Leiter der Datenverarbeitung der deutschen Niederlassung des Unternehmens Imperial Chemical Industries (ICI) und erteilte einige Monate später der SAP den ersten Kundenauftrag. In dem oben genannten Papier wurde eine neue Technik der Datenverarbeitung vorgestellt, „die Arbeitsabläufe in den einzelnen Bereichen [eines Unternehmens: H.M.] nicht getrennt organisiert, sondern eine integrierte Organisation anstrebt, in der die verschiedenen Aktivitäten, aber auch die Informationen koordiniert zusammenfließen" (Meier et al. 1972: 4).

Die rechnergestützte Organisation von Kundenaufträgen und der Produktion markierte den Beginn elektronischer Echtzeitverarbeitung und umfassender Datenintegration in Unternehmen. Zugleich bildeten Echtzeitverarbeitung und Datenintegration das programmatische Fundament von SAP. Die Umsetzung der neuen Datenverarbeitungstechnik für die Bereiche Auftragsbearbeitung und Versand der ICI war Teil eines größeren Projektes, dass zunächst die maschinelle Auftragsbearbeitung und Versandsteuerung in einem integrierten Gesamtsystem und später auch die Organisation des Einkaufs, der Materialabrechnung und des Rechnungswesens in Unternehmen umfassen sollte (Meier er al. 1972: 27).

Die grundlegende Einsicht der SAP-Entwickler bestand darin, Datenbanken in ihre Software zu integrieren. Dieser Ansatz wurde später mit relationalen Datenbanken umgesetzt. Den Ausgangspunkt dafür bildete der Begriff der Tabelle, verstanden als Relation im mathematischen Sinne. Damit wurde die Grundlage geschaffen, zahlreiche Informations- und Kommunikationsabläufe innerhalb von Organisationen einer rigorosen und weitreichenden Formalisierung zu unterwerfen. Von einem bloß technischen Werkzeug zur Datenverarbeitung wurde die SAP-Software zu einem Organon für die Strukturierung von Organisationen insgesamt. Diese Entwicklung soll im Folgenden genauer beschrieben werden. Eine zentrale Rolle spielt dabei der Begriff der Formalisierung.

Dieser wird in einem doppelten Sinne verwendet.
1. Formalisierung im informationstheoretischen Sinne – dies betrifft die mathematische Form der Darstellung von Daten und ihre Verarbeitung.
2. Formalisierung im organisationstheoretischen Sinne – dies betrifft die Festschreibung bestimmter Erwartungen an Mitglieder einer Organisation, die sich zum Beispiel in der Verregelung von Kommunikationsabläufen manifestiert.

ad 1) Die informationstheoretische Formalisierung nimmt ihren Ausgang von der tabellarischen Darstellung von Unternehmensdaten. Einerseits reduziert die Tabellenform die Komplexität der Organisationswirklichkeit, andererseits ermöglicht sie neue Perspektiven auf die Organisation, die bisher nicht gesehene Zusammenhänge in das Blickfeld rücken und neue Möglichkeiten der Organisationsgestaltung eröffnen.

ad 2) Die neue informationstheoretische Komplexität bildet den Ausgangspunkt der organisationstheoretischen Formalisierung. Gleichzeitig setzt die informationstheoretische Formalisierung ein Wissen über die organisationstheoretische Formalisierung in Form von Kommunikationswegen, Hierarchien und Arbeitsroutinen voraus. Die informations- und organisationstheoretische Formalisierung in Unternehmen bestimmen sich in gewisser Weise also wechselseitig.

Um die Interdependenzen der doppelten Formalisierung und die daraus resultierenden Probleme für eine Organisation zu explizieren, greife ich auf das kommunikationstheoretische Repertoire der soziologischen Systemtheorie zurück (Luhmann 2005a, 2005b). Danach sind Organisationen Entscheidungssysteme, Entscheidungen realisieren einen Typ von Kommunikation, sie sind keine psychischen Vorgänge. Alles, was für den Bestand von Organisationen wichtig ist, ist Gegenstand von Entscheidungen (Luhmann 2000). Kommunikation wird definiert als Verknüpfung von Information, Mitteilung und Verstehen. Sie liegt dann vor, wenn eine Information, eine Mitteilungsweise und eine Verstehensmöglichkeit ausgewählt worden sind.

Die Arbeit ist folgendermaßen gegliedert. Zunächst geht es um die informationstheoretische Formalisierung, die am Beispiel der SAP-Software expliziert wird. Dafür werden im ersten Teil Datenstrukturen, ihre betriebswirtschaftliche Anwendungslogik und die Datendarstellung behandelt. Die Unterscheidung dieser drei Bereiche spiegelt eine entsprechende Unterscheidung in der Softwarearchitektur wider, wo man zwischen den technischen Ebenen der Datenbank, Applikation und Präsentation differenziert.

Der zweite Teil behandelt die organisationstheoretische Formalisierung, die organisatorische Festschreibungen von Erwartungen betrifft, die mit der Softwarenutzung durch Mitglieder einer Organisation einhergehen. Dies wird an unterschiedlichen Formen der Datenabfrage aus einer kommunikationstheoretischen Perspektive erläutert. Dabei diskutiere ich das Problem des Verstehens von Informationen, ihrer Adressierung und Fragen der Annahmewahrscheinlichkeit von Kommunikationsangeboten.

Zum Schluss fasse ich die Argumentation zusammen und gebe einen Ausblick auf die Verwendung des Konzeptes der doppelten Formalisierung für die organisationssoziologische Forschung zur Globalisierung von Organisationen.

Informationstheoretische Formalisierung

Die SAP-Software basiert auf einer Systemarchitektur, die zwischen den Ebenen Datenbank, Applikation und Präsentation unterscheidet. Der Grundgedanke dieser *Client-Server-Architektur* ist die Verteilbarkeit von Rechenleistungen auf die verschiedenen Ebenen und die Möglichkeit, vorhandene Softwaresyseme nach den Anforderungen des Anwenderunternehmens zu erweitern (siehe Lassmann 2006: 496f.).

Die Datenbankebene enthält die Daten und verwaltet über ein Datenbankmanagementsystem die lesenden und schreibenden Zugriffe auf die Daten. SAP-Software setzt eine relationale Struktur der Datenbank voraus. Diese wird von Datenbankherstellern wie Oracle, IBM oder Microsoft angeboten. Die relationale Datenbanktechnik stelle ich im Folgenden anhand der dafür grundlegenden Arbeiten des Datenbanktheoretikers Edgar F. Codd (1970, 1981) im Abschnitt *Datenstrukturen* dar.

Die Applikationsebene enthält Programme zur betriebswirtschaftlichen Verarbeitung von Daten, die in einer proprietären Programmiersprache geschrieben sind (ABAP). Verknüpft sind die Datenbank- und Applikationsebene über besondere Schnittstellen, die Programmierungen komplexer betriebswirtschaftlicher Unternehmensabläufe vereinfachen. Die Möglichkeiten, die sich aus der Kombination relationaler Datenbanktechnik mit SAP-Software ergeben, stelle ich im Abschnitt *Betriebswirtschaftliche Anwendungslogik* vor.

Die Ebene der Präsentation (Benutzeroberfläche) gestattet verschiedene Sichtweisen auf Unternehmensdaten für die Anwender der Software. Möglichkeiten der Eingabe und Abfrage von Daten werden je nach Benutzerrolle voreingestellt. Erläutert wird dies im Abschnitt *Datendarstellung*.

Datenstrukturen

In der Informationstheorie ist eine Datenstruktur ein mathematisches Objekt zur Speicherung von Daten (siehe Ottmann & Widmayer 2002: 3). Daten werden in einer bestimmten Art und Weise angeordnet und verknüpft. Die möglichen mathematischen Operationen bestimmen die jeweilige Datenstruktur. Unterschieden werden hierarchische, netzwerkartige und relationale Datenstrukturen. Die älteste Datenstruktur ordnet Datensätze in einer hierarchischen Baumstruktur an. In hierarchisch organisierten Datenbanken hat jeder Datensatz eine Beziehung zu genau einem vorhergehenden Datensatz. Nur der Datensatz an der Hierarchiespitze hat keinen Vorgänger; er bildet so die Wurzel einer Baumstruktur.

Die netzwerkartige Datenstruktur stellte eine Weiterentwicklung der hierarchischen dar, in der die Restriktionen erlaubter Datenbeziehungen gelockert wurden. Zahlreiche Beziehungen zwischen Daten können nun direkt dargestellt werden, ohne Datensätze mehrfach speichern zu müssen. Für den Programmierer bedeutet die Netzwerk-Datenstruktur, dass verschiedene Suchwege zum selben Datensatz führen können. Der Programmierer navigiert so von verschiedenen Startpunkten aus entlang netzwerkartiger Datenstrukturen (Bachman 1973).[1] Die Beziehungen zwischen Daten müssen allerdings bereits beim Entwurf der Datenbank festgelegt werden.

Diese einschränkende Festlegung wurde bei der relational strukturierten Datenbank aufgehoben. Edgar F. Codds Artikel *A Relational Model of Data for Large Shared Data Banks* (1970) wurde in den 1970er Jahren zu einem der wichtigsten theoretischen Referenzpunkte für Datenbanktechniken. Die relationale Datenbanktechnik ermöglichte flexible und spontane Datenbankabfragen und eröffnete neuen Nutzergruppen die Möglichkeit, mit Datenbanken auf eine Weise zu arbeiten, die bisher nur ausgebildeten Programmierern vorbehalten war: „Future users of large data banks must be protected from having to know how the data is organized in the machine (the internal representation)" (Codds 1970: 377). Das relationale Datenbanksystem erforderte einen mathematisch anspruchsvolleren Apparat als die traditionellen Ansätze (hierarchische und Netzwerk-Datenmodelle). Später erwies sich die relationale Datenbanktechnik gerade wegen ihrer anspruchsvollen theoretischen Grundlagen als besonders praktisch.

SAP nutzte die praktischen Vorteile der relationalen Datenbanken für die vergleichsweise einfache Abfrage komplexer Datenzusammenhänge für die Entwicklung betriebswirtschaftlicher Anwendungssoftware. Das bekannteste Produkt des Softwareherstellers, *SAP R/3*, basiert auf relationalen Datenbanken und avancierte ab den 1990er Jahren zum Standard für betriebswirtschaftliche Unternehmenssoftware. Eine relationale Datenbank besteht aus einer Vielzahl von Tabellen. Ein Unternehmen wird in einem System relationaler Datenbanken mit bis zu 10.000 Tabellen abgebildet, die über so genannte Schlüssel miteinander verknüpft sind. Dynamische Funktionseigenschaften der einzelnen Tabellen führen dazu, dass die Änderungen in einer Tabelle automatisch und kaskadenartig zahlreiche Veränderungen in anderen Tabellen nach sich ziehen (Noack 2009: 45ff.). Tabellen sind hier als mathematische Strukturen im Sinne der Relationenalgebra zu verstehen.

> The reason that such systems [Datenbanken: H.M.] are called 'relational' is that the term relation is essentially just a mathematical term for a table. [...] the rigid mathematical background which underpins the model and the relational database model itself is a relatively complex entity of which only a tiny part is concerned with the 'relationship' between tables. Indeed, the fact that 'relationships' can exist between tables has nothing to do with the naming of the system (Date 1995: 22).

Die Entwicklung des relationalen Datenmodells und einer „high-level search and query language" wurde 1974 im IBM-Forschungslabor in San José und an der University of California in Berkeley vorangetrieben. Ein Ergebnis war die Abfragesprache SEQUEL:

> SEQUEL is intended for interactive, problem solving use by people who have need for interaction with a large database but who are not trained programmers. This class of users includes urban planners, sociologists, accountants, and other professionals (Astrahan & Chamberlain 1975: 580).

SEQUEL war ein Produkt des umfassenden Forschungsprojektes *System R*, das verschiedene Bausteine des ersten relationalen Datenbankmanagementsystems entwickelte (siehe Chamberlain et al. 1981). Trotzdem wurde das relationale Konzept von IBM nicht vermarktet, sondern lediglich intern und bei drei Kunden getestet (siehe Gugerli 2007: 23). Es waren andere Unternehmen, die Codds theoretische Arbeiten aufgriffen und weiter entwickelten. Eines war das 1977 gegründete Unternehmen Oracle (siehe Kuassi 2006).[2] IBM selbst begann erst einige Jahre später mit der Vermarktung und stellte 1987 eine neue Rechnerarchitektur („Systems Application Architecture") auf der Grundlage des relationalen Datenbank-Systems vor (siehe Computerwoche 1987). Die Entwicklungsarbeiten von SAP wurden von da an auf die Grundlagen relationaler Datenbanken umgestellt. Die daraus sich ergebenden Möglichkeiten informationstheoretischer Formalisierung skizziere ich in den folgenden Abschnitten.

Betriebswirtschaftliche Anwendungslogik

Die SAP-Entwickler erkannten die Möglichkeiten, die relationale Datenbanken für die Verknüpfung und Auswertung von Datensätzen boten, z.B. aus Kunden-, Produktions- und Lagerlisten. Quervergleiche zwischen Tabellen und damit auch über Abteilungs- und Unternehmensgrenzen hinweg konnten gezogen werden. Das relationale Datenmodell und die Abfragesprache SQL schufen neue Datenzusammenhänge und komplexe Verknüpfungen von Datensätzen. SAP kombinierte die relationale Datenbanktechnik mit der Programmierung betriebswirtschaftlicher Anwendungen, die in verschiedenen funktionalen Einheiten der Software organisiert wurden („Module"). Bevor ich darauf näher eingehe, einige kurze Bemerkungen zur Geschichte der SAP.

Das erste Projekt, das SAP in Angriff nahm, hieß ebenfalls *System R* (siehe Plattner 1997) – ebenso wie das bereits erwähnte IBM-Projekt. Anfang der 1970er Jahre gab es jedoch noch keinen Zusammenhang zwischen den beiden Projekten. Das SAP-Projekt entstand in Zusammenarbeit mit dem bereits erwähnten ersten SAP-Kunden ICI. Der Buchstabe R kennzeichnete das Softwarekonzept der Echtzeit-Datenverarbeitung („R"ealtime). Im Gegensatz zur damals üblichen Stapelverarbeitung wurden mit der Echtzeitmethode Daten vom Computer unmittelbar nach der Eingabe verarbeitet. Das für die Zeit „revolutionäre Konzept der schritthaltenden Datenverarbeitung" (Meissner 1997: 39) bedeutete eine sofortige Verarbeitung der eingegebenen Daten und ermöglichte einen Überblick über die jeweils aktuellen Abläufe im Unternehmen. In der Stapelverarbeitung dagegen wurden die Unternehmensdaten auf durchnummerierten Magnetbändern oder Lochkarten nacheinander in ein elektronisches Lesegerät eingelegt. Nach einer sehr aufwendigen und fehleranfälligen manuellen Datenerfassung konnten die Daten dann im Arbeitsspeicher des Rechners verglichen und nachträglich aktualisiert werden. Diese Prozedur konnte Stunden dauern. Mit dem *System R*, der SAP-Urform, konnten Daten direkt eingegeben, automatisch abgeglichen und aktualisiert werden. Die Echtzeitverarbeitung war ein Mittel zur unternehmensweiten Integration von Daten, die, einmal eingegeben, von Nutzern verschiedener Unternehmensbereiche abrufbar waren.

Besonderes Markenzeichen von SAP-Software wurden dynamische Programme. Diese regelten Dateneingaben und -abfragen über Bildschirmmasken (Meier et al. 1972: 35ff.). Die Dateneingabe war formularmäßig vorstrukturiert, der Softwarenutzer wurde durch zahlreiche Vorgaben in vereinfachte Entscheidungsumwelten versetzt. Dynamische Programme erzeugten unterschiedliche Bildschirmmasken und steuerten so das Verhalten der Benutzer.

Zwar erhöhte die Echtzeitverarbeitung die Geschwindigkeit der Datenverarbeitung, jedoch mussten die Daten selbst, die damals noch in hierarchischen Datenbanken organisiert waren, sehr umständlich und rechenintensiv miteinander in Beziehung gesetzt werden. Für die Programmierung von Anwendungen in verschiedenen Unternehmensbereichen mussten Daten oft mehrfach in verschiedenen Datenbanken gespeichert werden. Dies änderte sich erst, als Software und relationale Datenbanken miteinander kombiniert wurden. Auf der Grundlage relationaler Datenbanken konnte eine betriebswirtschaftliche Anwendungslogik realisiert werden, die in ihrem Funktionsumfang und ihrer Komplexität ihresgleichen suchte (siehe Pollock & Williams 2009). Dies führte dazu, dass SAP-Software heute dazu verwendet werden kann, die Abläufe sämtlicher Unternehmensbereiche wie Buchhaltung, Controlling, Verkauf, Einkauf, Produktion, Lagerhaltung und Personalwesen zu strukturieren.

Datendarstellung

In den 1980er Jahren verdrängte der relationale Ansatz die hierarchischen Datenbanken weitgehend.[3] Die Idee eines *casual users* von Datenbanken, wie sie Codd (1970, 1981: 392) vertreten hatte, setzte sich jedoch nicht durch. Die Datenverarbeitung auf der Grundlage relationaler Datenbanken und ihrer Abfragesprache etablierte sich in einer Weise, die kaum noch etwas mit dem damals formulierten Ziel zu tun zu haben schien:

> The objective of the language is to provide a simple, easy-to-learn means of expression the primitive action used by people to obtain information from tables, such as look up a value in a column (Astrahan & Chamberlain 1975: 580).

In den SAP-Anwendungsprogrammen, die in den 1990er Jahren zur Standardsoftware *SAP R/3* gebündelt wurden, waren zahlreiche Datenbankabfragen von den Entwicklern vorformuliert. Abfragen sind als solche nicht mehr erkennbar, Anwendungsprogramme erzeugen grafische Benutzeroberflächen. Diese Ebene der Präsentation ist mit der Applikationsebene über Schnittstellen verknüpft. Die Grundlage der Darstellung von Daten für den Softwarebenutzer folgt einer betriebswirtschaftlichen Logik, die in den Anwendungsmodulen für die Materialwirtschaft, die Produktionsplanung oder das Marketing, etc. definiert wurde. Die Darstellung der Daten folgt entweder dem Push-Prinzip oder dem Pull-Prinzip:

Das Push-Prinzip regelt die Darstellung festgelegter Folgeaktivitäten für einen Anwendungsbereich. Zum Beispiel stellen *Workflows* Arbeitsabläufe so dar, dass ein zu bearbeitendes Dokument und die passende Tätigkeitsbeschreibung sowie daran anknüpfende Aufgaben in einer festgelegten Reihenfolge als *Work-Items* angezeigt werden. Die für die Bearbeitung benötigten Daten werden in einer bestimmten Abfolge durch verschiedene Bildschirmmasken dargestellt. Die zugrundeliegende Anwendungslogik zielt darauf, den richtigen Personen zur richtigen Zeit die richtigen Aufgaben und Daten anzuzeigen.

Das Pull-Prinzip regelt die Darstellung möglicher Folgeaktivitäten, die dem Softwarebenutzer als *Arbeitsvorrat* angezeigt werden. Zum Beispiel stellen *Arbeitsvorräte* eine Auflistung von Aufgaben zusammen (z.B. Kundenaufträge), die dem Softwarenutzer zur Bearbeitung in einem bestimmten Zeitraum angezeigt werden (Altenhofen 1997: 29ff.; SAP-Glossar).

Die Beschreibung der verschiedenen Ebenen der Software zeigen Möglichkeiten informationstheoretischer Formalisierung auf, die weit über traditionelle Darstellungen von Unternehmen hinausgehen, wie sie beispielsweise die doppelte Buchführung liefert.

> Nach der Einführung der Computer kann mehr gemacht werden, und können Sachen besser gemacht werden, die auch vorher möglich waren. [...] Die Maschine verarbeitet etwas (Daten) und wandelt sie in etwas anderes um. Was die Maschine in dieser Art der Verwendung ‚tut', könnte zum großen Teil ohne sie nicht gemacht werden (Esposito 1993: 338).

SAP-Software in Kombination mit relationalen Datenbanken schuf einen informationstheoretischen Formalisierungsapparat, der Informations- und Kommunikationsabläufe miteinander verzahnt und so Organisationen umfassend formal strukturiert. Welche Auswirkungen eine solche Strukturierung hat und welche Probleme dies für die Organisation mit sich bringt, wird im zweiten Teil dieser Arbeit aus einer kommunikationstheoretischen Perspektive erörtert.

Organisationstheoretische Formalisierung

Die Darstellung möglichst vieler Unternehmensabläufe in einer allgemeinen Form war ein grundlegendes Ziel der Software-Entwicklung von SAP. So entwickelte sich eine Standardsoftware[4], die in zahlreichen unterschiedlich strukturierten Unternehmen eingesetzt werden konnte, die aber auch die verschiedenen Bereiche eines Unternehmens informationstechnisch miteinander verzahnte. Verschiedene informationstheoretische Formalisierungen, die eine globale Übersicht über alle Abläufe und die Zusammenarbeit von Abteilungen und Standorten ermöglichen, sollen in diesem Abschnitt nun aus einer organisationssoziologischen Perspektive erläutert werden.

Der hier verwendete Begriff der organisationstheoretischen Formalisierung beruht auf Überlegungen der systemtheoretischen Organisationssoziologie (Luhmann 1999). Die Organisation ist hiernach ein soziales System, das auf Mitgliedschaft als einer Form freiwilliger und revidierbarer Teilnahme basiert. Als besondere Sozialsysteme zeichnen sich Organisationen durch ihre formalen Strukturen aus. Formale Strukturen sind *Verhaltenserwartungen* an die Mitglieder der Organisation, deren Anerkennung Bedingung für die Mitgliedschaft in der Organisation ist:

> Das Charakteristische der Formalisierung selbst besteht in der Aussonderung bestimmter Erwartungen als Mitgliedschaftsbedingung. Wir wollen eine Erwartung daher als formalisiert bezeichnen, wenn sie in einem sozialen System durch diese Mitgliedschaftsregel gedeckt ist, d. h. wenn erkennbar Konsens darüber besteht, daß die Nichtanerkennung oder Nichterfüllung dieser Erwartung mit der Fortsetzung der Mitgliedschaft unvereinbar ist. Ein soziales System ist formal organisiert in dem Maße, als seine Erwartungen formalisiert sind. Formale Organisation ist der Komplex dieser formalen Erwartungen. Sie besteht aus den Mitgliedsrollen, die das Verhalten definieren, das von einem Mitglied als solchem erwartet wird (Luhmann 1999: 88).

Ein erstes Problem der Verwendung von Unternehmenssoftware ist damit markiert: Formale Erwartungen reichen im Allgemeinen nicht aus, die Interaktion unter den Mitgliedern einer Organisation zu steuern, da diese Interaktionen durch Faktoren bestimmt werden, die aus der Unterscheidung von Organisationssystem und Mitgliederumwelt resultieren und nicht formal bestimmt werden können. Interaktionsverhalten und Formalstruktur sind nur lose gekoppelt. Eine formale Situationsdefinition ist die Ausnahme und wird eher vermieden, auch wenn sie als jederzeit aktualisierbar betrachtet wird.

Meine These ist, dass die Einführung von Unternehmenssoftware den Versuch der Organisation darstellt, möglichst viele bisher nicht formalisierte Situationen formal zu definieren, wobei Probleme, die aus der Unterscheidung von Organisationssystem und Mitgliederumwelt resultieren, ausgeblendet werden. Im Folgenden steht die Frage im Zentrum: *Wie löst die Organisation Probleme der Formalisierung, die durch die Verwendung von Unternehmenssoftware erst entstehen?*

Die Antwort auf diese Frage ist in zwei Abschnitte gegliedert: Im ersten werden die Probleme der informationstheoretischen Formalisierung am Beispiel der im ersten Teil vorgestellten SAP-Software expliziert. Im zweiten Abschnitt erläutere ich aus einer kommunikationstheoretischen Perspektive, wie die organisationstheoretische Formalisierung diese Probleme widerspiegelt und wie die Organisationen diese Probleme zu lösen versuchen.

Erzeugung von Information und Ausblendung von Komplexität

Die betriebswirtschaftliche Anwendungslogik der Software ist geknüpft an ein Benutzerrollenkonzept, das für verschiedene Benutzerrollen verschiedene Möglichkeiten der Datenbankabfrage definiert. Das Benutzerrollenkonzept zeigt so einen Ausschnitt des hierarchischen Aufbaus einer Organisation und ihrer Kommunikationswege. Das sei an zwei Beispielen von Datenabfragen illustriert. Für die Benutzerrolle Marketing-Manager sind in der Anwendungslogik unter anderem die folgenden Abfragen definiert:

- Verkaufszahlen für eine Produktgruppe in verschiedenen Verkaufsgebieten
- Anzeigenkampagnen der letzten Monate in verschiedenen Regionen

Die Anwendungslogik verknüpft diese Fragen miteinander und liefert damit eine Antwort auf die Werbewirksamkeit einer Kampagne.

Für die Benutzerrolle Verkäufer akzeptiert die Anwendungslogik des Programms in erster Linie Datenbankabfragen, die Bestellungen betreffen. Die Eingabe einer Bestellung wird als Abfrage interpretiert, auf die das System mit folgenden Antworten reagieren kann:

- Warnung vor Materialknappheit bei zu hohem Bestellaufkommen
- Zeitliche Verzögerung der Lieferung

Zwar hat der Verkäufer mit einer Bestellung keine explizite Abfrage formuliert, doch mit der Dateneingabe werden ihm voreingestellte Antworten angeboten, die ihn über verschiedene Aspekte der bestellten Produkte und ihrer Lieferung informieren sollen. Anwendungssoftware unterscheidet sich von einer Maschine im üblichen Sinne dadurch, dass ihr Output nicht vorhersehbar, sondern überraschend und deshalb informativ ist. Computer, also Maschinen, die Daten mit Unternehmenssoftware verarbeiten, leisten Kommunikationsarbeit.

> Es handelt sich um die durch Computer vermittelte Kommunikation. Sie ermöglicht es, die Eingabe von Daten in den Computer und das Abrufen von Informationen so weit zu trennen, daß keinerlei Identität mehr besteht. Im Zusammenhang mit Kommunikation heißt dies, daß die Einheit von Mitteilung und Verstehen aufgegeben wird. Wer etwas eingibt, weiß nicht (und wenn er es wüßte, brauchte er den Computer nicht), was auf der anderen Seite entnommen wird. Die Daten sind inzwischen ‚verarbeitet' worden (Luhmann 1998: 309).

Systemtheoretisch sind „verarbeitete" Daten dann Informationen, wenn sie für den Softwarebenutzer neu oder überraschend sind. Details ihrer Verarbeitung kann er selbst kaum nachvollziehen. Diese Problematik wird ausgeblendet. Ein anderes Beispiel für die Ausblendung von Komplexität sind statistische Verfahren zur Herstellung von Daten, deren Verfahrensweisen von ihren Benutzern nicht rekonstruiert werden können. Bettina Heintz führt aus, dass sich besonders die Akzeptanz von Zahlen nicht so sehr auf *Verständnis*, sondern vor allem auf *Einverständnis* (im Sinne Max Webers) stützt, denn im Normalfall werden Zahlen ohne Angabe der ihnen zugrundeliegenden Mess- und Bearbeitungsverfahren präsentiert (Heintz 2007: 80f.). Die Verwendung von Unternehmenssoftware geht einher mit einer mehrstufigen Reduktion von Komplexität:

1. Der Aufbau von Datenbanken ist die erste Stufe der Komplexitätsreduktion. Was als äquivalent anzusehen ist, wird nach betriebswirtschaftlichen Kriterien bestimmt und mit Hilfe mathematischer Relationen miteinander in Beziehung gesetzt. Aspekte der Organisationswirklichkeit, die sich so nicht explizieren lassen, werden ausgeblendet.
2. Anwendungsprogramme sind die zweite Stufe der Komplexitätsreduktion. Sie schränken die Möglichkeiten der Datenbankabfragen ein, indem Entwickler und später Berater einen organisationsspezifisch relevanten Abfragekatalog für die Standardsoftware zusammenstellen.

3. Die Datendarstellung ist die dritte Stufe der Komplexitätsreduktion. Über Bildschirmmasken wird reguliert, welche Daten überhaupt vom Softwarebenutzer als Information wahrgenommen werden können und in Entscheidungen transformiert werden.

Aus einer kommunikationstheoretischen Perspektive kommt das Verstehen einer Information einer Transformation von Daten in Entscheidungen gleich. Verstehen wird nicht aufgefasst als ein psychischer Vorgang, sondern als ein kommunikativer Prozess. Das heißt, der selektive Inhalt einer Kommunikation (die Information) wird als Prämisse des eigenen Verhaltens übernommen, liefert also Direktiven für zukünftiges Handeln. Damit erzeugt Kommunikation immer Anschlusskommunikation. Verstehen hat eine eigenständige und produktive Rolle für den Aufbau von Kommunikation, Kommunikation ist gar vom Verstehen her organisiert. Aus einer kommunikationstheoretischen Perspektive ist Verstehen also nicht primär der gelingende oder scheiternde Versuch der Nachbildung der Mitteilungsabsicht eines Autors. Für den Fall der Unternehmenssoftware wäre der Autor auch besonders schwierig zu identifizieren.

Die Unternehmenssoftware erzeugt Grundlagen für Anschlusskommunikation, was bedeutet, dass die vom System erzeugten neuen Daten die weitere Kommunikation in der Organisation, genauer gesagt: Entscheidungen, orientieren. Es ist dieser kommunikationstheoretische Verstehensbegriff, der die Systemtheorie fruchtbar macht für die Untersuchung von Unternehmenssoftware und die Problematik der aus ihr resultierenden Formalisierung von Organisationsstrukturen.

Dazu die folgenden Ausführungen: Informationstheoretische Formalisierung reduziert Komplexitäten der Organisation und führt gleichzeitig neue Komplexitäten ein, um neue Informationen über den formalisierten Bereich zu erzeugen. Informationstheoretische Formalisierung ist eine Art Übersetzung, aber keine neutrale, sondern eine *abduktive* (im Sinne von Charles S. Peirce): Eine solche Übersetzung erlaubt es, Aspekte des formalisierten Bereichs zu entdecken und sichtbar zu machen, die ohne diese nicht oder sehr viel schwieriger zu explizieren wären. So kann ein einzelnes Ereignis, z.B. ein Kundenauftrag, den Gesamtzustand der Organisation ändern, da die betreffende Information zahlreiche weit verzweigte Anschlusskommunikationen auslöst. Die mit Hilfe der Unternehmenssoftware erzeugten Systemzustände können zwar fiktiv sein, sie helfen jedoch den Mitgliedern einer Organisation in Entscheidungssituationen, und ihre Entscheidungen werden real in ihren Folgen (vgl. hierzu Esposito 2007: 61). Im so genannten Thomas-Theorem wird dieser Zusammenhang folgendermaßen ausgedrückt: „If men define situations as real, they are real in their consequences" (Thomas & Thomas 1928: 572).

Die informationstheoretische Formalisierung von Unternehmensabläufen wird auf eine idealisierte Wirklichkeit hin entworfen, auf eine Wirklichkeit, in der alle relevanten Zustände und Zustandsänderungen genau so vorkommen, wie es das formale Modell beschreiben kann. Ein zu großes Vertrauen in eine immer leistungsfähigere Datenverarbeitungstechnik kann dazu führen, dass Organisationen Änderungen in ihrer Umwelt nicht mehr registrieren und darauf nicht mit entsprechenden Anpassungen ihrer Strukturen reagieren. Zu starke informationstheoretische Formalisierung kann blind machen:

> Verdatung von Information und Formalisierung von Informationsprozessen mittels Informatisierung [...] führt zur riskanten Erblindung von Organisationen, wenn Organisationen die so angefertigte Selbst- und Fremdbeschreibung für die tatsächliche Umwelt nehmen und auf deren Grundlage ‚selbstsicher' entscheiden. Die Wahrscheinlichkeit, daß sie das tun ist nicht ganz gering, denn die Informatisierung legt als Rationalisierungsstrategie für Organisationen nahe, daß man ‚besser informiert' ist (Tacke & Borchers 1993: 142).

Die komplexe informationstheoretische Formalisierung moderner Organisation setzt voraus, dass die Organisationsmitglieder mit der verwendeten Software kompetent umgehen können. Diese Voraussetzung ist keineswegs selbstverständlich. Denn sie erfordert zum Teil den Verzicht auf jene organisationstheoretische Formalisierung, die mit der informationstheoretischen Formalisierung erreicht werden sollte. Im nächsten Abschnitt möchte ich zeigen, wie Organisationen mit solchen Problemen umgehen, die erst durch die idiosynkratische oder inadäquate Verwendung immer komplexer werdender Datenverarbeitungstechniken entstehen.

Unternehmenssoftware als Kommunikationsmedium

Der vorige Abschnitt thematisierte den Beitrag der Unternehmenssoftware zur Kommunikationsarbeit in Organisationen. Dies soll nun aus einer kommunikationstheoretischen Perspektive weiter präzisiert werden (siehe Luhmann 2005a). Danach ist das charakteristische Merkmal von Kommunikation ihre Unwahrscheinlichkeit. Diese zunächst paradox anmutende These möchte ich plausibel machen, indem ich auf einige Kommunikationsprobleme eingehe, die zum einen mit Hilfe von Unternehmenssoftware gelöst, teilweise aber erst durch sie entstehen oder verschärft werden.

Die oben genannte „Unwahrscheinlichkeit von Kommunikation" expliziert Luhmanns Theorie folgendermaßen: Es ist unwahrscheinlich, dass eine mitgeteilte Information verstanden wird (I); es ist unwahrscheinlich, dass eine mitgeteilte Information ihren Empfänger erreicht (II); die Annahme von Kommunikationsangeboten ist unwahrscheinlich (III). Damit lassen sich bei der softwaregestützten

Kommunikation die folgenden Problemarten unterscheiden: Verstehensprobleme (I), Distributionsprobleme (II) und Akzeptanzprobleme (III).

ad I) In der mündlichen Kommunikation ist es unproblematisch, wenn ein Fall von Nicht-Verstehen auftritt, da dann die Mitteilung wiederholt werden kann oder nachgefragt werden kann, bis eine Mitteilung als Information verstanden ist. Kommunikationstheoretisch ist Sprache ein Medium, das die Wahrscheinlichkeit von Kommunikation erhöht. Während Luhmanns Kommunikationstheorie zunächst nur Sprache im engeren Sinne behandelte, legt die neuere Forschung einen erweiterten Begriff von Sprache zugrunde, der auch Zahlen und Bilder in ihre kommunikationstheoretischen Überlegungen einbezieht (siehe Heintz 2009). Erst aus dieser Perspektive wird Unternehmenssoftware zu einem genuinen Gegenstand einer Kommunikationstheorie im Sinne Luhmanns, weil in der softwaregestützten Datendarstellung zahlreiche verschiedene Medientypen (Schrift, Zahlen, Diagramme, Tabellen, Simulationen) miteinander kombiniert werden.

In der mündlichen Kommunikation ist eine Mitteilung vor allem deshalb verständlich, weil implizit vorausgesetzt wird, dass eine Person sie mit einer Mitteilungsabsicht äußert. Im Fall einer softwaregestützten Kommunikation kann eine Mitteilung von Information oft nicht mehr auf eine Person bezogen werden und es kann auch nicht nachgefragt werden, wie die Mitteilung einer Information genau gemeint war. Information und Mitteilung werden sozial entkoppelt. Das hat den Vorteil, dass die Ausbildung von Kommunikationsrollen möglich wird, und Kommunikation gerade nicht durch Personen strukturiert wird. Vielmehr strukturiert die mitgeteilte Information als „versachlichtes, kontextentkleidetes, objektiviertes ‚Faktum'" (Tacke & Borchers 1993: 134) die weitere Kommunikation. Auf die Probleme, die sich daraus ergeben, habe ich im vorigen Abschnitt hingewiesen.

ad II) In der mündlichen Kommunikation ist die Zahl der Empfänger einer Kommunikation begrenzt, dafür ist jedoch die Aufmerksamkeit für die Mitteilung einer Informationen meist hoch. Verbreitungsmedien erweitern den Kreis der Empfänger und tragen zur Lösung von Distributionsproblemen bei. Unternehmenssoftware ist ein besonderes Verbreitungsmedium, insofern es nur innerhalb einer Organisation verwendet wird. Ähnlich wie in der schriftlichen Kommunikation oder der Kommunikation über Radio, Fernsehen oder Internet löst sich die softwaregestützte Kommunikation vom direkten zeitlichen und räumlichen Zusammenhang zwischen demjenigen, der eine Information mitteilt, und demjenigen, der eine Information versteht. Die Trennung von Dateneingabe und Datenabruf ist ein Beispiel für diese Art der Entkopplung. Die damit verbundenen Vorteile sind offensichtlich, es gibt jedoch auch Nachteile. Die generelle Aufmerksamkeit für Kommunikationsangebote ist nicht mehr so selbstverständlich gegeben wie dies in der mündlichen Kommunikation meistens der Fall ist.

ad III) Das Problem der Aufmerksamkeit fällt im Fall der Unternehmenssoftware weniger ins Gewicht, da es sich um ein Verbreitungsmedium innerhalb von Organisationen handelt. Die Softwarebenutzung zählt zu den formalisierten Erwartungen, die an Organisationsmitglieder gerichtet sind. Oftmals ist die Softwarebenutzung Teil der formalen Stellenbeschreibung. Softwarebenutzer und Organisationsmitglied sind in diesem Sinne kongruente Rollen.

Aus einer kommunikationstheoretischen Perspektive bedeutet der Erfolg einer Kommunikation, dass der selektive Inhalt einer Kommunikation als Prämisse für das eigene Verhalten übernommen wird. An die Stelle der Reziprozität in der Interaktion tritt in der Organisation die Generalisierung der Annahmebereitschaft durch die Formalisierung von Mitgliedschaft. In anderen Worten: Die Mitgliedschaft in einer Organisation von Softwarebenutzern macht die Annahme von vorstrukturierten Kommunikationsangeboten relativ wahrscheinlich (siehe Drepper 2003: 111). Die weitreichende Formalisierung der Organisation mit Hilfe von Unternehmenssoftware impliziert deshalb einen erfolgreichen Umgang der Organisation mit dem Akzeptanzproblem von Kommunikation. Und dies kann wiederum zu weitreichenden Folgeproblemen für die Organisation führen.

Denn die Verwendung von Unternehmenssoftware setzt voraus, dass alle Abläufe in einer Organisation auf ein idealisiertes, also formalisiertes und standardisiertes Modell der Organisation hin entworfen werden. Das heißt auf ein Modell, in dem alle relevanten Zustände und Veränderungen nur genau so vorkommen, wie es im Vorhinein definiert wurde. Die organisationstheoretische Formalisierung durch Unternehmenssoftware suggeriert, dass Abläufe kontrollierbar, Ressourcen planbar, Fehler erkennbar und zurechenbar sind. Das Organisationsmodell fungiert als Norm für die Organisationswirklichkeit und muss keineswegs mit ihr übereinstimmen. Die Wirklichkeit tatsächlicher Beziehungen, sozialer Handlungsabläufe und die nicht kontrollierbaren Wechselwirkungen mit der Organisationsumwelt können nicht modelliert werden. Gleichwohl funktionieren Organisationen oft besser als es die Diskrepanz zwischen Organisationswirklichkeit und ihrem formalen Modell vermuten ließen. Den wesentlichen Beitrag dazu leistet Informalität, die widersprüchliche Anforderungen abfedert und Unvollkommenheiten eines informationstheoretischen komplexen Regelwerks ausgleicht. Informalität bestimmt weitgehend die Interaktion zwischen den Mitgliedern der Organisation und den kompetenten Umgang mit Unternehmenssoftware.

Diese nicht vollständig formalisierbare Kompetenz impliziert die Fähigkeit zu einem adäquaten Umgang mit der komplexen Informationstechnologie. Einerseits ist damit die intelligente Dateneingabe und Dateninterpretation gemeint. Andererseits, dass die Mitglieder die Datendarstellung tatsächlich als Kommunikationsangebot verstehen, um daran weitere Entscheidungen zu orientieren. Dazu müssen die Organisationsmitglieder ihr Erfahrungswissen einbringen, um gegebenenfalls

Kommunikationsangebote der Unternehmenssoftware mit guten Gründen ablehnen zu können und so auch formalisierte Abläufe an situative Gegebenheiten anpassen zu können (siehe Funken & Schulz-Schaeffer 2008). Jede Organisation ist auf diese kompensatorischen Leistungen ihrer Mitglieder angewiesen. Darin liegt kein Mangel an Perfektion der Organisation oder ihrer Formalisierungswerkzeuge. Eine vollständige Formalisierung würde das Ende jeder funktionierenden Organisation bedeuten.

Schluss

Unternehmenssoftware ist ein interessanter soziologischer Untersuchungsgegenstand, denn an ihr ist die wechselseitige Dynamik einer immer komplexer werdenden informationstheoretischen Formalisierung und einer zunehmenden Verregelung von Arbeits- und Kommunikationsabläufen in Organisationen ablesbar. Am Beispiel der weltweit von Unternehmen verwendeten SAP-Software ließ sich zeigen, wie Software von einem bloß technischen Werkzeug zur Datenverarbeitung zum Organon für die Strukturierung von Organisation insgesamt wurde. Die Möglichkeiten informationstheoretischer Formalisierung, die sich aus der Kombination betriebswirtschaftlicher Anwendungssoftware mit relationalen Datenbanken in den 1980er Jahren ergaben, gehen weit über traditionelle Darstellungen von Unternehmen hinaus, wie sie etwa die doppelte Buchführung liefert.

Einerseits reduziert Unternehmenssoftware die Komplexität der Organisationswirklichkeit, andererseits macht sie so Zusammenhänge in Organisationen erst sichtbar, die sich in neuen Formen der Zusammenarbeit in Organisationen manifestieren. Ein Ereignis, das in der Organisation kaskadenartig verbreitet wird, löst zahlreiche in der Software vordefinierte Folgeprozesse aus. Die soziologische Beschreibung von Unternehmenssoftware gibt meines Erachtens wichtige Hinweise auf die Frage, wie Globalität in Organisationen erzeugt werden kann, welche Probleme daran geknüpft sind und wie Organisationen mit diesen neuartigen Problemen umgehen. „A technology that spans space and time causes us to rethink what we mean by the terms organizational boundaries and organization" (Goodman & Sproull 1999: xii). SAP benutzt die komplexen Möglichkeiten der informationstheoretischen Formalisierung, um mit ihrer betriebswirtschaftlichen Anwendungssoftware sämtliche Unternehmensbereiche einer Organisation zu integrieren und strukturiert so Arbeits- und Kommunikationsabläufe über Abteilungsgrenzen und Standorte hinweg neu.

Ein zu großes Vertrauen in eine solche immer leistungsfähigere Datenverarbeitungstechnik – die in der gesteigerten Formalisierung der Organisation selbst ihren Ausdruck findet – führt dazu, dass Organisationen die Komplexität der Wirklichkeit ausblenden. Denn nur in dem Maße, indem es gelingt, die Organisationswirklichkeit einer idealisierten Wirklichkeit anzunähern, funktionieren solche umfassenden organisationstheoretischen Formalisierungen. Für Unternehmenssoftware trifft zu, was Luhmann in seinen Ausführungen zur Technik verknappt schlicht folgendermaßen formulierte: „Auch wenn es funktioniert, muß man immer damit rechnen, daß etwas übrig bleibt" (Luhmann 1998: 524f.). Die aus der beschriebenen doppelten Formalisierung resultierenden Probleme rückten den kompetenten Umgang der Softwarebenutzer mit der Technologie in den Vordergrund. Eine solche nicht vollständig formalisierbare Kompetenz von Organisationsmitgliedern betrifft das Verstehen von softwareerzeugten Festlegungen als Kommunikations*angebote*, die mit guten Gründen abgelehnt oder angepasst werden müssen. Anknüpfen lässt sich damit an die organisationstheoretischen Arbeiten Luhmanns: Unternehmenssoftware ist hiernach eine Entscheidungsprämisse, die den Spielraum für eine Mehrzahl von Entscheidungen einschränkt, sie jedoch nicht festlegen.

Organisationen sind soziale Systeme, weil „jeweils entschieden werden muss, ob man den im System selbst produzierten Erwartungen folgt – oder nicht; und ob man sie dann ändert oder sie schlicht unbeachtet lässt und vergisst" (Luhmann 2000: 229). Die Verwendung von Unternehmenssoftware in Organisationen ist dafür ein Beispiel. Anders als in Theorien, in denen das Verständnis von Organisation und formaler Struktur fusioniert, besteht systemtheoretisch ein Unterschied zwischen dem sozialen System der Organisation, das sich über Entscheidungen immer wieder reproduziert, und den formalen Strukturen, also den Entscheidungen, die eine Vielzahl von anderen Entscheidungen orientieren. Dies lässt sich für die Untersuchung moderner Informationstechnologien und ihrer Auswirkungen auf die Arbeits- und Kommunikationsabläufe in Organisationen und die Anforderungen an ihre Mitglieder nutzen. Der hier vorgestellte Zusammenhang zwischen informationstheoretischer und organisationstheoretischer Formalisierung und den daraus resultierenden Problemen behandelte nur einen kleinen Ausschnitt davon.

Anmerkungen

1 Charles W. Bachman erhielt 1973 den A.M. Turing-Award, die höchste Auszeichnung in der Informatik, von der Association of Computer Machines (ACM) für seine Arbeiten zu Datenbanktechniken. Seine Rede zur Turing-Award-Lecture trug den Titel *The Programmer as Navigator* (Bachman 1973).
2 Bei der Entwicklung und Vermarktung der Software SAP R/3 stützte sich SAP hauptsächlich auf das Datenbanksystem von Oracle. Oracle ist nicht nur der Hauptlieferant relationaler Datenbanken, sondern mittlerweile auch der Hauptkonkurrent von SAP am Markt für Unternehmenssoftware (ERP-Software).

3 Ein Ausdruck dieser Entwicklung war 1981 die Auszeichnung der Arbeiten von Edgar F. Codd für seine Arbeiten zur Theorie und Praxis von Datenbankmanagementsystemen mit dem *A.M.Turing-Award*.
4 Der Gegenbegriff von Standardsoftware ist in diesem Zusammenhang der Begriff Individualsoftware. Standardsoftware wird für viele Unternehmen und Branchen entwickelt, Individualsoftware wird für die besonderen Anforderungen eines einzelnen Unternehmens maßgeschneidert entwickelt.

Literatur

Astrahan, Morton M./Chamberlain, Donald D. (1975): Implementation of a Structured English Query Language. In: Communication of the ACM 18. 580-588
Altenhofen, Christoph (1997): Workflowmanagement aus der Sicht der Arbeitswissenschaft. In: Becker/Rosemann (1997): 24-33
Bachman, Charles W. (1973): The Programmer as Navigator. 1973 Turing Award Lecture. URL: http://awards.acm.org/images/awards/140/articles/1896680.pdf (Abgerufen am 18.12.2011)
Becker, Jörg/Rosemann, Michael (Hrsg.) (1997): Organisatorische und technische Aspekte beim Einsatz von Workflowmanagementsystemen. Proceedings zum Workshop vom 10. April 1997. Münster: Arbeitsberichte des Instituts für Wirtschaftsinformatik 54
Chamberlain, Donald D./Astrahan, Morton M./Blasgen, Michael W./Gray, James N./King, W. Frank/Lindsay, Bruce G./Lorie, Raymond/Mehl, James W./Price, Thomas G./Putzolu, Franco/Griffiths Selinger, Patricia/Schkolnick, Mario/Slutz, Donald R./Traiger, Irving L./Wade, Bradford W./Yost, Robert A. (1981): A History and Evaluation of System R. In: Communication of the ACM 24. 633-646
Codd, Edgar, F. (1970): A Relational Model of Data for Large Shared Data Banks. In: Communications of the ACM 13. 377-387
Codd, Edgar, F. (1981): Relational Database: A Practical Foundation for Productivity. 1981 Turing Award Lecture. URL: http://awards.acm.org/images/awards/140/articles/2485527.pdf (Abgerufen am 18.12.2011)
Computerwoche (1987): Einem Konzept wird Leben eingehaucht. 20.11.1987. URL: http://www.computerwoche.de/heftarchiv/1987/47/1162294/ (Abgerufen am 18.12.2011)
Date, Chris (1995): An introduction to database systems. Reading, MA: Addison-Wesley
Drepper, Thomas (2003): Organisationen der Gesellschaft. Gesellschaft und Organisation in der Systemtheorie Niklas Luhmanns. Wiesbaden: Westdeutscher Verlag
Esposito, Elena (1993): Der Computer als Medium und Maschine. In: Zeitschrift für Soziologie 22 (5). 338-354
Esposito, Elena (2007): Die Fiktion der wahrscheinlichen Realität. Frankfurt am Main: Suhrkamp
Funken, Christiane/Schulz-Schaeffer, Ingo (Hrsg.) (2008): Digitalisierung der Arbeitswelt. Zur Neuordnung formaler und informeller Prozesse. Wiesbaden: VS Verlag für Sozialwissenschaften
Gugerli, David (2007): Die Welt als Datenbank. Zur Relation von Softwareentwicklung, Abfragetechnik und Deutungsautonomie. In: Gugerli et.al. (2007): 11-36
Gugerli, David/Hagner, Michael/Sarasin, Philipp/Tanner, Jakob (Hrsg.) (2007): Nach Feierabend. Zürcher Jahrbuch für Wissenschaftsgeschichte 3. Daten. Zürich; Berlin: Diaphanes
Goodman, Paul/Sproull, Lee S. (1999): Technology and Organizations. San Francisco: Jossey Bass
Heintz, Bettina (2007): Zahlen, Wissen, Objektivität: Wissenschaftssoziologische Perspektiven. In: Mennicken/Vollmer (2007): 65-85
Heintz, Bettina (2009): Quantifizierung und Globalisierung. Zur Logik des Vergleichs. Unveröffentlichtes Manuskript

Kuassi, Mensah (2006): Oracle Database Programming using Java and Web Services. Amsterdam: Elsevier Digital
Lassner, Wolfgang (Hrsg.) (2006): Wirtschaftsinformatik. Nachschlagewerk für Studium und Praxis. Wiesbaden: Betriebswirtschaftlicher Verlag Dr. Th. Gabler
Luhmann, Niklas (1998): Die Gesellschaft der Gesellschaft. Erster Teilband. Frankfurt am Main: Suhrkamp
Luhmann, Niklas (1999): Funktionen und Folgen formaler Organisation. Berlin: Duncker & Humblot
Luhmann, Niklas (2000): Organisation und Entscheidung. Wiesbaden. VS Verlag für Sozialwissenschaften
Luhmann, Niklas (2005a): Die Unwahrscheinlichkeit der Kommunikation. In: Luhmann (2005c): 29-40
Luhmann, Niklas (2005b): Was ist Kommunikation. In: Luhmann (2005d): 109-120
Luhmann, Niklas (2005c): Soziologische Aufklärung 3. Soziales System, Gesellschaft, Organisation. Wiesbaden: VS Verlag für Sozialwissenschaften
Luhmann, Niklas (2005d): Soziologische Aufklärung 6. Die Soziologie und der Mensch. Wiesbaden: VS Verlag für Sozialwissenschaften.
Meier, Hermann/Hopp, Dietmar/Plattner, Hasso (1972): Auftragsabwicklung, Disposition und Versandsteuerung integriert im Realzeitbetrieb. IBM-Beiträge zur Datenverarbeitung. Stuttgart: IBM-Deutschland
Meissner, Gerd (1997): SAP die heimliche Software-Macht. Wie ein mittelständisches Unternehmen den Weltmarkt eroberte. Hamburg: Hoffmann und Campe Verlag
Mennicken, Andrea/Vollmer, Hendrik (Hrsg.) (2007): Zahlenwerk. Kalkulation, Organisation und Gesellschaft. Wiesbaden: VS Verlag für Sozialwissenschaften
Noack, Wilhelm (Hrsg.) (2009): SQL. Grundlagen der Datenverarbeitung. Hannover: Regionales Rechenzentrum für Niedersachsen
Ottmann, Thomas/Widmayer, Peter (2002): Algorithmen und Datenstrukturen. Berlin: Spektrum Akademischer Verlag
Plattner, Hasso (1997): Hasso Plattner. Oral History. URL: http://www.cwhonors.org/archives/histories/Plattner.pdf (Abgerufen am 18.12.2011)
Pollock, Neil/Williams, Robin (2009): Software and Organisation. The Biography of the Enterprise-Widesystem or how SAP Conquered the World. Routledge Studies in Technology, Work and Organizations. London; New York: Routledge
SAP (2009): Glossar. URL: http://help.sap.com/saphelp_glossary/de/index.htm (Abgerufen am 18.12.2011)
Tacke, Veronika/Borchers, Uwe (1993): Organisation, Informatisierung und Risiko: Blinde Flecken mediatisierter und formalisierter Informationsprozesse. In: Weißbach/Poy (1993): 125-151
Thomas, William I./Thomas, Dorothy S. (1928): The Child in America: Behavior Problems and Programs. New York: Alfred A. Knopf
Weißbach, Hans-Jürgen/Poy, Andrea (Hrsg.) (1993): Risiken informatisierter Produktion. Opladen: Westdeutscher Verlag

II. Numerische Repräsentationen und mediale Sichtbarkeit

Die Normalitäten des *Long Tail*. Zur „Sichtbarkeit" von mobilen Medien und Nischenkulturen

Ralf Adelmann

Das Internet wird mobil. Insbesondere die Nutzerseite des Internets wird mobilisiert. Mit der Verbreitung von Laptops, Netbooks und den so genannten Smartphones verändern sich nicht nur die Nutzungsgewohnheiten im Umgang mit den verschiedenen Funktechnologien, sondern es besteht eine stärkere Integration von *Social Web*-Angeboten in den mobilen und portablen Medienalltag. Dabei ist noch völlig unabsehbar, wohin diese neuerliche Dynamisierung von medialen Praxen und ihrer technischen Infrastruktur letztendlich führen wird.

Die Grundidee dieses Aufsatzes besteht deshalb darin, zurückzublicken auf zwei unterschiedliche „Sichtbarkeiten", die der aktuellen Entwicklung vorausgingen. Zum Einen sind durch die Datenbanklogik des Internets und seiner Nutzung in den letzten Jahren Rezeptionsstrukturen der Populärkultur „sichtbar" geworden, die mit der Metapher des *Long Tail* umschrieben werden und die vielfältige Nischenkulturen zu Tage treten ließen. Zum Anderen ergeben sich in den letzten Jahren aus den Forschungsansätzen zu mobilen Medien, die prominent in Bezug auf die explosive Expansion der Handynutzung entstanden sind, andere Sichtweisen auf historische und aktuelle Medienentwicklungen. Durch die „Entdeckung" der mobilen Medien in neueren theoretischen und analytischen Überlegungen der Sozial- und Medienwissenschaften werden deren Verbindungslinien zur Populärkultur und ihren vielfältigen Praxen der Identitätskonstruktion erst „sichtbar". Im Folgenden werden diese beiden „Sichtbarkeiten" an einem Berührungspunkt – den Wissens- und Ordnungsstrukturen der Populärkultur – zusammengeführt, um ihre Produktivität für die Beschreibung und Analyse der Mobilisierung des Internets hervorzuheben. Der Begriff „Sichtbarkeit" versucht damit alle Praxen und Gegenstandsbestimmungen zu umfassen, die von Gesellschaft bis zur Wissenschaft ausgehen, um diese auftauchenden Gegenstände zu erfassen, zu problematisieren und einzuordnen.

Durch die Verbindung von mobilen und portablen Medien mit den unterschiedlichen soziokulturellen Plattformen des Internets ergibt sich eine interessante mediale Gemengelage. Auf der einen Seite lässt die mediale Mobilisierung die Phase der Mediengeschichte unter einem neuen Licht erscheinen, die durch audiovisuelle Massenmedien und durch deren Trend zur Immobilisierung oder „Verhäuslichung"[1] gekennzeichnet ist. Mit der Sichtung mobiler Medien wird dieser Trend durchbrochen und nicht nur die Medienwissenschaft muss sich auf eine Re-Interpretation bestimmter medialer Prozesse in Geschichte und Gegenwart einstellen. Auf der anderen Seite – so die hier vertretene These – schließen die mit diesen Entwicklungen verbundenen Praxen an Wissens- und Ordnungsstrukturen der Populärkultur an. Diese weitreichende Verbindung von medialen Mobilisierungen und popkulturellen Praxen zeichnet den hier nur skizzenhaft entwickelten Hintergrund für die spezifische Frage nach den damit unmittelbar in Berührung stehenden Normalitäten des *Long Tail*.

Das zentrale Anliegen der hier entwickelten Überlegungen ist es, eine Kontinuität der medialen Praxen von der Populärkultur seit Mitte des 20. Jahrhunderts bis zur Idee des *Long Tail* nachzuweisen. Diese Praxen beziehungsweise ihre Resultate werden erst durch bestimmte Strukturen und Nutzungen des Internets sowie seiner Mobilisierung „sichtbar" und können damit soziokulturell auf neue Art und Weise relevant werden. Der *Long Tail* als grafische Kurve (siehe „Fig. 2" in Abb. 1) bildet das paradigmatische Beispiel für die „Sichtbarmachung" von Nischenkulturen und den ihnen beigeordneten Erklärungsmodellen. Ausgehend von dieser These wird deshalb in einem ersten Schritt die gestiegene Bedeutung mobiler Medien anhand eines kurzen medienhistorischen Abrisses verdeutlicht, um dann in einem zweiten Schritt ihre Verknüpfung mit den popkulturellen Praxen und ihrer Normalität anhand der *Long Tail*-These zu erläutern.

Die „Sichtbarkeit" mobiler Medien

Im Gefolge der rasanten globalen Diffusion des Handys entstehen eine Reihe von Theorien und empirischen Untersuchungen in den Sozial- und Medienwissenschaften, die sich mit mobilen Medien und mobiler Kommunikation befassen. Im Zentrum dieser neuen Forschungsrichtung steht deshalb auch der Mobilfunk, aber an seiner Peripherie etablieren sich Forschungsfragen zu einer länger zurückreichenden Geschichte mobiler Medien.[2]

Ende 2008 wird die Zahl der Handyverträge weltweit auf vier Milliarden geschätzt. Demgegenüber steht die Zahl der Festnetzanschlüsse von 1,3 Milliarden (ITU 2009: 3). Noch Mitte der 1980er Jahre war diese gewaltige Expansion des Mobilfunksektors nicht vorhersehbar. Die damaligen Berichte der Vereinten Nationen[3] konstatieren zwar das eklatante Ungleichgewicht zwischen Industrie- und Entwicklungsländern bei Festnetzanschlüssen,[4] aber an den Mobilfunk als Basis für ein massentaugliches Telefon- und Datensystem (gerade für infrastrukturell schwache Entwicklungsländer) dachten nur die Wenigsten. Umso schneller verläuft seit Mitte der 1990er Jahre die Implementierung des neuen Mediums,[5] dessen technische Grundlagen schon in den Nachkriegsjahrzehnten gelegt wurden.[6]

Richard Ling und Jonathan Donner verweisen dabei auf zwei grundsätzliche Funktionen, die sich mit der Durchsetzung des Handys ändern. Als erstes steigert sich die so genannte *connectivity* (Ling & Donner 2009: 4ff.). Denn aus ökonomischer Sicht ist es sehr viel billiger Mobilfunkmasten zu errichten, als Haushalte mit Festnetzanschlüssen zu versehen. Dies führt zu einem außerordentlichen Handyboom in den Entwicklungs- und Schwellenländern (ITU 2009: 4). In Verbindung mit den im Vergleich zum Festnetz flexibleren Distributionsmodellen der Mobilfunkbetreiber kann das Handy für den Endverbraucher sehr viel günstiger die prinzipielle Erreichbarkeit herstellen.[7] Dies führt in manchen Industrieländern zu einer Handyvertragsdichte von über 100 Prozent (Ling & Donner 2009: 8f.). Mehrere Mobilfunkverträge für eine Person sind in diesen Ländern (z.B. Deutschland, Italien und Norwegen) durchaus üblich.

Die zweite grundlegende Funktion des Mobilfunks ist nach Ling und Donner die Steigerung der *reachability* (Ling & Donner 2009: 10ff.). Waren zuvor Haushalte über Festnetze an bestimmbaren Orten zu erreichen, so sind nun Individuen über Handy überall adressierbar. Dieser Trend zur Individualisierung der Erreichbarkeit verstärkt sich durch den wachsenden Anteil von Handys an den Identitätskonstruktionen ihrer Nutzer. Von ihrer Gestaltung als modische Accessoires über die individuellen Klingeltöne bis zu den aufgespielten Programmen werden über Handys als „Artefakte" (Fortunati 2006) Identitätsschnipsel an die Umwelt vermittelt. Über die Prozesse der Individualisierung und Identitätskonstruktion fügt sich das Handy fast automatisch in popkulturelle Praxen ein. Diese Nähe wird in vielen Untersuchungen über den Gebrauch des Handys als ein körpernahes Medium (Tischleder & Winkler 2001), als Element einer „connected presence" (Licoppe 2004), als Übermittler phatischer Kommunikation (Licoppe 2008: 145; Miller 2008; Tischleder & Winkler 2001) und als Mikrokoordinationsmittel des Alltags (Ling 2004: 69-75) bestätigt. Das Handy und seine Modi der Erreichbarkeit verändern und befeuern unsere popkulturellen Praxen. Kommunikationsrituale werden im mobilen Medium manifest und zum sozialen Klebstoff, der sich aus phatischen Happen, kurzen Textmitteilungen, Terminabsprachen, Austausch von Klatsch usw. zusammensetzt.

Aber nicht nur allein die steigende Zahl der Handyverträge pro Einwohner erweist sich als ein wichtiger quantitativer Indikator des Wandels. Ebenso imposant ist die Entwicklung bei den so genannten Smartphones. Damit wird das mobile Telefonieren zu einer unter vielen Funktionen. Die Hardware und Software der Smartphones gleichen sich immer mehr dem klassischen Personal Computer an und das Handy wird zu einer Plattform vieler kleiner Applikationen, die – teilweise durch Anbindung an Internetplattformen – soziale oder identitätsstiftende Funktionen mit sich bringen. Wie können diese medialen Praxen von anderen unterschieden werden und in welcher mediengeschichtlichen Tradition stehen sie?

Die Geschichte mobiler Medien zu erzählen, erscheint schwierig. Wo soll sie beginnen? Mit der Sprache, die mit unseren Körpern schon immer ein mobiles Medium ist? Und wie steht es mit der Einschätzung der Schrift? Ob als Handschrift auf Pergament oder im gedruckten Buch, beide Materialitäten und Formen zeichnen sich durch Mobilität aus. Ausgehend von einer Unterteilung in Produktions- und Rezeptionsseite unterschiedet Paul Levinson zwei Linien in der Geschichte mobiler Medien:

> One, including books and car radios, brought the products of communication to consumers on the move. The other, ranging from pencils to Kodak cameras, allowed people in all walks of life to be media producers (Levinson 2004: 24f.).

Die beiden mediengeschichtlichen Linien treffen nach Ansicht von Levinson im Handy zusammen. Von diesem Standpunkt ausgehend könnte man fast anzweifeln, ob die begriffliche Unterscheidung durch das Adjektiv „mobil" Sinn macht, wenn man neuere Entwicklungen in der Mediasphäre beschreiben will. Vielmehr müssten die immobilen Medien als eine kurze Phase in der Mediengeschichte beschrieben werden, die eine lange Tradition mobiler Medien unterbrochen hat. Nur in der Blütephase des Industriekapitalismus von der Mitte des 18. bis zur Mitte des 20. Jahrhunderts haben immobile Medien wie die Telegrafie, die Festnetztelefonie, der Film, das Radio oder das Fernsehen sich durchgesetzt. Danach gewinnen die mobilen Medien wieder an Dominanz. Unwichtig ist dabei, ob man der Argumentation von Levinson folgen möchte. Entscheidend ist die rückwirkende Neujustierung der Mediengeschichte vor dem Hintergrund der „Sichtbarkeit" mobiler Medien.

Seit 1945 sieht die Technikhistorikerin Heike Weber einen Gegentrend zu den Tendenzen der „Verhäuslichung" medialer Praxen (Weber 2008). Am Beispiel des Radios wird dieser Gegentrend in der Mediengeschichte auffällig. Das Radio wird in Deutschland nach seinen kurzen wilden Anfangsjahren in der Amateurfunkszene zu einem Massenmedium nach dem Prinzip one-to-many aufgebaut. Der Rundfunk wird verstaatlicht oder staatlich kontrolliert. Der Radioempfänger steht typischerweise in dieser Zeit im Wohnzimmer und wird als Möbelstück gestaltet. Erst in den fünfziger Jahren wird dieser Trend mit den ersten Kofferradios umgedreht. In der Nachkriegsgesellschaft, in der zivile Mobilität wie ein eigenes Auto und Urlaub im Ausland wünschenswert erscheinen, tauchen die ersten Kofferradios auf. Schon allein der Name deutet auf den gewünschten mobilen Verwendungszweck hin, wenn auch die Batterieleistung diese Mobilität nur für eine kurze Zeit gewährleisten konnte. Die ersten Kofferradios hießen entsprechend ihrer konnotierten Wunschwelt „Lido", „Riviera", „Boy"… (Weber 2008: 92ff.).

Aber nicht nur das Radiogerät wird mobil und individuell, sondern auch die entsprechenden popkulturellen Praxen und die Programmgestaltung der Radiosender. In den fünfziger und sechziger Jahren entstehen die ersten Jugendkulturen, die sich sehr stark an eine bestimmte popkulturelle Musikrichtung binden.[8] Gleichzeitig stellen Sender wie beispielsweise Radio Luxemburg ihr Programm auf die jungen, mobilen und individualisierten Publika um. Es wird durchgehend Popmusik gespielt, nur unterbrochen von Werbung, sehr kurzen Ansagen und Nachrichten (Weber 2008: 138; Dussel 2004: 221f.).

Dieser mediale Trend gegen die „Verhäuslichung" oder Immobilisierung moderner Massenmedien setzt sich in den folgenden Jahrzehnten mit dem Walkman, dem Gameboy und dem Handy fort. Im Zusammenhang mit dem Walkman werden insbesondere die individualisierten *Soundscapes* der urbanen Nomaden thematisiert[9]. Neben Mobilisierung, Individualisierung kommen die Elemente der Urbanisierung und der Nomadisierung zur Beschreibung und „Sichtbarmachung" mobiler Medien hinzu.[10] Dadurch wird der Walkman, obwohl für den Massenkonsum konzipiert, zu einem begehrten Objekt des Nischenmarketings und zu einem Accessoire der Jugendkultur (du Gay et al. 1997: 31ff.). Mit dem Walkman und der ihn konstituierenden Marketingstrategie reagiert Sony in gewisser Weise auf der Hardwareseite schon auf den *Long Tail* der verschiedenen Nutzungskulturen. Mit der Musikkassette wird auf ein individuell bespielbares und gestaltbares Medium gesetzt, das die differenzierte Wunschstruktur popkultureller Praxen bedienen kann.

Durch den Kopfhörer schafft der Walkman zusätzlich einen eigenen Raum, der jenseits der Kategorisierung von privat und öffentlich situiert ist. Mit dem Walkman verbindet sich noch viel stärker als mit dem Kofferradio die Identitätsarbeit seines Nutzers – nach dem Leitbild des urbanen Nomaden. Er ist als mobiler und flexibler Kommunikations- und Transportnutzer ein Idealtypus, der durchweg in der Werbung oder in wissenschaftlichen Schriften positiv konnotiert wird.[11] Der urbane Nomade wird als ein Meister der Ent- und Rekontextualisierung charakterisiert. Er schwebt in den Worten von Ian Chambers zwischen „Autismus" und „Autonomie" (Chambers 1996: 59). Chambers spitzt dieses Argument in einer These zu: Der Walkman setze den utopischen Individualismus des einsamen Großstädters durch, der als zivilisatorische Leistung seit Nietzsche beschworen wird. (Chambers 1996: 62).

Aufgrund dieser hier angedeuteten Vorgeschichte mobiler Medien erscheint die schnelle Diffusion des Handys nicht sehr überraschend. „There is a youth culture that finds in mobile communication an adequate form of expression and reinforcement" (Castells et al. 2007: 127). Die Mobilisierung von Medien in der zweiten Hälfte des 20. Jahrhunderts ist aus dieser Perspektive unmittelbar mit popkulturellen Praxen der Jugendkultur verbunden. Diese Erkenntnis ist für die Sozial- und Medienwissenschaften nur in der Rückschau und unter dem Fokus auf mobile Medien „sichtbar".

Die „Sichtbarkeit" des *Long Tail*

Schon bei der Analyse der Walkman-Werbung wurde auf das Nischenmarketing hingewiesen. Im Zusammenhang mit dem Internet wird diese sozial-ökonomische Dimension von Jugendkulturen zu der kulturellen, politischen und sozialen These des *Long Tail*, die hier exemplarisch für eine ganze Reihe gleichwertiger Überlegungen steht. Mit *folksonomy, wisdom of crowds, wealth of networks, wikinomics* und ähnlichen Begriffen und Schlagwörtern wird dieses Gegenstandsfeld immer wieder bearbeitet, dessen zentraler diskursiver Kern die Behauptung einer medientechnologischen Revolution im Zusammenhang mit der Nutzung des Internets ist.[12] Die prominenteste These in diesem Umfeld populärer medienökonomischer Vorstellung ist die des *Long Tail*, auf deren Implikationen für die „Sichtbarkeit" medialer Praxen es im Folgenden ankommt.

In der September-Ausgabe 2008 des „Journal of Advertising Research" untersucht Scott McDonald die Auswirkungen des *Long Tail* auf die Konsumforschung in der Medienindustrie. Die *Long Tail*-These aus Chris Andersons gleichnamigem Buch von 2006 lässt sich folgendermaßen kurz zusammenfassen:

Aufgrund der Digitalisierung und des Internets verringern sich nach Anderson die Kosten der Lagerung und Distribution digitaler Waren auf einem globalen Markt. Dadurch kann ein sehr viel größeres Warenangebot bereitgestellt werden, das auf eine schon – nach Anderson – immer vorhandene Kundensehnsucht nach mehr Auswahl trifft. Aus diesen Gründen entsteht neben der Kultur der Hits und Bestseller eine Nischenkultur, die ökonomisch rentabel ist und die Bedürfnisse der Konsumenten befriedigt: „The invisible market has turned visible" (Anderson 2006: 6). Auf diese *Long Tail*-These von Anderson[13] nimmt nun McDonald im „Journal of Advertising Research" Bezug und appliziert sie auf die Erforschung und Erfassung von Publika in der Medienindustrie. Hierbei macht er einen interessanten historischen Vergleich:

> [By contrast,] the limitations of locality, inventory costs, and distribution costs that characterized 20th century markets led marketers mistakenly to view consumer demand through the prism of the Normal Curve, with its focus only on the products with appeal to the 'average' masses (see Figures 1 and 2) (McDonald 2008: 314).

Die beiden im Zitat angesprochenen Kurven werden in McDonalds Artikel folgendermaßen abgebildet:[14]

Die Normalitäten des Long Tail 95

Figure 1 A Normal Distribution

Figure 2 A Power Law Distribution

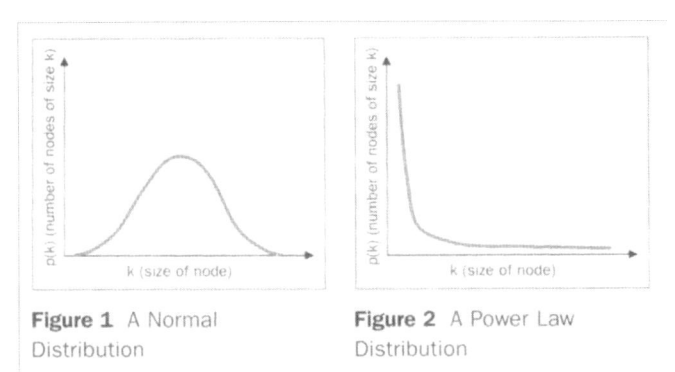

Abbildung 1: Kurven aus McDonald (2008: 314).

Die medialen Bedingungen des 20. Jahrhunderts sind nach McDonald dafür verantwortlich, dass im Marketing durch das „Prisma der Normalverteilung" („the prism of the Normal Curve") nur auf den durchschnittlichen Konsumenten und das Massenprodukt geschaut wurde. Die Massenmedien produzieren Publika, die durch eine Normalverteilung gut erfasst werden. Mit der „Entdeckung" der *Long Tail*-Ökonomie unter den Bedingungen von Digitalisierung und Internet – so könnte man McDonalds These extrapolieren – verliert die diskursive Formierung von Medienpublika als „Massen" und „Durchschnitt" ihre Einzigartigkeit. Implizit wird damit die Ära der Massenmedien verabschiedet und das Internet als ein neues Mediendispositiv verkündet. Den Anschluss an die Tradition mobiler Medien leistet McDonalds Argumentation nicht.

Während für McDonald die Neuigkeit des *Long Tail* darin besteht, dass die Nischenkulturen einfach neue Märkte sind, ist die interessante Neuigkeit für die hier vertretene These von den zwei „Sichtbarkeiten", dass der Nische und dem Nischennutzer durch die Konsumforschung nun eine Relevanz zugesprochen wird: Die Nische wird „sichtbar". Bedingung ihrer „Neu-Entdeckung" ist die statistische Wahrnehmbarkeit der Nische und ihre Thematisierung als Normalfall des Medienkonsums.

Im weiteren Verlauf seiner Argumentation kommt McDonald auf sein Feld – die Konsumforschung – zu sprechen. Er sieht in der Vergangenheit drei bekannte und konstante Elemente in der Konsumforschung (McDonald 2008: 315f.):

1. Der Rezipientenverkauf an die Werbewirtschaft: Er bringt beispielsweise die Quote als „Währung" des Fernsehens hervor.
2. Die Messung eines Samples der Gesamtbevölkerung: Dieser Sample-Bildung liegen nach McDonald Gausskurven, also Normalverteilungen, zugrunde.

3. Konsumforschung braucht große Publika (ansonsten sagen die Messungen nichts aus).

In einer Nischenkultur des Long Tail sind solche Voraussetzungen nach McDonald immer weniger gegeben und der „Wert" der klassischen Konsumforschung für die Medienökonomie sinkt.

In diesem Zusammenhang ist es sinnvoll, auf eine allgemein anerkannte Tatsache der Konsumforschung aufmerksam zu machen: Das Publikum moderner Massenmedien ist im Unterschied beispielsweise zum Publikum im Theater „unsichtbar". Mit der Erhebung von Nutzerdaten bei Massenmedien wie Radio, Fernsehen, Zeitungen usw. ist ein erheblicher Aufwand zur „Sichtbarmachung" der Rezipienten verbunden. Neben den Massenmedien müssen technische Systeme der Nutzererfassung installiert werden, die sich im ständigen Wettlauf mit technischen Innovationen und sozialen Veränderungen in den Massenmedien befinden (z.B.: Zapping, Aufzeichnungsmöglichkeiten, Spielkonsolen).

Im Unterschied dazu braucht die Diagnose der Nischenkultur des *Long Tail* erst einmal nur quantitative Daten, die im Medium selbst anfallen. Die Quantifizierung der Nischennutzung und damit „Sichtbarwerdung" der Nischen in der Medienkonsumforschung wird damit zum konstitutiven Element einer Nischenkultur. Daraus ergeben sich einige grundlegende Funktionen der Ordnungen in Nischen wie beispielsweise Rankings oder Listen. Internetnutzung ist damit immer schon Beobachtung der Internetnutzung, welche die Normalitäten des *Long Tail* hervorbringt.

Auf diesen Zusammenhang hat nicht zuletzt Josef Wehner aufmerksam gemacht, indem er mit dem Begriff der „taxonomischen Kollektive" (Ang 2002: 473ff.), den Ien Ang für die diskursive Konstruktion des Fernsehzuschauers durch qualitative und quantitative Merkmale entwirft, auf das Internet überträgt (Wehner 2008). In diesem Sinne demonstrieren die beiden Kurven aus McDonalds Aufsatz (Abb. 1) nicht nur eine andere „Sichtbarkeit" von Medienpublika, sondern bezeugen ebenso den Wandel der diskursiven Entstehungsbedingungen „taxonomischer Kollektive" vom Rundfunk zum Internet. Überspitzt könnte man von einer Krise der Beobachtungsapparaturen ausgelöst durch die Zusammenführung von Medium und Beobachtungsapparat in den Datenbanken und Algorithmen der Internetplattformen sprechen..

Die Annahme eines *Long Tail*-Marktes schafft zwar durch die „Sichtbarkeit" ökonomisch ungenutzter Nischen eine bestimmte Ordnung in der Nischenkultur, aber es gibt durchaus andere Annahmen über Nischenkulturen, die dann auch andere Ordnungen implizieren. Der *Long Tail* macht etwas quantifizierbar und „sichtbar", was schon zuvor in qualitativen Untersuchungen der *Cultural Studies* zur Popkultur oder aktuell in den Forschungen zu mobilen Medien beschrieben und analysiert wird. In den zuvor zitierten Untersuchungen und Theoretisierungen der mobilen Medien seit 1945 wird der *Long Tail* der Nutzerwünsche als Voraussetzung für die Entstehung des urbanen Nomaden, des Identitätsbastlers oder des popkulturellen Individualisten angenommen.

knowledge on the run

Welche Effekte haben nun die beiden „Sichtbarkeiten" – der mobilen Medien und der *Long Tail* – und wie lassen sie sich mit der Frage nach popkulturellen Wissens- und Ordnungsstrukturen verbinden? Die Ansätze der *Cultural Studies* stehen für den prominentesten Versuch, populäres Wissen zu theoretisieren und zu erklären. Schon in der Aufsatzsammlung *The Cultural Studies Reader* von 1993 fragt sich der Herausgeber, Simon During, in einer editorischen Anmerkung zu Dick Hebdiges Beitrag *The Function of Subculture* wie Hebdiges Thesen zur Subkultur auf Nischenmarketing zu übertragen seien (During 1993: 442). Ähnliche Überlegungen finden sich – wie schon erwähnt – in der Literatur zum Walkman (du Gay et al. 1997: 31ff.). Auf Basis dieser Überlegungen zu Nischenkulturen wird noch einmal deutlich, dass sich aus der *Cultural Studies*-Perspektive auf das populäre Wissen die Fragen nach popkulturellen Praxen aus den Normalitäten des *Long Tail* heraus gestellt haben. Die Verbindung von mobilen Medien und ausdifferenzierten Medienpraxen, wie sie im *Long Tail*-Argument auftaucht,[15] zeigt sich schon früh in der Theoretisierung dieser Wissens- und Ordnungsstrukturen der populären Kultur.

Um beide „Sichtbarkeiten" – mobile Medien und *Long Tail* – zusammenzuführen, sind einige Thesen von John Fiske zu den Eigenschaften des populären Wissens hilfreich. Die Unterscheidung von finanzieller und kultureller Ökonomie bei Fiske deutet schon an, dass es neben dem finanziell zu verwertenden Wissen über Konsumenten eine Sphäre des populären Wissens gibt, dessen Tauschware unter Anderem Bedeutungen sind (Fiske 2001). Diese Tauschsysteme arbeiten bei Fiske auf der Mikroebene von individualisierten Mediennutzungen, sozialen Beziehungen und Bedeutungsgemeinschaften, die im Gegensatz oder abseits zur hegemonialen Bedeutungsproduktion stehen. Offensichtlich lassen sich hier strukturelle Parallelen zwischen der zentralen Rolle von Reputationsökonomien für die Relevanz des populären Wissens in Ansätzen wie der *Long Tail*-These und der kulturellen Ökonomie bei Fiske herstellen. Für Anderson existieren vielfältige Motivationen für die Entstehung einer *Long Tail*-Ökonomie im Markt der Popkultur. Seine Erklärung für die Gemeinschaftsbildung trotz individualisierter Mediennutzung ist die „Währung" Reputation:

People create for a variety of other reasons – expression, fun, experimentation, and so on. The reason one might call it an economy at all that there is a coin of the realm that can be every bit as motivating as money: *reputation* (Anderson 2006: 74).

Das populäre Wissen in Fiskes Konzept entwickelt dagegen keinen ontologischen Wahrheitsanspruch. Populäres Wissen entsteht taktisch an den Schwachstellen des hegemonialen Wissens. Dabei ist es größtenteils auf die medialen Ressourcen des *power-bloc* angewiesen. Diese Ressourcenabhängigkeit stellt sich im Zusammenspiel von Internet und mobilen Medien nicht anders dar: Die technische Infrastruktur wird weiterhin von Staaten und multinationalen Konzernen bereitgestellt.

Aufgrund dieser Abhängigkeiten verändert sich nach Fiske das populäre Wissen ständig und hat keine stabile mediale Basis: Er umschreibt es als „knowledge on the run" (Fiske 1992: 52).[16] Fiskes Ansatz ist aufgrund seiner Überschätzung der politischen Widerständigkeit populärer Praxen weitreichend kritisiert worden, aber Fiske hat durchaus Eigenschaften des populären Wissens erfasst: Es erhebt keinen ontologischen Wahrheitsanspruch; populäres Wissen ist ein Produkt der Mikroebene – von sozialen Formationen, die nur temporär und instabil sind.[17] Dadurch ist es immer flexibel und aktuell sowie ständig „on the run", auf der Flucht.

Interessanterweise fallen viele dieser Eigenschaften auch in die Beschreibung der Nischenkultur des Internets und dessen zunehmend mobiler Medienbasis. Die Praxen des Mobilen können diese Elemente populären Wissens scheinbar aufnehmen und – wie zuvor gezeigt wurde – sind diese Praxen im Kontext mobiler Medien entstanden. Was eine Kultplatte ist, wird heute im Internet durch Abgleich vieler Meinungen und ihrer teilweisen Quantifizierung entschieden und nicht nur durch den direkten Austausch in sozialen Formationen wie dies noch von Fiske für die gemeinsame Bedeutungsproduktion eines Fernseherlebnisses gedacht war. Die Mikroebene erreicht in der Datenbanklogik des Internets eine gewisse „Sichtbarkeit" auf der Makroebene. Einerseits auf der medialen Seite durch die mobilen Medien und andererseits auf der sozio-ökonomischen Seite der zahlreichen Internetplattformen, die den *Long Tail* „sichtbar" machen (durch Rankings, Listen, Clouds usw.). Damit werden gleichsam die Unterschiede zwischen Fiskes Konzept und dem populären Wissen in den aktuellen Medienpraxen deutlich: Mit dem Internet sowie seiner Mobilisierung werden Elemente des populären Wissens von der Mikro- auf die Makroebene gehoben und dadurch „sichtbar". Auf den *Social Web-*Plattformen werden die Geschmäcker, die Vorlieben, die Freundschaftsnetzwerke oder die aktuellen Lieblingssongs zumindest zeitweilig manifest. Bei Fiske entwickelt sich das populäre Wissen als temporäre Gegenveranstaltung in bestimmten soziokulturellen Konstellationen, in denen beispielsweise eine gemeinsam betrachtete Fernsehsendung zu Bedeutungsaktivitäten und Identitätskonstruktionen anregt (Fiske 1999: 242ff.). Diese konkreten Praxen der Bedeutungsgenerierung finden auf einer Mikroebene statt und lassen flüchtige soziale Formationen entstehen.

Diese Mikroebene wird nun aber wieder umso virulenter, je stärker die Nutzungsaktivitäten nicht vor dem heimischen, sprich „verhäuslichten" Fernseher oder Personal Computer stattfinden, sondern sich auf Basis von mobilen Medien wie Laptops und Smartphones sowie den Softwarearchitekturen der Reputationsökonomie entfalten. Die Subjektkonstruktionen medialer Mobilisierung, die individualisierten Identitätskonstrukte, der urbane Nomade und die Schaffung von sozial durchmischten Räumen mit verschiedenen Kommunikationsformen ermöglichen eine Vielzahl medialer Praxen, die das diskursive Konzept des *Long Tail* mit „realen" Medienerfahrungen füllen.

Bei Fiske entstehen diese Nischenkulturen und ihr populäres Wissen als emergente und instabile Phänomene, die nur eine geringe Halbwertszeit besitzen. Mit der Datenbankstruktur sozialer Plattformen im Internet und den körpernahen mobilen Medien werden diese Phänomene manifester, dauerhaft speicher- sowie veränderbar und somit „sichtbarer". Mobile Medien und ihre Anbindung an das Internet könnten aus dieser Perspektive als machtvolles Instrument einer Aufwertung, „Sichtbarkeit" und zeitlichen Verstetigung von weiterhin emergenten Nischenkulturen und ihrem populärem Wissen betrachtet werden. Die von den Internetökonomen unterstellten Bedürfnisse der Nutzer, die nun „endlich" technisch befriedigt werden könnten, werden im Licht der Geschichte medialer Mobilisierung und popkultureller Aneignungspraxen als diskursive Konstrukte erkannt: Sie sind nichts Anderes als die Normalitäten des *Long Tail*, die ihre Produktivität in der Strukturveränderung der populären Wissensorganisation entfalten.

Sie ermöglichen die partielle Umwandlung temporärer sozialer Formationen in stabilere mediale Formationen, wie sie zum Beispiel die sozialen Netzwerkplattformen zur Verfügung stellen.[18] An diesem Punkt lässt sich eine Brücke zur Analyse von McDonald schlagen. Während Fiske die Konsumforschung als Element des *power-bloc* gegen das populäre Wissen setzt, verliert nach McDonald durch die mediale Formatierung des Internets die klassische Konsumforschung an Macht und das populäre Wissen gewinnt an gesellschaftlicher und ökonomischer Relevanz.

Wie wird nun diese Relevanz erzielt? Indem zum Einen durch mediale Formatierung die Strukturen des populären Wissens eine größere Stabilität und damit einhergehend eine vielfältigere Geschichte bekommen. Und indem zum Anderen die Datenbankstruktur des Internets und die Aufzeichnung von Nutzeraktivitäten durch Quantifizierung Ordnung in der Nischenkultur schafft.

Entgegen der technikdeterministischen Sicht der *Long Tail*-These gab es schon in den Sub-, Nischen- und Jugendkulturen einen „unsichtbaren" *Long Tail* der kulturellen Ökonomie. Mit der Verknüpfung mobiler Medien und Internetapplikationen wird dieser *Long Tail* nur zum ersten Mal auf doppelte Weise „sichtbar". Neben der simplen Auszählung von Verkäufen oder Klicks werden wir ständig aufgefordert unsere Erfahrungen zu bewerten und uns zu unseren populären Praktiken zu verhalten. Dieses Nutzungsverhalten wird im selben Medium aufgezeichnet und uns in bestimmten Wissens- und Ordnungsstrukturen präsentiert. Mobilisierung und Datenbank als kulturelle Formen verdichten das „knowledge on the run" auf vielfältige Weise. Wie viele Sternchen bekommt ein bestimmtes Musikstück, was sind meine Lieblingsfilme und wie viele Tomaten bekommen sie von der Filmkritik, wer ist meine Freundin oder mein Freund? Erlaube ich Unbekannten, die meinen, einen ähnlichen Musikgeschmack zu haben, mich auf ihre Freundschaftsliste zu nehmen? Gehe ich den Kaufempfehlungen auf Basis meiner Einkäufe der letzten Monate nach? Teile ich mit, wie es mir jetzt und hier geht? Bin ich erreichbar und wenn ja in welcher Form? Wie werden durch das Internet vorhandene Datenerhebungen mit subjektiven Erfahrungen gekoppelt? Wie werden die qualitativen Kategorien des Kults oder des Geschmacks zu quantitativen statistischen Größen? Welches Wissen bringen diese Phänomene hervor?

Fiskes Ansatz weist darauf hin, dass die Ordnungen der Nischen im Internet unvollkommen sind, denn nicht alle Normalitäten des populären Wissens als „knowledge on the run" gehen im Internet auf. Es bleibt ein Rest, der nicht verwertbar ist und „unsichtbar" bliebt. Dazu hält die Sozialforschung schon die Beispiele parat: So kommt Sonia Livingston in einer Studie, in der Londoner Jugendliche in qualitativen Interviews zu ihren Erfahrungen im Internet befragt werden, zum Ergebnis, dass die binäre Entscheidung zwischen „Freundin" bzw. „Freund" oder Nichts auf *Social Web*-Plattformen, für die Jugendlichen eine unbefriedigende mediale Formierung darstellt, die nicht die Komplexität ihrer Freundschaftsabstufungen und ihre gewünschte Kontrolle über diese Information widerspiegelt (Livingston 2008). Ähnliches berichtet Sherry Turkle über die Projektion von Emotionen und Affekten mithilfe mobiler Medien und *Social Web*-Plattformen, wodurch sich die Frage nach neuen Sozialitäten stellt: Wie ist eine soziale Beziehung einzuordnen, die sich ausschließlich über mediale Praxen mobiler Medien und des Internets erstellt? (Turkle 2008: 134).

Mit den Geschichten der beiden „Sichtbarkeiten" und ihrer Berührungspunkte wird letztlich ein Versuch unternommen, eine Verankerung für Erklärungsmodelle medialer Praxen im Kontext der Mobilisierung des Internets zu schaffen. Diese Ankerpunkte erscheinen erforderlich, um neben den sicherlich stattfindenden Transformationen der Mediasphäre auf die diskursiven Kontinuitäten und medienhistorischen Anschlüsse hinzuweisen zu können.

Anmerkungen

1. Siehe dazu Weber (2008: 9).
2. Einen Überblick über die internationale Forschungslandschaft liefern die Sammelbände von James E. Katz (2008) und Peter Glotz et al. (2006).
3. Richard Ling und Jonathan Donner verweisen auf den „Maitland Report" der International Telecommunication Union (einer Organisation der Vereinten Nationen) von 1984, der die Entwicklung des Mobilfunksektors nicht annähernd prognostiziert hat (Ling & Donner 2008: 1f.).
4. „More than half the world's population live in countries with fewer than 10 million telephones between them and most of these are in the main cities; two-thirds of the world's population have no access to telephone services. Tokyo has more telephones than the whole of the African continent, with its population of 500 million people", lautet die Situationsbeschreibung des „Maitland Report" von 1984 (S. 13) für die globale Lage auf dem Telefonmarkt (Ling & Donner 2008: 1-2).
5. „Wireless communication has diffused faster than any other communication technology" (Castells et al. 2007: 7).
6. Von der Funkzellenidee Ende der 1940er (vgl. Agar 2003: 19) bis zu den ersten kommerziellen Mobilfunkbetreibern der 1970er und 1980er Jahre.
7. Dies bezieht sich insbesondere auf Prepaid-Karten, die häufig genutzt werden, um erreichbar zu sein, ohne selbst viele Telefonanrufe zu tätigen. „While prepaid tariffs tend to be more expensive (per minute) than postpaid tariffs, they were chosen because they are often the only payment method available to low-income users who might not have a regular income and will thus not qualify for a postpaid subscription based service" (ITU 2009: 85).
8. Jon Savage lässt auf die lange Phase der „Erfindung der Jugend" 1944 in der Etablierung des „Teenager" als soziale Kategorie in den USA enden (Savage 2008: 7). Damit beginnt die Verknüpfung von jugendlicher Identitätskonstruktion und Musikstilen „sichtbar" zu werden.
9. Siehe hierzu du Gay (1997) und Chambers (1996).
10. Vgl. hierzu Meyrowitz (2003).
11. Dies ist deshalb erstaunlich, da der „klassische" Nomade (z.B. indigene Nomadenvölker, Roma und Sinti) immer wieder als gesellschaftliches oder politisches Problem angesehen wird. Der urbane Nomade hat im Unterschied dazu einen festen Wohnsitz und schafft sich Räume auf seinen Transitwegen durch die Megastädte oder zwischen den urbanen Zentren.
12. Siehe hierzu auch Adelmann (2008) und Dijck & Nieborg (2009).
13. Es soll hier nicht geprüft werden, ob die *Long Tail*-These zutrifft oder nicht (siehe z.B. die Kritik von Elberse 2008). Ihre Bedeutung für die an dieser Stelle entwickelten Überlegungen liegt allein in ihrer „Sichtbarmachung" von Nischenkulturen.
14. Die beiden Graphen (der Normalverteilung und des Pareto-Prinzips) werden hier in ihrer Unterschiedlichkeit als „sichtbare" und eindeutige Zeichen der medienökonomischen Revolution benutzt. Meines Erachtens sind sie in dieser Form nicht vergleichbar. Ebenso wenig kann ich in diesem Zusammenhang auf die spannenden Querverbindungen zur Normalismus-These von Jürgen Link eingehen (Link 1997).
15. Anderson kommt häufig auf die Bedeutung mobiler Medien wie MP3-Player und Handys für die Ausbildung einer *Long Tail*-Ökonomie zu sprechen (z.B. Anderson 2006: 190f. und 198).
16. „Popular knowledge is not a self-supporting epistemology as is official knowledge, it is a tactical production taking advantage of any momentary weakness of the official. *It is knowledge on the run* [Hervorhebung: R.A.], it is belief produced in the moment of disbelief, it is relational knowledge [...] always in process, always characterized by pleasurable skepticism" (Fiske 1992: 52).
17. „Die Formierung des Publikums besteht aus einer Vielzahl von Praktiken sie ist eine Aktivität, keine soziale Kategorie oder ein Ort des Sieges" (Fiske 1999: 263).

18 Siehe dazu auch Gerard Goggins Thesen von einer Mobilisierung des Internets durch Smartphones (Goggin 2009).

Literatur

Adelmann, Ralf (2008): Die „weise Masse". Zur medienökonomischen Ordnung des Politischen. In: Ästhetik & Kommunikation 38. 33-38

Adelmann, Ralf/Hesse, Jan-Otmar/Keilbach, Judith/Stauff, Markus/Thiele, Matthias (Hrsg.) (2002): Grundlagentexte zur Fernsehwissenschaft. Theorie – Geschichte – Analyse. Konstanz: UVK/UTB

Agar, Jon (2003): Constant touch: a brief history of the mobile phone. Cambridge: Icon

Anderson, Chris (2006): The Long Tail: How endless choice is creating unlimited demand. London et al.: Random House Business Books

Ang, Ien (2002): Zuschauer, verzweifelt gesucht. In: Adelmann et al. (2002): 454-483

Castells, Manuel/Fernandez-Ardevol, Mireia/Qiu, Jack L./Sey, Araba. (2007): Mobile communication and society: a global perspective. Cambridge, MA; London: MIT Press

Chambers, Iain (1996): Migration, Kultur, Identität. Tübingen: Stauffenburg

Dahlgren, Peter/Sparks, Colin (Hrsg.) (1992): Journalism and Popular Culture. London; Thousand Oaks: Sage

Dijck, José van/Nieborg, David (2009): Wikinomics and its discontents: a critical analysis of Web 2.0 business manifestos. In: New Media & Society 11 (5). 855-874

Du Gay, Paul/Hall, Stuart/Janes, Linda (1997): Doing cultural studies: the story of the Sony Walkman. London; Thousand Oaks: Sage

During, Simon (Hrsg.) (1993): The cultural studies reader. London; New York: Routledge

Dussel, Konrad (2004): Deutsche Rundfunkgeschichte. Konstanz: UVK

Elberse, Anita (2008): Should you invest in the Long Tail? In: Harvard Business Review 86 (7/8). 88-96

Fiske, John (1992): Popularity and the politics of information. In: Dahlgren/Sparks (1992): 45-63

Fiske, John (1999): Wie ein Publikum entsteht. Kulturelle Praxis und Cultural Studies. In: Hörnig/Winter (1999): 238-263

Fiske, John (2001) Die populäre Ökonomie. In: Winter/Mikos (2001): 111–137

Fortunati, Leopoldina (2006): Das Mobiltelefon als technologisches Artefakt. In: Glotz et al. (2006): 171-184

Glotz, Peter/Bertschi, Stefan/Locke, Chris/Thies, Henning (Hrsg.) (2006): Daumenkultur. Das Mobiltelefon in der Gesellschaft. Bielefeld: Transcript

Goggin, Gerard (2009): Adopting the mobile phone: The iPhone and its con. In: Continuum: Journal of Media & Cultural Studies 23 (2). 231-244

Hörnig, Karl H./Winter, Rainer (Hrsg.) (1999): Widerspenstige Kulturen. Cultural Studies als Herausforderung. Frankfurt am Main.: Suhrkamp

International Telecommunication Union (ITU) (2009): Measuring the information society. The ICT development index. Genf

Katz, James E. (Hrsg.) (2008): Handbook of mobile communication studies. Cambridge, MA et al.: MIT Press

Levinson, Paul (2004): Cellphone. The story of the world"s most mobile medium and how it has transformed everything! New York; Houndsmills: Palgrave Macmillan

Licoppe, Christian (2004): Connected presence: the emergence of a new repertoire for managing social relationships in a changing communications technoscape. In: Environment and Plannning: Society and Space 22. 135-156

Licoppe, Christian (2008): The mobile phone's ring. In: Katz (2008): 139-152

Ling, Rich (2004): The mobile connection: the cell phone's impact on society. San Francisco: Morgan Kaufman publications
Ling, Rich/Donner, Jonathan (2009): Mobile communication. Cambridge; Malden: Polity press
Link, Jürgen (1997): Versuch über den Normalismus. Wie Normalität produziert wird. Opladen: Westdeutscher Verlag
Livingston, Sonia (2008): Taking risky opportunities in youthful content creation: teenagers' use of social networking sites for intimacy, privacy and self-expression. In: New Media & Society 10 (3). 393-411
McDonald, Scott (2008): The *Long Tail* and its implication for media audience measurement. In: Journal of Advertising Research 48 (3). 313-319
Meyrowitz, Joshua (2003): Global Nomads in the Digital Veldt. In: Nyíri (2003): 91-102
Miller, Vincent (2008): New Media, Networking and Phatic Culture. In: Convergence, 14 (4). 387-400
Nyíri, Kristóf (Hrsg.) (2003): Mobile democracy. Essays on society, self and politics. Wien: Passagen
Savage, Jon (2008): Teenage. Die Erfindung der Jugend (1875-1945). Frankfurt am Main; New York: Campus
Tischleder, Bärbel/Winkler, Hartmut (2001): Portable Media. Beobachtungen zu Handys und Körpern im öffentlichen Raum. In: Ästhetik & Kommunikation 112. 97-104
Turkle, Sherry (2008): Always-on/always-on-you: The tethered self. In: Katz (2008): 121-137
Weber, Heike (2008): Das Versprechen mobiler Freiheit. Zur Kultur- und Technikgeschichte von Kofferradio, Walkman und Handy. Bielefeld: transcript
Wehner, Josef (2008): „Taxonomische Kollektive" – Zur Vermessung des Internets. In: Willems (2008): 363-382
Willems, Herbert (Hrsg.) (2008): Weltweite Welten: Internet-Figurationen aus wissenssoziologischer Perspektive. Wiesbaden: VS Verlag für Sozialwissenschaften
Winter, Rainer/Mikos, Lothar (Hrsg.) (2001): Die Fabrikation des Populären. Der John Fiske-Reader. Bielefeld: transcript

Hörverhaltens-Statistiken bei *last.fm* als Kontext für Kommunikation

Mario Donick

last.fm und die Konstruktion von Partnermodellen

Auch bei computervermittelter Kommunikation[1] gehen wir in der Regel davon aus, dass unsere Kommunikationspartner ihre Beiträge in einer erwartbaren Weise gestalten – nämlich so, dass sie prägnant (klar), intentional (absichtsvoll), direktional (gerichtet), valide (gültig) und relevant (bedeutsam) sind. Wir gehen ebenfalls davon aus, dass unsere Partner die gleiche Erwartung an unsere Beiträge haben (Brinker & Sager 2006: 139f.) Die von Grice (1975) aufgestellten Kommunikationsmaximen verdeutlichen solche Erwartungen als Imperativ. Damit diese Reziprozität möglich ist, müssen sich Kommunikationspartner eine Vorstellung voneinander machen. Häufig werden dafür die Begriffe Partnerbild, -einschätzung oder -modell (Brinker & Sager 2006: 137) verwendet.

Die Konstruktion von Partnermodellen ist abhängig von der Selbstdarstellung der betreffenden Person. Bei internetbasierter Kommunikation bedient sich die Selbstdarstellung bestimmter „Identitätsrequisiten" (Döring 2003: 342), die in unterschiedlichem Maße von der Person kontrolliert und im Sinne eines Impression Management manipuliert werden können. Dies betrifft insbesondere nutzerdefinierte Angaben in selbst angelegten Profilen etwa in Webforen. Daneben unterscheidet Döring (2003) von Mitnutzern produzierte Informationen sowie systemgenerierte Informationen (Seitenabruf-Zähler, IP-Adressen u.ä.) Mit dem verstärkten Aufkommen von Social Software und Web 2.0-Angeboten müssen diese Kategorien allerdings ergänzt werden.

Beim Internetdienst *last.fm* etwa werden Profile nicht nur durch bewusst gestaltende Handlungen von Nutzern erstellt oder durch systemgenerierte Angaben zur Nutzung der Website und ihrer Communityfunktionen ergänzt. Stattdessen werden automatisierte Statistiken zum Musik-Hörverhalten des Nutzers erhoben, die sich auf Aktivitäten *außerhalb* der Website beziehen: Es wird aufgezeichnet und öffentlich sichtbar gemacht, welche Musik ein Nutzer wann gehört hat. Da dies mit bestimmten Dienstleistungen von *last.fm* verbunden ist, die von den Nutzern nur sinnvoll in Anspruch genommen werden können, wenn sie ihren tatsächlichen Musikgeschmack offenlegen, hören Nutzer in der Regel Musik nicht, um einen bestimmten Eindruck zu erzeugen, sondern aus den Gründen, aus denen die Nutzer auch sonst Musik hören (persönliche Präferenzen/Geschmack/ Neugier u.a.) Durch diese Offenlegung scheint das Risiko des Kontrollverlusts hinsichtlich ihrer Identitätskonstruktion also größer zu werden, bzw. scheint die Kontrollierbarkeit des Gestaltungs- und Konstruktionsprozesses abzunehmen (vgl. Döring 2003: 343).

Entspricht nun die Selbstdarstellung (Statistiken und sonstige Inhalte eines Nutzerprofils) eines Nutzers A nicht dem Partnermodell seines Kommunikationspartners B, entsteht Irritation, die kommunikativ aufgelöst werden muss. Die kommunikationswissenschaftliche Relevanz der Beschäftigung mit Statistiken zum Hörverhalten von *last.fm*-Nutzern liegt also in deren Initiierung von Anschlusskommunikation und der Analyse dieser Kommunikation, insofern sich darin auf die Statistiken bezogen wird.

Ziel dieses Beitrags ist es, auf Grundlage der bis hierher skizzierten Theorien kommunikations- und relevanztheoretische Überlegungen zur Präsentation und Zuschreibung von Identitäten im Internet als Grundlage für die Analyse eines prägnanten Kommunikationsbeispiels zu nutzen, um die Wirkung von Statistiken zum Musik-Hörverhalten als Verstehenskontext beurteilen zu können.

Präsentation und Zuschreibung von Identitäten

Friedrich Krotz ergänzt das bis hierher genutzte Binärpaar Selbstmodell und Partnermodell um eine dritte Kategorie – um die des Mediums. Die so konzipierte Triade aus selbst wahrgenommener Identität, präsentierter Identität und zugeschriebener Identität (Krotz 2007) erscheint besser geeignet, die Konstruktionsprozesse zu umschreiben, mit denen wir uns Vorstellungen voneinander machen.

Die selbst wahrgenommene Identität basiert auf dem, was in der Psychologie als Selbstkonzept bezeichnet wird. Das Selbstkonzept ist „eine Gedächtnisstruktur, die alle auf die eigene Person bezogenen Informationen enthält" (Wild et al. 2006: 225). Nach Erving Goffman sind diese – von ihm als face oder Image bezeichneten – Informationen so beschrieben, dass sie „sozial anerkannte[n] Eigenschaften" entsprechen (Goffman 1971: 10; Brinker & Sager 2006: 88).

Aus relevanztheoretischer Sicht (Sperber & Wilson 1995) heißt das, es werden Annahmen über die Erwartungen der sozialen Umwelt manifest. Sie werden Bestandteil einer noch größeren Menge mentaler, sehr individueller Repräsentationen und Meta-Repräsentationen, die allesamt als Kontext für Verstehen von Kommunikation wirken.[2]

Die Vorstellung, die sich ein Kommunikationspartner A über einen Kommunikationspartner B macht, ist eine B zugeschriebene Identität – As Partnermodell von B. Die zugeschriebene Identität unterscheidet sich sowohl von Bs selbst wahrgenommener Identität (seinem Selbstmodell) als auch von Bs nach außen präsentierter Identität (Krotz 2007: 208). Diese Selbstdarstellung macht sich nach Krotz

Medieninhalte als „Ressource der Präsentation" (2007: 209) zu Nutze – Dörings (2003: 342) Begriff der „Requisite" wird dadurch greifbarer.

Schaut sich A ein Nutzerprofil von B auf einem als ‚soziales Netzwerk' beschreibbaren Internetdienst an, so ist A einer ganzen Reihe von Medieninhalten ausgesetzt. Je nach Dienst fällt die Bandbreite unterschiedlich aus, doch meist hat B die Medieninhalte im Vorfeld zur Präsentation seiner Identität in das Profil eingestellt. Die Medieninhalte sind für A zunächst nichts weiter als Daten, die bei Wahrnehmung als Stimuli (Reize) fungieren. Sie sind – kohärenztheoretisch nachweis- und beschreibbar – in Clustern (Häufungen) organisiert und bei Bedarf abrufbar.

Entsprechend relevanztheoretischer Überlegungen tragen Stimuli dann zur Konstruktion von Wirklichkeit bei, wenn sie von der wahrnehmenden Person als relevant für eine Verarbeitung eingestuft werden. Relevant sind Stimuli, wenn ihre Verarbeitung größtmöglichen Nutzen bei geringstmöglichem kognitiven Verarbeitungsaufwand erzeugt (vgl. Sperber & Wilson 1995). Der Nutzen und die Beurteilung des Verarbeitungsaufwands sind abhängig von der Intention der wahrnehmenden Person.

Ein Stimuluscluster auf einer Profilseite trägt also zu einem Partnermodell bei, wenn er als relevant und damit informativ hinsichtlich der Einschätzung einer bestimmten Person wahrgenommen wird. Das Nutzerbild in Bs Profil kann z.B. relevant werden, wenn das Abgebildete in irgendeiner Weise auffällig für A ist, wie ein für A attraktives Gesicht, oder ein Zeichen, das A mit bestimmten Bedeutungen verbindet, oder eine Grafik, die bestimmte Vorstellungen weckt. Ähnliches gilt für Tags (Stichwörter) bei Musiktiteln, Namen von Gruppen oder Themen von Foren-Threads. All dies gehört zu Krotz' medialen Ressourcen – es sind Versatzstücke einer präsentierten Identität, die jedoch nicht an sich bedeutungsvoll sind, sondern das erst werden in der Relevanzsetzung und Interpretation durch den Betrachter. Anders ausgedrückt: Requisiten ergänzen eine Darstellung nur dann erfolgreich, wenn die Zuschauer sie auch einzuordnen wissen.

Ist ein Element eines Stimulusclusters als relevant eingestuft, kann man das Element entweder meiden oder sich diesem Element weiter aussetzen. In beiden Fällen werden bei Nutzerprofilen Partnermodelle aufgebaut, modifiziert oder ergänzt. Die Gültigkeit dieser zugeschriebenen Identitäten kann nicht eingeschätzt werden. Sie ist abhängig von der Schnittmenge der präsentierten Identität mit der selbst wahrgenommenen Identität. Konkret heißt das, wenn sich jemand zum Rollenspiel entscheidet und sein Nutzerprofil entsprechend aufbaut, ist das zunächst nicht ersichtlich. Auf computervermittelten Austausch trifft das wegen der Kanalreduktion (Döring 2003) noch in weit höherem Maße zu als auf face-to-face-Kommunikation.

An dieser Stelle jedoch bietet uns zumindest *last.fm* einen Ausweg – nämlich Statistiken zum Hörverhalten, die als einzige Art von Stimulusclustern in der Regel keiner bewussten Gestaltung unterliegen, weil die zentrale Dienstleistung von *last.fm* darin besteht, Nutzern Musik zu empfehlen, die ihrem sonstigen Musikgeschmack entspricht. Das Grundprinzip von *last.fm* ist einfach: Ein auf dem PC laufendes Programm sendet fortlaufend Titeldaten der gehörten Musik an einen *last.fm*-Server, wo sie mit bisherigen Nutzerdaten abgeglichen und auf einem Nutzerprofil für jedermann sichtbar gemacht und durch scheinbar passende Musikempfehlungen ergänzt werden.

Diese Dienstleistung steht für die Nutzer von *last.fm* im Vordergrund, und sie kann nur funktionieren, wenn die Nutzer das Hörverhalten nicht manipulieren. Es wird daher zu Recht vermutet, dass sich viele Nutzer gar nicht darüber bewusst sind, beobachtet zu werden (Wehner 2008: 376).

Durch die ständig verfügbare Möglichkeit zur Beobachtung „objektiven" Verhaltens wird die kognitive Bearbeitung von präsentierter, zugeschriebener und selbst wahrgenommener Identität scheinbar erleichtert. Die Betrachtung existierender Äußerungen von *last.fm*-Nutzern zeigt, dass die verfügbaren Angaben zum Hörverhalten einer Person als ein spezieller Cluster von Stimuli fungieren, dessen Komponenten unter anderem dann als relevant herangezogen werden können, wenn...

1. die Statistiken an sich von Interesse sind, etwa um personalisierte Werbung zu ermöglichen
2. sie zugeschriebene Identitäten bzw. entsprechende Erwartungshaltungen bestätigen
3. sie widersprüchlich hinsichtlich bestehender zugeschriebener Identitäten oder entsprechender kommunikativer Äußerungen erscheinen

Im Folgenden wird beispielhaft demonstriert, wie zwei *last.fm*-Nutzer das in Punkt drei beschriebene Phänomen spielerisch problematisieren und wie Statistiken zum Hörverhalten dabei als Verstehenskontext nutzbar gemacht werden.

Kommunikatives Auflösen von Widersprüchen

Jeder *last.fm*-Nutzer verfügt über eine sog. *Shoutbox*, in die andere Nutzer Beiträge eintragen können. Die Beiträge sind nicht explizit einem Thema zugeordnet, sondern werden für alles Mögliche genutzt: um Musik zu empfehlen und sich für Musikempfehlungen zu bedanken; um realweltliche Termine zu koordinieren (häufig Konzert-, Festival-, Disco- oder Party-Besuche), um sich über eigentlich private Themen auszutauschen und um generell in Kontakt zu bleiben.

Implizit ist dabei eine Sache stets relevant und kann bei Bedarf aktiviert werden: der Nutzer selbst bzw. das Modell, was über ihn besteht. Sind das Modell oder seine Konstruktion entsprechend der in „Präsentation und Zuschreibung von Identitäten" genannten Punkte irritiert, dann sind *Shoutboxen* ein mögliches Medium, um die Irritation aufzulösen. Das hat zur Folge, dass die *Shoutbox* selbst für die Präsentation von Identität relevant wird – in den *Shoutboxen* kann in einem ganz klassischen Sinne durch sprachliche und parasprachliche, gerichtete Äußerungen Imagewahrung betrieben werden, d.h. mit „Bedrohungen" der selbst wahrgenommen Identität umgegangen werden.

Aus der face-to-face-Kommunikation kennen wir folgende Situation: Der Stimulus „Geruch nach Rauch" zieht die überraschte Äußerung „Hast du etwa wieder geraucht? Du wolltest doch aufhören!" nach sich. Hier widerspricht eine Annahme über eine zugeschriebene Identität einem wahrgenommenen Stimulus, bedroht in ihrer sprachlichen Veräußerung das Image bzw. face des Angesprochenen und muss daher geklärt werden. Ganz Ähnliches finden wir bei *last.fm*, wenn Hörverhaltens-Statistiken eine Korrektur von Partnermodellen zu verlangen scheinen und dabei das face bedrohen:[3]

A   **dachte du willst nimmer depri mukke hörn** und nun lesi hier: *Künstler – Titel* tztztz ^^

B   Heeeey, neues Ava!! Seeeehr schick =))) (PhotoBooth 4tw :D) und hübsche Kette ;) Du, **des ist net depro-Musik**.. mussts dir mal anhören (yt-vid in meinem geheimen blog *G*).. des is soooo schön. Leider gibt's von dem *Künstler* nur ganz wenig.. hab genau 3 lieder von ihm gefunden. 2 davon sind remixes..

A   hihi merci, mir war a bissal langweilig xDD da könnte man sich damit stundenlang beschäftigen... ohhhh wenn dein blog grad mal net down is, werdi reinhören. **dann tuts ma leid für die anschuldigung** ;PPP i sag da i freu mi scho wieder auf *Ort*.. noch 5 weeks..

Im Sinne klassischer Gesprächslinguistik kann man Schritt 1 und 2 als Vorwurf – Rechtfertigungssequenz beschreiben bzw. alle drei Schritte als korrektive Sequenz (Brinker & Sager 2006: 92f.), die aus der Folge Vorwurf, Rechtfertigung bzw. Korrektiv oder, allgemeiner, Account und Honorierung bestehen.

In Schritt 1 beschreibt A den Widerspruch zwischen einem bestehenden Modell von B und einer Angabe zu Bs Hörverhalten. Das direkte, einleitungslose Ansprechen des Themas und das „tztztz" als verschriftlichtes paraverbales Missbilligungsgeräusch deuten auf eine hohe Relevanz des wahrgenommenen Widerspruchs für B hin und lassen eine dadurch nötige Modifikation des Modells vermuten. Das konventionalisierte Emoticon ^^ (Lächeln) entschärft diesen Eindruck jedoch, wodurch für B die Validität von As Äußerung als ernstgemeinter Vorwurf negiert wird. Dadurch entsteht eine Relevanzherabstufung.

In Schritt 2 ist es B daher möglich, nicht sofort themenprägnant zu reagieren. Stattdessen können zunächst andere Einschübe erfolgen. Erst danach holt B den von A entsprechend des Kooperationsprinzips erwartbaren Folgeschritt nach. Mit der Wiederaufnahme von „depri mukke" innerhalb von „des is net depro Musik" stellt B Kohärenz zu Schritt 1 her. Die Validität von As Äußerung wird damit aber in Frage gestellt. Die Bedrohung von Bs selbst wahrgenommener Identität durch A wird dadurch abgewehrt. Entsprechend typologischer Unterscheidungen handelt es sich in diesem Schritt um eine Rechtfertigung, da zwar die Verantwortung für die von A angesprochene Handlung übernommen, aber deren negative Bewertung nicht anerkannt wird (Brinker & Sager 2006: 94).

In Schritt 3 wird Bs Rechtfertigung positiv honoriert. Indem A jedoch das Emoticon ;PPP (Zwinkern und Zunge herausstrecken) anfügt, stuft er die Relevanz der gesamten Sequenz herunter. A macht damit deutlich, dass seine Intention nicht in ernsthafter Kritik lag und die Rechtfertigung von B nicht nötig gewesen wäre. Zumindest in Bezug auf die Ernsthaftigkeit der geäußerten Kritik erscheint die Sequenz also als von A initiiertes Spiel, in dem auf ritualisierte Weise ein Partnermodell in Frage gestellt, aber nicht ernsthaft gestört wird.[4] Dass die Ursache für das Entstehen dieses Spiels jedoch in tatsächlicher Irritation As liegt, wird im Folgenden dargelegt.

Statistik als Kontext für Kommunikation

In den Äußerungen beider Nutzer im o.a. Beispiel dominieren Elemente eines mit ‚Musik' beschreibbaren Themenfeldes, d.h. diesem Feld entsprechende Annahmen scheinen für beide Nutzer zum Zeitpunkt ihrer Kommunikation manifest gewesen zu sein. So ist nicht etwa As modifizierte Requisite (von B später mit „Heeeey, neues Ava!! Seeeehr schick" honoriert) Anlass für Kommunikation zwischen beiden Partnern, ebenso wenig wie das für A offensichtlich relevante „i freu mi scho wieder auf *Ort*" – stattdessen waren es Annahmen zum Verhalten Bs außerhalb der Website *last.fm*, die A zur Initiierung der Dyade bewegten und diese insgesamt als Reaktion auf die Wahrnehmung und Verarbeitung einer B beschreibenden Hörverhaltens-Statistik erscheinen lassen.

Die für A wahrnehmbaren Daten (von A explizit wiederaufgenommen werden Interpret und Songtitel) werden offensichtlich in eine mentale Kategorie eingeordnet, für die A die Worte „depri mukke" nutzt. Diese Kategorisierung erlaubt es A, der Statistik einen Sinn zuzuschreiben, der über ein bloßes Informiertsein über Bs Hörverhalten hinausgeht: Für A wird nicht nur deutlich, dass B ein bestimmtes Lied gehört hat, sondern A kann versuchen, diese Information als Annahme in sein bestehendes Partnermodell von B einzupassen – was in diesem Fall nicht gelingt, weil für A eine Differenz zwischen Bs zugeschriebener und präsentierter Identität besteht. Der Differenzbegriff wird von Sucharowski (2010) in systemtheoretischer (Luhmann 2002) Tradition genutzt, um Kontext als „*Differenz*- und Redundanzraum [Hervorhebung: M.D.]" beschreiben zu können, „ohne sich auf die Annahme von Weltwissen als einer unspezifischen Kategorie einlassen zu müssen" (Sucharowski 2009). Das „Hervortreten [eines Elements] vor den Anderen" (Sucharowski 2010) erlaube das Entstehen einer Hintergrundordnung, und „Daten-Elemente (...) erhalten für den Betroffenen eine Bedeutung, wenn sie sich als Teil [dieser] Hintergrundordnung offenbaren" (Sucharowski 2010).

Dem entspricht der oben genutzte Begriff mentale Kategorien als Ordnungskriterium: As Irritation über Bs unerwartetes Verhalten kann als ein Zustand geringerer Ordnung beschrieben werden, der durch die Wahrnehmung und Verarbeitung statistischer Daten ausgelöst wurde. Der als Verstehenskontext fungierende Differenzraum wird also durch die Statistik zu Bs Hörverhalten modifiziert. Um die Hintergrundordnung dieses Raums zu sichern, werden sprachliche Äußerungen produziert bzw. es entsteht Anschlusskommunikation.

Fazit

Zusammenfassend ist festzustellen, dass die öffentliche Einbindung „objektiver" Daten als Stimuluscluster in Nutzerprofile (z.B. die Hörverhaltens-Statistiken bei *last.fm*) eine so bisher nicht gekannte Möglichkeit bietet, präsentierte Identitäten zu hinterfragen. Da die Daten mathematisch und maschinell berechnet werden und die Grundlagen dieser Berechnungen in der Regel nicht zum Impression Management manipuliert sind, können sie zur Beobachtung von Nutzern durch Nutzer verwendet werden. Die durch Stimuli erzeugte Annahme, dass ein bestimmter Nutzer einer Tätigkeit nachgeht (z.B. Musik hört) oder eine bestimmte Eigenschaft aufweist (z.B. bestimmte Musikrichtungen bevorzugt), ist Bestandteil der zugeschriebenen Identität, mit der das kommunikative Handeln des Nutzers eingeschätzt werden kann. Dabei können Differenzen hinsichtlich zugeschriebener und präsentierter Identitäten auftreten, die Verstehenskontexte beeinflussen, indem sie einen Zustand geringerer Ordnung erzeugen. Solche Irritationen werden kommunikativ geklärt, in einer Form, die den aus der face-to-face-Kommunikation bekannten typologisierten Sequenzen entspricht.

Abschließend bleibt festzuhalten, dass *last.fm* zwar ein besonders prägnantes Beispiel für die Einbindung „objektiver" Daten zum Nutzerverhalten oder zur Nutzerpersönlichkeit in Internetprofile darstellt, aber Ähnliches z.B. auch bei facebook stattfindet, wenn etwa die Ergebnisse von eigentlich der Unterhaltung dienenden mehr oder minder tiefgründigen psychologischen Tests oder Spielen als Requisiten zur Präsentation von Identität genutzt werden.

Insbesondere in der Bewertung solcher ebenfalls durch mathematische Verfahren erzeugten Cluster durch unterschiedliche Typen von Betrachtern (z.B. der vielzitierte Arbeitgeber, der sich im Internet über Bewerber informieren möchte) kann es zu großen Irritationen kommen. Die Re-Organisation entsprechender

Kontexte in Richtung eines geordneten Zustands ist dann für alle beteiligten Seiten mit hohem Aufwand verbunden.

Anmerkungen

1 Die Frage, ob es sich bei computervermittelter Kommunikation tatsächlich um Kommunikation handelt oder ob die Nutzung dieses Begriffs anthropomorphisierend und daher auf lange Sicht zu verwerfen ist, soll hier nicht diskutiert werden. Vgl. aber Sutter (2008) und Wehner (1997).
2 Im Gegensatz zum Alltagsgebrauch des Begriffs wird Kontext hier als eine, durch bestimmte Effekte (vgl. Sucharowski 2010) beeinflussbare, kognitive Umgebung verstanden, über dessen Inhalte und Struktur sich keinerlei objektive Aussagen machen lassen. Dem entgegen stehen z.B. Versuche der Informatik, ‚Kontext' als durch technische Systeme erfassbar zu definieren und kontextsensitive Anwendungen zu entwickeln (vgl. Bolchini et al. 2007).
3 Namen von Personen, Künstlern, Musiktiteln und Orten wurden in dem Beispiel aus Datenschutzgründen anonymisiert.
4 Es gibt Beispiele für inhaltlich ähnliche Äußerungen von *last.fm*-Nutzern, in denen dieser Spielcharakter nicht gegeben ist.

Literatur

Bolchini, Christiana/Curino, Carlo A./Quintarelli, Elisa/Schreiber, Fabio A./Tanca, Letizia (2007): A Data-oriented Survey of Context Models. In: SIGMOD record 36 (4). 19–26
Brinker, Klaus/Sager, Sven F. (2006): Linguistische Gesprächsanalyse. Eine Einführung. Berlin: Erich Schmidt Verlag
Cole, Peter/Morgan, Jerry L. (Hrsg.) (1975): Syntax and semantics. Volume 3. New York: Academic
Döring, Nicola (2003): Sozialpsychologie des Internet. Die Bedeutung des Internet für Kommunikationsprozesse, Identitäten, soziale Beziehungen und Gruppen. Göttingen: Hogrefe
Goffman, Erving (1971): Interaktionsrituale. Über Verhalten in direkter Kommunikation. Frankfurt am Main: Suhrkamp
Grice, H. Paul (1975): Logic and conversation. In: Cole/Morgan (1975): 41–58
Junge, Matthias (Hrsg.) (2009): Metaphern in Wissenskulturen. Wiesbaden: VS Verlag für Sozialwissenschaften
Krapp, Andreas/Weidenmann, Bernd (Hrsg.) (2006): Pädagogische Psychologie. Ein Lehrbuch. Weinheim: Beltz
Krotz, Friedrich (2007): Mediatisierung. Fallstudien zum Wandel von Kommunikation. Wiesbaden: VS Verlag für Sozialwissenschaften
Luhmann, Niklas (2002): Einführung in die Systemtheorie. Heidelberg: Carl-Auer-Systeme Verlag
Ricking, Heinrich/Schulze, Gisela C. (Hrsg.) (2010): Förderbedarf in der emotionalen und sozialen Entwicklung. Prävention, Interdisziplinarität und Professionalisierung. Bad Heilbrunn: Klinkhardt
Sperber, Dan/Wilson, Deirdre (1995): Relevance. Communication and Cognition. Oxford: Blackwell
Sucharowski, Wolfgang (2009): Metaphern und die Unternehmenskommunikation. In: Junge (2009): 81–101
Sucharowski, Wolfgang (2010): „Hintergrundstrahlung" – die Dynamik der Kontexte" In: Ricking /Schulze (2010): 232–242
Sutter, Tilmann (2008): „Interaktivität" neuer Medien – Illusion und Wirklichkeit aus der Sicht einer soziologischen Kommunikationsanalyse. Wiesbaden: VS Verlag für Sozialwissenschaften

Wehner, Josef (1997): Interaktive Medien - Ende der Massenkommunikation? In: Zeitschrift für Soziologie 26 (2). 96–114

Wehner, Josef (2008): „Taxonomische Kollektive" – Zur Vermessung des Internets. In: Willems (2008): 363–382

Wild, Elke/Hofer, Manfred/Pekrun, Reinhard (2006): Psychologie des Lerners. In: Krapp/Weidenmann (2006): 203-268

Willems, Herbert (Hrsg.) (2008): Weltweite Welten. Internet-Figurationen aus wissenssoziologischer Perspektive. Wiesbaden: VS Verlag für Sozialwissenschaften

Listen, Zeit und Atmosphären. Die Kommentarlisten der japanischen Videoplattform *Nico Nico Douga*

Götz Bachmann

Verschriftlichte Listen haben eine lange Geschichte. Sie beginnt mit den Keilschrift-Listen Alt-Mesopotamiens und ist mit *Google*, *Facebook* und *Twitter* noch lange nicht beendet. In diesem Aufsatz wird eine ethnographische Fallstudie der japanischen Video-Plattform *Nico Nico Douga* vorgestellt. Der Schwerpunkt liegt auf einer Analyse der Kommentarlisten, die auf *Nico Nico Douga* direkt innerhalb des Videofensters dargestellt werden und daher eine neue Dynamik entfachen. Das Listen-Design und die Listen-Praxis, die sich damit verbinden, werden hier in den Rahmen der Literatur zum medialen Format der Listen gestellt. Dort wird eine spezifische Dialektik besonders prominent verhandelt: Listen stabilisieren Wissen, bieten aber zugleich auch Möglichkeiten der Öffnung und Bewegung. Auch auf *Nico Nico Douga* ermöglichen Listen Stabilisierung und Bewegung zugleich. Damit aber nicht genug. *Nico Nico Dougas* Kommentarlisten inkorporieren und rekonstruieren Zeit. Erzeugt wird eine Verbindung von Atmosphären und neuer Formen der Gegenwartserfahrung. *Nico Nico Dougas* Kommentarlisten eröffnen daher einen Blick auf die wechselseitigen Konfigurationen von Listen, Zeit und Online-Kollektivitäten, die im Netz neues Potential gewinnen.

Listen zwischen Abstraktion und Offenheit

Listen sind so vielfältig, dass sie mit einer allgemeingültigen Definition kaum gebändigt werden können: *Meist* sind sie Sammlungen von Symbolen, die *für gewöhnlich* in linearer Abfolge angeordnet werden. Sowohl die Länge der Liste als auch die Auswahl und Anordnung der Symbole unterliegen *oft* Kriterien, die *mehr oder weniger* stark expliziert sind, und sich bereits auf einer Liste *manchmal* nicht gleichen, denn Anordnung beruht zum Beispiel *oft* auf anderen Prinzipien als Auswahl. *Viele* Listen haben darüber hinaus die Fähigkeit, neue Symbole aufzunehmen. *Manchmal* verändern sich mit diesen Neuankömmlingen auch die Kriterien, *manchmal* sperren sich aber auch *einige* dieser Kriterien gegen solche Veränderungen. Listen sind daher *oft* nur dann zu verstehen, wenn man berücksichtigt, dass sie „simultaniously the sum of its parts and the individual parts themselves" (Belknap 2004: 15) sind.

Als Ganze formieren sie also *meist* nur gebrochene, da nicht zu vollkommener Ganzheit aufgestiegene Formen der Ganzheit.
Sprich: Die Sache mit den Listen ist vertrackt. Und es bleibt nicht dabei. Bereits auf der gleichen Liste vollziehen sich an unterschiedlichen Orten und zu unterschiedlichen Zeitpunkten unterschiedliche Prozesse. Dazu kommt, dass viele der gerade in Relativierungen gegossenen Aussagen schnell philosophische Tiefendimensionen erzeugen. So lässt sich über die Frage, ob Listen immer aus Symbolen bestehen müssen oder ob zum Beispiel auch Menschen, die vor einer Ladentheke anstehen, in ihrer Schlange eine Liste formieren, trefflich eine Nacht lang diskutieren. Auch die Frage, ob Listen linear angeordnet sein müssen, ist umstritten: Umberto Eco (2009) hat jüngst vorgeschlagen, Ansammlungen von Symbolen auf Bildern als Listen zu lesen. In diesem Aufsatz geht es um verschriftlichte Listen, und wir können zumindest diese beiden Fragen überspringen, und uns direkt dem Zusammenhang von Schrift und Listen zuwenden.

Schrift ist in ihren alt-mesopotamischen Früh-Formen nicht fähig, gesprochene Sprache abzubilden, denn sie kann keine Sätze formieren. Stattdessen ordnen sich geschriebene Wörter zu Listen. Für den Sozialanthropologen Jack Goody (1977: 77ff.) ist dies ein entscheidender Moment, denn Listen stellen für ihn eine Art Reinform der Schrift dar. Warum? Goody stellt zwar durchaus in Rechnung, dass das Memorieren gesprochener oder gedachter Sprache eine Funktion der Schrift ist, stellt dieser aber eine zweite zur Seite, die ihn mehr interessiert: Die Möglichkeit, visuelle Symbole in verschiedene Zusammenhänge hin und her zu schieben. Diese zweite Funktion ermöglicht eine Revolution in den menschlichen Kommunikations- und Denkformen und hat ihre reinste Form auf der Liste. Wenn jemand spricht, weiß man fast immer, wer dies ist, an wen er sich dabei richtet und hat Vermutungen, warum er das sagt, was er sagt. Auf einer Liste wissen wir all dies oft nicht. Für Goody dekontextualisieren Listen Symbole aus ihrem ehemaligen Kontext. In ihrem neuen Kontext, der Liste, bleiben sie vereinzelt und sind damit verschieb- und manipulierbar. Listen ermöglichen daher ein Denken, das Dinge nach abstrakten Kriterien ordnet. Goody richtet sich hier gegen die Idee der „Listenwissenschaft", die der Alt-Orientologe von Soden geprägt hat. Für von Soden (1936) haben Kulturen, in deren kulturellem Zentrum Listen stehen, die Höhe abendländischen Denkens nicht erreicht. Goody argumentiert genau andersherum: Listen sind nicht das Gegenprinzip zum abstrakten Denken, sondern der entscheidende Schritt der Formierung desselben.

Dass Elemente auf Listen verschiebbar sind, liegt daran, dass Listen auf Auswahl und Anordnung beruhen, meist ohne dass es dabei zu voll ausgeprägten syntaktischen Sinnbögen kommt. Auch dieser Satz ist aber so einfach nicht zu halten. Das literaturwissenschaftliche Subgenre der Literatur zu Listen (Gass 1985; Spufford 1989; Jullien 2004; Belknap 2004) beschäftigt sich mit literarischen Text-Passagen, die Listen sind – man denke nur an die Aufzählungen in Ilias, die poetischen Listen im legendären japanischen Kopfkissenbuch oder die Listen des späten Hubert Fichte. In der Tat lassen sich bereits Reihungen von Adjektiven innerhalb eines Satzes als Listen lesen. Dazu kommt, dass viele Listen durchaus syntaktische Sinnbögen hervorbringen oder inkorporieren. Ein einfaches Beispiel sind Powerpoint-Präsentationen, deren oft listenförmig angeordnete Text-Teile sich dennoch meist zu einem Narrativ oder einem Argument verbinden. Ein weiteres Beispiel sind Chronik-Listen: Auch eine Königsliste erzählt in gewisser Weise eine Geschichte. In diesem Sinn erzählt selbst eine wahllos niedergeschriebene Liste von Dingen zugleich eine Geschichte dessen, wie uns Dinge nacheinander eingefallen sind (Te Heesen 2008). Das mag zunächst banal erscheinen. Wenn wir dann aber bedenken, dass viele Listen, so zum Beispiel Listen von Kommentaren im Netz, auf die gleiche Weise angeordnet sind, dann sehen wir, dass solche Listen nicht nur ihre eigenen Geschichten darstellen, sondern auch Dialoge abbilden können. Listen und andere Formen der Textualität sind also nicht klar voneinander abzugrenzen, sondern formieren eine ganze Reihe von unterschiedlichen Graubereichen.

Eine Unterscheidung aber bleibt: Listen sind Sammlungen, und damit zumindest auf den ersten Blick Mengen, deren Elemente durch ein mehr oder weniger abstraktes Prinzip ausgewählt wurden. Schauen wir uns diese Diagnose aber genauer an, zeigt sich wieder, dass es falsch wäre, Listen einfach als „Mengen plus innere Anordnung" zu definieren. Mengen haben die Möglichkeit, ihre einzelnen Elemente nicht zu benennen: Wir denken über „Alle Autos, die rot sind" nach, und müssen dabei nicht mehr alle einzelnen roten Autos vor uns sehen. Eine Liste hingegen muss ihre Elemente für gewöhnlich kennen. Der vorsichtigere Begriff der Sammlung nimmt diese Eigenschaft auf. Zwar gilt auch hier, dass Listen dennoch manchmal wie (geordnete) Mengen eingesetzt werden können, und auch hier gibt es Grenzbereiche: Der offensichtlichste ist die Aufnahme dreier Punkte am Ende einer Liste, die darauf verweisen, dass dieser Liste noch mehr Elemente angehören als von ihr im Augenblick dargestellt werden. Doch diese drei Punkte sind dennoch ein Hinweis auf weitere konkrete Elemente. Eine rein abstrakte Liste gibt es in der Tat selten. Listen sind daher Sammlungen, und Sammlungen erzeugen meist nur gebrochene Ganzheiten. Die Abstraktion bleibt partiell.

Insofern sind Listen tatsächlich von einer gewissen Schlichtheit gekennzeichnet. Zugleich liegt das „mediale Format" (Hilgert 2010: 282) der Liste trotz seiner Schlichtheit vielen der komplexesten Wissensanordnungen zugrunde, die wir kennen: Tabellen bestehen aus Listen, die sich miteinander verkreuzen und dabei weitere Listen generieren und ermöglichen. Netzwerke beruhen auf miteinander kombinierten Listen der Verbindungen, die von einem Element zu anderen weisen (zumindest dann, wenn wir die systematisch geleitete Anordnung nicht als ein zwingendes Definitionskriterium der Liste begreifen). Und Computercode besteht auf seinen höheren Ebenen meist aus Listen von Befehlen, die sich verzweigen und wieder miteinander vereinen (Adam 2008). In all diesen Fällen handelt es sich um komplexe Listen-Assemblagen, die sich oft als effektivere Formen der Organisation erwiesen haben als Texte, die auf syntaktischen Sinnbögen beruhen. Vielmals sind solche Listen-Assemblagen so komplex, dass wir auf das Mittel einfacher Listen zugreifen, um uns Bahnen durch diese zu schlagen: Googles Ergebnislisten sind ein Paradebeispiel. Gemein ist den einfachen Listen wie den komplexen Listen-Assemblagen, dass sie die partielle Abstraktion der Liste produktiv nutzen.

In der jüngeren Literatur zu Listen findet sich daher eine Rückkehr zum Ausgangspunkt des Alt-Orientologen von Soden, allerdings meist ohne direkten Bezug auf von Soden selbst. Letzteres ist kein Zufall. Von Soden war ein Nazi, und die aus seiner Sicht der Abstraktion ermangelnde alt-mesopotamische „Listenwissenschaft" (1936) war für ihn nicht arisch, da vor-griechisch – ein Argument, das natürlich blödsinnig ist. Autoren wie Law und Mol (2002a), Francois Jullien (2004), Alison Adam (2008), Umberto Eco (2009), Lucie Doležalova (2009a) oder Markus Hilgert (2010) betonen ebenfalls die lediglich partielle Abstraktion der Listen, sehen dies aber als besondere Chance. So tragen alt-mesopotamische Listen für Hilgert „den Verweis auf ihre operative Unzulänglichkeit in sich, mithin auf das, was jenseits artefaktischer ‚Repräsentation' liegt" (2010: 300). Hilgert deutet dies als Stärke, denn für ihn sind Listen unter anderem eine ideale Form der Repräsentation „epistemischer Objekte" (Knorr Cetina 2001: 181ff.), also der noch nicht zu vollständiger Klarheit aufgestiegenen Sehnsuchtsobjekte der Wissenssuchenden. Auch für Rheinberger haben epistemische Objekte oft „keine andere Form als diese Liste. Beweis dafür ist, dass man den Gegenstand jedesmal umdefiniert, wenn man diese Liste um einen Eintrag erweitert; man gibt ihm jedesmal eine neue Gestalt" (2006: 27). Ähnlich argumentieren auch Law und Mol: „A list differs from a classification in that it recognises its incompleteness. It does not even seek completeness. If someone comes along with something to add to the list, something that emerges to be important, this may indeed be added to it" (Law & Mol 2002a: 14).

Diesem Korpus aus Argumenten unterliegt ein mehrfach verschränktes Zeitargument. Zunächst stellen Listen Zeit still. In jedem Moment ist die Liste das, was sie ist. Ihre Schriftform gewährt, dass sie für den Moment verharrt. Listen können aber auch Neues aufnehmen, und diese Hinzukömmlinge können oft in immer wieder neue Kontexte geschoben werden. Gleiches gilt für die bereits aufgenommen Elemente. In dieser teils still stehenden, teils von Aufnahme, Streichung und Verschiebung geprägten Umgebung bilden sich, folgt man Goody, Abstraktionen, die den Anspruch auf Zeitlosigkeit in sich tragen. Auf der anderen Seite, und auf dies verweisen die neueren Autoren, untergräbt die Offenheit der Listen stabile Abstraktionen. Listen sind daher oft im Werden begriffene Objekte, die das Werden der Welt besonders gut aufnehmen. Die „operative Unzulänglichkeit" der Listen wiederum wird erst durch ihre Stillstellung deutlich: Gerade weil eine Liste verharrt, zeigt sie, dass sie noch nicht fertig ist, und dies versetzt sie auch im Stillstand in einen Schwingungszustand der potentiellen Bewegung.

Damit dies geschehen kann, müssen sich Listen allerdings öffnen. Keinesfalls alle Listen sind geöffnet – die „Liste der Zahlen 1 bis 3", also die Liste „1, 2, 3" ist geschlossen. Dennoch öffnen sich die meisten Listen, und sie öffnen sich dabei an verschiedenen Stellen: An ihrem Anfang (dann handelt es sich um einen Stapel), an ihrem Ende (eine Schlange), und auch in ihrer Mitte. Die Öffnung in ihrer Mitte vollzieht sich oft nur an bestimmten Plätzen – je nachdem, welche Eigenschaften ein potentieller Neuankömmling in Hinsicht auf die Kriterien der Anordnung im Verhältnis zu den bereits platzierten Symbolen hat. Dazu kommt als drittes Merkmal oft deren Länge: Listen können sich – man denke an die Top Ten – quantitativ begrenzen. Manche Listen emanzipieren sich auch in ihren Positionen als reine Form: Die Top Ten hat zehn Positionen, die besetzt werden können. Öffnung verbindet sich in all diesen Fällen mit Schließung; und zwar sowohl mit der Schließung, die die Öffnung umschließt, als auch mit Schließungen an anderen Stellen der Liste. Wie sich dieses mehrfach verschränkte Wechselverhältnis ausformt, hängt ganz entscheidend von der Art der Liste ab. Listen sind also immer auch eine spezifische Verhärtung, die sich partiell gegen das Werden stellt. Solche Schließungen sind mindestens genauso wichtig wie die Öffnungen. Die Liste ist ein Ort, an dem Bewegung gerichtet, beeinflusst und in gewisser Weise auch generiert werden kann.

Der Sinn einer Liste ist daher oft nur zu verstehen, wenn man Verschiedenes miteinander in Beziehung setzt: Sinnvollerweise steht zunächst die direkte Frage der momentanen partiellen Schließung im Vordergrund. Belknap nennt dies die Frage: „How does it hold together?" (2004: 16). Bereits diese Frage nach den der Liste unterliegenden Kriterien ist kompliziert, da sich auf vielen Listen oft eine ganze Reihe von unterschiedlichen Kriterien finden, die sich sowohl auf Anordnung, Auswahl und Länge beziehen können und oft auch implizite Tiefen aufweisen. Dazu muss nun, wenn wir der gerade vorgetragenen Diskussion Rechnung tragen wollen, immer eine zweite Frage kommen: „What does it hold?" (Belknap 2004: 16). Hier geht es um die konkrete Gesamtheit ihrer Symbole in ihrer Anordnung. Belknap macht darauf aufmerksam, dass bereits diese beiden ersten Fragen sich oft nicht trennen lassen, da Symbole auf der Liste durch diese vorgeformt sind (durch ihre unmittelbare Nachbarschaft, ihre Position, ihre Zugehörigkeit, ihre durch die Liste vorgegebene Form). Die Symbole können also nicht einfach unabhängig von der Liste gelesen werden, und müssen dennoch gerade auch in ihrer partiellen Unabhängigkeit verstanden werden – ein nicht einfach zu lösendes Paradox. Stellt man nun auch in Rechnung, dass Listen mit den Symbolen immer auch einen Teil der Komplexität dieser Symbole aufnehmen, zeigt sich bereits an dieser Stelle, wie komplex Listen sind.

Auf diese Weise haben wir aber immer noch eine nur stillstehende Liste analysiert. Berücksichtigt man nun auch die vielen Listen inhärente Bewegung, erzeugt dies zwei weitere Fragen: In Hinsicht auf die konkreten Symbole (also die Frage

„What does it hold") entsteht nun eine weitere Frage nach weiteren konkreten Gesamtheiten von Symbolen, die sich auf einer Liste im Rahmen der bestehenden Kriterien bilden können oder wollen. In Hinsicht auf die Kriterien („How does it hold together?") erweitert sich das Fragebündel um die Fragen, ob, wie und wo die Kriterien in diesem Prozess des Hinzutritts neuer Symbole über sich hinauswachsen, sei es, weil sie sich verändern, verfestigen, aufweichen oder neu bilden. Und rechnet man dann auch noch ein, dass Listen sich oft, wie bereits gezeigt, in komplexen Listen-Assemblagen miteinander verbinden, sich in ganz unterschiedlichen Umwelten positionieren, oft nicht nur einen Autor, sondern kollektive Autorschaft mit ganz unterschiedlichen Zugriffsrechten und Intentionen haben, und, last but not least, für unterschiedliche Leser und Nutzer ganz unterschiedliche Bedeutungen und Nutzen entfachen können, zeigt sich, wie kompliziert es ist, Listen zu lesen.

Listen im Netz: (K)ein Überblick

Listen unterliegen der Architektur der meisten Plattformen im Netz. In der Tat lässt sich das Netz selbst als eine extrem komplexe Listen-Assemblage sehen, die sich aus weiteren Listen-Assemblagen unterschiedlicher Art (das Netzwerk selbst, dem Code und den Datenbanken) zusammensetzt. Listen sitzen aber nicht nur in der Tiefe des Internets, sie regulieren auch dessen Oberflächen, also deren Schnittstellen für die Darstellung und Eingabe von Daten und Metadaten. Wenn wir das Netz nützen, verbringen wir einen großen Teil unserer Zeit damit, uns auf solchen Oberflächen-Listen zu bewegen. Angesichts der Dominanz, die Listen im Netz entfacht haben, ist es überraschend, wie selten diese analysiert werden (eine Ausnahme ist Phillips 2012). So bezeichnet zwar Belknap die „point and click world" des Netzes als „the apotheosis of the list" (Belknap 2004: XIII) und Eco das Worldwide Web als die „große Mutter aller Listen" (Eco 2009: 360), doch solche Bemerkungen bleiben so gigantonomanisch wie impressionistisch.

Die Vermutung liegt nahe, dass auf der einen Seite erst die Konjunktur der Netz-Listen das neue Interesse an Listen entfacht hat, dass auf der anderen Seite aber viele der Diagnosen der von Soden-Nachfolge im Netz so offen zu Tage liegen, dass sie nicht ausreichend kontra-intuitiv sind: Dass Listen Bewegung, Offenheit und Potential zur Abstraktions-Untergrabung bieten, ist bezogen auf Listen im Netz in den meisten Fällen ein eher banales Ergebnis. Um dem auszuweichen, kann es daher in der Tat sinnvoll sein, das gleiche Ergebnis für andere Listen zu erarbeiten, und dann in kurzen Verweisen auf das Netz zu erweitern: Wir werden daran erinnert, das Neue, das Listen im Netz bieten, nicht zu überschätzen. Allerdings versperrt uns dies aber auch den Blick auf das Neue, das Listen im Netz jenseits der quantitativen Konjunktur bieten. Die Frage also, wie sich die Dynamik der Listen im Netz neu ausrichtet.

Die Unterschiede zwischen alt-mesopotamischen Listen und Listen im Netz bildet selbst eine offene Liste. Hier eine Kostprobe: (1) Listen im Netz bestehen *häufig* aus sehr komplexen Symbol-Kombinationen: nicht nur aus einzelnen Worten, sondern aus Sätzen, Zusatzinformationen, Bildern und so weiter. (2) Listen im Netz sind digital. Sie sind damit *oft* flexibler und einfacher zu manipulieren. (3) Listen im Netz bestehen *oft* aus Hypertext: Wir können ihre Symbole anklicken und gelangen dann zu deren digitalen Signifikaten. Dies an sich verändert den Status des Symbols auf der Liste fundamental. (4) Die sich hinter dem Symbol verbergenden digitalen Objekte bestehen *oft* selbst aus Listen. Listen sind von daher im Netz oft (aber nicht immer!) in Netzwerke eingebettet. (5) Listen im Netz werden *oft partiell* automatisch erstellt und beruhen daher in Teilen auf Algorithmen: Eintritt, Ordnung und Länge werden also durch explizite und partiell generative Regeln festgelegt. (6) Die Algorithmen wählen die Objekte, die von den Symbolen der Liste dargestellt werden, *manchmal* aus Datensätzen oder Netzwerken aus, haben also wiederum sehr komplexe Listen-Assemblagen als Grundlage. (7) Auch wenn Listen im Netz *fast* immer an einer Stelle zentral gesteuert werden, speisen sie sich oft aus vielen Quellen. Listen im Netz sind also *oft partiell* kollektiv erstellt. (8) Kollektiv erzeugte Listen wiederum erzeugen *meist* Feedback, denn sie nehmen ihre eigenen Effekte direkt in sich auf...

An dieser Stelle drängen sich drei Punkte („....") auf, denn die gerade begonnene Liste von Aussagen über Unterschiede ist selbst ein Beispiel für die „operative Unzulänglichkeit" vieler Listen. Dazu kommt ein weiterer Regenschauer aus Relativierungen: oft, meist, partiell und häufig. Es zeigt sich also, dass wir eine solche Liste in weitere Sub-Listen spezifizieren müssten: Die Ranglisten von *Google* sind eben etwas ganz anderes als die vernetzten Listen von Online-Freunden auf *Facebook*, ganz zu schweigen von tiefer sitzenden Listen wie zum Beispiel die Befehlslisten des Codes. Auch die Vergleichsfolie ist zu vielgestaltig, um ihr mit der gerade dargestellten Liste von Aussagen gerecht zu werden: Die Top Ten zum Beispiel haben vieles von dem, was ich gerade als spezifisch für Listen im Netz ausgewiesen habe, bereits lange vorweg genommen. In diesem Aufsatz trete ich daher einen weiteren Schritt zurück, und lege eine empirische Analyse einer spezifischen Art der Liste vor: Die Kommentarlisten *Nico Nico Dougas*.

Nico Nico Douga und die Feldforschung

Nico Nico Douga ist eine japanische Video-Plattform. Sie entstand im Jahr 2006 als ein *Mash Up*: Auf *Youtube* archivierte und von dort gestreamte Videos wurden auf *Nico Nico Douga* in ein neues Interface eingebettet. Eine Innovation war besonders prominent: Kommentare werden nicht mehr unterhalb des Videos platziert, sondern scrollen direkt durch das Video. Über die Zeit akkumulieren die Kommentare. So scrollen sie dann oft in großer Zahl über-, unter- und hintereinander „durch" das Video. *Nico Nico Douga* hatte mit dieser neuen Idee schnell großen Erfolg und ist heute die einflussreichste Video-Plattform Japans. Als *Youtube* darauf aufmerksam wurde, welches Kind es an seinem API-Busen genährt hatte und der Plattform den API-Zugang zu seinem Video-Archiv versperrte, war die Plattform bereits so groß, dass sie innerhalb weniger Tage eine eigene technische Infrastruktur an die Stelle der vormaligen *Mash-Up*-Architektur stellen konnte. Seitdem steht *Nico Nico Douga* auf eigenen Füßen. Das Gesamt-Resultat ist beeindruckend: Insgesamt finden sich auf der Plattform mehrere Milliarden solcher Kommentare, manche der Millionen zählenden Videos generieren Millionen von Kommentaren und viele Video-Momente sind von Kommentaren geradezu übersät. Die wiederum viele Millionen zählenden Nutzer verstehen sich als *Nico Chuu* – übersetzt: Die Nico Nico Douga-Süchtigen. *Nico Nico Douga* ist also zu einer *Video Community* geworden, die den Namen *Community* wirklich zu tragen verdient, denn deren Nutzer sehen die Plattform nicht nur als einen Service, sondern geradezu als eine Lebenseinstellung.

Was aber hat *Nico Nico Douga* so erfolgreich gemacht? Der Entschluss, Kommentarlisten nicht mehr unter den Videos, sondern direkt auf diesen zu repräsentieren, spielt dabei offensichtlich eine große Rolle. Es handelt sich bei dieser Art der Kommentierung um eine besonders effektive neue Organisations- und Repräsentationsform nutzergenerierter Metadaten – zumindest dann, wenn man Metadaten ganz allgemein als Daten über Daten definiert. Im Rahmen eines Forschungsprojekts zu Metadaten im Netz entschieden wir uns daher, *Nico Nico Douga* zu einer unserer Fallstudien zu machen. Im Sommer 2008 führte ich in Tokyo, Kyoto und Osaka zusammen mit der japanischen Medienwissenschaftlerin Madoka Takashiro Interviews und Gruppendiskussionen mit Fans und Machern *Nico Nico Dougas* durch, ergänzt mit teilnehmender Beobachtung und Interviews mit Beobachtern wie Journalisten, Film- oder Medientheoretikern. Die erste Frage, die mich umtrieb, war diejenige, die die meisten Neulinge auf der Plattform, und insbesondere solche mit westlichem Hintergrund, verwundert: Was macht die Faszination dieser auf den Videos platzierten Kommentare aus? Und ist es nicht irritierend, wenn man vor lauter Kommentaren das Video kaum noch sehen kann?

Die *Nico Chuu*, also die Fans der Plattform, haben mir diese Frage immer wieder gleich beantwortet: Die scrollenden Kommentare in unmittelbarer Proximität zum gleichen Video-Moment sind keine Meinungen von Einzelpersonen, die in der Tat stören würden, sondern bilden Atmosphären. So wie in einem Live-Konzert die Reaktionen der Mitzuschauer – sagen wir einmal Hüsteln oder Applaus – das Geschehen auf der Bühne in eine gemeinsame Atmosphäre einbetten, so geschieht dies auch auf *Nico Nico Douga*. Mir wurde die Funktionsweise der Kommentare zuerst deutlich, als ich sah, wie alle Kommentatoren in einem Video-Moment Longdrinks bestellten: „Einen Gin Tonic, bitte!", „Für mich einen Margarita"... Diese Kommentare, so wurde mir erklärt, hatten sich aus der Hintergrundmusik dieses Video-Moments, die in diesem Fall an Barmusik erinnerte, entwickelt. Fast immer beziehen sich diese Atmosphären nicht auf das gesamte Video, sondern auf bestimmte Video-Momente. Nur zum Ende des Videos finden sich auch auf *Nico Nico Douga* manchmal Kommentare, die das gesamte Video adressieren, oft um sich zu bedanken. Auch dieser Gestus ist aber einer, der aus einem bestimmten Video-Moment heraus entsteht: Dem des Abschieds von einem endenden Video.

Gemeinsam mit dem Klatschen oder Hüsteln haben solche Kommentare, dass sie meist in eine Richtung weisen. Fast immer schreiben also alle Kommentatoren Gleiches oder Ähnliches. Das gleiche Beispiel zeigt aber auch einen ersten, wichtigen Unterschied. Aus Kommentaren aufgebaute Atmosphären sind Schrift-basiert. Sie haben damit oft komplexeren semantischen Gehalt als die auf dem beschränkten Vokabular des Klatschens oder Hüstelns beruhenden Atmosphären eines Live-Konzerts. Manchmal geht es dabei nur um Gelächter – durch „wwww" symbolisiert –, andere Male um das „Mitsingen" von Liedern, also das Mitschreiben des Liedtextes und oft um bewusstes Falschverstehen der Texte, so zum Beispiel um die Verballhornung englischer Refraintexte japanischer Anime-Titelsongs. Oft sind die Kommentare auf *Nico Nico Douga* eher harmlose Scherze, manchmal aber auch politisch aufgeladen: Nationalistische, das heißt in Japan vor allem anti-koreanische Kommentare finden sich genauso wie Kommentare der sozialen Empörung. Auf der anderen Seite stellt aber auch die kommunistische Partei Japans mit großem Erfolg Videos zu sozioökonomischen Themen auf *Nico Nico Douga* ein.

Trotz solcher politischen Ausnahmen sind die meisten Kommentare eher Fan-Kommentare. Schaut man sich den Inhalt der Kommentare und auch die hochgeladenen Videos an, zeigt sich, dass in ihnen oft Fragmente der *Otaku*-Subkultur popularisiert und zugleich abgewandelt werden. Die *Otaku*-Subkultur entstand in den 1970er und 1980er Jahren, also lange bevor das Netz seine mediale Dominanz entfachte. *Otakus* sind oft Menschen, die aus den verschiedensten Gründen nicht in den Standard-Lebensentwurf des japanischen Mainstreams passen: Sie mögen zu dick sein, unsportlich, introvertiert oder einfach nur ein wenig trauriger oder zweifelnder als andere. *Otakus* flüchten aus dem japanischen Alltag in eine Welt, die von starker Identifikation mit Teilbereichen der japanischen Anime- und Manga-Kultur bestimmt wird. Ihre Welt ist zweidimensional, und viele *Otakus* hassen alles, was mit dreidimensionaler Fleischlichkeit verbunden ist. Ähnlich wie „Punk" ist auch der Begriff "Otaku" ursprünglich ein Schimpfwort, das zu einer Selbstbeschreibung wurde. Die Geste der *Otaku* ist auf vielfältige Weisen ambivalent. Auf der einen Seite handelt es sich um Verweigerung des extrem Konsum-orientierten und mit hartem Arbeitsethos verbundenen konventionellen japanischen Lebensentwurfs, auf der anderen Seite ist aber die Verweigerung gleichzeitig eine Form des

Hyper-Konsumerismus, denn *Otaku* sind exzessive Fans und oft kaufen sie alles, was mit den von ihnen verehrten zweidimensionalen Idealen in Verbindung gebracht wird.[1]

Die Online-Welt von *Nico Nico Douga* beruht zwar auf ähnlichen Flucht-Impulsen, doch zumindest in der Selbstwahrnehmung der *Nico Chuu* herrscht auf *Nico Nico Douga* eine weitaus freundlichere Atmosphäre als unter den oft im Wettbewerb stehenden *Otakus*. Wenn sich *Otakus* treffen, und sie treffen sich offline oft zu Hunderttausenden auf *Comic Markets* und verkaufen dort einander Fan-produzierte Mangas oder sie sitzen in *Otaku*-Bars, in denen auf Rollenspiel spezialisierte Kellner und Kellnerinnen ihnen ihre Traumwelten spiegeln. Wenn *Nico Chuu* sich offline treffen, tanzen und singen sie in *Karaoke*-Bars zu den *Nico Nico Douga* Videos und bilden in ihrer Kleidung, Tänzen, Grüßen, Gesängen die bekanntesten *Nico Nico Douga* Insider-Scherze ab (es gibt daher auch starke Verbindungen zwischen den *Nico Chuu* und der *Cosplay*-Subkultur). Solche Offline-Atmosphären stehen im direkten Verhältnis zu dem Vorbild, den Online-Atmosphären auf der Plattform selbst. Es zeigt sich, dass wir hier vor zweierlei Atmosphären stehen. Zum einen beruht die Plattform darauf, dass die Kommentierenden gemeinsam Atmosphären zu Video-Momenten herausbilden. Zum anderen hat die gesamte Plattform auch eine Art übergreifende Gesamt-Atmosphäre: Diese ist zumindest in der Selbstwahrnehmung von Freundlichkeit, Einträglichkeit und geteilter Begeisterung geprägt.

Deutlich wird dabei auch, dass eine ethnographische Feldforschung unweigerlich die Ergebnisse in einen spezifischen Kontext stellt (und ich werde auf den japanischen Kontext zum Ende des Aufsatzes auch noch einmal zurückkommen). Rein mediendeterministische Argumentationen, die das, was auf einer Plattform geschieht, allein aus dieser selbst erklären, verbieten sich bereits aus der Methode. Auf der anderen Seite wird aber auch sichtbar, dass hier eine Plattform bestehendes subkulturelles Vokabular neu ausrichtet, und dass dabei die Art und Weise, wie die Kommentarlisten funktionieren, wichtigen Stellenwert hat. Es liegt nahe, die Kraft dieser Listen zu durchdenken. Der Geist der Analyse ist zwar nicht mediendeterministisch, durchaus aber medienpossibilistisch. Unter Letzterem verstehe ich einen Analysezugang, der nach den Möglichkeiten fragt, die neuen Versionen des „medialen Formats" der Liste bergen: Neue Versionen bestimmen zwar nicht, was auf diesen Listen geschieht, aber sie machen Neues möglich.

Die Kommentarlisten auf *Nico Nico Douga*

Um die Setzungen zu verstehen, die den Kommentarlisten *Nico Nico Dougas* eingeschrieben sind, werde ich deren Listenform nun in einem ersten Analyseschritt zunächst im Detail beschreiben. Dabei hilft ein Vergleich mit *Youtube*. Der grundlegende Unterschied ist etabliert: Auf *Youtube* sind Kommentare unterhalb, auf *Nico Nico Douga* dagegen innerhalb des Video-Fensters platziert. Während die Kommentare auf Youtube statisch sind, scrollen die meisten Kommentare auf *Nico Nico Douga* von rechts nach links in fließender Bewegung durch das Video-Fenster und sind dabei von unterschiedlicher Schriftgröße und Farbe. Reproduziert werden sie ohne Rahmung. In den Zwischenräumen der Linien der Schrift sehen wir das Video. Auf *Nico Nico Douga* setzt sich das Geschehen im Video-Fenster also zusammen aus dem Video-Moment und den anderen Kommentaren zu diesem Video-Moment. Auf *Youtube* dagegen sind Videos und Kommentare räumlich getrennt.[2]

Die Kommentare selbst sind dabei auf andere Weise von Zusatzinformationen gerahmt. *Youtube* versorgt uns mit vier weiteren expliziten Informationen: das Alter des Kommentars („vor 20 Minuten" oder „vor drei Monaten"), der mit einem Hyperlink versehene virtuelle Name des Kommentierenden, in manchen Fällen einen zweiten mit einem Hyperlink versehen virtuellen Namen desjenigen, an den sich der Kommentar richtet und eine Zählung der durch andere Nutzer vorgenommenen Wertungen (Daumen hoch oder Daumen runter). Die erste Information wird automatisch gespeichert, die zweite muss durch den Kommentierenden eingegeben werden und ist immer erforderlich, die dritte kann der Kommentierende beifügen, indem er anderen Kommentaren antwortet, und die vierte wird durch andere Nutzer, die den Kommentar werten, festgelegt. Dazu kommt, dass jeder Kommentar mit drei weiteren Eingabefeldern ausgestattet ist (Daumen hoch und runter, die Möglichkeit der Antwort sowie ein Spam-Melder).

Die Kommentare auf *Nico Nico Douga* sind schlichter. Sie beinhalten weder explizite weitere Hinweise – wir wissen also weder, wer diesen Kommentar wann geschrieben hat, noch wie dieser gewertet wurde oder an wen er sich wendet –, noch weitere dem Kommentar angehängte Eingabefelder. Lediglich Schriftgröße und Farbe sowie die Art der Bewegung unterscheiden sie voneinander; Eigenschaften, die durch den jeweiligen Kommentierenden selbst bestimmt wurden, aber keinen klar bestimmten Inhalt haben. Implizit erhalten wir weitere Informationen, doch diese verbergen sich nur in der Auswahl und Anordnung der Liste. Die wichtigste dieser Eigenschaften ist der Video-Zeitpunkt der Kommentareingabe – eine Information, die auf *Youtube* weder explizit noch implizit eine Rolle spielt, auf *Nico Nico Douga* aber zentral ist. Ein Video-Moment wäre beispielsweise drei Minuten und 24 Sekunden nach Beginn des Videos. Er wird deutlich durch die Platzierung des Kommentars zu genau diesem Moment auf dem Video.

Die Kommentarlisten auf *Youtube* bestehen bei Nahem besehen aus dreieinhalb ineinander gefalteten Listen. Eine generelle Liste sammelt alle Kommentare ein, die je zu einem Video gemacht wurden. Sie kann auf Anfrage entweder in Seitenform oder als Gesamtheit geöffnet werden. Die unmittelbar dargestellte Liste zeigt nur die neusten Videos. „Neu" bedeutet hier: hinsichtlich des kalendarischen

Eingabezeitpunkts, zum Beispiel der Zeitpunkt am 5.4.2008 um 14:35 Uhr. Oberhalb dieser befindet sich eine dritte und kurze Liste: die Kommentare mit den höchsten Bewertungen. Ganz oben befindet sich meist ein Kommentar des Hochladenden – keine wirkliche Liste, da die Zahl ihrer Elemente auf eins beschränkt ist. Die drei erstgenannten Listen ordnen sich dem gleichen Kriterium, nach dem die zweite Liste ihre Auswahl trifft: Neuigkeit. Die gesamte Kommentarliste ist relativ stabil. Lediglich neue Kommentare oder neue Wertungen ändern sie. Solange wir das Video konsumieren, sehen wir also stets die gleichen Kommentare, zumindest solange wir die Liste nicht manuell auf den neuesten Stand bringen oder die Einstellungen so verändern, dass sie sich automatisch aktualisiert. Auf *Nico Nico Douga* hingegen regiert ein anderes Prinzip. Hier verändert sich die Auswahl der Kommentare, die wir sehen, mit dem Ablauf des Videos. Wir sehen nur Kommentare, die den Video-Moment adressieren, der gerade gezeigt wird, weil sie zu dem Video-Moment eingegeben wurden, an dem auch wir uns gerade befinden.[3]

Möglich wird dies auch durch die spezifische Form der inneren Anordnung. Auf *Youtube* stapeln sich die Kommentare. Der Stapel steht aufrecht. Die zentrale Unterscheidung ist also diejenige zwischen oben und unten. Die Liste auf *Youtube* ist dabei nur an einem Punkt offen: Als Stapel öffnet sie sich oben und zwar dauerhaft und immer für das Neueste. Die Liste der Kommentare auf *Nico Nico Douga* hingegen liegt waagrecht. Sie passt sich in ihrer Form dem Zeitregler des Videos an. *Nico Nico Dougas* Liste hat zu einem gewissen Grad die Form der Liste einer Schlange (und zwar eine, die nicht senkrecht sondern waagerecht steht), denn der spätere Video-Moment wird in der Liste hintenangestellt. Vorne heißt hier also links, hinten rechts. Zugleich ist sie aber keine wirkliche Schlange: Auf den an die Video-Zeit angebundenen Kommentarlisten können Elemente auf jeder Position eingefügt werden. Die Liste ist auf frontale Weise offen. Sie ist es aber immer nur zu dem Video-Zeitpunkt, der sich gerade abspielt. Sie öffnet sich also dynamisch.

Dabei nehmen die Kommentarlisten *Nico Nico Dougas* eine merkwürdig verwischte Form an. Wenn mehrere Kommentare in unmittelbarer Video-Zeitnähe eingegeben wurden, schichten sich diese Kommentare. Die waagerechte Schlange hat senkrechte Verdichtungen. Die Dichte nimmt im Ablauf der Video-Zeit zu und wieder ab. Wenn die Liste sich verdichtet, und sich der Video-Bildschirm mit Kommentaren vollständig füllt, wird dies von den *Nico Chuu* besonders geschätzt und mit einem Namen – „*Danmaku*" – bezeichnet. Die Liste hat zu diesem Zeitpunkt eine besondere Intensität, denn die Kommentare wurden hier in besonders enger Video-Zeitfolge eingegeben. Video-Zeitpunkte ordnen die Liste also nicht nur, sondern besonders nahe aneinanderliegende Video-Zeitpunkte versehen sie auch mit mehr oder weniger starker Intensität, die durch die senkrechte Verdichtung ausgedrückt wird und nur durch das Video-Fenster begrenzt ist. Mehr als 30 Kommentare können gleichzeitig nicht reproduziert werden. Wenn es zu besonders dichten Video-Momenten kommt, muss die Zahl der gleichzeitig dargestellten

Kommentare daher begrenzt werden. Geschehe dies nicht, würde sich angesichts von tausender Kommentare, die oft insgesamt zu einem bestimmten Moment eingegeben wurden, das ganze Video-Fenster in ein unleserliches Chaos verwandeln.

Es handelt sich hier zunächst um eine pragmatische Entscheidung, die aber dennoch zugleich genutzt wird, um *Nico Nico Dougas* Kommentarlisten weiter zu verfeinern. Schauen wir genauer hin: Der Verdichtungsgrad ist ansatzweise eine zweite, senkrechte Liste. Der Blick kann auf ihr ungeleitet schweifen, wenn auch nur solange, bis die quer gelagerte Liste aus dem Bild scrollt. Die senkrechte Liste ist also an die waagrechte angebunden und daher auch nicht wirklich eigenständig. Dennoch hat sie eine zentrale Eigenschaft: Sie begrenzt die Zahl der dargestellten Videos. Die Begrenzung ist eine der Länge der senkrechten Liste: Sie hat nie mehr als 30 Elemente. Allerdings ist auch diese Begrenzung dynamisiert. Ist die senkrechte Liste voll, heißt dies noch lange nicht, dass nicht neue Kommentare aufgenommen werden. Vielmehr werden dadurch nur die jeweils ältesten zu einem bestimmten Video-Zeitpunkt nicht mehr reproduziert. Hier kommt nun also auch auf *Nico Nico Douga* der kalendarische Zeitpunkt der Eingabe ins Spiel, wird aber anders verwaltet als auf *Youtube*. Der kalendarische Eintrittspunkt fungiert auf *Nico Nico Douga* nur noch als ein duales Entscheidungskriterium über den erzwungenen Austritt: Der jeweils älteste Kommentar fliegt aus der senkrechten, und damit auch aus der waagrechten Liste, wird also auch in Zukunft nicht mehr reproduziert.

Für die verbleibenden Kommentare heißt dies, dass sie mit einer zusätzlichen Information ausgestattet sind: Sie sind relativ gesehen die aktuellsten. Diese Information ist aber nicht nur implizit, sie ist auch ausgedünnt. Dabei ist diese Dünnheit gewollt. Zur Erinnerung: Im Fall des Video-Zeitpunkts bekommen wir auf *Nico Nico Douga* eine absolute Information. Wir wissen genau, zu welchem Video-Zeitpunkt ein Kommentar eingeben wurde, auch wenn dieser nicht explizit in Zahlen dargestellt wird, sondern nur durch die exakte Platzierung entlang der Zeitliste des Videos. Im Fall des kalendarischen Zeitpunkts bekommen wir eine solche absolute Information nicht. Damit nicht genug. Wir bekommen in Hinsicht des kalendarischen Eingabezeitpunkts auch nur noch eine sehr begrenzte Version der relativen Information. Die horizontale Liste ist also arbiträr angeordnet und nicht, wie im Fall *Youtubes*, als Stapel. Ob ein Kommentar überhaupt repräsentiert wird, beruht auf seiner relativen kalendarischen Aktualität. Wir wissen also nur: Der Kommentar ist im Vergleich zu denjenigen, die nicht mehr repräsentiert werden (und die wir auch nicht kennen) relativ aktuell.

Innerhalb der repräsentierten Kommentare bekommen wir darüber hinaus in manchen Fällen eine weitere, aber ebenfalls sehr reduzierte Information über die relative Aktualität eines Kommentars: Sind viele Kommentare zu einem bestimmten Video-Zeitpunkt auf dem Bildschirm vorhandenen, differenzieren sich diese in nicht- und semi-transparent repräsentierte. Es gibt nur zwei Gruppen. Semi-

Transparenz stellt relatives Alter dar. Ein Kommentar altert also nicht absolut (beispielsweise nach einem Monat), sondern nur in Bezug zu den anderen, nichttransparent dargestellten Kommentaren. Innerhalb der beiden Gruppen der nicht- und semi-transparenten Kommentare gibt es keine weitere Differenzierung, also keine Stapelung oder sonstige Verweise auf kalendarische Zeit.

Neben die erste Begrenzung der Quantität der Kommentare auf der vertikalen Liste tritt eine zweite. Die Länge der gesamten Kommentarliste ist ebenfalls begrenzt. Sie hängt von der Gesamtlänge des Videos ab: Zwischen 250 und 1000 Kommentare werden pro Video dargestellt, alle anderen nur noch gezählt. Wir wissen also zum Beispiel, dass ein Video „1.523.987" Kommentare motiviert hat, von diesen wird dann aber nur ein kleiner Bruchteil repräsentiert. Der Ausschnitt beruht wiederum auf kalendarischer Aktualität. Es handelt sich bei den dargestellten also wiederum um die neuesten Kommentare. Treten weitere hinzu, fällt der jeweils älteste aus der dargestellten Auswahl. Das System speichert zwar diese Kommentare, sie sind aber nicht mehr direkt zugänglich. Lediglich zahlende Subskribenten können wie in einer Art Zeitmaschine zurück zu älteren Zuständen der Kommentarliste kehren, sehen jedoch dort ebenfalls immer nur einen Ausschnitt.[4]

Bis jetzt haben wir die Listen nur bestaunt. Um sie auch zu nützen, wollen wir nun einen Kommentar eingeben. Auf *Youtube* liegt das Eingabefeld zwischen dem unteren Ende der dritten Liste (den höchst gewerteten Videos) und dem oberen Ende der zweiten Liste (der aktuellsten Videos). Sie bildet unsere zukünftige Platzierung also ab und ist in gewisser Weise Teil der Liste. Der Kommentar springt so gesehen nach der Eingabe einfach eine Position tiefer. Auf *Nico Nico Douga* befindet sich das Eingabefeld hingegen unterhalb des Videos, und damit auch deutlich außerhalb der reproduzierten Liste. Dem Eingabefeld zugeordnet ist ein Menu zur Bestimmung von Platzierung, Größe, Farbe und Bewegung des Kommentars.

Wir schreiben also nicht direkt auf der Liste selbst (beziehungsweise auf dem Video), sondern werden, nachdem der Kommentar fertig ist und wir die Eingabetaste drücken, platziert. Dennoch wissen wir aber auf *Nico Nico Douga*, während wir den Kommentar eingeben, dass er später auf dem Video platziert sein wird: In waagerechter Hinsicht in der Mitte des Video-Fensters, und in senkrechter Hinsicht zwischen den anderen scrollenden Kommentaren. Drücken wir einfach nur die Eingabetaste, findet der Kommentar in vertikaler Hinsicht von alleine seinen Platz. Wir haben aber auch die Möglichkeit, in einem Menu die Platzierung in der Mitte, am oberen oder unteren Rand des Videofensters, manuell festzulegen. Wenn dieser Ort besetzt ist, werden wir ober- oder unterhalb platziert. In einem *Danmaku* überlappen sich trotz der vertikalen Begrenzung auf die Höchstzahl von 30 oft mehrere Kommentare. In diesem Fall übernimmt das System die Steuerung, die manuelle Platzierung ist blockiert. In all diesen Fällen geht es nur um die senkrechte Platzierung. Die waagerechte Platzierung, also die exakte Verortung im Video-

Moment, beruht immer auf dem Eingabemoment, ohne dass es dabei zu weiteren manuellen oder automatischen Modifikationen kommt.

Sobald wir einen Kommentar eingegeben haben, bleibt dieser bleibend an den Video-Moment gebunden. Diese Anbindung erfordert keinen Aufwand. Der Moment wird in der Eingabe des Kommentars automatisch gespeichert. Auch der von uns eingegebene Kommentar verharrt nicht, sondern beginnt sofort damit, nach links durch das Video-Fenster zu scrollen, um dann nach einigen Sekunden aus dem linken Bildrand heraus schrittweise zu verschwinden. In der Folge wird mein eigener Kommentar dann, wenn jemand anderes das gleiche Video sieht, erneut auf dem Moment des Videos reproduziert, an dem er ursprünglich eingegeben wurde. Nun bildet mein Kommentar im Verbund mit anderen Kommentaren die Vorlage für die Kommentare späterer Nutzer. Kommentare entstehen auf fast allen Kommentarlisten im direkten Zusammenhang zu bereits bestehenden Kommentaren und kämen ohne diese meist gar nicht oder nur in anderer Version zustande. Für *Nico Nico Douga* gilt das umso mehr, denn die Liste bestehender Kommentare „vor" oder „auf" dem Video werden auch andere Nutzer mit ziemlicher Sicherheit wahrnehmen. Der Kreis schließt sich.

Zu den Konsequenzen der Aufnahme und Verwaltung von Zeit

Nachdem ich mich im letzten Schritt der Analyse auf die Beschreibung der Liste beschränkt habe, will ich nun im nächsten Schritt die Konsequenzen herausarbeiten, die sich aus den darin enthaltenen Setzungen ergeben. Das Design der Kommentarlisten auf *Nico Nico Douga* ist darauf ausgerichtet, die Video-Zeit in das Zentrum zu stellen. Neuigkeit, also kalendarische Zeit, ist hingegen zurückgenommen, wenn auch nicht gänzlich abwesend. Das auf eine Ja-/Nein-Entscheidung reduzierte Kriterium der kalendarischen Eingabe wahrt in all ihrer Reduktion deren wichtigste Eigenschaft: Was erhalten bleibt, ist die kollektive Neuigkeit der Kommentare, und nur diese. Es gibt zwei Gruppen: aktuelle und vom Schwinden bedrohte semi-transparente Kommentare. Individuelle Neuigkeit hingegen wird nur im Rahmen dieser kollektiven erhalten. Der Rest der Zeitlichkeit wird vom Video-Moment aufgefangen. Die kollektive Neuigkeit bindet sich an den Video-Moment, und verleiht damit auch dem Video-Moment etwas von dieser Neuigkeit. Dies hat, wie später noch genauer zu zeigen sein wird, Folgen: Es trägt entscheidend bei zu einer Form der sozialen Gegenwärtigkeitserfahrung, die von Synchronizität abgekoppelt ist.

Auch das Wissen um die spätere digital-physische Nähe zum Video verändert den Kommentar bereits in der Eingabe. *Youtubes* Kommentare haben beurteilende Distanz, während die Kommentare auf *Nico Nico Douga* unmittelbar auf das Geschehen im Video-Fenster reagieren. Die Platzierung im Video-Fenster rückt den

Kommentar direkt an das Geschehen im Fenster. Dies entsteht nicht nur durch die räumliche Platzierung, sondern auch durch die damit einhergehende Anbindung an die Video-Zeit. Damit der Kommentar im richtigen Moment platziert wird, müssen die *Nico Chuu* ihn schnell eingeben. Wird er erst nach einer Minute platziert, dann findet er sich nicht mehr dort wieder, wohin er gehört. Kommentare werden dadurch spontaner, unmittelbarer und ähneln in ihrem Gestus eher einem Zuruf. Der Zeitdruck des Schreibens wird im Scrollen der bereits bestehenden Kommentare widergespiegelt, denn deren Bewegung repräsentiert ablaufende Dauer. Auch der Blick des Lesenden wird durch das Scrollen teilweise gesteuert. Auch für den Lesenden erzeugt das Scrollen Zeitdruck – lese ich den Kommentar jetzt nicht, muss ich das gesamte Video „zurückspulen". Der Zeitdruck ähnelt dem des bewegten Bildes des Videos.

Für das Kommentieren bedeutet dies nicht nur, dass der eher auf Überlegung beruhende Schriftcharakter zurückgenommen wird. Es entsteht auch kein Gespräch. Eher entsteht eine Situation, in der viele Schreibende mit ihren Kommentaren spontan etwas in die gleiche Richtung rufen. Während der inhaltliche Bezug auf das gesamte Video, der der Online-Architektur *Youtubes* eingeschrieben ist, eher zu einer beurteilenden Haltung führt (wir richten das Video, in dem wir über es schreiben, nachdem wir es gesehen haben), haben die an den Video-Moment gebundenen und im Moment der Konsumption geschriebenen Kommentare eher immersiven Charakter. Die Kommunikationssituation ist eher die eines Miteinanders im Nebeneinander denn die eines Aufeinanderbezogenseins. Entscheidend ist dabei, dass dieses Nebeneinander in einer wahrgenommenen sozialen Gegenwart stattfindet. Auf *Nico Nico Douga* ist diese Gegenwart aber nicht mehr die der kalendarischen Zeit, sondern die des Videos. Jeder Kommentar hat eine Dauer. Zugleich erzeugt das Scrollen einen fließenden Eindruck. Die Dauer tritt auf eine Art und Weise in Bewegung, die mit dem überlagerten bewegten Bild sowohl inhaltlich als auch formal korrespondiert. Sie bilden gemeinsam eine voranschreitende Einheit.

Um das Nebeneinander, das die Kommentare auszeichnet, zu erklären, gilt es nicht einmal auf das Fehlen der Repräsentation absoluter oder relativer kalendarischer Zeitlichkeit einzelner Kommentare zurückzukommen. Durch das Fehlen von Stapelung auf der untergeordneten senkrechten Liste wird verhindert, dass sich Kommentare aufeinander beziehen. Für Koizuka-san, den legendären Programmierer *Nico Nico Dougas*, ist genau dies eines der Erfolgsgeheimnisse der Plattform. Wenn man nicht weiß, wann ein Kommentar geschrieben wurde, ob vor einer Stunde oder vor einem Monat, und wenn man darüber hinaus nicht weiß, welcher der Kommentare der neueste ist, macht es weniger Sinn, sich an einen einzelnen Kommentar zu wenden. Dialog, das ist für ihn *Youtube* (und in der Tat weisen die Kommentarlisten auf *Youtube* nicht nur viele Eigenschaften auf, die Dialog möglich machen, sondern auch solche, die ihn bewusst fördern (die Antwort- und die Bewertungsfunktion). *Nico Nico Douga* hingegen zielt auf eine im Nebeneinander verortete totale Kollektivität.[5]

Innerhalb der Video-Zeit eines *Danmakus* werden die ältesten Kommentare durch semi-transparente Darstellung ausgewiesen. Das gerade beschriebene Ziel, nicht Dialog sondern Nebeneinender zu fördern, wird damit aber nicht gebrochen, sondern eher noch verstärkt. Drei Gründe seien genannt. Zum ersten gilt dennoch für alle anderen Kommentare, dass sie intern nicht weiter entlang von Neuigkeit geordnet sind. Zum zweiten stimulieren ältere Kommentare keine direkten auf sie gerichteten Reaktionen. Sie sind ja im Verblühen und daher kein lohnendes Objekt für Reaktionen oder gar Antireaktionen. Zum dritten, und dies ist besonders wichtig, ist hier eher Unterstützung angesagt. Wenn uns der Kommentar gefällt, können wir ihn kopieren. Diese Kopie ist dann in der Folge die aktuellste, und wird daher länger als alle anderen Kommentare an diesem Video-Moment reproduziert. Semi-transparente Kommentare stimulieren daher ihre eigenen Eins-zu-Eins-Kopien.

Das Gleiche zu schreiben, macht für die *Nico Chuu* auch noch aus einem zweiten Grund Sinn: Der Bezug auf Aktualität in der Begrenzung auf der gesamten Liste kann zu einem merkwürdigen Effekt führen. Wenn ein *Danmaku*, also ein besonders dichter Video-Moment auf der vertikalen Liste, nicht mit ausreichendem Kommentarnachschub versorgt wird, und sich gleichzeitig Kommentare anderen Video-Momenten zuwenden, wird das *Danmaku* schrittweise ausgedünnt und schwindet letztlich ganz: Die Begrenzung der Gesamtliste kann also dazu führen, dass ein *Danmaku* von innen heraus schrittweise kollabiert.[6] Um dies zu verhindern, muss das *Danmaku* mit neuen Kommentaren aufgeladen werden. Besonders motiviert sind hierzu wohl am ehesten diejenigen, denen dieses *Danmaku* auch gefällt. Sprich: Sie kopieren bestehende Kommentare. In einem *Danmaku* kommt es nicht nur zu einem kollektiven Nebeneinander, sondern auch zu einer einträchtigen Version desselben.

Ein noch effektiveres Mittel der Unterstützung als die Eins-zu-Eins Kopie ist dabei die leichte Abwandlung. Die Eins-zu-Eins-Kopie stärkt das *Danmaku* lediglich quantitativ gegen die Saugkräfte, die sich an anderen Momenten des gleichen Videos bemerkbar machen. Die leichte Abwandlung erhält das *Danmaku* mit den gleichen quantitativen Mitteln, zerstört dabei dessen inhaltliche Ausrichtung nicht wirklich, und macht es doch in der leichten Abwandlung noch interessanter, was dann wiederum weitere Unterstützung durch andere Kommentatoren wahrscheinlich macht. Die höchste Motivation, ein *Danmaku* zu erhalten, haben dabei immer diejenigen Kommentatoren, denen nicht nur das *Danmaku*, sondern auch das Geschehen im dazugehörigen Video-Moment gefällt. Die Eintracht nimmt daher in *Danmakus* zwei weitere Formen an: Zum einen setzt sie sich oft aus leichten Modifikationen zusammen, zum anderen ist sie fast immer affirmativ in Bezug auf das dargestellte Video. Auf *Nico Nico Douga* erproben die *Nico Chuu* Formen des semantisch reichen, gemeinsamen Jubelns.

Interessanterweise wird auch eine weitere Form der Zeitlichkeit nicht in den Vordergrund gestellt: Solange wir keine komplizierte Recherche jenseits der auf dem Video reproduzierten Kommentarlisten starten, die wir im Rahmen dieser Analyse vernachlässigen können, erfahren wir nichts über die tatsächliche Geschwindigkeit des Turnovers auf der Kommentarliste. Eine Kommentarliste auf einem Video, das vor langer Zeit viele Kommentare generiert hat, nun aber schon seit Wochen oder Monaten nicht mehr, sieht genauso aus wie eine Kommentarliste auf einem Video, auf dem sich die Kommentare gerade jetzt überschlagen. In dieser Hinsicht altern die Kommentarlisten nicht. Erneut haben wir einen Hinweis auf die merkwürdige Gegenwartserfahrung, die sich auf *Nico Nico Douga* herausbildet. Zugleich erhält die Nicht-Repräsentation der Geschwindigkeit zu jedem Moment die Motivation, das *Danmaku* zu unterstützen – auch dann, wenn es eigentlich nicht nötig wäre. Gerade die Nicht-Repräsentation von Geschwindigkeit hilft daher, die Bewegung in Gang zu halten.

Das geteilte Nebeneinander wird auch durch die Vorauswahl der Kommentare weiter verstärkt. Auf *Nico Nico Douga* sehen wir die Kommentare, die sich auf diesen Video-Moment beziehen und die daher für uns zu diesem Video-Zeitpunkt relevant sind, direkt vor uns. Wir können uns entsprechend in diese spezifische Gesamtheit einfügen. Auf *Youtube* hingegen sehen wir eine Vorauswahl der durch andere Nutzer als am relevantesten gewerteten Kommentare am oberen Ende der Liste und darunter die aktuellsten Kommentare. Die Auswahl nach Nutzerwertung und kalendarischer Aktualität erzeugt keine spezifische Gesamtheit. Im Fall der Totalität aller Kommentare zu einem Video ist es noch schwieriger, ein Gefühl für die Gesamtheit zu bekommen – dies wäre aufgrund der Informationsvielfalt nicht nur kaum zu bewältigen, sondern auch mühsam, weil wir dann auch die Listen älterer Kommentare anklicken müssten. Wir lesen in den Kommentaren eher die Meinung von X und Y, als eine Gesamtheit. An deren Spitze stehen durch Wertung gewählte Repräsentanten. Der sich anbietende Vergleich mit der Repräsentationsdemokratie ist durchaus nicht falsch.

Auf *Nico Nico Douga* hingegen gewinnt die bewusst programmierte Abwesenheit von Individualität und Dialog zusätzliche Kraft durch eine weitere Eigenschaft der Kommentarliste: Die Kommentare sind vollständig anonym. Kommentare sind also nicht nur von jedem Hinweis auf die reale Identität des Kommentierenden (mein Name: „Goetz Bachmann") entkoppelt, sondern auch von fiktionaler Identität, so wie sie beispielsweise auf *Youtube* vorhanden ist. Es existiert kein Avatar, der für den Schreibenden steht; weder ein Bild noch ein fiktionaler Name noch andere Informationen über den Schreibenden. Kommentare stehen für sich und nicht für den Schreibenden. Sie sind Schreibakte, nicht aber als Äußerungen personal kohärenter Schreibender. Individuelle Originalität wird eher unwichtig, ganz im Gegenteil zu *Youtube*, wo uns die Bewertungsfunktion mit der Nase darauf stößt, dass Originalität das höchste Gut ist.

Die Abwesenheit personaler Kontur, und sei sie noch so virtuell, stellt im Zusammenhang mit der Zurücknahme von Dialog, Originalität und individuellem Wettbewerb sowie der Privilegierung von Gesamtheit, Nebeneinander, Kopie, leichter Abwandlung und Affirmation einen wichtigen Motor des De- und Rekontextualisierungsprozesses dar, der für Jack Goody ein so wichtiges Kriterium der Liste ist. An die Stelle des neuen Kontexts der Abstraktion, der für Goody der entscheidende war, tritt hier aber etwas anderes: Der neue Kontext besteht aus einer Atmosphäre. Diese wird zu einem Eintrittskriterium in die gleiche Liste, auf der sie entsteht – ganz so wie die Abstraktionen, die sich für Goody auf Listen herausbilden, diese dann sozusagen übernehmen. Und ganz so wie es die Listentheoretiker der poststrukturalistischen von Soden-Nachfolge für die Abstraktionen betonen, so gilt auch für deren Konterpart: Die Atmosphären sind zu jedem Moment tatsächlich oder potentiell im Werden.

Das Werden der Atmosphäre unterminiert die Atmosphäre aber nicht, wie dies bei der Abstraktion der Fall sein mag, sondern stärkt sie weiter. Im Werden öffnet sich die Atmosphäre für uns. Wir können an ihr mittels eines Kommentars teilnehmen. Wir können dies aber immer nur in dem jeweils spezifischen Video-Moment – ganz genauso, wie wir auch an einer Offline-Atmosphäre immer in einem bestimmten Moment teilnehmen. Aus der Sicht der Video-Zeit lodern die Atmosphären ähnlich wie ihre sozialen Konterparts im Alltag im Verlauf des Videos in schneller Abfolge auf. Aus der Sicht der kalendarischen Zeit hingegen warten die Atmosphären auf die *Nico Chuu*. Sie warten nicht stabil, denn auch sie verändern sich. Sie modifizieren sich aber meist nicht innerhalb von Minuten, sondern in Zeiträumen von Tagen oder Wochen, je nachdem wie intensiv neue Kommentare auf *Nico Nico Douga* eingegeben werden, und inwieweit sie dabei die bereits bestehenden Atmosphären durch Variation modifizieren. Das beruhigt und ist dennoch interessant genug, um immer wieder zu ihnen zurückzukehren. Nicht zuletzt, um solche Veränderungen zu konsumieren und zugleich dabei die Stabilität durch eigene Kommentare weiter zu unterstützen, sehen sich die *Nico Chuu* das gleiche Video oft viele Dutzende Male an. Kein Wunder also, dass sich die *Nico Chuu* als „*Nico Nico Douga*-Süchtige" bezeichnen.

Kuuki als Atmosphäre?

Bis zu diesem Zeitpunkt hat sich gezeigt, dass die den meisten Listen eigene Kombination aus Werden und Stabilität auf *Nico Nico Douga* eine spezifische Form annimmt, die auf der Gestaltung der Öffnung und Schließung an unterschiedlichen Orten – Eintritt, Austritt, Anordnung, Länge – beruht sowie auf der Art und Weise, wie dabei hier zwei unterschiedliche Formen von Zeit – die kalendarische und die Video-Zeit – in die Liste aufgenommen und auf ihr verwaltet werden. Aus diesem Prozess erwächst ein neues Zusammenspiel einer bestimmten Form von Kollektivität, der Atmosphäre und einer bestimmten Form der Zeiterfahrung, die der Gegenwärtigkeit, dem ich mich nun abschließend zuwenden will. Zunächst geht es mir dabei nur um die Atmosphäre, die, so das Argument im vorangegangenen Subkapitel, auf *Nico Nico Douga* an die Stelle der Abstraktion tritt. Der Grund ist einfach: Atmosphären funktionieren anders als (partielle) Abstraktionen. In der Tat sind japanische Atmosphären etwas anderes als westliche, und *Nico Nico Dougas* Atmosphären etwas anderes als andere japanische Offline-Atmosphären. Daher werde ich nun einen kurzen Blick auf einige westliche Atmosphären-Theorien werfen und diese mit ihrem japanischen Äquivalent in Beziehung setzen.

Das Wort, mit dem die *Nico Chuu* die Atmosphären auf den Kommentarlisten bezeichnen, ist „*Kuuki*". Direkt übersetzt bedeutet es „Luft", hat also in dieser Hinsicht ähnliche Konnotationen wie „Atmo-sphäre". *Kuuki* ist ein Konzept, mit dem Japaner das eigene Sozialverhalten beschreiben. In jedem Moment das *Kuuki* zu erspüren und sich, sehr wichtig, dann in es einzufügen, um es nicht zu „brechen", ist auch jenseits der *Nico Chuu* ein viel beschriebener und in Japan sehr umstrittener Charakterzug. Gesellschaftskritische japanische Kommentatoren beklagen am *Kuuki* oft den Verlust von individueller Stimme und die Abwesenheit kritischer Auseinandersetzung (Shichihei 1977). Auch auf *Nico Nico Douga* schreiben viele Fans das Gleiche, das bereits jemand anderes vor ihnen geschrieben hat oder sie ändern es leicht ab, selten aber schreiben sie etwas ganz anderes oder vollständig Neues. Das japanische Konzept des *Kuuki* ist also mit dem Begriff der Atmosphäre nur partiell übersetzt. Was aber meinen wir mit Atmosphäre, und wie verhält sich diese zum *Kuuki* im Allgemeinen und zum *Online-Kuuki* auf *Nico Nico Douga* im Besonderen?

Auch Peter Sloterdijk nimmt in seinem Sphären-Werk die Analogie zur Luft auf und betont, dass Atmosphären vergiftet werden können – ein Phänomen, das im Prozess der „Atmosphärenexplikation" (Sloterdijk 2002: 35) immer perfekter und verheerender eingesetzt wird. Übertragen auf menschliche Kollektive findet sich Ähnliches: Atmosphären funktionieren nicht einfach nach dem Mehrheits-Prinzip. Ein kleiner Anteil kann die gesamte Atmosphäre zerstören. Dies schildern auch die *Nico Chuu*: Wenn ein einzelner in einem Video-Moment das *Kuuki* „bricht", handelt es sich dabei nicht um eine einzelne Meinung, die angesichts der Mehrheit nicht weiter ins Gewicht fällt, sondern um ein Ingredienz, das das gesamte *Kuuki* des Moments bricht. Das *Kuuki* ist nun allerdings nicht, wie bei Sloterdijk, giftig, es ist gebrochen, schwächer, gestört. Eine zweite Parallele, verbunden mit einem Unterschied, scheint mir der Beachtung wert: Sloterdijks Atmosphären sind auf eine architektonische Weise von ihrer Umhüllung bestimmt, und dabei für gewöhnlich von langer Dauer. Auch das *Kuuki* auf *Nico Nico Douga* braucht solche Umhüllungen. Ein Teil dieser Umhüllung ist räumlich – das Fenster des Videos – doch darüber hinaus sind diese Umhüllungen vor allem zeitlich: Die Video-

Momente, die beim Zuschauen bald vorbei sein werden, geben dem spezifischen *Kuuki* seine Kontur. Ein Video-Moment ist durch Zeit gesetzt, die wiederum durch das inhaltliche Geschehen auf dem Video bestimmt wird. Das *Kuuki* auf *Nico Nico Douga* ändert sich also oft im Verlauf eines Videos. Es ist mit ihm in Bewegung, und doch von ihm konturiert. Zeit formiert hier den Raum des *Kuukis*. Das *Kuuki* entwickelt sich mit dem Objekt, auf das es sich bezieht.

Die Ausstrahlung des Objekts – also das, was in einem Video-Moment dargestellt wird – spielt dabei zwar eine gewisse Rolle, doch letztlich sind es vor allem die Kommentarlisten, die das Objekt mit Atmosphäre erfüllen. Das Objekt wird zu einem sich in wiederholbarer Bewegung befindlichen Atmosphären-Behälter. Das jeweilige *Kuuki* muss in Form von Kommentaren expliziert sein, und kann sich dabei durchaus inhaltlich von der Ausstrahlung des Objekts entfernen. Es handelt sich um einen sozialen Prozess, der sich auf der Kommentarliste vollzieht. Diesem mit einem Objekt verbundenen sozialen Prozess kommt der Atmosphären-Begriff von Gernot Böhme (1995) am nächsten. In der Tat sind soziale Atmosphären dabei selbst eine Art Quasi-Objekt. Um es mit dem Phänomenologen Schmitz zu formulieren: Sie sind „Halb-Dinge" (Schmitz 2009: 78 ff.). Ein Beispiel wäre das, was uns begegnet, wenn wir einen Raum mit Trauernden betreten. Halb-Dinge erinnern an eine etymologische Spur des „*Ki*" im Begriff des *Kuu-ki*: „*Ki*" oder auch „*Qi*" im Chinesischen ist eine Substanz, die zwischen Individuen schwebt, und dabei teils in diese wandert, teils ihnen auch entströmt, also die körperliche Einheit des Individuums partiell transzendiert (Ito 2000: 12).

Soziologischer fassen lässt sich der gleiche Prozess mit Randall Collins' Konzept der „interaction chain rituals" (Collins 2004): Diese beschreiben nicht nur ein kollektives und affektives Einschwingen von Akteuren und den Energiefluss, der sich damit verbindet, sondern auch die Herausbildung von Symbolen, die dieses Einschwingen verdichten und die den Akteuren helfen, sich von ihrer Umgebung abzusetzen und als etwas Gemeinsames zu begreifen. Die besondere Stärke von Collins' Zugang ist es, dass er auf diese Weise auch Atmosphären mit semantischen Inhalten aufgreift. In Japan treten diese Atmosphären in den Vordergrund und werden dadurch auch stärker und offener handlungsbestimmend. Als eine Form des „*ki*" hat *Kuuki* ein bewusst verstandenes Eigenleben und stärkere semantische Kontur, während gemeinsame Atmosphären im Westen eher einen Hintergrund bilden, der dann wiederum die Performanz und Selbstwahrnehmung einer „eigenen Meinung" möglich macht. Dieser Unterschied ist nicht nur einer der Selbstwahrnehmung: Rücken Atmosphären als *Kuuki* in den Vordergrund, werden sie in der Tat wohl auch mächtiger.

Allerdings gilt es hier auch aufzupassen. Das *Kuuki* auf *Nico Nico Douga* ist dann eben doch auch etwas anderes als das *Kuuki*, wie es für das japanische Sozialverhalten im Allgemeinen beschrieben wird. Laut dem Dictionary of Communication Studies ist Letzteres ein „climate of opinion requiring compliance" (Watson &

Hill 2000: 165-166). Auch hier wird also der Zwang betont. Auf *Nico Nico Douga* kann aber jeder, dem das *Kuuki* nicht gefällt, einfach nicht an ihm teilnehmen, also nicht kommentieren oder zum nächsten Video klicken. Das Kommentieren auf *Nico Nico Douga* ist also ein Kompromiss, der sowohl die Fähigkeiten und rigiden Erfordernisse traditionellen japanischen Sozialverhaltens als auch die extrem starken Individualisierungsprozesse in der japanischen Gesellschaft der Gegenwart in sich aufnimmt. Dieser Kompromiss ist umso attraktiver für Menschen, die besonders stark unter diesen Widersprüchen leiden – und genau dies ist eben bei vielen *Otakus* und *Nico Chuu* der Fall. Auf *Nico Nico Douga* treiben die *Nico Chuu* die hohe japanische Kunst der *Kuukis* auf neue Online-Höhen, ohne sich dabei aufgeben zu müssen.

Die Liveness der Atmosphären

Es ist also kein Zufall, dass *Nico Nico Douga* in Japan entstanden ist, und außerhalb Japans nur in dem kulturell stark von japanischen Einflüssen geprägten Taiwan sowie unter kleineren Gruppen westlicher *Otakus* und *Anime*-Fans erfolgreich ist. Ohne diesen speziellen kulturellen und subkulturellen Hintergrund und die damit verbundenen Fliehkräfte sind die Atmosphären *Nico Nico Dougas* kaum zu verstehen. Zugleich gilt aber eben auch, dass die *Kuuki*-Bildung auf *Nico Nico Douga* ohne das geschickte Fein-Tuning des Designs der Kommentarlisten ebenfalls nicht möglich wäre. Zu diesem will ich jetzt zurückkehren und dabei die Blickweise erweitern: Ich beschäftige mich nun mit der Einbettung *Nico Nico Dougas* in die jüngere Geschichte japanischer Online-Medien und mit dem Verhältnis von *Nico Nico Douga* zum Fernsehen. Der Schwerpunkt der Analyse verschiebt sich dabei erneut: Nun geht es mir nicht mehr vorwiegend um die Zeit, die in der Liste aufgenommen wird, sondern um diejenige, die auf der Liste neu entsteht. Es geht mir um die wechselseitige Erzeugung von Atmosphären und Gegenwärtigkeitserfahrung.

Wenn *Nico Chuu* beschreiben, was *Nico Nico Douga* für sie ist, vergleichen sie *Nico Nico Douga* oft mit *Nichanneru*, oder kurz *2ch*. In der Entstehung von *Nico Nico Douga* hatte *2ch* die Rolle eines Inkubators, inzwischen ist *2ch* eher ein Gegenmodell. *2ch* ist ein Netz-Forum, das im Jahr 1999 von der japanischen Internet-Legende *Harayuki* gegründet wurde (Katayama 2008). In Ostasien, vor allem in China und Japan, haben solche Foren eine ungleich wichtigere Bedeutung als im Westen. Sie haben weit höhere Nutzerzahlen und Nutzungsfrequenz und oft sind sie als Ganzes nicht an ein bestimmtes Thema angebunden. Ihre Struktur ist aber weitgehend die gleiche wie diejenige westlicher Netzforen. *2ch* besteht also aus mit Beiträgen gefüllten *thread*-Listen, die dann wiederum in *board*-Listen zusammengefasst werden, und alle *boards* ergeben in einer dritten Liste das Forum. *Threads* wie *boards* nützen das Ordnungsprinzip des Stapelns und ordnen Informationen nach

Aktualität. Innerhalb der *board*-Liste bezieht sich das Ordnungskriterium der Aktualität allerdings nicht auf den Moment der Erschaffung des *threads*, sondern auf dessen interne Aktivität. Sprich: Wenn ein neuer Beitrag in einem *thread* verfasst wird, führt dies zu einer neuen Platzierung dieses *threads* im *board* (diesen Vorgang nennt man für gewöhnlich „*bump*"). Wenn ein *thread* tausend Beiträge umfasst, wird er geschlossen. Auch die Anzahl der *threads* auf einem *board* ist begrenzt.

Wieder haben wir also ein Beispiel vor uns, in dem eine Listen-Assemblage durch die Kombination, Begrenzung und die innere Anordnung verschiedener Listen Zeit in sich aufnimmt (in diesem Fall aber, wie auch auf *Youtube*, nur die kalendarische) und neue Zeit erzeugt: Vergangenheit und, wichtiger, Aktualität. Dies alles verband sich vor allem in den frühen Jahren auf manchen *threads* von *2ch* mit einer dritten Form der Zeitlichkeit. Jahre vor der Entstehung *Nico Nico Dougas* fanden sich auf *2ch* während der Fernsehübertragung beliebter Anime-Serien Fans in *threads* zusammen und kommentierten das Geschehen zeitgleich mit der Fernsehübertragung. Die Sozialität und Aktualität von *2ch* verband sich mit der synchronen Zeitlichkeit des Fernsehens. Kommentare reagierten in kalendarischer Realzeit, die mit der Video-Zeit der Fernsehübertragung synchronisiert war, auf das Geschehen auf dem Bildschirm. Es kam zu einem paradoxen Effekt. Gerade aus der Anbindung an das synchrone Geschehen entstand eine Verzögerung. Sobald sich eine Atmosphäre aufzubauen begann, war das Geschehen auf dem Bildschirm schon weiter fortgeschritten. So schnell auch die Reaktionen waren, so hinkten sie doch gerade wegen der Synchronizität immer hinter der Fernseh-Zeit hinterher. Das Publikum konnte sich als Kollektiv nicht auf die gleiche Zeithöhe wie das Geschehen im Fernsehen bringen. Gleichzeitigkeit verhinderte Gleichzeitigkeit.[7]

Es brauchte also eine komplexere Form der Liste, um das Publikum auch als Kollektiv auf die gleiche Zeithöhe mit dem, was es kommentiert, zu bringen. *Nico Nico Dougas* Kommentarlisten sind von dieser komplexeren Natur. Als die Macher von *Nico Nico Douga* sich im Jahr 2005 daran machen, *Nico Nico Douga* zu entwickeln, hatten sie genau dies im Auge. *Nico Nico Douga* wurde von der Firma *Dwango* entwickelt, die mit Inhalten für das japanische Mobilfunknetz, das sehr viel früher als im Westen Internetzugang gewährte, viel Geld verdient hatte (Sasaki 2009). Die Ursprungsidee der zu diesem Zweck gegründeten Tochterfirma *Niwango* war es, Live-Atmosphären für Musikvideos auf Mobiltelefonen zu ermöglichen und sie dadurch attraktiver zu machen. *Nico Nico Douga* wurde in den darauf folgenden Jahren zwar in anderer Weise erfolgreich – es ist nicht nur auf Mobiltelefonen, sondern auch auf PCs und Laptops erfolgreich, und die Videos bestehen nur zu einem geringen Teil aus Musikvideos –, doch die Ursprungsidee blieb erhalten. Und sie ging auf: Die *Nico Chuu* sagen, dass Fernsehen oder *Youtube* sich für sie „tot" anfühlen. Sie sind „tot", weil die *Nico Chuu* sie nicht „live" empfinden.

Offensichtlich stehen wir hier vor einem anderen und alternativen Verständnis dessen, was als „live" definiert wird. Im Rahmen des Fernsehens verweist Liveness auf die Synchronizität von dargestelltem Ereignis und dessen Konsumption durch ein Publikum vor unzähligen Fernsehgeräten; eine mit dem Radio möglich gewordene, neue Form der Medialität (Bourdon 2000) und zugleich eine Ideologie der Authentizität, Unmittelbarkeit und Wahrheit (Feuer 1983). Die Liveness auf *Nico Nico Douga* ist aber etwas ganz anderes als die Liveness einer Live-Übertragung. Sie ist auch etwas anderes als die Liveness der Interaktivität, die Tara McPherson (2006) für frühere Formen des Netzes und Nick Couldry (2004) für das Mobiltelefon herausgearbeitet haben; etwas anderes als die Co-Präsenz in einer Aufführung; etwas anderes als die partielle Ungeplantheit, wie sie beispielsweise die Live-Improvisation in einem Jazz-Konzert aufweist (Auslander 2008). *Nico Nico Douga* nimmt Elemente all dieser Formen der Liveness in sich auf, verwandelt sie aber in etwas gänzlich Neues: Der japanische Medientheoretiker Satoshi Hamono (2008a, 2008b) hat diese Erfahrung in einem frühen Aufsatz der in Japan entstehenden *Nico-Nico-Dougalogie* als „Pseudo-Synchronizität" bezeichnet. Obwohl die Kommentare nicht synchron eingegeben werden, und auch nicht in kurzer Zeitversetzung, wie zum Beispiel in einem Chat, erzeugen sie doch ein Gefühl der Synchronizität. Das Ineinander der Zeitbewegungen auf den Kommentarlisten ermöglicht einen frei schwebenden Moment der kollektiven Präsenz, des gemeinsamen Schauens und Reagierens in einem sozialen Hier und Jetzt.

Dass es sich dabei um eine ganz eigenständige Form der Liveness handelt, wurde mir noch einmal bestätigt, als ich im Jahr 2009, ein Jahr nach der ursprünglichen Feldforschung, einige *Nico Chuu* traf, die ich im Jahr zuvor kennengelernt hatte. *Nico Nico Douga* war inzwischen noch erfolgreicher und hatte auch eine Reihe zusätzlicher Funktionen hinzugewonnen. Eine davon war die Möglichkeit, die gewohnte Form des Kommentierens auch auf nutzergenerierte Live-Streams zu übertragen. Man sollte nun denken, dass diese doppelte Liveness den Effekt von *Nico Nico Douga* weiter verstärken würde und in der Tat waren die Livestreams vor allem unter den neu hinzugekommenen und oftmals auch jüngeren *Nico Chuu* sehr populär. Die ältere Generation der *Nico Chuu* allerdings beklagte diese Entwicklung. Der Grund war nicht nur die Nostalgie der Pioniere. Sie hatten hierfür auch ein interessantes Argument. In den Livestreams müssen Kommentare direkt und synchron mit dem Geschehen eingegeben werden – ganz so, wie dies bereits in der Praxis des mit der Fernsehübertragung synchronisierten Kommentierens auf *2ch* der Fall war. Die fehlende Zeitversetzung auf den Livestreams, so die ältere Generation der *Nico Chuu*, bewirke allerdings, dass sich die Kommentare seltener zu gemeinsamen Atmosphären verbinden würden. Ganz seien sie nicht verschwunden, aber deren Fragmente seien weniger komplex und raffiniert. Die mit Kommentaren versehenen Livestreams seien daher weniger live als die archivierten Videos mit ihren schrittweise in Zeitversetzung aufgebauten und daher kollektiveren und semantisch raffinierteren Atmosphären.

Es ist daher sicher nicht übertrieben, die wechselseitige Verstärkung von semantisch aufgeladenen Atmosphären und einer asynchronen und sozialen Gegenwartserfahrung als eine eigenständige und neue Formation der Mediennutzung (Schneider & Epping-Jäger 2008) zu sehen. Die Atmosphären ermöglichen es den *Nico Chuu*, mit einer Stimme zu sprechen. Sie betreten hierzu aber nicht die Bühne, sondern bleiben sozusagen gemeinsam im Zuschauerraum. Sie bleiben Publikum, aber sprechen als Publikum zurück. Es handelt sich hier um eine Konstellation, die bereits von den ersten Theoretikern der elektronischen Liveness, also den Theoretikern des Radios, ersehnt wurde: In den 1920er Jahren kam es zu ausgiebigen Spekulationen darüber, was das Radio vermögen könnte (Schneider 1984; Schrage 2001), wäre es nicht so beschaffen, wie es ist. Legendärerweise erfand Brecht (1975) dabei das Internet: Jeder kann senden. *Nico Nico Douga* verwirklicht im Internet aber eine andere Utopie, die eher auf die Fragmente der Benjaminschen Radiotheorie (1972a) zurückgeführt werden kann: Die Masse spricht und fragt und kann also solche Dinge ausdrücken, die kein Einzelner sagen kann. Sie kommt zu ihrer Verwirklichung aber nicht, wie Benjamin es sich erträumte, durch die Live-Übertragung, sondern durch eine alternative Form der Liveness, in der die kollektive Stimme des Publikums mit dem Video auf Augenhöhe tritt.

Zusammenfassung

Der Informatiker Ivan Havel schlägt in seinem kurzen Aufsatz „Time in Lists and Lists in Time" (2009: 17) vor, zwei Arten der „temporal nature of lists" zu unterscheiden: Zum einen deren „intrinsic reference to time", zum anderen „the dynamics of lists as evolving objects". Letztere Form der Zeitlichkeit, also die Dynamik des werdenden Objekts, scheint zunächst die spannendere zu sein und tritt daher in der Literatur zu Listen oft in den Vordergrund. *Nico Nico Douga* zeigt, dass es Sinn macht, konsequent beide der von Havel genannten Seiten zu analysieren und in den Zusammenhang zu stellen. Listen beinhalten dabei unterschiedliche Ausmaße intrinsischer Referenzen auf Zeit. Wo sie aber gegeben sind, sind sie oft wichtig. Die dabei aufgenommene und verwaltete Zeit kann dabei aus mehreren der Liste internen oder externen Quellen entstammen, sich auf unterschiedliche Zeitsysteme (kalendarische Zeit und Video-Zeit sind zwei) beziehen, unterschiedlich repräsentiert oder auch versteckt werden und in Eintritts-, Austritts, Ordnungs- und Formkriterien überführt werden. Und all diese Quellen, Formen, Repräsentationen und Orte können sich verbinden, überlappen, aber auch widersprechen.

Gemeinsam ermöglichen solche bewussten oder unbewussten Entscheidungen im Listendesign oft eine dritte Form der Zeit, die erst auf der Liste entsteht. Im Fall der Kommentarlisten *Nico Nico Dougas* ist dies eine sozial basierte Gegenwärtigkeitserfahrung. Sie steht in engem Zusammenhang mit dem auf der Liste entstehenden partiellen Ganzen, das hier aber nicht, wie für andere Listen oft beschrieben, zu Abstraktionen führt, sondern zu affirmativen Atmosphären. Der frei schwebende Moment der kollektiven Präsenz entsteht für die *Nico Chuu* also aus den aus Kommentaren geborenen Atmosphären, und gleichzeitig beziehen die Atmosphären ihre besondere Kraft aus der Erfahrung der sozialen Gegenwärtigkeit. Es handelt sich dabei um ein sehr spezifisches und tief in japanischen kulturellen Voraussetzungen verwurzeltes Phänomen, das aber durch das Listendesign neu verstärkt und neu ausgerichtet wird. Verallgemeinern lässt sich aber, dass auf vielen Listen im Netz Zeit und Kollektivität entstehen und sich verbinden. Auf *Nico Nico Dougas* Kommentarlisten zurückbezogen ist das Resultat dieses Wechselverhältnisses eine neue mediale Konstellation: Das Publikum spricht als Publikum, also als Kollektiv zurück, und zwar nicht mehr nur mit der dünnen, quantitativen Stimme der Aufsummierung der Entscheidungen am Einschaltknopf, sondern mit der vollen Stimme semantisch aufgeladener, verschriftlichter und oftmals affirmativer Atmosphären auf Listen.

Dabei habe ich hier nur einen Teil dessen beschrieben, was Listen auf *Nico Nico Douga* machen. Den Aufsatz gesprengt hätte eine Analyse der Schlagwortlisten, die auf *Nico Nico Douga* ebenso komplex und wichtig sind wie die Kommentarlisten. Nur soviel: Sie sind quantitativ begrenzt, beruhen auf gezielter und nutzergenerierter Löschung, füllen dadurch Schlagworte mit anderer Zeitlichkeit, Intensität und Bedeutung (Ito 2007), machen Schlagworte in „Schlagwortkriegen" so populär, dass sie die Produktion nutzergenerierter Videos stimulieren, sind daher ein Mittel der Genregenese in Hochgeschwindigkeit und erzeugen zugleich eine Affirmationsdemokratie, die das, was sich auf den Kommentarlisten abspielt, auf ebenso hohem Niveau komplementiert. Ranglisten haben auf *Nico Nico Douga* ebenfalls eine besondere Form und wichtige Rolle: Die ihnen inne wohnenden Geschwindigkeiten und Rhythmen betten die Praxen der *Nico Chuu* in ihren Alltag und in Kommunikationsstrukturen ein und tragen ebenfalls entscheidend zur Entstehung von Neuem bei. Auch wenn ich all dies hier nicht genauer darstellen kann, sei zumindest festgehalten, dass in all diesen Fällen, also nicht nur auf den Kommentarlisten, sondern auch auf den Rang- und Schlagwortlisten die Verbindung von Listendesign und Zeit zu besonders intensiven Formen der Kollektivität führt, und zwar zu solchen, die offline so nicht möglich wären. Selbst die Analyse von *Nico Nico Douga* ist also in diesem Aufsatz erst angerissen. Weitet man dann den Blick von *Nico Nico Douga* auf die überbordende Pluralität alter und neuer Listenformen im Netz, wird deutlich, dass die Wissenschaft der Listen noch viel zu tun hat, will sie die unendliche Klugheit der Listen verstehen.

Anmerkungen

1 Stellvertretend zur reichhaltigen Literatur zu Otakus sei Manfé (2005) genannt.
2 Der Stand des Materials ist im Fall von *Nico Nico Douga* Sommer 2008 (http://www.nicovideo.jp/) und im Fall von *Youtube* Herbst 2010. Inzwischen (Stand: Ende 2010) haben sich einige Eigenschaften der Kommentarliste Nico Nico Dougas leicht modifiziert. Um die Analyse nicht weiter zu verkomplizieren, habe ich diese Modifikation dort, wo nicht weiter ausgewiesen, nicht berücksichtigt. Den Stand 2008 habe ich gewählt, weil zu diesem Zeitpunkt der größte Teil der ethnographischen Feldforschung in Japan stattfand. Mehr zu den Details der Feldforschung finden sich in dem in diesem Zeitraum abgefassten Forschungsblog, zusammengefasst unter http://www.gold.ac.uk/media-research-centre/project2/project2-outputs/.
3 Stabil bleibt lediglich eine einzige Art des Kommentars: Die Kommentare des Hochladenden werden sowohl in einem gesonderten Fenster oberhalb des Videos als auch, in eher seltenen Fällen, in statischer Form im Video-Fenster gezeigt.
4 Neben dieser waagerechten Liste mit senkrechten Elementen gibt es auf *Nico Nico Douga* auch noch eine weitere Kommentarliste, die die gleichen Kommentare rechts neben dem Video als ein Teil eines Registermenus noch einmal neu reproduziert. Diese Liste hat die Form eines flexiblen Datensatzes: Sie kann per Mausklick nach verschiedenen Kriterien angeordnet werden – man denke an die Listen von itunes. Auf Default gesetzt ist hier die Aktualität, zugleich wird die Video-Zeit links, das heißt privilegiert, repräsentiert. Diese tabellarisch flexible Liste ist allerdings nur eine sekundäre Form der Repräsentation. Ich habe sie daher in dieser Analyse ausgeklammert.
5 Ein weiteres Beispiel für die bewusste Zurücknahme der Aufeinanderbezogenheit von Kommentaren findet sich in der Platzierung nach der Eingabe: Wenn wir den Kommentar während eines *Danmakus* eingeben, wird die Möglichkeit, den Platz selbst festzulegen, blockiert, und der Kommentar findet sich immer an einem durch das System festgelegten Ort wieder. In einem *Danmaku* überlappen sich trotz der vertikalen Begrenzung oft mehrere Kommentare. Manuelle Platzierung würde also ermöglichen, andere Kommentare gezielt zu überdecken, da es keinen Platz zum automatischen Ausweichen mehr gibt.
6 Die Programmierer sahen allerdings das Problem, dass durch diesen Effekt *Danmakus* zu schnell destabilisiert werden. Im Jahr 2010 verfeinerten sie daher den Algorithmus. An die Stelle der Begrenzung auf, zum Beispiel, 500 Kommentare in einem fünf Minuten langen Video treten fünf jeweils eine Minute lange Video-Zeitsegmente, die jeweils ein Maximum von 100 Kommentaren erlauben. Auf diese Weise wird das Kollabierens eines *Danmakus* unwahrscheinlicher gemacht, denn die „Saugkraft" kommt nun nicht mehr aus dem gesamten Video, sondern nur noch aus einem Video-Segment – ein wichtiger Hinweis dafür, für wie wichtig und schützenswert *Danmakus* angesehen werden, die für ein ungeübtes Auge als besonders unattraktiv erscheinen (denn hier ist das Geschehen im Video von Kommentaren weitgehend überdeckt). Aus listentheoretischer Sicht ist diese Modifikation eine Herausforderung. Die Begrenzung der Länge der Liste wird in Begrenzungen einzelner Listensegmente überführt. Die Schließung der Länge pluralisiert sich also, und zwar entlang des Kriteriums der Video-Zeit.
7 Dies wiederum hat Vorläufer in den japanischen Bulletin Board Systems (z. B. Nifty) der frühen 1990er Jahren, dort dann freilich auf technisch versierte Anime-Fans beschränkt, die synchronisiert Video-Kassetten abspielten und gleichzeitig in diesen frühen Foren eine Art „Chat" betrieben, wo sie gemeinsam für ihre Lieblings-Charaktere schwärmten. In der Gegenwart finden sich verwandte Praxen bei besonders herausgehobenen Ereignissen manchmal auch auf Twitter oder in sozialen Netzwerken (im Westen vor allem Facebook, Mixi oder Ameba in Japan).

Literatur

Adam, Alison (2008): Lists. In: Fuller (2008): 174-178
Auslander, Philip (2008): Liveness. Performance in a Mediatized Culture. London, New York: Routledge
Benjamin, Walter (1972a): Zweierlei Volkstümlichkeit. Grundsätzliches zu einem Hörspiel. In: Benjamin (1972b): 670-672
Benjamin, Walter (1972b): Gesammelte Schriften. Bd. 4,2. Frankfurt am Main: Suhrkamp
Böhme, Gernot (1995): Atmosphäre. Essays zur neuen Ästhetik. Frankfurt am Main: Suhrkamp
Bowker, Geoffrey/Leigh Star, Susan (1999): Sorting Things Out. Classification and Its Consequences. Cambridge, MA: MIT Press
Bourdon, Jérôme (2000): Live Television is still alive. On Television as an Unfulfilled Promise. In: Media, Culture & Society 22(5). 531–556
Brecht, Bertolt (1975): Rede über die Funktion des Rundfunks. In: Hay (1975): 301-308
Collins, Randall (2004): Interaction Ritual Chains. Princeton: Princeton University Press
Couldry, Nick (2004): Liveness, "Reality", and the Mediated Habitus from Television to the Mobile Phone. In: Communication Review 7. 353-361
Doležalova, Lucie (2009a): The Potential and Limitations of Studying Lists. Introduction. In: Doležalova (2009b): 1-8
Doležalova, Lucie (Hrsg.) (2009b): The Charm of a List: From the Sumerians to Computerised Data Processing. Newcastle: Cambridge Scholars Publishing
Eco, Umberto (2009): Die unendliche Liste. München: Hanser
Feuer, Jane (1983): The Concept of Live-Television: Ontology as Ideology. In: Kaplan (1983): 12-22
Fuller, Matthew (Hrsg.) (2008): Software Studies. A Lexicon. Cambridge, MA: MIT Press
Gass, William (1985): Habitiations of the Word. New York: Simon and Schuster:
Goody, Jack (1977): The Domestication of the Savage Mind. Cambridge: Cambridge University Press
Hamano, Satoshi (2008a): Ākitekucha no seitaikei. Tokio: NTT Publishing
Hamano, Satoshi (2008b): Nico Nico Douga no seiseiryoku. In: Shisōchizu 2. 36-45
Havel, Ivan M. (2009): Time in Lists and Lists in Time. In: Doležalova (2009b): 9-11
Hay, Gerhard (Hrsg.) (1975): Literatur und Rundfunk 1923-1933. Hildesheim: Gerstenberg
Hilgert, Markus (2009): Von ‚Listenwissenschaft' und ‚epistemischen Dingen'. Konzeptuelle Annäherungen an altorientalische Wissenspraktiken. In: J Gen Philos Sci 40. 277–309
Hui Kyong Chun, Wendy/Keenan, Thomas (Hrsg.) (2006): New Media, Old Media: A History and Theory Reader. New York: Routledge
Ito, Youichi (2003) The Influence of Historical Experiences on the Japanese Political Communication Research. In: Keio Communication Review 25. 2-17
Ito, Kiyonobu (2007): The Character Extraction of Tag Co-occurring Networks on Nicovideo. Vortrag auf der Konferenz der Japanese Society for Artificial Intelligence.
Jullien, Francois (Hrsg.) (2004): Die Kunst, Listen zu erstellen. Berlin: Merve
Kaplan, Ann E. (Hrsg.) (1983): Regarding Television: Critical Approaches - An Anthology. Los Angeles: American Film Institute
Katayama, Lisa (2008): Meet Hiroyuki Nishimura, the Bad Boy of the Japanese Internet. In: Wired 16/06. 18-23
Knorr-Cetina, Karin (2001): Objectual Practice. In: Schatzki et. al. (2001): 175–188
Law, John/Mol, Annemarie (2002a): Complexities. An Introduction. In: Law/Mol (2002b): 1-22
Law, John/Mol, Annemarie (Hrsg.) (2002b): Complexitites. Social Studies of Knowledge Practices. Durham NC: Duke University Press
Lury, Celia/Wakeford, Nina (Hrsg.) (2012): Inventive Methods: The Happening of the Social. London: Routledge
Manfé, Michael (2005): Otakismus. Mediale Subkultur und neue Lebensform - eine Spurensuche. Bielefeld: transcript

McPherson, Tara (2006): Reload: Liveness, Mobility and the Web. In: Hui Kyong Chun/Keenan (2006): 199-208
Phillips, Andrea (2012): List. In: Lury/Wakeford (2012): 96-109
Rheinberger, Hans-Jörg (2006): Experimentalsysteme und epistemische Dinge. Eine Geschichte der Proteinsynthese im Reagenzglas. Frankfurt am Main: Suhrkamp
Schatzki, Theodore/Knorr Cetina, Karin/Von Savigny, Elke (Hrsg.) (2001): The Practice Turn in Contemporary Theory. New York: Routledge
Schmitz, Hermann (2009): Kurze Einführung in die neue Phänomenologie. München: Karl Alber
Schrage, Dominik (2001): Psychotechnik und Radiophonie. Subjektkonstruktionen in artifiziellen Wirklichkeiten 1918-1932. München: Fink
Schneider, Irmela (1984): Radio-Kultur in der Weimarer Republik. Eine Dokumentation. Tübingen: Narr
Schneider, Irmela/Epping-Jäger, Cornelia (Hrsg.) (2008): Formationen der Mediennutzung III. Dispositive Ordnungen im Umbau. Bielefeld: transcript
Shichihei, Yamomoto (1977): „Kuki" no kenkyu. Tokyo: Bungei Shunju
Spufford, Francis (1989): Cabbages and Kings. The Chatto and Windus Book of Literary Lists. London: Chatto and Windus
Sloterdijk, Peter (2002): Luftbeben. An den Wurzeln des Terrors. Frankfurt am Main: Suhrkamp
Te Heesen, Anke (2008): Die Einkaufsliste. In: te Heesen et al. (2008): 137-141
Te Heesen, Anke/Tschofen, Bernhard/Wiegmann, Karlheinz (Hrsg.) (2008): Wortschatz. Vom Sammeln und Finden der Wörter. Tübingen: Stadt Tübingen
Toshinao Sasaki (2009): Nico Nico Douga ga Mirai wo Tsukuru. Dwango Monogatari. Tokyo: Ascii Media Works
Von Soden, Wolfram (1936): Leistung und Grenze sumerischer und babylonischer Wissenschaft. Die Welt als Geschichte. In: Zeitschrift für universalgeschichtliche Forschung 2: 411–464 und 509–557 (Schluss)
Watson, James/Hill, Anne (2000): Dictionary of Media & Communication Studies. London: Arnold
Wier, Allan (Hrsg.) (1985): Voicelust. Eight Contemporary Writers on Style. Lincoln: University of Nebraska Press

III. Messungen und Kopplungen

Partnerwahl als Praxis reziproker Klassifikation
Das Beispiel dyadischer Interaktionen auf einem Online-Partnermarkt[1]

Andreas Schmitz

Einleitung

Mit der zunehmenden Bedeutung, die das „Social Web" für die alltägliche Lebenswelt der Menschen gewinnt, entstehen für die sozialwissenschaftliche Forschung neuartige Möglichkeiten der Beobachtung von Handlungen und Interaktionen. So erlaubt es die Untersuchung von Log-File-Daten, wie automatisierte Protokollierungen digitaler Ereignisse bezeichnet werden, Interaktionen oder soziale Netzwerke in ihrer soziostrukturellen Zusammensetzung abzubilden. Insofern (Inter-) Aktionen im Netz nicht unabhängig von materiellen Handlungsvoraussetzungen stattfinden, stellen sie für eine soziologische Klassenanalyse ein vielversprechendes Forschungsfeld dar. Die vorliegende Arbeit widmet sich diesen neuen Möglichkeiten einer beobachtungsbasierten Klassenanalyse in Anschluss an Bourdieus Überlegungen zur assortativen Paarbildung.

Bourdieu zeigte, wie subjektive Geschmäcker mit objektiven Ensembles von Opportunitäten und Restriktionen korrespondieren und wie diese (Dis-)Positionen in der Praxis die Struktur dieser Ensembles verändern und reproduzieren. Mit dem Begriff des Habitus synthetisierte Bourdieu Geschmäcker, Praktiken und Machtressourcen, sowie deren Träger, die Akteure, gleichsam zu „Klassen auf dem Papier". Diese Habitus stellen in mehrfacher Hinsicht Gegenstand wie Ausgangspunkt von Klassifikationsprozessen dar. Die Aufgabe des Forschers ist es, diese Prozesse und ihre Resultate zu ordnen und zu verdichten, sie mithin selbst zu klassifizieren.

Der Geschmack von Personen für Personen stellt ein besonderes Beispiel von mit generativer Praxis mannigfaltig verwobenen Klassifikationsprozessen dar, deren Untersuchung spezifische Daten und Modellierungsstrategien voraussetzt. So benötigt die empirische Sozialwissenschaft Daten, die den Prozess der Paarbildung in seiner Reziprozität abbilden. Das Online-Dating-Design stellt ein neues empirisches Setting für die Beobachtung der Formation menschlicher Partnerschaften dar, das diesem methodologischen Postulat gerecht wird. Dem reziproken Charakter der menschlichen Partnerwahl kann auf Grundlage digitaler Aufzeichnungen dyadischer Interaktionen in Echtzeit auf neuartige Weise Rechnung getragen werden. Doch mit dem Beschreiten dieses neuartigen Untersuchungskontextes entstehen auch neue methodische Herausforderungen. Denn es wird eine Methode zur Handhabung derartiger relationaler Daten benötigt, wenn entstehende Paarkonstellationen beschrieben werden sollen. Die bislang in der Online-Dating-Forschung übersehene methodische Herausforderung besteht insbesondere darin, wie der reziproke Charakter der zwischengeschlechtlichen Interaktionen komplexitätsreduzierend abgebildet werden kann.

Dieses Papier diskutiert den Prozess der zwischengeschlechtlichen Paarbildung in Anlehnung an Bourdieus relationaler Methodologie als Phänomen der Klassifizierung von sich gegenseitig klassifizierenden Akteuren. Nach einer kritischen Diskussion seiner Perspektive auf Prozesse der Paarformation und methodologischen Implikationen wird ein einfaches empirisches Anwendungsbeispiel der klassifizierenden Konstruktion assortativer Paarbildung vorgestellt. An diesem Beispiel lässt sich der Prozess einer „reziproken Entmischung" aufzeigen, einem Prozess in dessen Verlauf sich sowohl Ähnlichkeiten als auch Unähnlichkeiten zwischen den Dyadenmitgliedern verstetigen. Dieses Beispiel zeigt, dass durch die mannigfaltigen Informationen, wie sie Social-Web-Angebote bereitstellen, Klassifikationen sozialer Beziehungen auf neuartige Weise vorgenommen werden können.

Paarformation als geschmacksbasierte Klassifikationspraxis

Pierre Bourdieu führte Handlungen und Interaktionen zurück auf relationale Unterschiede zwischen Akteuren und deren Praktiken, die er mit dem Begriff des Sozialraums beschrieb. Der Gedanke einer mehrdimensionalen, sozialräumlichen Voraussetzung der Paarkonstitution ist nicht neu in der Partnerwahlforschung. So formulierte bereits Blau (1978a) mit seinem „Blau-Space" einen analytischen Raum, der sich über a priori als relevant definierte Achsen (wie z.B. Bildungsjahre, Berufsprestige etc.) konstruieren lässt. Dies ermöglicht Vorhersagen der Begegnungs- und Verständigungswahrscheinlichkeit, nach dem Prinzip von Nähe und Distanz im Raum. Demgegenüber stellt eine Position in Pierre Bourdieus Sozialraumkonzept eine latente Handlungsvorausetzung dar, die sich in einem Habitus niederschlägt. Sozialraum und Habitus müssen zunächst über Gegensatzbeziehungen beschrieben und diese mit Hilfe des Kapitalkonzeptes empirisch konstruiert werden. Die Ausstattung mit Kapitalia, den jeweils relevanten Machtmitteln und Gegensatzbeziehungen in einem Raum, bedingt die habituelle Praxis eines Akteurs ebenso wie dessen Anerkennung und Wahrnehmung durch Andere, von Bourdieu als symbolisches Kapital konzeptualisiert.

Partnerschaftliche Dispositionen sowie objektive Begegnungs- und Verbleibschancen zweier Akteure lassen sich nun mit Hilfe dieses Sozialraummodells untersuchen (vgl. Bourdieu 1998: 28). Das Modell beschreibt die Unterschiedlichkeit von Geschmäckern und Praktiken des Wählens als Funktion unterschiedlicher sozialer Klassenlagen, vermittelt über einen Habitus. Der Habitus, die vermittelnde Instanz von gesellschaftlicher Position und individueller Praxis spielt eine entscheidende Rolle für den Prozess der Paarbildung. Bereits die Begegnungswahrscheinlichkeit von Akteuren ist sozialräumlich bedingt, sie ist umso höher, je näher sich diese im sozialen Raum zueinander befinden, d.h. je ähnlicher sie sich hinsichtlich ihrer Kapitalausstattung und dem damit korrespondierenden Habitus sind. Und auch wenn eine unwahrscheinliche Begegnung realisiert wird, senkt die Unterschiedlichkeit der sozialen Vorrausetzungen und Lebensführung die Wahrscheinlichkeit der Entstehung und Institutionalisierung einer Paarbeziehung (vgl. Bourdieu 1989: 24). Mit einer Position im Sozialraum ist ein Sinn für die eigene Stellung verknüpft, der sich in der Wahrnehmung anderer Menschen manifestiert, und die Interaktionsbereitschaft bestimmt:

> This sense of one´s place is at the same time a sense of the place of others, and, together with the affinities of habitus experienced in the form of personal attraction or revulsion, is at the root of all processes of cooptation, friendship, love, association, etc., and thereby provides the principle of all durable alliances and connections, including legally sanctioned relationships (Bourdieu 1987a: 5).

In Bourdieus Sozialraummodell stellt der Geschmack einen praktischen Ausdruck des Habitus dar. Eine mangelnde Kompatibilität der Geschmäcker erschwert den sozialen Umgang und geht einher mit geringem wechselseitigem Interesse. Der Geschmack für einen Partner beschreibt damit nicht nur den sozialräumlichen Entstehungskontext partnerschaftlicher Präferenzen, sondern er „paart die Dinge und Menschen, die zueinander passen" und „macht sie einander verwandt" (Bourdieu 1987b: 374).

Bourdieu weist in diesem Zusammenhang den Lebensstilen, als zentrale Indikatoren für Geschmack, eine besondere Wirkmächtigkeit für die assortative Paarformation zu. Geschmack und Lebensstil eines Akteurs bedingen eine erhebliche Selektivität in potentiellen Begegnungskontexten, man denke hierbei nur an unterschiedliche Formen der Freizeitgestaltung und Foki (Feld 1981). Die Wirkmacht des Geschmacks beschränkt sich keineswegs in der Suche von Gemeinsamkeiten, sondern schlägt sich auch und insbesondere in der gemeinsamen Abgrenzung gegenüber alternativen Lebensstilen nieder.

> Vermutlich stellt die Aversion gegen andere unterschiedliche Lebensstile eine der stärksten Klassenschranken dar - die Homogamie bezeugt es (Bourdieu 1987b: 105).

Geschmack und Stil kommen auch darin zum Tragen, auf welche Art und Weise die Partnerwahl in der Praxis vorgenommen wird und wie die unterschiedlichen, sozial geteilten Praktiken von potentiellen Partnern bewertet und beantwortet werden. So lassen sich auch Flirtrituale sozialräumlich unterscheiden. Das Interesse am Partner wird im Zuge des Kennenlernprozesses zunächst selten in Form expliziter Benennungen romantischer oder sexueller Absichten erfolgen, da es die eigene strategische Position schwächt. Vielmehr drehen sich Gespräche eher um Dinge des Alltags, wie Hobbys, Arbeit, etc. Dies bietet jedoch Möglichkeiten, den Anderen, dessen Lebensstil und seine Kompatibilität, zu erkunden. Zum Wesen des Flirts gehört es etwa, durch humoreske Doppeldeutigkeiten, eine stete Ambivalenz aufrechtzuerhalten und ein zunächst lediglich „hinreichendes Interesse" (vgl. Blau 1974) zu zeigen. Sowohl das Verständnis von Humor als auch von dem, was als hinreichendes Interesse verstanden wird, korrespondieren mit jeweiligen Lebensstilen und Milieus (vgl. Kuipers 2006). Als Stilfrage kann auch der Umgang mit der zeitlichen Ambiguität beim Flirten gedeutet werden. Elemente aus unterschiedlichen möglichen Zukunftsszenarien werden in den frühen Phasen des Kennenlernens praktiziert, wodurch die Interaktionspartner die „Ästhetik der Zukunft" erfahren, wie Tavory (2009) es nennt. Über solche geschmacksbasierten Mechanismen finden gemäß Bourdieus Überlegungen insbesondere Akteure mit ähnlichen Handlungsvorrausetzungen und Merkmalen zusammen und (re)produzieren somit durch ihre Praxis den sozialen Raum. Sozialräumliche Nähe zwischen Akteuren stellt damit für Bourdieu die notwendige Voraussetzung für das Entstehen und den Bestand einer Paarbeziehung dar. So wie Klassenstrukturen reproduzieren sich Paarkonstellationen über Praktiken der Auswahl ähnlicher Freunde, Ehepartner etc., diese Praktiken sind im Ergebnis zueinander homolog (vgl. Bourdieu 1987a).

Aus dieser relationalen Forschungsperspektive wird soziale Nähe und Distanz nicht zwischen a priori konstruierten Klassen, abgeleitet beispielsweise aus dem Blau-Space, untersucht. Eine relationale Soziologie begreift Assoziationen vielmehr als Resultat der klassifizierenden *Praxis* klassifizierter Akteure in einem gemeinsam sozialen Raum. Akteure, die durch ihre Position im Sozialraum klassifiziert sind, klassifizieren sich und andere durch ihre Handlungen und in ihren Interaktionen. Versteht man im Anschluss an Bourdieus Klassenkonzept den Prozess der Partnerschaftsformation aus der Perspektive der Habitus-/Feldtheorie, lässt sich der Konstitutionsprozess von Paarbeziehungen als reziproke Klassifikationspraxis verstehen. In diesem Prozess werden sowohl die Akteure, die Träger unterschiedlicher Merkmalskombinationen sind, als auch deren Eigenschaften über differenzierten und differenzierenden Geschmack klassifiziert und bewertet, denn

> Geschmack klassifiziert – nicht zuletzt den, der die Klassifikationen vornimmt. Die sozialen Subjekte, Klassifizierende, die sich durch ihre Klassifizierungen selbst klassifizieren, unterscheiden sich voneinander durch die Unterschiede, die sie zwischen schön und hässlich, fein und vulgär machen und in denen sich ihre Position in den objektiven Klassifizierungen ausdrückt oder verrät (Bourdieu 1987b: 25).

Und so schlägt sich die Auslebung des subjektiven Geschmacks objektiv nieder in einer Reproduktion objektiver Strukturen, etwa in Form homologer Beziehungen, differentieller Lebenschancen des Nachwuchses etc.

Theoretische Anmerkungen

Bourdieu befasste sich mit Prozessen der Paarformation eher am Rande und entwickelte keine „generelle Theorie ehelicher Tauschbeziehungen in differenzierten Gesellschaften" (Bourdieu 2008: 227). Es wundert daher wenig, dass wesentliche Einsichten der Partnerwahlforschung keinen *systematischen* Eingang in das Bourdieu'sche Sozialraummodell der Paarformation fanden. Vernachlässigt wurden insbesondere die *Interaktionsprozesse* potentieller Partner, deren mögliche *Heterogenität* und zugrunde liegende *Heterophilie* (also Unterschiedlichkeit und Disposition zur Unähnlichkeit), die *geschlechtsspezifische Dispositionen und geschlechtsspezifische Relevanz der partnermarktrelevanten Attribute* und hier insbesondere die *körperliche Attraktivität*.

Die für Prozesse der Paarformation zentrale Dimension der Interaktion wird bei Bourdieu zugunsten eines strukturalistischen Determinismus vernachlässigt. Bourdieu abstrahierte mit seiner habituellen Perspektive bewusst von einer jeweils kontingenten Begegnungs- und Klassifikationssituation, um einen „interaktionalen Fehlschluss" zu vermeiden, denn

> noch in die zufälligsten Interaktionen bringen die Interagierenden alle ihre Eigenschaften und Merkmale ein – und es ist die jeweilige Position innerhalb der sozialen Struktur (oder eines spezifischen Feldes), die die jeweilige Position im Rahmen der Interaktion determiniert (Bourdieu 1987b: 379).

Da der Strukturalismus seines Sozialraumkonzeptes Bourdieus Perspektive auf Interaktionen dominiert, findet sich in seinen Arbeiten keine explizite Diskussion von Prozessen wechselseitig aufeinander bezogener Handlungen und Wahrnehmungen, die in der Literatur zur Partnerwahltheorie demgegenüber einen wesentlichen Platz einnimmt (siehe z.B. Hill & Kopp 2008: 109). Die konzeptionelle Engführung schlägt sich insbesondere darin nieder, dass Geschmack nach Bourdieu den habituell bedingten Geschmack des Akteurs für ähnliche Lebensstile meint. Die habituelle Ähnlichkeit ist dabei durch die Ähnlichkeit hinsichtlich des Kapitalumfangs und der Kapitalstruktur bedingt. Diese Vorstellung von habitueller Ähnlichkeitsdisposition durch sozialräumliche ähnliche Positionen macht es zum Regelfall, dass der objektiven Distanz (der Unterschiedlichkeit hinsichtlich der Kapitalausstattung und Kapitalzusammensetzung) im Sozialraum die subjektive Distanz (die wahrgenommene Interaktionsbereitschaft) entspricht: Je ähnlicher die Kapitalausstattung zweier Akteure, desto ähnlicher deren Lebensstil und desto höher die Neigung eine Partnerschaft zu beginnen. Ungleiches Kapitalvolumen und Kapitalzusammensetzung machen die Aufnahme und Fortführung einer Beziehung unwahrscheinlich. Reziproke strategische Kalküle vor dem Hintergrund antizipierter Austauschrelationen, spätestens seit Peter Blau eine zentrale Perspektive auf die Paarformation, werden durch diese Interaktionsblindheit jedoch vernachlässigt oder auf sozialräumlich bestimmte Macht- und Ausbeutungsverhältnisse reduziert. Aus der Vernachlässigung von Interaktionen leitet sich somit sowohl eine Vernachlässigung gegenüber individuellen Unähnlichkeitsdispositionen, als auch resultierenden heterogenen Paarkonstellationen ab.

Die (lebensstilspezifische) Ähnlichkeitspaarbildung im sozialen Raum nimmt bei Bourdieu die Rolle eines impliziten „theoretischen Aprioris" ein (Bottero 2009: 404). Dieses Homophile-Axiom scheint auf der aggregierten Ebene des Sozialraums, insbesondere bei stabilen langfristigen Paarbeziehungen plausibel zu sein, auf der Ebene der frühen Begegnung stellt es jedoch eine starke Vereinfachung der Realität in ihrer empirischen Variabilität dar.[2] Bourdieus implizite Homophilie-Prämisse besagt, dass Akteure mit gleichem Kapitalumfang *und* Kapitalzusammensetzung (und damit gleichem symbolischen Kapital und Lebensstil) zusammenfinden und – bleiben. Damit wird die Relevanz von Austauschrelationen für die Entstehung von Paarbeziehungen und das Konzept der Gesamtattraktivität (Schoen & Wooldredge 1990: 352) verkannt. Bourdieu blendet dadurch insbesondere die mögliche wechselseitig zugeschriebene Äquivalenz zweier Akteure zugunsten einer manifesten (Lebensstil)-Gleichheit aus. Anstelle dessen werden sozialräumliche Voraussetzungen der dyadischen Begegnung und die von ihr ausgehenden, die Dyade transzendierenden sozialräumlichen Effekte betont. Eine orthodoxe Bourdieu-Interpretation würde deshalb den Konstitutionsprozess von Unähnlichkeit in Paarbeziehungen, wie etwa die (idealtypische) Konstellation eines unattraktiven, wohlhabenden Mannes und einer attraktiven Frau mit niedrigem ökonomischen Kapital, nicht ohne Weiteres fokussieren oder gar erklären können. Ein solches Beispiel für differentielle Assoziation würde marginalisiert oder als „krisenhaft" interpretiert werden. Die verbreitete Kritik an Bourdieus unzureichender Würdigung der Komplexität von Netzwerkstrukturen durch seinen Sozialkapitalbegriff (vgl. Häußling 2010: 68) ist so bereits auf der Ebene der dyadischen Begegnung angezeigt.

Eine offenkundige Bedeutung kommt in der (heterosexuellen) Partnerwahl dem *Geschlecht* zu. Erstens unterscheidet sich die Bedeutung von partnermarktrelevanten Eigenschaften für Frauen und Männer. Aus der Perspektive eines menschlichen Partnermarktes etwa stellt in unserer Gesellschaft Bildung eine zentrale Ressource für Männer und damit deren Chancen dar, für Frauen und deren Chancen am Markt hingegen stellt Bildung keine dermaßen entscheidende Eigenschaft dar. Eine augenfällige Ressource mit geschlechtsspezifischem Charakter stellt die körperliche Attraktivität dar. In relativer Unabhängigkeit von der Sozialstruktur erhöht körperliche Attraktivität die Chancen einen begehrten Partner zu finden, eine Überlegung, die aktuelle Forschungsarbeiten zu „erotischem Kapital" in loser Anlehnung an Bourdieu, motivierten (vgl. etwa Hakim 2010). Bourdieu selbst spricht in den feinen Unterschieden von „Körperkapital" in relativer Unabhängigkeit von der sozialen Struktur (vgl. Bourdieu 1987b: 329), ohne den Kapitalcharakter der körperlichen Attraktivität systematisch, das heißt in Abgrenzung zu anderen Kapitalsorten, herauszuarbeiten.

Zweitens sind auch partnerschaftliche Dispositionen geschlechtsspezifisch präformiert. So sind die Chancen des Mannes aufgrund seiner hohen Bildung dann überdurchschnittlich, wenn viele Frauen besonderen Wert auf diese legen. Und so schreibt Bourdieu selbst, dass die „Erziehung der Frau" sie darauf vorbereitet „anerkennend am Spiel der Illusio, der männlichen Konkurrenz teilzunehmen" (vgl. Bourdieu 1997: 190). Eine geschlechtsspezifische Strukturierung partnerschaftlicher Dispositionen ist insbesondere darauf zurückzuführen, dass Männer und Frauen unterschiedliche Sozialisationsbedingungen erfahren (in der Herkunftsfamilie, den sozialen Netzwerken im Alltag sowie im Ausbildungs- und Qualifikationsprozess) und unterschiedlichen Rollenerwartungen ausgesetzt sind. Vor allem die traditionell geprägte Segregation von Geschlechterrollen am Arbeitsmarkt und in der Familie kann unterschiedliche Partnervorstellungen von Männern und Frauen erklären, wie zahlreiche empirische Analysen zu geschlechtsspezifischen Partnerpräferenzen dokumentieren. Beispielsweise zeigte sich auf der Grundlage von Kontaktanzeigenstudien, dass Frauen im Vergleich zu Männern in ihren Angaben häufiger nach Partnern suchen, die finanzielle Sicherheit (Butler-Smith et al. 1998; Hirschman 1987; Harrison & Saeed 1977) und vorteilhafte statusrelevante Merkmale wie höhere Bildung oder berufliche Position (Hassebrauck 1990; Kaupp 1968) bieten und darüber hinaus älter sind als sie selbst (Harrison & Saeed 1977). Demgegenüber zeigten Männer eine deutliche Präferenz für jüngere Frauen (Campos et al. 2002; Cameron et al. 1977) und physisch attraktive Partnerinnen (z. B. Hirschman 1987).

Bourdieu weist zwar der für die heterosexuelle Paarformation zentralen Kategorie des Geschlechts, verschiedentlich einen hohen Stellenwert innerhalb des sozialen Raums und der sozialen Praxis zu, hat die Bedeutung der geschlechtlichen Dimension zwischenmenschlicher Interaktionen aber nicht systematisch behandelt. Frauen sieht er „auch heute in der Ökonomie der symbolischen Güter zuallererst als symbolische Objekte vertreten", als handelnde Subjekte in gegengeschlechtlichen Austauschbeziehungen werden diese damit gleichsam negiert (Bourdieu 1997: 210). Und so beklagt Döcker (1997: 355): Obwohl Bourdieu „immer wieder betont, dass sozialer Raum/Feld/Habitus/Praxis in ihrer geschlechtlichen und vergeschlechtlichen Dimension wahrgenommen und beschrieben werden müssten, lassen seine Forschungsarbeiten diesbezüglich mehr Fragen offen, als sie beantworten". Mit der Berücksichtigung geschlechtsspezifischer Dispositionen und Ressourcen wird aber gerade die Notwendigkeit einer Berücksichtigung geschlechtsspezifischer Unähnlichkeitsrelationen offenkundig. Denn die Konkurrenz auf einem Partnermarkt um begehrte Partner bzw. Attribute zwingt Männer und Frauen dazu, strategisch die eigenen Eigenschaften mit denen des potentiellen Partners zu vergleichen und vorteilhafte Merkmale gezielt einzusetzen, um weniger vorteilhafte Eigenschaften zu kompensieren. Bourdieu spricht zwar verschiedentlich von feldspezifischen „Tauschraten", zu welchen Kapitalia ineinander konvertiert werden, ohne jedoch diesen Prozess auf der Ebene dyadischer Assoziationen nachzuzeichnen. Durch die apriorische Setzung der geschlechtsunspezifischen, lebensstilbezogenen Ähnlichkeitswahl blendet er so den Interaktionsverlauf und die in diesem wirksamen geschlechtsspezifischen Ressourcen aus. In der zwischengeschlechtlichen Klassifikationspraxis reproduziert sich aus Sicht einer orthodoxen Bourdieu-Interpretation somit schlicht die sozialräumlich definierte Klassifikation der Akteure.

Überlegungen zur theoretischen Weiterentwicklung

Für eine Analyse von Prozessen der Paarformation muss die Kategorie der Interaktion, zumindest in „modernen" Gesellschaften, Berücksichtigung finden, da diese erst ermöglicht, geschlechtsspezifische Relationen in ihrer dyadischen Variabilität zu diskutieren. Bourdieus Sozialraumkonzept eröffnet durchaus die Möglichkeit der Analyse der relationalen Position zweier Partner, etwa im Hinblick auf deren Kapitalrelationen und aus diesen ableitbaren Marktwertrelationen, unabhängig von a priori als relevant definierten Merkmalen. Denn ebenso wie eine soziale Klasse können Paarkonstellationen relational definiert werden durch die „Struktur der Beziehungen zwischen allen relevanten Merkmalen" (Bourdieu 1987b: 182). Die Relevanz eines Merkmals wird in der Praxis erzeugt und ist (bei entsprechender Datenlage) an dieser beobachtbar.

Ein Mann mit überdurchschnittlichem symbolischem Kapital etwa wird, ungeachtet der Lebensstildifferenzen, ein attraktiver Kandidat für eine Frau mit geringer Kapitalausstattung sein. Zu einer Beziehung wird es jedoch womöglich erst dann kommen, wenn diese auch aus Sicht des Mannes etwas Gleichwertiges einzubringen hat. Einer solchen Unterscheidung von manifester Gleichheit und latenter Äquivalenz entspricht die Differenzierung zweier scheinbar gegenläufiger Thesen der Partnerwahlforschung: Die Komplementaritäts- und die Homophiliethese. Die Komplementaritätsthese besagt, dass sich solche Partner zusammenfinden, welche unterschiedliche Merkmale aufweisen, sie sich also aufgrund der reziproken Verrechnung ihrer Merkmale anziehen. Hierbei sucht man einen Partner, der die eigene Persönlichkeit optimal ergänzt, da dieser Eigenschaften aufweist, welche man selbst nicht besitzt (vgl. Nave-Herz 2006: 132). Die Homophiliethese bezeichnet demgegenüber allgemein die Präferenz von Ähnlichkeit, als zentralen Mechanismus der Partnerwahl und Paarbildung. Dies kann beispielsweise hinsichtlich der Bildung oder dem Alter oder wie von Bourdieu im Hinblick auf Lebensstile diskutiert werden. Es gilt jedoch zu beachten, dass eine manifeste Ähnlichkeit zweier Partner (etwa ein gleicher Bildungsabschluss) eine Statusunähnlichkeit impliziert, insofern das manifeste Merkmal, beispielsweise geschlechtsspezifisch in seiner Bedeutung am Partnermarkt variiert. So spielt ein hoher formaler Bildungsabschluss der Frau eine geringere oder gar restringierende Rolle für ihre Erfolgswahrscheinlichkeit am Partnermarkt, was sich durch eine substantialistische Sichtweise nicht unmittelbar erschließen mag. Einer Ähnlichkeit im „latenten Marktwert" zweier Partner kann umgekehrt aber auch Unähnlichkeit in manifesten Merkmalen entsprechen, wenn und insofern Verrechnungen unterschiedlicher Merkmale durch die beteiligten Akteure (bzw. am Markt) stattfinden. Eine latente Ähnlichkeit zweier Akteure kann als Statusähnlichkeit über ein Set (bewusst wie unbewusst relevanter) Handlungsvorrausetzungen am Partnermarkt handlungsleitend werden, ohne dass sich diese in einem oder mehreren manifesten Merkmalen ähnlich sein müssen. Paarbildung stellt sich vor dem Hintergrund dieser theoretischen Überlegung, nicht mehr nur als ein Phänomen von hinsichtlich eines beliebigen manifesten Merkmals ähnlichen Paaren dar, sondern auch von solchen Paaren, deren Ähnlichkeit im latenten Marktwert ihre Unähnlichkeit in manifesten Merkmalen repräsentiert. Ähnlichkeit von Paaren kann also nicht nur hinsichtlich der substantiellen Gleichheit manifester Merkmale zugeschrieben werden, sondern auch hinsichtlich der relationalen Gleichwertigkeit der Summe dieser Merkmale. Diese Äquivalenz wird zum einen aus der Sicht und in der Praxis der Akteure erzeugt (etwa in Form gegenseitiger *Anerkennung* und *Wertschätzung*), muss zum anderen aber durch die wissenschaftliche Beobachtung konstruiert werden.

Die Beschränkung der Homophilie-Annahme lässt sich im Kontext der Bourdieu'schen Feldtheorie selbst aufheben, indem man die Disposition für manifeste Eigenschaften oder für den Lebensstil erweitert um den Geschmack für Marktwertähnlichkeit (bzw. Prestige), also den Sinn für die Stellung des Gegenübers. Geschmack wirkt nach Bourdieu als inkorporierter „sense of one's place" (Goffman 1951: 279), also als positionsabhängiger Sinn für die eigene Stellung und Lebensführung und die/des potentiellen Partners gleichermaßen. Und so schreibt Bourdieu (1985: 728) selbst:

> The sense of one's place, as a sense of what one can or cannot ‚permit oneself,' implies a tacit acceptance of one's place , a sense of limits('that's not for the likes of us,' etc.), or, which amounts to the same thing, a sense of distances, to be marked and kept, respected or expected.

Man denke hierbei an das eigentümliche Gefühl der Empörung, das sich einstellt, wenn man eine romantische Offerte von jemandem erhält, der der eigenen Wahrnehmung nach einen geringeren Marktwert aufweist. Oder auch an das Gefühl des Geschmeicheltseins, wenn man von jemandem ein Angebot erhält, von welchem, aufgrund seiner Attraktivität oder seines Status', dieses nicht erwartet wurde. Ebenso mag sich ein subjektives Gefühl einer gewissen Ehrfurcht einstellen, welche die individuellen Chancen der Beziehung, mit einem als höherwertigen wahrgenommenen Partner, restringiert. Bourdieu beleibt mit seiner Lesart des Sinn für die eigene Stellung jedoch unnötigerweise hinter Goffmans Einsicht zurück:

> A proposal of marriage in our society tends to be a way in which a man sums up his social attributes and suggests to a woman that hers are not so much better as to preclude a merger or partnership in these matters (Goffman 1951: 456).

In Bourdieus Terminologie übertragen kann ein gleiches (oder höheres) Kapitalvolumen in relativer Unabhängigkeit von seiner Zusammensetzung eine Beziehung oder Ehe begünstigen. Aus Sicht klassischer Theorien der Partnerwahl sind es die als positiv bewerteten Interaktionen (beziehungsweise die als positiv antizipierten Interaktionen), die das Aufnehmen oder Fortführen einer Beziehung erklären (vgl. Feld 1981; Stauder 2008) Denn der Sinn für die eigene Stellung impliziert nicht zwingend eine Präferenz für Ähnlichkeit hinsichtlich eines Maximums von Merkmalen oder den umfassenderen Lebensstil, wenn und insofern die Partnerwahl tatsächlich den Charakter einer Wahl aufweist, also das habituelle Moment gegenüber dem rationalem Kalkül in den Hintergrund tritt[3]. Derartige Konstellationen lassen sich als strategisch und – im Fall der Begegnung zweier Akteure – als Tauschrelation ausdeuten. So schreibt Bourdieu selbst: „Die Tatsache der gegenseitigen Konvertierbarkeit der verschiedenen Kapitalarten ist der Ausgangspunkt für Strategien" (Bourdieu 1983: 197).

Strategie kann als intentionale Handlung verstanden werden, deren Sinngehalt sich etwa auf die Realisierung eines möglichst attraktiven Partners unter Einsatz konvertierbaren Kapitals bezieht. Ein augenfälliges Beispiel hierfür stellt der bewusste Einsatz körperlicher Attraktivität auf dem Partnermarkt dar. Anekdotische Beispiele finden sich in der kalkulierenden Hinnahme bzw. Übernahme des Lebensstils eines Partners, wie zum Beispiel in Form der Übertragung des Musikgeschmacks durch den Mann oder des Kleidungsgeschmacks durch die Frau.

Darüber hinaus kann mit Strategie aber zusätzlich die gewohnheitsmäßige bzw. praktische Anpassung an objektive Vorrausetzungen gemeint sein (vgl. Bourdieu 1993: 115f.). Diese Einsicht Bourdieus lässt sich durchaus auf Interaktionen zwischen Akteuren übertragen. Die Annahme ist dann, dass Akteure, die sich hinsichtlich des Gesamtvolumens ihres Kapitals bzw. dessen Wahrnehmung, dem symbolischen Kapital, äquivalent sind, *gewohnheitsmäßig* mit höherer Wahrscheinlichkeit in Interaktion treten als solche, die sich im Kapitalumfang unterscheiden. Die Ähnlichkeit dieser Akteure macht sich dann nicht über manifeste Lebensstilpraktiken bemerkbar.

Die Initiierung, Bewertung und Annahme eines Kontaktes werden vor dem Hintergrund des Geschmacks vollzogen, der sich seinem Sinngehalt nach oder gewohnheitsmäßig auf Ähnlichkeit beziehen *kann*. Es ist aber gleichermaßen denkbar, dass ein Angebot von einem und in Form eines potentiellen Partners dem Geschmack eines Akteurs mit unähnlichen Eigenschaften entspricht. Beispielsweise wird in der Praxis der Bewertung der Lebensstil eines potentiellen Partners durch dessen körperliche Attraktivität relativiert. Auch die Verrechnung der eigenen Attraktivität mit der Attraktivität und den Merkmalen des Gegenübers relativiert die Rolle der Lebensstilähnlichkeit. Die jeweilige Interaktionspraxis kann also sowohl aus der kalkulierenden wie aus der gewohnheitsmäßigen Verrechnung der eigenen Stellung und der des potentiellen Partners im Raum der möglichen Partnerschaften verstanden werden.

Der Prozess der Partnerschaftsformation kann dann als Klassifikationsprozess von mit unterschiedlichen Kapitalsorten unterschiedlich ausgestatteten Akteuren um Akteure, um den Geltungsanspruch der angewandten Klassifikationskriterien sowie deren Tauschraten verstanden werden. Diese Konkurrenz bringt im Ergebnis nicht nur, wie es eine orthodoxe Bourdieurezeption nahelegt, die Position eines Akteurs oder eines Paares im Raum hervor, sondern auch (unterschiedlich wahrscheinliche) Konstellationen von Paaren, die das Ergebnis spezifischer antizipierter und realisierter Tauschrelationen und -chancen repräsentieren. Die relative Bedeutung der (Un-)Ähnlichkeitspaarbildung kann gleichwohl nur auf dem Weg der empirischen Untersuchung von Interaktionen geklärt werden. Der relationalen Methodologie folgend müssen dabei die Eigenschaften, die in die Interaktion eingebracht werden, erhoben und modelliert werden. Im Falle der menschlichen Partnerwahl sind dies insbesondere die Kapitalausstattung, das Geschlecht, die körperliche Attraktivität sowie deren Interaktionen.

Methodologische Implikationen

Die vorangestellten theoretischen Überlegungen deuten darauf hin, dass für die Klassifikation durch den Beobachter relationale Daten benötigt werden, um den reziproken Charakter der Partnerwahl untersuchen zu können. Erst so werden Fragen wie: „Sind sich Paarkonstellationen von Beginn an ähnlich?", „Welche Eigenschaften werden im Prozess der Paarkonstitution bedeutsamer?", „Welche Paarkonstellationen bleiben stabil?" und schließlich „Lassen sich Konstellationen unter dem Gesichtspunkt des strategischen Tauschs deuten?" beantwortbar. Die direkte Beobachtung der Entstehung dyadischer Paarbeziehungen und der Eigenschaftsrelationen der beteiligten Akteure auf Online-Kontaktbörsen stellt eine vielversprechende Möglichkeit für die Abbildung relationaler Merkmalskonstellationen dar.

Online-Kontaktbörsen als Partnermarkt

Im Unterschied zu Offline-Partnermärkten (vgl. Stauder 2008), aber auch zu anderen Social-Web-Angeboten, ist die primäre Funktion von Online-Kontaktbörsen diejenige, Paarbildungen zu ermöglichen. Der *primäre Sinngehalt* der Nutzung liegt also gerade darin, einen Partner bzw. eine Partnerin zu finden, während in herkömmlichen Begegnungskontexten (wie etwa dem Arbeitsplatz, einer Bildungsinstitution etc.) die Partnerschaftsformation in der Regel eine ungeplante Nebenfolge der alltäglichen Praxis darstellt. Die Architektur von Online-Kontaktbörsen ermöglicht Nutzern eine besonders zielgerichtete, vergleichende Auswahl von Merkmalen und Partnern ebenso wie neuartige Möglichkeiten der kontrollierten Selbstdarstellung in einem umfangreichen Partnerpool. Die virtuellen Begegnungen erfolgen dabei aufgrund der computervermittelten Kommunikation unter Abwesenheit von Kopräsenz und unter Abwesenheit Dritter. Die Assoziation von Akteuren als Nebenfolge von Praktiken mit anderen Sinngehalten, wie etwa Arbeit, Freizeit etc. wird in diesem Begegnungskontext ersetzt durch eine Rationalisierung der Partnersuche unter hohem Konkurrenzdruck. Dieser technisch ermöglichte Prozess wird dadurch verschärft, dass die Nutzer, konfrontiert mit einer Masse potentieller Partner, Praktiken und Strategien der Kontaktanbahnung herausbilden, welche selbst wieder zur Handlungsvoraussetzung anderer Nutzer werden und deren Chancen am Markt strukturieren. Denn zu einem hohen Selektionsdruck auf einer Kontaktbörse gesellt sich ein hoher Druck zur strategischen Selbstinszenierung, was die Herausbildung von Präsentations- und Suchroutinen begünstigt. Da angesichts der Überfülle und der nur temporären Verfügbarkeit potentieller Partner komplexitätsreduzierende Suchheuristiken Anwendung finden, ist eine Kontaktbörse im Ergebnis keineswegs frei von sozialen Barrieren, sondern diese werden in der Praxis der Kontaktaufnahme und -fortführung erzeugt (vgl. Schmitz 2010). Dieser Prozess der Institutionalisierung sozialer Barrieren in Form einer „Segmentierung des Partnermarktes" durch dyadische Interaktionen ist anhand der Beobachtung wechselseitiger Kontaktaufnahme und -ablehnung besonders gut zu beobachten.

Online-Kontaktbörsen als Beobachtungsinstrument

In technischer Hinsicht stellt eine Kontaktbörse eine relationale Datenbank dar, in der Nutzer und deren Interaktionen aufgezeichnet werden. Indem sich ein Nutzer anmeldet und ein Minimum an Informationen (z.B. Geschlecht, Alter, Präferenzen, Hobbies, Lebensstil etc.) in eine Profilmaske einträgt, erhält er die Möglichkeit, das Angebot der Dating-Seite zu nutzen. Dabei wird die grafische Benutzeroberfläche der Web-Seite verwendet, um auf die Datenbank zuzugreifen, also Informationen über weitere Personen zu erhalten und gegebenenfalls mit diesen in Interaktion zu treten. Dies ermöglicht der Partnerwahlforschung (Inter-)Aktionsereignisse zu beobachten und zu analysieren. Obgleich diese Informationen im Wesentlichen Nebenprodukte der Datenorganisation eines privatwirtschaftlichen Anbieters darstellen, bilden sie eine vielversprechende Grundlage theoriegeleiteter Analysen. Insbesondere die beschrittenen Pfade auf der Plattform, also Suchhandlungen der Nutzer, Besuche der Profilseiten anderer Nutzer sowie Interaktionen bzw. Kommunikationen mit anderen Nutzern stellen aufgrund ihres objektiven Beobachtungscharakters eine valide Datenbasis für die empirische Analyse von Partnerwahlprozessen dar. So liegen vollständige Informationen darüber vor, zu welchem Zeitpunkt ein Nutzer einen anderen Nutzer aufgesucht hat, ob und wann eine Textnachricht verschickt wurde und ob es sich dabei um einen Erstkontakt, eine Antwort oder eine längerfristige dyadische Interaktion handelt. Der besondere Vorteil ist darin zu sehen, dass die Handlungen (a) vom ersten Moment einer Kontaktierung an, (b) inklusive der zur Wahl stehenden Alternativen, (c) unter Ausschluss bzw. der Kontrolle störender Umwelteinflüsse, (d) in Echtzeit und (e) vollständig beobachtet werden können. Diese analysierten Dyaden beinhalten Matches und Nicht-Matches und können deshalb genutzt werden, um entstehende Beziehungen zu untersuchen, bis die Nutzer das Beobachtungsfenster verlassen, sie also die Nutzung der Kontaktbörse einstellen.

Mit diesen relationalen Daten werden auf neuartige Weise die Elemente einer Theorie des Partnermarktes operationalisierbar (vgl. Stauder 2008). Die Zusammensetzung des Marktes hinsichtlich seiner Größe und seiner Marktparameter ergibt sich aus der Aufzeichnung der Nutzeranzahl und der Verteilung ihrer Merkmale. Beispiele dafür sind die Geschlechterproportion, die Verteilungen der Bildungsabschlüsse oder des Alters auf der Kontaktbörse. Die Präferenzen und Anspruchsniveaus offenbaren die Nutzer durch ihr Such- und Kontaktierungsverhalten. Somit ist es möglich, die Wahlhandlungen von Individuen vor dem Hintergrund ihrer auf dem Markt vorliegenden Alternativen zu bewerten. Strategien der Nutzer werden in verschiedener Hinsicht der Beobachtung zugänglich, beispielsweise in der Art und Weise der Selbstdarstellung in ihrem Nutzerprofil. Aus den intendierten und realisierten Interaktionen lässt sich empirisch abbilden, welche Aufmerksamkeits- und

Tauschchancen („Marktwert") ein Nutzer auf dem Markt hat und welche Eigenschaften diese Chancen (Schmitz & Skopek 2011) strukturieren. Die Eigenschaften, die im Nutzerprofil angegeben werden, können dabei als Ressourcen interpretiert und deren Auswirkungen auf Kontaktierungs- und Erfolgswahrscheinlichkeiten empirisch greifbar gemacht werden.

Analyse dyadischer Interaktionsdaten

Die adäquate Nutzung dyadischer Daten ist allerdings mit einigen methodischen Herausforderungen verbunden. In methodischer Hinsicht stellen dyadische Datenstrukturen nämlich zunächst ein statistisches Problem dar. Dyadenmitglieder und ihre Merkmale sind nicht unabhängig voneinander, welcher Umstand von Kenny (2006) als „Nonindependence" bezeichnet wird. Für Analysen werden meist spezifische Mehrebenen- oder Strukturgleichungsmodelle herangezogen (vgl. Kenny 2006). Die Abhängigkeitsstruktur der Dyadenmitglieder wird damit nicht nur als zu lösendes statistisches Problem betrachtet, sondern als Quelle substantieller Variation, die es zu modellieren und interpretieren gilt. Diese multivariaten Modelle sind in der Regel auf wechselseitige Beeinflussungsprozesse bei existenten Paarbeziehungen ausgelegt, was sich über psychologisch motivierte Fragestellungen, wie etwa nach Beziehungszufriedenheit, erklären lässt.

Kenny erwähnt jedoch auch die Paarung in nicht zufälliger Weise als mögliche Ursache für Nonindependence, befasst sich aber im Weiteren nicht mit diesem Aspekt. In diesem Zusammenhang wird auch von „assortative mating" gesprochen, um den Prozess der im Ergebnis nach einem oder mehreren Merkmalen hierarchisch sortierten Paarbildung zu beschreiben. Diesen Prozess zu untersuchen, bedeutet im Kern dyadische Akteurs-Konstellationen anhand der Interaktionen ihrer Mitglieder sowie deren Eigenschaftskonstellationen zu beobachten und zu modellieren. Die Aufgabe ist es also herauszufinden, welche Akteurs-Konstellationen sich typischerweise beobachten lassen, und nicht etwa durchschnittliche Akteure in Form mit unidirektionaler Kontaktierung zu modellieren. Mein Vorschlag ist es, Akteurs-Konstellationen basierend auf Interaktionsdaten zu modellieren, wobei die Abhängigkeit der Daten mit Hilfe finiter Mischmodelle (Vermunt & Magidson 2003) verwendet wird, um typische dyadische Assoziationsmuster zu identifizieren. Die Identifikation typischer, auftretender Dyaden erfolgt also basierend auf der (Un-)Ähnlichkeit in den Eigenschaften zwischen den Interagierenden. Zu diesem Zweck wird jedes Merkmal einmal für jedes Dyadenmitglied herangezogen und ein Optimum von K kategorialen latenten Klassen gesucht. Der vorgeschlagene Ansatz ist damit einem Strukturgleichungsmodell für dyadische Daten sehr ähnlich. Der wesentliche Unterschied ist, dass das Skalenniveau der latenten Variable kategorial ist, also keine latenten Faktoren, sondern latente Klassen identifiziert werden und die gemessenen Variablen beliebige Skalenniveaus aufweisen können.

Schematische Darstellung dyadischer Interaktionsklassen

Im Folgenden wird ein vereinfachtes Beispiel der statistischen Identifikation typischer dyadischer Konstellationen dargestellt und dabei exemplarisch einige Aspekte der theoretischen Diskussion aufgegriffen. Die schematische Darstellung stützt sich auf digitale Aufzeichnungen von Kontaktereignissen zwischen Sendern und Empfängern einer großen deutschen Online-Kontaktbörse. Zum Zweck der Veranschaulichung erfolgt bei der Darstellung der Ergebnisse eine Beschränkung auf die Profilmerkmale Geschlecht, Alter, Bildung sowie der Zugehörigkeit zu einer von drei Lebensstilgruppen[4]. Die Beschreibung der typischen Dyaden-Konstellationen erfolgt durch Auswertung von Erst- und Letztkontakten im Vergleich (vgl. Abbildung 1 und Abbildung 2), wobei aus Gründen der Darstellung eine Beschränkung auf die vier größten dyadischen Klassen vorgenommen wird. [5]

Abbildung 1: Vereinfachte Darstellung dyadischer Interaktionsklassen: Erstkontakte

	Klasse 1	Klasse 2	Klasse 3	Klasse 4
Geschlecht (Sender/Empfänger)	♂/♀	♂/♀	♀/♂	♀/♂
Alter	30.6/26.2	45.7/40.8	26.7/31.2	44.9/47.6
Bildung				
Hauptschule	⇨/⇩	⇩/⇩	⇨/⇩	⇩/⇩
Realschule	⇨/⇩	⇨/⇨	⇩/⇨	⇩/⇩
Ausbildung	⇧/⇧	⇩/⇩	⇧/⇧	⇩/⇩
Lehre	⇧/⇧	⇨/⇨	⇧/⇧	⇨/⇩
Abitur	⇩/⇧	⇧/⇨	⇨/⇨	⇧/⇧
Hochschule	⇩/⇨	⇧/⇧	⇨/⇨	⇧/⇧
Lebensstil				
Arrivierter Geschmack	⇩/⇨	⇧/⇧	⇩/⇨	⇧/⇧
Mittlerer Geschmack	⇧/⇨	⇨/⇧	⇧/⇧	⇩/⇩
Notwendigkeitsgeschmack	⇨/⇨	⇩/⇨	⇧/⇧	⇩/⇩
Klassengröße	28%	19%	17%	13%

Wahrscheinlichkeiten: ⇩ = niedrig , ⇨ = mittel, ⇧ = hoch

Abbildung 1 zeigt die ersten vier dyadischen Klassen der beobachteten Erstkontakte, also die vier Akteurs-Konstellationen, die am häufigsten bei ersten Kontakten auftreten. Das statistische Optimum der Klassenlösung ergab je nach verwendeten Variablen bis zu 13 weitere Klassen (also Akteurs-Konstellationen), auf deren Darstellung hier verzichtet wird. Klasse 1 mit 28% aller Erstkontakte konstituiert sich über männliche Sender und weibliche Empfänger von Nachrichten. Diese Sender sind im Mittel 30,6 Jahre und die Empfängerinnen 26,2 Jahre alt. Die Sender weisen mit hoher Wahrscheinlichkeit „Ausbildung" und „Lehre" als Ausbildungsstand auf, die von ihnen kontaktierten Empfängerinnen mit hoher Wahrscheinlichkeit den gleichen Ausbildungsstand oder Abitur. Hinsichtlich der Lebensstile zeigt sich, dass die Männer mit großer Wahrscheinlichkeit einen „mittleren Geschmack" aufweisen und nicht lebensstilspezifisch kontaktieren. Die Dyadische Klasse 2 (19% aller Erstkontakte) setzt sich ebenfalls aus männlichen Sendern und weiblichen Empfängerinnen zusammen. Sender und Empfängerinnen der zweiten Dyade sind dabei deutlich älter im Vergleich zur ersten identifizierten Dyade. Die Sender zeigen eine hohe Wahrscheinlichkeit, Abitur oder Hochschule als Bildungsabschluss aufzuweisen. Die von ihnen kontaktierten Frauen weisen mit hoher Wahrscheinlichkeit einen Hochschulabschluss auf, jedoch auch weitere Bildungsabschlüsse. Die Männer dieser Interaktionsklasse weisen meist einen arrivierten Geschmack auf, kontaktieren aber mit gleicher Wahrscheinlichkeit Frauen mit einem mittleren Geschmack.

Klasse 3 (17%) besteht aus weiblichen Sendern und männlichen Empfängern, wobei die Erstkontaktaufnahme von Frauen um 26,7 Jahren erfolgt und die kontaktierten Männer im Mittel 31,2 Jahre alt sind. Diese Frauen kontaktieren meist Männer, die sich ebenfalls in Ausbildung oder Lehre befinden, kontaktieren jedoch auch mitunter Männer mit einem höheren Bildungsabschluss. Die Frauen in dieser Interaktionsklasse kontaktieren insbesondere Männer, die einen ähnlichen Geschmack in ihrer Profildarstellung offenbart haben. Klasse 4 (13%) ist ebenfalls darüber charakterisiert, dass Frauen (im Mittel 44,9 Jahre) Männer (im Mittel 47,6 Jahre) kontaktieren. Auffällig ist in Klasse 4 eine sehr deutliche Bildungs- und Lebensstilhomophilie. Frauen dieser Interaktionsklasse kontaktieren ausschließlich Männer mit ebenfalls hoher Bildung und einem arrivierten Lebensstil. Dass damit das Gros aller Erstkontaktdyaden von Männern initiiert wird, deckt sich mit früheren Ergebnissen der Partnerwahlforschung, die Männer als das aktivere Geschlecht charakterisiert. Weiterhin zeigt sich, dass die Produktion des „marriage squeeze" (Martin 2001), des mittleren Abstands von drei Jahren zwischen Mann und Frau, offenkundig von beiden Geschlechtern bereits in ihren Erstkontakten aktiv reproduziert wird.

In Abbildung 2 sind vier latente Klassen der letzten beobachteten Interaktionen beschrieben, wobei das statistische Optimum je nach Modellierung bis zu 8 Klassen ergab. Vergleicht man die dyadischen Klassen der Letztkontakte mit denen der Erstkontakte, so fällt zunächst auf, dass die mittleren Wahrscheinlichkeiten deutlich seltener auftreten und damit Unschärfe in den Merkmalskonstellationen seltener zu beobachten ist. Es zeichnet sich damit im Allgemeinen ein homogeneres Bild als bei den Initialkontakten ab.

Abbildung 2: Vereinfachte Darstellung dyadische Interaktionsklassen: Letztkontakte

	Klasse 1	Klasse 2	Klasse 3	Klasse 4
Geschlecht (Sender/Empfänger)	♂/♀	♀/♂	♂/♀	♀/♂
Alter	31.0/25.5	26.7/31.5	44.5/38.7	39.0/46.3
Bildung				
Hauptschule	⇩/⇩	⇩/⇩	⇩/⇩	⇩/⇩
Realschule	⇩/⇩	⇩/⇩	⇩/⇩	⇩/⇩
Ausbildung	⇧/⇧	⇧/⇧	⇩/⇩	⇩/⇩
Lehre	⇧/⇧	⇧/⇧	⇩/⇨	⇨/⇩
Abitur	⇩/⇧	⇩/⇧	⇧/⇧	⇧/⇧
Hochschule	⇩/⇩	⇨/⇧	⇧/⇧	⇧/⇧
Lebensstil				
Arrivierter Geschmack	⇩/⇩	⇨/⇧	⇧/⇧	⇧/⇧
Mittlerer Geschmack	⇧/⇧	⇧/⇨	⇨/⇨	⇩/⇩
Notwendigkeitsgeschmack	⇨/⇩	⇨/⇨	⇩/⇩	⇩/⇩
Klassengröße	25%	20%	18 %	11 %

Wahrscheinlichkeiten: ⇩ = niedrig , ⇨ = mittel, ⇧ = hoch

In der ersten dyadischen Interaktionsklasse finden sich wiederum Männer, die Frauen kontaktieren. Beide Geschlechter weisen mit hoher Wahrscheinlichkeit eine mittlere Bildung sowie einen mittleren Lebensstil auf. Die zweite dyadische Interaktionsklasse mit weiblichen Sendern, die eine mittlere Bildung und einen mittleren Lebensstil aufweisen, kontaktieren insbesondere Männer mit gleicher Bildung und gleichem Lebensstil oder aber solche, deren Bildung höher ist und die einen arrivierten Geschmack aufweisen. Diese Frauen setzen womöglich ihre relative Jugend ein, um einen hohen Bildungsstatus und arrivierten Lebensstil ihres Gegenübers zu realisieren. Da sich in dieser Klasse Männer und Frauen befinden, die mehrere Nachrichten ausgetauscht und sich damit wechselseitig Wertschätzung zum Ausdruck gebracht haben, lassen sich diese auf dem Partnermarkt hinsichtlich ihres latenten Marktwertes als äquivalent deuten. Die dritte Interaktionsklasse setzt sich aus Männern und Frauen zusammen, die eine hohe Bildung und einen arrivierten Lebensstil aufweisen. Die vierte latente Klasse weist ein ähnliches Muster auf.

Zusammenfassend lässt sich feststellen, dass alle betrachteten Variablen einen relevanten Einfluss auf die Paarkonstitution zeitigen. Es lassen sich dyadische Interaktionsklassen beobachten, die sich über Alter, Bildung und den Lebensstil beschreiben lassen, und nicht etwa solche, die sich über (Un-)Ähnlichkeiten jeweils nur einer Variable konstituieren. Die Bedeutung des Lebensstils variiert dabei alters- und geschlechtsspezifisch. Ältere Frauen zeigen sich beispielsweise von Anfang an distinkter bezüglich der Bildung von potentiellen Partnern. Dies lässt sich womöglich über eine Selektion dieser Akteure in den spezifischen Markt erklären. Der herkömmliche Möglichkeitsspielraum älterer, hochgebildeter Frauen kann ihren Ansprüchen nicht Genüge tun und sie nutzen das Internet, um dies zu kompensieren, ohne ihr Anspruchsniveau senken zu müssen. Jüngere Frauen demgegenüber ließen sich über eine Disposition für manifeste Ähnlichkeit hinaus auch darüber charakterisieren, dass sie in relativ stabilen Interaktionsbeziehungen mit höher gebildeten, arrivierten Männern verbleiben. Im Interaktionsverlauf werden offenkundig sowohl die Bildung als auch deren Träger geschlechtsspezifisch klassifiziert. Weniger gebildete Männer werden am Markt abklassifiziert, weniger gebildete Frauen hingegen nicht. Bildung und Lebensstil werden im Interaktionsverlauf dabei zunehmend wichtiger und trennschärfer. Durch die Wechselseitigkeit der Interaktionen schlägt sich der Geschmack der Akteure zunehmend verstärkt in den resultierenden Paarkonstellationen nieder. Hier spielen insbesondere die Bildung und Lebensstilpräferenzen der Frauen eine entscheidende Rolle. Der Umstand, dass ältere Männer in den Letztkontaktklassen ihren weiblichen Kontakten deutlich ähnlicher sind, kann insbesondere auf die expliziten Dispositionen der beteiligten Frauen und weniger auf männliche Dispositionen zurückgeführt werden. Diese Darstellungen des Analysepotentials dyadischer Interaktion durch finite Mischmodelle sind nur exemplarisch und auf wenige Variablen beschränkt, aber es zeigt sich, dass die Akteure trotz der Abwesenheit institutioneller Selektivitäten auf der untersuchten Kontaktbörse soziale Barrieren in der Praxis der Partnerwahl (re)produzieren. Diese Barrieren verstärken sich reziprok mit dem Ergebnis spezifischer dyadischer Konstellationen, von welchen hier nur die quantitativ bedeutendsten berichtet wurden.

Fazit

Bourdieu sieht im Geschmack für das Ähnliche, insbesondere für einen ähnlichen Lebensstil, die entscheidende Vorrausetzung für das Entstehen und die Aufrechterhaltung von Freundschafts- und Paarbeziehungen. Das Potential der Habitus-Feldtheorie für eine Analyse von Merkmalsrelationen wurde von Bourdieu und seinen Rezipienten jedoch nur im Ansatz ausgeschöpft. Durch die Vernachlässigung des interaktionalen Charakters der Paarformation entspricht Bourdieu ausgerechnet hinsichtlich des Analysegegenstands der gegengeschlechtlichen Beziehung seinem Postulat der relationalen Objektkonstruktion nicht in letzter Konsequenz. Denn ob sich reziproke Klassifikationspraktiken alleine aus einer Gleichheit manifester Eigenschaften oder eines Lebensstils, oder nicht auch aus der Differenz der Eigenschaften, damit aber auch des Lebensstils erklären lassen, muss empirisch geklärt und kann nicht axiomatisch gesetzt werden.

Die in den Sozialwissenschaften üblichen Befragungsdaten erfüllen den Anspruch der Abbildbarkeit von Reziprozität der menschlichen Paarformation nicht, da sie zumeist auf die Person des Befragten beschränkt sind. Aggregierte Ehestatistiken, die ebenfalls im Zusammenhang mit der Partnerwahlforschung Verwendung finden, erlauben keine Beurteilung der erstmaligen Begegnungssituation, insbesondere hinsichtlich der zur Zeit der Wahlsituation verfügbaren alternativen Partner. Beschränkt man sich aber mit Befragungsdaten auf geäußerte Präferenzen oder mit Ehe-Daten auf die Beobachtung existierender Paare, legt diese Datenlage womöglich eine Fehleinschätzung der Relevanz homophiler Dispositionen zum Zeitpunkt der ersten Begegnung nahe.

Die Verwendung dyadischer Interaktionsdaten auf einer Online-Kontaktbörse erlaubt, Kontakt- und Antwortereignisse als Klassifikationsakte zu interpretieren und dabei die relationale Bedeutung verschiedener Merkmale im Zuge von Assoziationsprozessen auf einem Partnermarkt zu beobachten. Aus der Perspektive der Habitus-/Feldtheorie stellen die sich und ihre Merkmale gegenseitig klassifizierenden Akteure ihrerseits als zu klassifizierende Objekte dar. Diese Klassifikation wurde basierend auf dyadischen Interaktionen mit Hilfe finiter Mischmodelle vorgenommen. Die in der Online-Dating-Forschung verbreiteten Choice-Modelle sind demgegenüber auf die Modellierung monadischer Entscheidungslogiken beschränkt und nicht geeignet, dem reziproken Charakter der Paarformation Rechnung zu tragen.[6] Empirisch zeigte sich eine „reziproke Entmischung" der beobachteten Dyaden hinsichtlich ihrer bildungs- und lebensstilbezogenen Homogenität im zeitlichen Verlauf. Bildung und Lebensstil stellten sich dabei in ihrer Relevanz für die Klassifikationsakte als sozialräumlich variabel dar, insbesondere ältere, hochgebildete Frauen legen besonderen Wert auf Ähnlichkeit in Lebensstil und Bildung. Ähnlichkeitsdispositionen gebührt damit nicht der Stellenwert einer unhinterfragten Axiomatik. Es zeigte sich unter Verwendung dyadischer Interaktionsdaten, dass die Akteure im Zeitverlauf den Partnermarkt segmentieren und damit den geschlechtsspezifischen Wert der in die Interaktion eingebrachten Merkmale erzeugen. Der Habitus wirkt dabei nicht mechanisch, etwa indem Habitusunähnlichkeit bereits einen Erstkontakt kategorisch ausschließt, sondern er kommt prozesshaft und kumulativ im Interaktionsverlauf zum Tragen. Derartige Interaktionsverläufe, insbesondere weitere Institutionalisierungsprozesse außerhalb des Internets, bedürfen fraglos der weiteren empirischen Erforschung. Dennoch zeigt sich am gewählten

Beispiel, dass die logfile-basierte Beobachtung der frühen Interaktionsphasen in einem fruchtbaren Verhältnis zur sozialwissenschaftlichen Theorie und Methodologie stehen kann.

Anmerkungen

1 Der Artikel beruht auf einem Vortrag im Rahmen der Adhoc-Gruppe „Online-Dating" auf dem 34. Soziologiekongress in Jena im Jahr 2008, bei welchem die empirischen Ergebnisse erstmals vorgestellt wurden. Die Arbeit verwendet Daten, die im Rahmen des DFG-geförderten Projektes „Prozesse der Partnerwahl bei Online-Kontaktbörsen" unter Leitung von Prof. Dr. Dr. hc. Hans-Peter Blossfeld am Lehrstuhl für Soziologie I der Universität Bamberg erhoben wurden.
2 Es scheint, als wäre Bourdieus Kritik der soziologischen Erklärung der Praxis, welche allzu oft die Erzeugungsregel der Praxis mit der Praxis selbst verwechselt, übertragbar auf seine eigene, von ihm unterstellte Praxis der Erzeugung der Ähnlichkeitspaarbildung.
3 Für die Partnerwahl im Internet ist dies von besonderem Interesse. Verschiedentlich wurde diese unter dem Gesichtspunkt der Rationalisierung diskutiert (vgl. jüngst Wetzel 2010).
4 Die Konstruktion der Lebensstilgruppen erfolgte basierend auf den Ergebnissen einer multiplen Korrespondenzanalyse (vgl. Blasius 2001). Die verwendeten Variablen waren Hobbies und Lebensstilitems (Wohneinrichtung, Einkaufsorte, Kleidungsstile sowie Sozialkapitalvariablen). Im zweidimensionalen Raum wurden heuristisch drei Lebensstilgruppen konstruiert: Arrivierter Geschmack mit hohem ökonomischen und kulturellen Kapital, Notwendigkeitsgeschmack mit niedriger Kapitalausstattung und ein mittlerer Lebensstil mit einer mittleren Ausprägung auf den beiden Kapitalachsen.
5 Ein Erstkontakt stellt das erste, ein Letztkontakt das letzte Kontaktereignis zweier Akteure im Beobachtungsfenster dar.
6 Logit- und Probit-Modelle etwa können (selbst im Rahmen von Random-Effects-Modellen) nicht die wechselseitige Nestung von Sendern und Empfängern modellieren.

Literatur

Blau, Peter M. (1974): Exkurs über die Liebe. In: Bühl (1974): 110–124
Blau, Peter M. (1978a): Parameter sozialer Strukturen. In: Blau (1978b): 203–233
Blau, Peter M. (Hrsg.) (1978b): Theorien sozialer Strukturen: Ansätze und Probleme. Opladen: Westdeutscher Verlag
Blasius, Jörg (2001): Korrespondenzanalyse. München: Oldenbourg Verlag
Bottero, Wendy (2009): Rationality and social interactions. In: The British Journal of Sociology 60 (2). 399–420
Bourdieu, Pierre (1983): Ökonomisches Kapital, kulturelles Kapital, soziales Kapital. In: Kreckel (1983): 183–198
Bourdieu, Pierre (1985): The Social Space and the Genesis of Groups. In: Theory and Society 14 (6). 723-744
Bourdieu, Pierre (1987a): What Makes a Social Class? On the Theoretical and Practical Existence of Groups. In: Berkeley Journal of Sociology: A Critical Review 31. 1–18
Bourdieu, Pierre (1987b): Die feinen Unterschiede. Kritik der gesellschaftlichen Urteilskraft. Frankfurt am Main: Suhrkamp

Bourdieu, Pierre (1989): Satz und Gegensatz. Über die Verantwortung des Intellektuellen. Berlin: Wagenbach
Bourdieu, Pierre (1993): Sozialer Sinn. Kritik der theoretischen Vernunft. Frankfurt am Main: Suhrkamp
Bourdieu, Pierre (1997): Die männliche Herrschaft. In: Dölling/Krais (1997): 153-217
Bourdieu, Pierre (1998): Praktische Vernunft. Frankfurt am Main: Suhrkamp
Bourdieu, Pierre (2008): Junggesellenball. Studien zum Niedergang der bäuerlichen Gesellschaft. Konstanz: UVK
Bühl, Walter L. (Hrsg.) (1982): Reduktionistische Soziologie. Soziologie als Naturwissenschaft? München: Nymphenburger
Feld, Scott L. (1981): The Focused Organisation of Social Ties. In: American Journal of Sociology 86. 1015-1035
Butler-Smith, Paul/Cameron, Samuel/Collins, Alan (1998): Gender differences in mate search effort: an exploratory economic analysis of personal advertisements. In: Applied Economics 30. 1277-1285
Cameron, Catherine/Oskamp, Stuart/Sparks, William (1977): Courtship American Style: Newspaper Ads. In: The Family Coordinator 26. 27-30
Campos, Lucila S./Otta, Emma/Siqueira, Jose O. (2002): Sex differences in mate selection strategies: Content analyses and responses to personal advertisements in Brazil. In: Evolution and Human Behavior 23 (5). 395-406
Döcker, Ulrike (1997): Die Ordnung der Geschlechter bei Pierre Bourdieu und Norbert Elias. In: Klein/Liebsch (1997): 337-364
Dölling, Irene/Krais, Beate (Hrsg.) (1997): Ein alltägliches Spiel. Geschlechterkonstruktion in der Sozialen Praxis. Frankfurt am Main: Suhrkamp
Goffman, Erving (1951): Symbols of Class Status. In: The British Journal of Sociology 2 (4). 294-304
Hakim, Catherine (2010): Erotic Capital. In: European Sociological Review 26. 499-518
Harrison, Albert A./Saeed, Laila (1977): Let's make a deal: An analysis of revelations and stipulations in lonely hearts advertisements. In: Journal of Personality and Social Psychology 35. 257-264
Hassebrauck, Manfred (1990): Wer sucht wen? Eine inhaltsanalytische Untersuchung von Heirats- und Bekanntschaftsanzeigen. In: Zeitschrift für Sozialpsychologie 21. 101-122
Häußling, Roger (2010): Relationale Soziologie. In: Stegbauer/Häußling (2010): 63-88
Hill, Paul B./Kopp, Johannes (2008): Liebe als Tauschmedium. Intimbeziehungen aus der Sicht von Austauschtheorie und Rational-Choice-Ansatz. In: Niekrenz/Villany (2008): 103-114
Hirschman, Elizabeth C. (1987): People as Products: Analysis of a Complex Marketing Exchange. In: Journal of Marketing 51. 98-108
Kaupp, Peter (1968): Das Heiratsinserat im sozialen Wandel – Ein Beitrag zur Soziologie der Partnerwahl. Stuttgart: Ferdinand Enke Verlag
Kenny, David A./Kashy, Deborah. A./Cook, William L. (2006): Dyadic Data Analysis. New York: The Guilford Press
Klein, Gabriele/Liebsch, Katharina (Hrsg.) (1997): Zivilisierung des weiblichen Ich. Frankfurt am Main: Suhrkamp
Klein, Thomas (Hrsg.) (2001): Partnerwahl und Heiratsmuster: Sozialstrukturelle Voraussetzungen der Liebe. Opladen: Leske + Budrich
Kreckel, Reinhard (Hrsg.) (1983): Soziale Ungleichheiten. Soziale Welt Sonderband 2. Göttingen: Schwartz
Kuipers, Giselinde (2006): Good Humor, bad taste: a sociology of the joke. Berlin: Mouton de Gruyter
Martin, Frank O. (2001): Marriage Squeeze in Deutschland – aktuelle Befunde auf Grundlage der amtlichen Statistik. In: Klein (2001): 287–313
Nave-Herz, Rosemarie (2006): Ehe- und Familiensoziologie. Eine Einführung in Geschichte, theoretische Ansätze und empirische Befunde. Weinheim: Juventa-Verlag
Niekrenz, Yvonne/Villany, Dirk (Hrsg.) (2008): Liebeserklärungen. Intimbeziehungen aus soziologischer Sicht. Wiesbaden: VS-Verlag für Sozialwissenschaften

Schmitz, Andreas (2010): Virtuelle Zwischengeschlechtlichkeit im Kontext relationaler Methodologie. Überlegungen zu einer Soziologie der digitalen Partnerwahl. In: Soeffner (2010): CD-ROM

Schmitz, Andreas/Skopek, Jan/Blossfeld, Hans-Peter (2011): Success in mating markets. A relational indicator of human mate value in E-Dating. Working Paper

Schoen, Robert/Wooldredge, John (1989): Marriage Choices in North Carolina and Virginia, 1969-71 and 1979-81. In: Journal of Marriage and the Family 51. 465-481

Soeffner, Hans-Georg (Hrsg.) (2010): Unsichere Zeiten. Herausforderungen gesellschaftlicher Transformationen. Verhandlungen des 34. Kongresses der Deutschen Gesellschaft für Soziologie in Jena 2008. Wiesbaden: VS Verlag für Sozialwissenschaften

Stauder, Johannes (2008): Opportunitäten und Restriktionen des Kennenlernens. Zur sozialen Vorstrukturierung der Kontaktgelegenheiten am Beispiel des Partnermarkts. In: Kölner Zeitschrift für Soziologie und Sozialpsychologie 60. 265-285

Stegbauer, Chrsitian/Häußling, Roger (Hrsg.) (2010): Handbuch Netzwerkforschung. Wiesbaden: VS Verlag für Sozialwissenschaften

Tavory, Iddo (2009): The Structure of Flirtation: On the Construction of Interactional Ambiguity. In: Studies in Symbolic Interaction 33. 59-74

Vermunt, Jeroen K/Magidson, Jay (2003): Latent class models for classification. In: Computational Statistics and Data Analysis 41(3–4). 531–537

Wetzel, Dietmar (2010): „Ich hab ihn"…? Poststrukturalistische Zugänge zu Emotionen/Affekten bei der Online-Partnerwahl. In: Soeffner (2010):CD-ROM

Usability-Verfahren zwischen ökonomischen Interessen und Nutzerwünschen

Julie Woletz & Martina Joisten

Der Beitrag stellt aktuell in der Praxis eingesetzte Methoden und Verfahren der Usability-Forschung anhand eines Fallbeispiels vor, um den konstatierten Wandel quantitativer und qualitativer Erhebungen zu Mediennutzern und Netzaktivitäten zu veranschaulichen. Anhand konkreter Beispiele aus diesem Anwendungsfeld lässt sich darstellen, inwiefern sich – zumindest aus Sicht von Instituten und Forschungseinrichtungen zur Usability und User Experience und ihren Auftraggebern aus der Wirtschaft – für Messungen im Internet ein Methodenmix aus qualitativen, quantitativen und speziellen apparativen Verfahren (wie Eyetracking, Pfadanalysen) zur Analyse der Mediennutzer bewährt hat. Darüber hinaus lässt sich zeigen, dass mit dem Wandel der Methoden und Verfahren auch eine geänderte Interessenlage zum Nutzen dieser Erhebungen einhergeht.

Ausgangslage

Bisher wurden im Kontext mediensoziologischer Forschung der Einfluss von Medientechnologien auf gesellschaftliche Kommunikation, Medienwirkungen auf Nutzer sowie Nutzergewohnheiten im Medienumgang untersucht. Neben der Strukturebene von Sozialbeziehungen und Kommunikationsverhältnissen wurden auch Medieninhalte thematisiert (Kimpeler et al. 2007). Nur selten wurden diese Erkenntnisse jedoch wieder in Form konkreter Gestaltungsanforderungen an Medientechnologien zurückgespiegelt, wie dies z.B. von Werner Rammert (2003) gefordert wird. Wenn also gefragt wird, wie der Wandel der Methoden und Verfahren aussieht und in welchem Verhältnis „Dritte" zu den Klassifizierungen und Taxonomien der Aktivitäten der Netzteilnehmer stehen, so müssen diese Dritten und ihre Interessen bzw. ihr Einfluss auf die Medien und Mediennutzer selbst zunächst näher eingegrenzt werden.

Gemeinhin lassen sich zwei unterschiedliche Forschungsrichtungen und Interessen voneinander abgrenzen: Dies sind zum einen Medienforschungen seitens Universitäten und universitärer Forschungsverbände, zum anderen – häufig als Auftragsforschung bezeichnete – Studien in Wirtschaftszusammenhängen, die durch Medienproduzenten und -anbieter bei Markt- und Medienforschungsinstituten auf dem freien Markt in Auftrag gegeben werden. Während sich universitäre Forschung durch Kriterien wie Unabhängigkeit, die Möglichkeit zu Langzeitstudien nicht selten über Zeiträume von Monaten und Jahren und einen stärkeren Fokus auf Grundlagenforschungen beschreiben lässt, sind die Interessen der Medienforschung in der Wirtschaft meist durch andere Merkmale bestimmt. Zentrale Anforderung – und häufig auch Kritik an universitärer Forschung – ist die Ausrichtung der Medienforschung in der Wirtschaft auf kurze Studienzeiträume mit Projektzeiten von 6-8 Wochen, verwertbare Daten und praxisrelevante Ergebnisse. Sicherlich sind dabei ökonomische Interessen die stärkste treibende Kraft systematischen Monitorings. Auch im Internet geht es nach wie vor darum zu erfahren, was Konsumenten kaufen, sehen und meinen (Röhle 2007). Im Unterschied zu klassischen Vermessungen und Klassifizierungen der Medien und Mediennutzer liegt der Schwerpunkt angesichts zunehmend komplexer werdender Technologien nicht mehr so sehr darauf, Zielgruppen mit ihren Anforderungen und Gewohnheiten zu erfassen und Medieninhalte an Kundenwünsche anzupassen, wie dies z.B. in der Marktforschung üblich ist. Stattdessen werden mehr und mehr die Nutzungsweisen selbst in Augenschein genommen, um anhand der Einsichten das ‚Produkt' – die Website, den Online-Service, die angebotenen Medieninhalte – kontinuierlich und teils tiefgreifend zu verändern.

Natürlich geht es auch hier nach wie vor darum, letztendlich ein Produkt mit passender Werbung zu vermarkten und zu verkaufen. Mittlerweile hat sich jedoch über die reine Funktionalität hinaus, die *Usability* eines Produkts – also die Nutzerfreundlichkeit und einfache Handhabung komplexer Technik – als Differenzierungskriterium im Markt herausgestellt und einen eigenen Bereich der Medienforschung durch Usability Professionals etabliert. Die DIN EN ISO 9241-11 (1999) ist eine etablierte Norm, die Usability als das Ausmaß definiert, „in dem ein technisches System durch seine Benutzer in einem bestimmten Nutzungskontext verwendet werden kann, um bestimmte Ziele effektiv, effizient und zufriedenstellend zu erreichen." Aus dieser Definition resultieren eine Reihe leistungsorientierter Kriterien für die Bewertung von Medientechnologien, die vor allem Systemeigenschaften wie Aufgabenangemessenheit, Steuerbarkeit, Fehlerrobustheit etc. beschreiben. Weniger zentral ist hierbei die subjektive Erlebnisqualität der Nutzer selbst. Insofern können Usability-Tests auch nur von Experten ohne tatsächliche Nutzer ausgeführt werden.

Vor allem bei sogenannten Lifestyle-Produkten, wie Online-Mediatheken von Fernsehsendern, Online-Magazinen, Spiele-Communitys oder der neuen Generation an Smartphones wie dem iPhone, geht man jedoch von einem ganzheitlichen Ansatz und dem weiter gefassten Konzept der *User Experience* im Umgang mit dem Produkt aus. Studien zur User Experience untersuchen die gesamte Interaktion der Nutzer mit dem Medium, einschließlich ihrer Wahrnehmungen, Emotionen und

Gedanken im Hinblick auf Design, „Joy-of-Use", Inhalte und Marke. Es liegt auf der Hand, dass für derartige Studien reale Nutzer unabdingbar sind.

Case Study: User Experience-Test eines Reiseportals

Im konkreten Fallbeispiel wurde ein Test eines Online-Buchungsprozesses auf der Website eines Reiseanbieters durchgeführt. Für die Studie wurden 24 regelmäßige Internetnutzer gescreent und eingeladen, die in den vergangenen 12 Monaten eine Reise oder einen Reisebestandteil (z.B. Flug oder Hotel) online gebucht hatten. Alle Probanden kannten den Reiseanbieter, hatten aber noch keine Reise bei diesem gebucht und insofern keine Vorerfahrung mit der Website. Die Teilnehmer setzten sich gemäß der Nutzerstatistik des Anbieters aus 60% Frauen und 40% Männern in einer breiten Altersverteilung aus 8 Personen der Altersgruppe 20-29, 11 Personen zwischen 30-44 Jahren und 5 Personen in der Altersgruppe 45-59 Jahre zusammen. Zentrale Fragestellungen der Studie konzentrierten sich auf die Gesamtbeurteilung des Online-Buchungsprozesses einer Reise bestehend aus mehreren Komponenten, die Beurteilung verschiedener Einstiegsoptionen (z.B. Suchfilter, Karten-Suche) in die Buchung sowie auf die allgemeine Nutzungsfreundlichkeit, Verständlichkeit und Detailbeurteilung der einzelnen Seiten im Online-Buchungsprozess.

Die Probanden wurden dazu zuerst allgemein zum Thema Reisebuchung im Internet befragt, sollten dann online eine Reise über ein neues Baukastensystem bestehend aus Flug, Hotel und Mietwagen selbst zusammenstellen und anschließend buchen. Wie es in User Experience- und Usability-Studien üblich ist, wurden dazu halbstandardisierte Interviews mit einem Methodenmix aus quantitativen, qualitativen und apparativen Verfahren eingesetzt. Derartige Interviews finden unter Beobachtung durch die Projektbeteiligten seitens des Forschungsinstituts und der Auftraggeber statt. Damit der Interviewverlauf dadurch nicht gestört oder auch nur beeinflusst wird, sind die Beobachter durch einen Einwegspiegel vom Testvorgang getrennt, können diesen jedoch anhand von Audioeinspielungen des Interviews und eines in den Beobachtungsraum übertragenen Monitorbilds genau mit verfolgen.

Verwendete Methoden in der Studie

Im Rahmen eines User Experience-Tests beschäftigen sich die Nutzer sowohl in freier, ungelenkter Exploration als auch anhand von typischen, vorgegebenen Nutzungsszenarien (Use Cases) mit der interaktiven Anwendung. Speziell geschulte Usability-Experten interviewen die Teilnehmer entweder direkt während der Nutzung – anhand der Methode des lauten Denkens während der Interaktion – oder daran anschließend in datengestützten Einzelexplorationen zu ihren subjektiven Eindrücken, Schwierigkeiten bei der Aufgabenlösung und zum Verständnis der Inhalte. Mit Hilfe apparativer Analysetools z.B. in Form von Eyetracking oder Surfpfadanalysen lassen sich außerdem objektive Daten zur Wahrnehmung und Interaktion der Nutzer mit der Anwendung erheben.

Das Vorgehen in halbstandardisierten Interviews ist dann besonders geeignet, wenn Themenbereiche und Zielsetzungen der Studie klar genannt und eingegrenzt werden können und dazu einzelne Bewertungsdimensionen abgefragt werden sollen. Alternativ werden stärker qualitativ ausgerichtete, sogenannte Tiefeninterviews eingesetzt, wenn der Untersuchungsgegenstand offener und weitestgehend ohne vorgegebene Fragestellungen im Hinblick auf die subjektiven Dimensionen evaluiert werden soll. Bei quantitativen Erhebungen zu sehr konkreten Fragestellungen kommen dagegen vollständig standardisierte Fragebögen zum Einsatz.

Die in der Usability-Forschung üblichen *halbstandardisierten Interviews* bestehen aus einer Kombination von offenen und geschlossenen Fragenkomplexen, in denen ein resümierendes Urteil der Zielgruppe gewünscht ist. Basis des Interviews ist ein vorstrukturierter Leitfaden zur Orientierung im Interviewverlauf, bei dem es im Unterschied zu reinen Fragebögen möglich ist, von einzelnen Fragen oder Formulierungen abzuweichen und konkret nachzuhaken oder neue Aspekte aufzunehmen. Standardisiert sind die Leitfäden insofern, als alle Probanden dieselben Aufgaben durchführen müssen und somit vergleichbare und für die systematische Evaluation geeignete Ergebnisse gewonnen werden können. In der konkreten Fallstudie wurden die Probanden im Rahmen eines Warm-ups zunächst ganz allgemein zu ihren Erwartungen und Erfahrungen zum Thema Reisebuchung im Internet befragt, sollten sich dann in freier Exploration über das Online-Buchungssystem und die Reisebausteine informieren, um sich im Anschluss eine Reise über das neue Baukastensystem bestehend aus Flug, Hotel und Mietwagen selbst zusammenzustellen und zu buchen.

Die eingesetzten geschlossenen Fragen zielen dabei auf statistische Repräsentativität und erlauben, das Auftreten und die Ausprägung von Merkmalen und Wirkungen in der untersuchten Grundgesamtheit abzuschätzen. Mittels einer *quantitativen Methodik* werden auf diese Art zu einheitlich vorgegebenen Fragen wie z.B. „Wie sind Sie insgesamt mit dem Online-Bestellprozess zurechtgekommen?" Bewertungen von 1 für „gar nicht gut" bis 5 für „sehr gut" erhoben und im Anschluss quantitativ ausgewertet. In der durchgeführten Studie wurden auf diese Art Bewertungen für den ersten Spontaneindruck des Reiseportals, den Informationsgehalt der einzelnen wählbaren Reisebausteine Flug, Hotel und Mietwagen im Rahmen der freien Exploration, den Buchungsprozess anhand konkreter Use Cases und die abschließende Gesamtbewertung erhoben.

Bei durchschnittlich in der Praxis verwendeten Stichproben zwischen 12 und 24 Teilnehmern einer Studie liegt es auf der Hand, dass die Ergebnisse keine absolute Aussagekraft haben können und insofern nicht im engeren Sinne statistisch repräsentativ sind. Es zeigt sich jedoch, dass auch schon relativ kleine Fallzahlen eine Gesamttendenz angemessen beschreiben können. Dies erklärt sich aus dem verwendeten Forschungsansatz: Bei Usability- und User Experience-Studien geht es weniger darum, Mediennutzung anhand statistisch repräsentativer Fallzahlen zu verifizieren, sondern anhand eines problemorientierten Ansatzes Schwierigkeiten in der Nutzung herauszuarbeiten. Wie die Usability-Forschung (Nielsen & Landauer 1993) bewiesen hat, genügen schon relativ kleine Fallzahlen zwischen 5 und 12 Nutzern, um ca. 80 % aller Usability-Probleme zu finden.

Im Rahmen der Interviews wurde zusätzlich eine Blickregistrierung via kontaktlosem Eyetracker vorgenommen, um ausgewählte Seiten wie die Flug-, Hotel- und Mietwagen-Ergebnisseiten sowie das zusammengestellte Reisepaket rezeptionsbegleitend auswerten zu können. Derartige *apparative Methoden* und Verfahren werden eingesetzt, um zusätzlich zur Bewertung und Selbsteinschätzung durch die Teilnehmer auch objektive Erkenntnisse über die Wahrnehmung und Informationsverarbeitung während des Rezeptionsprozesses zu gewinnen. Übliche apparative Verfahren beim Test von Internetseiten sind Blickregistrierung und Surfpfad-Analysen. Mittels der Blickregistrierung lässt sich evaluieren, in welcher Reihenfolge die Elemente einer Seite gesehen werden, welche Elemente insgesamt aufmerksamkeitsstark oder -schwach sind und welche Elemente über eine gewisse Rezeptionszeit die Blicke der Nutzer dauerhaft oder nur kurz auf sich ziehen.

In der Fallstudie stellte sich z.B. heraus, dass für die Nutzer der Zusammenhang zwischen zusammengestelltem Gesamtpaket der Reise und ausgewählten einzelnen Komponenten wie z.B. dem Hotel unklar blieb und in entsprechend eher negativen Bewertungen resultierte.

Die Analyse der aufgezeichneten Blickdaten konnte dazu weiter Aufschluss geben: Wie die Heatmap zur Aufmerksamkeitsverteilung auf der Hotelergebnisliste zeigt, verweilen die Nutzer während der gesamten Orientierungsphase auf den drei Paketbausteinen im oberen Seitenbereich und widmen den darunter aufgelisteten, frei wählbaren Hotels nur geringe Aufmerksamkeit.

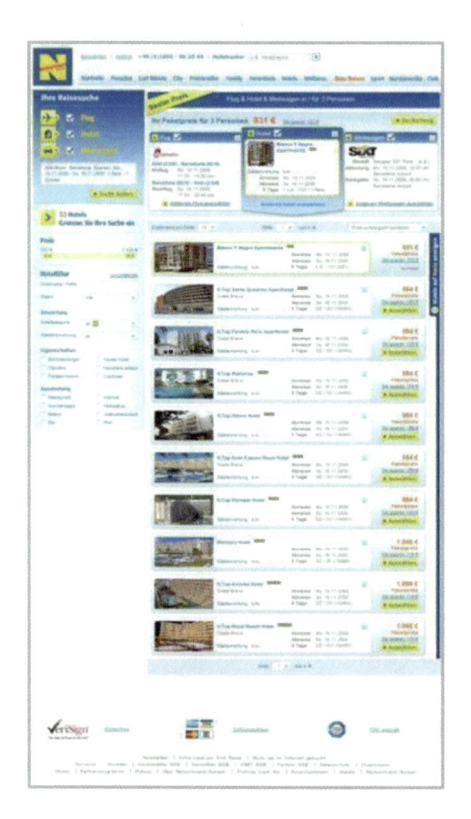

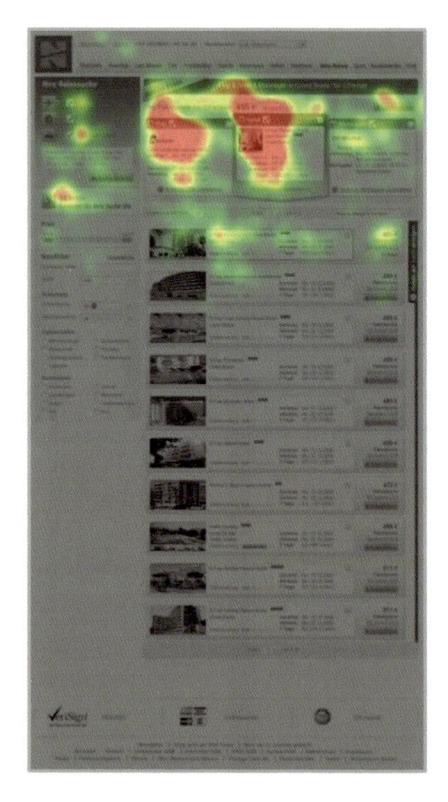

Abbildung 1: Links die Original-Seite, rechts eine Heatmap der Blicke über 0-10 Sekunden (Orientierungsphase); hohe Aufmerksamkeit wird durch rote Bereiche, geringe Aufmerksamkeit durch grün-graue Bereiche dargestellt (im Graustufendruck hell und dunkel).

Auch in der Auswertung der Verweildauer auf der Internetseite zeigt sich, dass der Blick erst im Intensivkontakt bis zu 60 Sekunden langsam nach unten wandert.

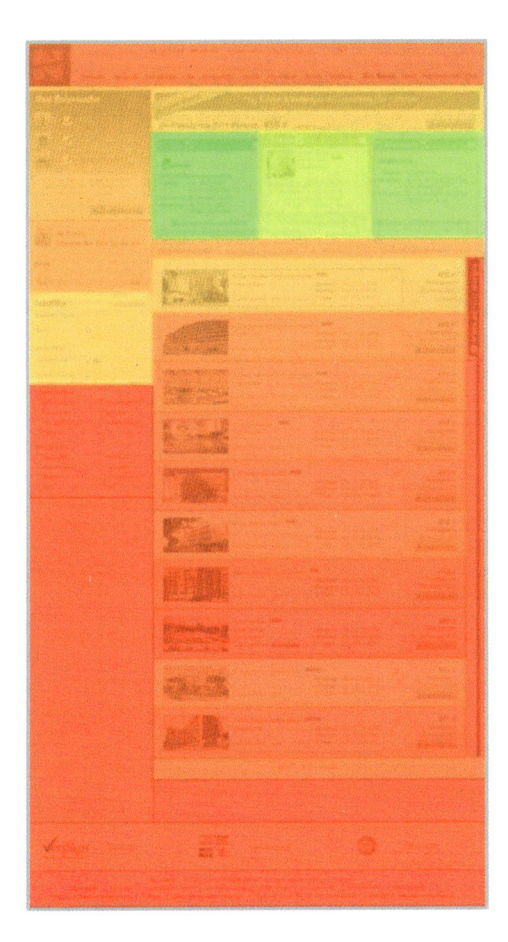

Usability-Verfahren zwischen ökonomischen Interessen und Nutzerwünschen 175

Abbildung 2: Verweildauer über 0-60 Sekunden (Intensivkontakt); lange Verweildauer wird durch grüne Bereiche, kurze Verweildauer durch rote Bereiche dargestellt (im Graustufendruck hell und dunkel).

Anhand der Analyse der Blickdaten konnte daher festgestellt werden, dass die Nutzer den Zusammenhang zwischen dem oben ausgewählten Baustein aus dem Gesamtpaket der Reise – im gezeigten Beispiel das Hotel – und weiteren wählbaren Hotels in der Liste darunter schlicht nicht gesehen haben, weil das Design des Gesamtpakets alle Aufmerksamkeit auf sich zog und die Blicke nicht auf die Hotelalternativen lenkte.

Neben quantitativen und apparativen Verfahren liefert die *qualitative Methodik* als drittes Verfahren im Methodenmix vertiefende Erkenntnisse über die bewussten und unbewussten Eindrücke, die im Kontakt mit einem medialen Reiz oder eine Internetseite entstehen. Diese Informationen werden einerseits durch das laute Denken der Probanden während der Informationssuche und der einzelnen Use Cases und andererseits anhand einer detaillierten Nachexploration aller Prozessschritte gewonnen. Mit der Methode des lauten Denkens wird das Verhalten und Erleben der Befragten direkt während der Interaktion exploriert. Unmittelbar in der medialen Interaktions- und Rezeptionssituation verbalisieren die Teilnehmer, was ihnen spontan durch den Kopf geht, was sie denken und empfinden. Im Anschluss an die Nutzung wird das Erlebte in einem ausführlichen Nachgespräch vertieft. Hier werden spontane Kommentare, Ausrufe oder kritische Momente während der Nutzungssituation wieder aufgegriffen und nach den Hintergründen gefragt. Erst in dieser qualitativen Nachanalyse anhand von offenen Fragen zeigt sich dann auch, warum die Teilnehmer bestimmte Schritte durchgeführt haben, welche Motive, Beweggründe und Interessen sich aufdecken lassen und wie sich die internen Prozesse während der Nutzung darstellen. Dieses Verfahren ermöglicht nicht nur, die Introspektion der Befragten auf zentrale Aspekte zu lenken, sondern auch die zugrunde liegenden Nutzungsmotive, Absichten, oft unbewussten Bewertungsmaßstäbe sowie die emotionale Verfassung der Befragten während der Nutzung aufzudecken. So zeigt sich, dass Fehler oder lange Bearbeitungszeiten häufig nicht unbedingt als solche wahrgenommen werden, wenn z.B. der Umgang mit der Website Spaß macht. Andersrum kann ein einwandfrei funktionierender, aber wenig ansprechender oder vertrauenerweckender Buchungsprozess dennoch negative Bewertungen erhalten, wenn die Website nicht die erwartete Seriosität ausstrahlt.

Ergebnisse der Studie

Insgesamt lässt sich resümieren, dass erst der Methodenmix aus quantitativen, apparativen und qualitativen Verfahren umfassende Erkenntnisse mit wechselseitigen Erklärungsdimensionen ermöglicht. Die quantitative Methodik bietet statistisch auswertbare und vergleichbare Bewertungen einzelner Internetseiten oder Prozessschritte, aber erst mit der qualitativen Methode werden auch die Gründe für diese Bewertungen deutlich sowie alternative Vorschläge oder Verbesserungsmöglichkeiten aus Sicht der Nutzer erfassbar. Auf diese Art lässt sich z.B. herausfinden, dass ein Online-Bestellprozess zwar an sich fehlerfrei funktioniert, Nutzer aber noch relevante Informationen oder einen Hinweis auf die sichere Übertragung ihrer persönlichen Daten vermissen, ohne die sie eine Bestellung nicht abschließen würden.

Um hier jedoch Faktoren wie ‚falsche' Bewertungen aufgrund von sozialer Erwünschtheit oder Fehleinschätzungen der Nutzer abzufangen, lassen sich zusätzlich objektive apparative Verfahren hinzuziehen. Antworten im Interview wie „ja, den Bestell-Button habe ich gleich gesehen" lassen sich so objektiv evaluieren und wenn nötig korrigieren, ohne eine für die Probanden unangenehme Prüfungssituation zu erzeugen. Außerdem können sie Hintergrundwissen liefern, warum es z.B. zu nicht erfüllten Aufgaben oder Abbrüchen im Bestellprozess kommt.

Fazit

Mit der reinen Vermessung und Klassifizierung der Mediennutzung im Internet ist es jedoch nicht getan. Über die bloße Analyse üblicher Nutzungsweisen der getesteten Internetseiten, Online-Services oder Medien hinaus lässt sich mit dem Methodenmix in Usability- und User Experience-Tests auch das Optimierungspotenzial der einzelnen Medien herausarbeiten. Neben Informationen zur tatsächlichen Nutzung beinhalten die Studienergebnisse immer auch eine Auflistung aller Schwachstellen und Probleme mit konkreten, nach Dringlichkeit abgestuften Empfehlungen zur Optimierung.

Wenn in der Wirtschaft eine Usability- oder User Experience-Studie in Auftrag gegeben wird, sind insofern die Interessen Dritter an dieser Studie nicht mehr nur auf ein reines Monitoring und eine Evaluation des Status Quo beschränkt. Anhand der gewonnenen Einsichten zur Detailbeurteilung der einzelnen Internetseiten und Prozesse, der identifizierten Probleme und Schwachstellen in Bezug auf Nutzungsfreundlichkeit, Verständlichkeit und User Experience soll jede Studie auch Aufschluss geben über allgemeine Optimierungspotenziale sowie möglichst praxisrelevante, umsetzbare Gestaltungsanforderungen liefern, die wiederum direkt in den Entwicklungsprozess einfließen können. Aufgrund dieser geänderten Interessenlage und Anforderungen an Erhebungen, die kontinuierlich zur Optimierung und Erweiterung des Produkts beitragen sollen, sind User Experience- und Usability-Tests heutzutage nicht mehr als die letzte Evaluationsstufe kurz vor Launch einer neuen Internetseite angesiedelt. Stattdessen werden Usability-Verfahren mittlerweile während der gesamten Produktentwicklung vom Konzepttest, über Tests mit frühen Prototypen bis zum fertigen Produkt, zum Relaunch oder der Weiterentwicklung eines bestehenden Medienangebots eingesetzt. Eine nutzerzentrierte Perspektive nicht nur auf Medienmessungen, sondern auf *Medienentwicklung* findet somit mehr und mehr Geltung.

Medien-Messungen der Usability Professionals sind insofern an der Schnittstelle von ökonomisch motivierten Informationsbedürfnissen nach Einsichten in Aufmerksamkeitsverteilungen, Kaufverhalten, Nutzungsweisen etc. einerseits und den Interessen der User an benutzerfreundliche, informative, nützliche, unterhaltsame Anwendungen andererseits zu verorten. Entsprechend werden in jeder Studie sowohl Einsichten in Nutzungsbereitschaft, Absatzmärkte etc. als auch Ergebnisse zur Benutzbarkeit und User Experience gewonnenen und zwar unabhängig davon, ob es sich um Auftrags- oder Eigenstudien handelt. Es zeigt sich in der Praxis, dass sich zwar zugegebenermaßen die Nutzeranforderungen nicht immer mit den ökonomischen Kriterien der Auftraggeber decken, aber dennoch ein sehr hoher Prozentsatz an Empfehlungen und Optimierungshinweisen auch tatsächlich in den Produktentwicklungszyklus integriert werden.

Die Ergebnisse und Resultate dieser Verfahren der Usabiliy-Forschung sind insofern immer doppelt: Medientechnologie wird einerseits zielgerichteter vermarktbar, und andererseits gleichzeitig aus Nutzersicht auch qualitativ besser. Insofern spiegelt die Vorgehensweise der Usability-Forschung mit ihren iterativen Testverfahren während des gesamten Produktentwicklungszyklus nicht zuletzt das kontinuierliche Wechselverhältnis wider, in dem sich soziale Netzwerke und Kommunikationsmedien, Nutzer und Medientechnologien zueinander befinden.

Literatur

DIN EN ISO 9241 (1999): Ergonomische Anforderungen für Bürotätigkeiten mit Bildschirmgeräten. Teil 11: Anforderungen an die Gebrauchstauglichkeit – Leitsätze. Hg. vom Europäischen Komitee für Normung

Kimpeler, Simone/Mangold, Michael/Schweiger, Wolfgang (Hrsg.) (2007). Die digitale Herausforderung. Zehn Jahre Forschung zur computervermittelten Kommunikation. Wiesbaden: VS Verlag für Sozialwissenschaften

Nielsen, Jakob/Landauer, Thomas K. (1993): A mathematical model of the finding of usability problems. In: Proceedings of ACM INTERCHI'93 Conference. Amsterdam, The Netherlands. 206-213

Rammert, Werner (2003): Technik in Aktion: Verteiltes Handeln in soziotechnischen Konstellationen. Technological University Technological Studies Working Papers TUTS-WP-2-2003. Berlin: Technische Universität. URL: http://www.tu-berlin.de/fb7/ifs/soziologie/Tuts/Wp/TUTS_WP_2_2003.pdf (Abgerufen am 15.10.09)

Röhle, Theo (2007): Think of it first as an advertising system: Personalisierte Online-Suche als Datenlieferant des Marketings. In: kommunikation@gesellschaft 8. URL: http://www.soz.uni-frankfurt.de/K.G/B1_2007_Roehle.pdf (Abgerufen am 15.10.09)

Bibliometrie in der Forschungsevaluation. Zur Konstitution und Funktionslogik wechselseitiger Beobachtung zwischen Wissenschaft und Politik[1]

Niels Taubert

Evaluation, Ranking, Rating, Leistungsmessung. Die Allgegenwart dieser Begriffe zeigt an, dass die Wissenschaft heute einer permanenten Außenbeobachtung mittels Wissenschaftsindikatoren unterliegt. Von besonderer Bedeutung für das Thema des vorliegenden Bandes sind dabei quantitative Indikatoren, die sich auf formale Merkmale der wissenschaftlichen Kommunikation beziehen, diese auswerten und so zu Aussagen über die Wissenschaft gelangen. Denn der Kontext ihrer Verwendung weist deutliche Parallelen zu manchen internet- oder onlinebasierten Strukturen auf. Ich meine hier die reflexive Figur, in der eine auf quantitativen Maßzahlen basierende Beobachtung eines sozialen Systems zur Voraussetzung, Ressource oder Rahmenbedingung für weiteres soziales Handeln im selben System wird. Diese Formen indikatorenbasierter Außenbeobachtung der Wissenschaft stehen im Mittelpunkt des Beitrags. Er fokussiert auf die Frage, welche Relevanz eine solche Art der Außenbeobachtung für die Steuerung der Wissenschaft hat und welche Form das Verhältnis von Wissenschaft und Politik hier annimmt.

In einem ersten Schritt werde ich die Entwicklung des Zitations-Index und die mit ihm verbundenen Vorstellungen über seinen Verwendungszusammenhang darstellen. Auf dem Zitations-Index basiert nur ein Teil der Indikatoren, andere werden auf der Grundlage weiterer Datenquellen berechnet.[2] Die Auswahl fiel aus zweierlei Gründung auf diesen Index. Erstens wertet er die formalen Merkmale der wissenschaftlichen Kommunikation – eben die Zitationen – aus und nutzt damit die Praxis von Wissenschaftlern, Leistungen anderer Autoren zu kennzeichnen und anzuerkennen, zu ganz anderen, eigenen Zwecken. Zweitens wurden mit dem Index weit reichende Vorstellungen hinsichtlich der Steuerung von Wissenschaft in Verbindung gebracht. Hier werde ich zeigen, dass im Laufe seiner Entwicklung eine mehrfache Umdeutung seines Zwecks vorgenommen wurde, so dass sich heute in ihm mehrere Zwecksetzungen überlagern.

Im zweiten Schritt interessieren mich die Eigenschaften von Beobachtungsinstrumenten, die auf dem Zitations-Index basieren. Hier argumentiere ich, dass sie Instrumente des Vergleichs sind und – da sie sich des Mediums der Zahlen bedienen – einer spezifischen Logik folgen. Im dritten Schritt wird der Fokus auf den Gegenstand verengt, und ich stelle zwei regelmäßig stattfindende Evaluationsaktivitäten vor: die *UK Research Assessment Exercise* und das australische *Research Evaluation System*. Damit verfolge ich ein doppeltes Ziel: Zum einen geht es mir darum, zu klären, welche Rolle auf Zitations-Indexen basierende Indikatoren empirisch in Prozessen der Leistungsmessung und -bewertung spielen. Wie zu zeigen ist, verändert sich die Zusammensetzung der Indikatoren fortwährend, so dass deren Bedeutung schwankt und trotz der mit zum Teil großer Vehemenz vorgebrachten Kritik an diesen Indikatoren festgehalten wird. Zum anderen geht es mir darum, zu analysieren, welche Reaktionen solche Evaluationsaktivitäten evozieren. Der vierte Schritt bildet die Theoretisierung des Phänomens. Hier wird die Frage beantwortet, welche Form das Verhältnis von Wissenschaft und Politik in Fällen indikatorenbasierter Beobachtung annimmt. Ich argumentiere, dass die gängige Perspektive, die in der indikatorenbasierten Mittelvergabe einen einseitigen Steuerungsprozess der Wissenschaft sieht, zu kurz greift: Da Anpassungsprozesse sowohl in der Wissenschaft als auch in der Politik zu beobachten sind, sollte – so mein Vorschlag – die Schaffung derartiger Instrumente als Implementation eines wechselseitigen Beobachtungsverhältnisses verstanden werden. Dabei gilt, dass das Spiel mehrere Runden hat und die Entwicklung von Indikatoren und die der Medientechnik ein treibendes Moment bilden. Der Aufsatz schließt mit einem Ausblick auf die Zukunft dieses Verhältnisses und dem Argument, dass der Weg zurück in die Zeiten vor Evaluation und Leistungsmessung verstellt ist. Ob es uns gefällt oder nicht: Wissenschaft und Politik werden sich an das wechselseitige Beobachtungsverhältnis gewöhnen müssen.

Umdeutungen während der Entwicklung der Bibliometrie

Sieht man einmal von der Community ab, die Bibliometrie zu Zwecken der Wissenschaftsforschung nutzt, ist aus heutiger Sicht die Bibliometrie auf das engste verknüpft mit Prozessen der Leistungsmessung und -bewertung, Evaluation und wissenschaftspolitischen Steuerung. Eine solche Zweckzuschreibung gewannen die zum Einsatz kommenden Instrumente allerdings erst allmählich im Zuge eines mehrschrittigen Prozesses, der durch Umdeutungen und neu hinzukommende Zielsetzungen gekennzeichnet ist. Im folgenden Abschnitt rekonstruiere ich die Entwicklung dieses Prozesses am Beispiel des Zitations-Index, der innerhalb des Forschungsfeldes eine zentrale Stellung einnimmt.

Frühgeschichte[3]: *der Zitations-Index als Rechercheinstrument*

Die Entstehung der Bibliometrie, verstanden als „the application of mathematics and statistical methods to books and other media of communication" (Pritchard

1969: 348), ist auf das engste verknüpft mit der Person Eugene Garfield. Zwar gab es vor und nach ihm Wissenschaftler unterschiedlicher Provenienz, die sich konzeptionell und in der Entwicklung bibliometrischer Methoden hervorgetan haben. Garfield kann aber insofern eine herausgehobene Stellung beanspruchen, als auf ihn die Entwicklung eines Instruments zurückgeht, das eine wesentliche Ressource für eine Vielzahl von bibliometrischen Forschungsprojekten bildete und immer noch bildet. Gemeint ist der *Science Citation Index (SCI)*, der über mehrere Dekaden das Forschungsgeschehen im Bereich der Bibliometrie stark prägte.

Garfield beschäftigte sich seit etwa Mitte der 1950er Jahre mit der Idee des Aufbaus eines Zitations-Index für die Wissenschaft, der ab 1961 im Rahmen eines von den *National Institutes of Health* finanzierten Projekts systematisch entwickelt wurde. Zu diesem Zweck wurden für sämtliche Artikel, die in 563 Zeitschriften erschienen waren, Zitationen extrahiert, gesammelt und erstmalig 1963 in gedruckter Form veröffentlicht. Aufschlussreich ist die ursprüngliche Zielsetzung, die Garfield dabei verfolgte. Der Zitations-Index war von ihm keineswegs dazu gedacht, die Wissenschaft zu vermessen oder einer quantifizierenden Außenbeobachtung zugänglich zu machen. Seine Idee war zunächst vielmehr, Wissenschaftlern ein Werkzeug an die Hand zu geben, das ihnen bei der Recherche nach Literatur helfen sollte. Dieses Ziel zeigt sich im folgenden Zitat, in dem Garfield erstmalig die Idee eines Zitations-Index einer größeren Öffentlichkeit vorstellt: „It (gemeint ist der Zitations-Index: N.T.) is best described as an association-of-ideas index, and it gives the reader as much leeway as he requires." (Garfield 1955: 108). Der avisierte Verwendungszusammenhang, in den Garfield den Zitations-Index stellt, tritt in seinem Text auch in der Alternative zutage, die er dem Zitations-Index gegenüber stellt: Er vergleicht ihn mit einem Subject-Index, also einem Index, bei dem Publikationen bestimmten Fachgebieten zugeordnet werden. Die Gemeinsamkeit der beiden Indexe sieht Garfield in ihrem Hilfsmittelcharakter zum Auffinden von wissenschaftlicher Literatur.

Erste Umdeutung: der Zitations-Index als Forschungsinstrument

Die Erleichterung des Auffindens von Literatur durch einen Zitations-Index ist ohne Frage ein Zweck, der mit dem Systemziel der Wissenschaft, der Vergrößerung von wissenschaftlichem Wissen, im Einklang steht. Mindestens schafft eine solche Erleichterung mehr Freiraum für Forschung, im günstigen Fall stellt der Index die oben angesprochenen Querverbindungen her, die originelle Einsichten mit sich bringen und damit kreativitätsunterstützend wirken können. Sehr schnell wurde allerdings deutlich, dass ein solches Recherche-Instrument auch ganz andere Möglichkeiten bietet.

Die Idee, die Mittel der Wissenschaft auf sie selbst anzuwenden, Wissenschaft also wissenschaftlich zu beforschen, lag in der Luft[4] und machte auch vor dem Zitations-Index nicht halt. Bereits im Zuge der Abschätzung der Praktikabilität eines solchen Index gab es die Überlegung, ihn als Forschungsinstrument einzusetzen. Hierzu Garfield:

> In fact, a comprehensive, multidisciplinary index possessed a dimension of utility that went beyond its role as a search tool. It also provided a view of the literature that threw much light on such murky and important subjects as the bounds of particular disciplines, the structure of the journal network that is the primary mechanism for exchanging information in the scientific world, the historical development of scientific thought, and the implications and impact of individual pieces of scientific work (Garfield 1979: 16).

Mit dieser zweiten Zwecksetzung verändert sich die Rolle von Zitationen. Gelten im ersten Verständnis des Index Zitationen gewissermaßen als Klammern zwischen Texten, die man einzeln nutzt, um die Wirkung von Gedanken in Richtung der Gegenwart zu verfolgen oder ihre Ursprünge in Richtung der Vergangenheit zu rekonstruieren, werden Zitationen hier nun in aggregierter Form ausgewertet. Nicht das einzelne Zitat interessiert mehr, sondern die sich ergebenden Muster bei der Massendatenanalyse von Zitationen, die Rückschlüsse auf Bedeutungen von Forschergruppen, Instituten, nationalen Forschungssystemen oder die Dynamik von Forschungsfeldern zulassen. Eine solche Verwendung des Zitations-Index bewegt sich zwar im Rahmen des Bezugssystems der Wissenschaft selbst, hat aber im Vergleich zu der obigen Zweckbestimmung eine deutlich verschobene Konnotation zur Folge. Der Index bildet Mittel zur Realisierung einer Beobachtung der Kommunikation der Wissenschaft durch einen Teil der Wissenschaft selbst, nämlich der empirischen Wissenschaftsforschung.

Zweite Umdeutung: der Zitations-Index als Instrument der Wissenschaftsevaluation

Damit ist die Verschiebung der Zweckbestimmung des Zitations-Index keineswegs an ihrem Ende angekommen, denn der folgende Gedanke liegt sehr nahe: Wenn durch die Bibliometrie eine Beobachtung der Wissenschaft durch die Wissenschaft möglich ist, lässt sich dann nicht auch die Bibliometrie dazu nutzen, um die Wissenschaft von außen und unter ganz anderen Vorzeichen zu beobachten? Hinweise auf eine solche Zwecksetzung finden sich wiederum sehr früh: Garfield selbst thematisiert die Möglichkeit einer „missbräuchlichen" Verwendung bereits in einem Aufsatz aus dem Jahr 1963, in dem er schreibt: „One purpose of this communication is to record my forewarning concerning the possible promiscuous and careless use of quantitative citation data for sociological evaluations, including personnel and fellowship selections" (Garfield 1969: 44).

Mit der weiteren Arbeit am Zitations-Index, den immensen Kosten und der Fortschreibung des Index durch das *Institute for Science Information (ISI)* wichen diese vorsichtigen Warnungen dann einer aktiven Bewerbung des Potentials des Index, gerade auch im Zusammenhang von Leistungsmessung und -bewertung. So heißt es beispielsweise in den Ausführungen des sechsten, mit „A Science-Management Tool" überschriebenen Kapitels der Monographie „Citation Indexing – Its Theory and Application in Science, Technology and Humanities":

> In this regard, the SCI data base is being used to do such things as evaluate the research role of individual journals, scientists, organizations, and communities; refine the relationship between journals and between journals and fields of study; measure the impact of current research; provide early warnings of important, new interdisciplinary relationships; spot fields of study whose rate of progress suddenly begins accelerating; and define the sequence of developments that led to major scientific advances (Garfield 1979: 62).

Der Fairness halber muss erwähnt werden, dass zwischen diesen konträren Einschätzungen der Brauchbarkeit des Zitations-Index zu Zwecken der Leistungsmessung und -bewertung anderthalb Dekaden intensiver Forschung zur Validität der Messung von „Qualität" wissenschaftlicher Publikationen mittels Zitationen liegen.

Es wäre zu kurz gegriffen, würde man die Ursachen für die neuerliche Umdeutung des Verwendungszusammenhangs allein im Ressourcenbedarf der Aufrechterhaltung und Pflege des Index und in dem von ihm bereitgestellten Potential sehen. Hinzu kommt ein großes Interesse der Politik, Wissenschaft von außen zu steuern. Grundlegende Probleme solcher Steuerungsversuche liegen in der Esoterik der Wissenschaft: Der Politik fehlen gewöhnlich die Kompetenzen, um die Leistungen unterschiedlicher Forschungseinrichtungen oder gar einzelner Wissenschaftler unter Anwendung der Exzellenzkriterien des betreffenden Fachs zu beurteilen und so förderungswürdige von weniger förderungswürdiger Wissenschaft zu unterscheiden.[5] Vor diesem Hintergrund wurde gefragt, ob vielleicht der Zitations-Index eine Lösung für das Informationsdefizit der Wissenschaftspolitik offeriere. Eine frühe Artikulation eines solchen Interesses am Zitations-Index stammt aus einem Brief des Vorsitzenden des *National Science Board* der *National Science Foundation* an den US-amerikanischen Präsidenten. In diesem dem Bericht „Science Indicators 1972" beigefügten Schreiben beklagt er methodische Defizite insbesondere im Bereich der Output-Indikatoren (vorrangig Publikationen) und fordert eine Weiterentwicklung mit folgender Zielsetzung:

> If such indicators can be developed over the coming years, they should assist in improving the allocation and management of resources for science and technology, and guiding the Nation's research and development along path most rewarding for our society... The Report represents only an initial step toward a system of science indicators. The futher development of such indicators is a matter of high priority for future reports in this series (Carter 1973: iii).

Dieses Zitat zeigt, dass eine neue Zwecksetzung in den Blick gekommen war. Auf der Basis des Zitations-Index soll eine Außenbeobachtung der Wissenschaft durch die Wissenschaftspolitik möglich werden und entsprechende Allokationsentscheidungen daran angeschlossen werden. Der Vorteil eines solchen Instruments liegt auf der Hand: Die politischen Entscheidungsträger gewinnen an Autonomie, da sie zwar von der bibliometrischen Forschung abhängig bleiben, sich aber von der Qualitätseinschätzungen der Vertreter des jeweiligen Fachs emanzipieren, die notorisch unter Verdacht stehen, bei Allokationsentscheidungen eigene Interessen zu verfolgen. In Bezug auf diesen Verwendungszusammenhang kann von einem gewissen Unschuldsverlust des Zitations-Index gesprochen werden. Indem er in den Kontext wissenschaftspolitischer Entscheidungen gerückt wird, dient er nicht mehr nur innerwissenschaftlichen Relevanzgesichtspunkten, sondern auch politischen Prioritäten.

Der Zitations-Index als Vergleichsinstrument

Zum Verständnis der Umdeutung des Zitations-Index und den Konsequenzen für das Verhältnis von Wissenschaft und Politik lohnt es sich, einen Augenblick beim Instrument selbst zu verweilen und nach seinen Eigenschaften zu fragen. Für die Logik quantitativer Vergleiche interessiert sich Bettina Heintz in grundsätzlicher Weise. Vergleiche in einem ganz allgemeinen Sinne kombinieren Heintz zufolge eine Gleichheitsunterstellung, also das Konstatieren der prinzipiellen Vergleichbarkeit der verglichenen Elemente, mit einer Differenzbeobachtung, dem Abweichen des miteinander Verglichenen in Bezug auf eine bestimmte Dimension (Heintz 2010: 164). Vergleichbarkeit ist dabei keine den Objekten anhängende Eigenschaft, sondern Resultat einer sozial voraussetzungsvollen Kategorisierung, in deren Zug „einige Merkmale als relevant ausgewählt werden und alles andere ignoriert wird" (Heintz 2007: 74). Im Fall des Zitations-Index wird die grundlegende Vergleichbarkeit hergestellt durch die implizit mitgeführte und nicht im einzelnen geprüften Annahme, es handle sich bei dem erfassten Textkorpus um eine Sammlung wissenschaftlicher Texte,[6] die sich durch das Merkmal der Verknüpfung durch Zitationen auszeichnet. Die Konstruktionsleistung setzt sich fort in der Auswahl eines Ausschnitts aus der Gesamtmenge der wissenschaftlichen Kommunikation, die dem *ISI* zufolge für die Wissenschaft von besonderer Bedeutung ist. Zusammengestellt wird der Korpus auf der Grundlage der Auswahl von Journalen und Konferenz-Proceedings und nicht etwa durch die Selektion einzelner Texte. Eine Aufnahme eines Journals in den Index findet nach einer eingehenden Prüfung statt, in der Kriterien wie Begutachtungsstandards, die Internationalität der Autorenschaft und Umfang der Zitationen in bereits im Index aufgenommenen Journalen zur Anwendung kommen.[7] Der *Science Citation Index Expanded (SCIE)* erfasst derzeit Artikel aus mehr als 7.100 Journalen.[8] Die Kategorisierung geht aber noch weiter: Neben der Auswahl der als bedeutsam erachteten Texte gibt es noch eine zweite Setzung von Relevanz. In einem Zitations-Index werden nicht die wissenschaftlichen Publikationen in ihrer Totalität berücksichtigt, sondern nur wenige Eigenschaften der Texte. Die Kategorisierung abstrahiert nahezu völlig vom Inhalt und erfasst nur die formale Eigenschaften wie Metadaten der einzelnen Publikationen (z.B. Titel, Name des oder der Autoren, Publikationsort, Verlag usw.), Abstracts sowie die Verweise zwischen den Texten (Zitationen). Für jede Zitation wird dabei die Referenz des zitierten und des zitierenden Textes erfasst.

Vergleiche zwischen Elementen des Wissenschaftssystems (wie z. B. Personen, Forschungseinrichtungen, Journale usw.) werden nun nicht direkt durch den Zitations-Index vorgenommen, sondern basieren auf Indikatoren, die auf der Grundlage des Zitations-Index errechnet werden. Das sicherlich bekannteste Beispiel für einen solchen Indikator ist der *Journal Impact Factor (JIF)*, der eine Maßzahl zur Beurteilung des relativen Einflusses eines Journals auf ein Forschungsfeld darstellt. Er setzt dazu zwei Zahlen in Beziehung: (a) die Anzahl der Zitationen eines Jahrgangs des *SCIE*, die sich auf diejenigen Artikel eines Journals beziehen, die in den vorangegangenen beiden Jahren publiziert wurden, mit (b) der Anzahl der Artikel, die das betreffende Journal in diesem Zweijahres-Zeitraum publiziert hat (Garfield 2006: 90). Ein weiterer bekannter Indikator, der sich auf Personen bezieht, ist der sogenannte *Hirsch-Index (h-Index)*. Diese sehr einfache Maßzahl besteht aus der Anzahl von Papieren (h) eines Autors, die mindestens h Zitationen auf sich gezogen haben (Hirsch 2005).

Ich führe diese beiden Indikatoren als Beispiele an, um zu zeigen, dass nicht nur durch den Zitations-Index selbst, sondern auch durch die Indikatoren weitere Relevanzsetzungen in den Vergleich eingeführt werden. Im Fall des *Impact-Factors* ist dies beispielsweise der Referenzzeitraum von zwei Jahren, von dem unterstellt wird, er sei hinreichend, um die Qualität eines Journals einzuschätzen und zu vergleichen. Dass es sich dabei um eine Setzung handelt, die durchaus auch anders getroffen werden kann, zeigt ein Blick auf geistes- und sozialwissenschaftliche Journale: In diesen Disziplinen sind z.T. deutlich längere Rezeptionszeiten üblich, so dass der *Impact-Factor* in diesen Disziplinen wenig aussagekräftig ist. Im Fall des *h-Index* liegt eine Relevanzsetzung in der Entscheidung, einen Faktor zu bilden, in den nur die jeweils hoch-zitierten Papiere Eingang finden und beispielsweise nicht die absolute Zahl an Publikationen oder die Summe an Zitationen. Diese Setzungen führen zu dem folgenden (hypothetischen) Ergebnis: Ein Wissenschaftler, der ein einziges hoch-zitiertes und bahnbrechendes Papier publiziert, hat denselben *h-Index* (von 1) wie ein Autor, der eine Vielzahl von Artikeln publiziert, die jeweils ein Mal zitiert wurden, und wie der Novize, der bislang nur einen einzigen Beitrag veröffentlicht hat und der nur ein Mal zitiert wurde.

Neben dem Aspekt der Kategorisierung interessiert sich Heintz auch für das Medium solcher Vergleiche. Ihre These ist, dass Zahlen ebenso wie die Schrift und das Bilds eine mediale Eigenlogik besitzen und es damit keineswegs beliebig ist, welches Medium für einen Vergleich genutzt wird. Im Fall des Mediums Zahlen besteht die „numerische Differenz" (oder die Besonderheit des Mediums) darin, dass sie vorgeben, eine Realität abzubilden, die außerhalb der Zahlen liegt. Dadurch verdecken Zahlen in der Tendenz die Eigenschaft von Vergleichen, selektive Konstruktionen zu sein (Heintz 2010: 171), und steigern die Wahrscheinlichkeit ihrer Akzeptanz. Die Ursachen für diese Wirkung von Zahlen sieht Heintz in den folgenden Charakteristika. Erstens sind Zahlen in Bezug auf die Erzeugungsregeln im Vergleich zur Sprache in einem wesentlich höheren Maße selbstexplikativ und eindeutiger (Heintz 2010: 172). Zweitens besitzen sie ein hohes Maß an Selbstreferentialität und nur einen geringen äußeren Bezug. Dieser beschränkt sich auf das jeweils Gemessene des Messvorgangs (Heintz 2010: 173). Drittens ist der Umgang mit Zahlen universell, so dass sie leichter kulturelle Grenzen überschreiten (Heintz 2010: 173), und viertens legen Zahlen eine externale Zurechnung nahe. Damit ist gemeint, dass zahlenmäßig ausgedrückte Befunde nicht dem eingreifenden, ordnenden oder kategorisierenden Handeln des Zahlenproduzenten, sondern den gemessenen Objekten zugerechnet werden (Heintz 2010: 174).

Diese allgemeinen Überlegungen zu zahlenmäßigen Vergleichen liefern eine Erklärung dafür, weswegen quantifizierende bibliometrische Untersuchungen für die Politik besonders attraktiv sein dürften: Folgt man den Überlegungen von Heintz, so wäre zum einen zu vermuten, dass sie innerhalb der Politik eine hohe Überzeugungskraft haben, da ihnen ein höheres Maß an Objektivität zugeschrieben wird. Zum anderen liegt die Hypothese nahe, dass quantitative Maßzahlen zur Legitimierung wissenschaftspolitischer Steuerungen besonders geeignet sind. Die Vermutung wäre hier, dass sie den Eindruck besonderer Objektivität und der Sachangemessenheit wissenschaftspolitischer Entscheidungen in der Öffentlichkeit erzeugen.

Zwei Beispiele indikatorenbasierter Wissenschaftspolitik

Nachdem ich in den vorangegangenen beiden Abschnitten die Entwicklung des Zitations-Index und die Institutionalisierung der Bibliometrie kursorisch dargestellt, die Logik quantifizierender Vergleiche untersucht und Hypothesen zur Verwendung von quantitativen Wissenschaftsindikatoren formuliert habe, gehe ich im folgenden Abschnitt der Frage nach, welche Rolle Zitationsanalysen in der empirischen Realität der Wissenschaftspolitik spielen. Zu diesem Zweck stelle ich zwei Systeme der leistungsbasierten Vergabe von Forschungsmitteln vor. Sie sind von besonderem Interesse, da an ihre Leistungsmessung und -bewertung wissenschaftspolitische

Entscheidungen über die Vergabe von Forschungsmitteln angeschlossen werden und diese Instrumente damit unmittelbare Konsequenzen für die Forschungseinrichtungen haben. Es handelt sich zum einen um das australische System der leistungsbezogenen Vergabe öffentlicher Forschungsmittel *(Australian Research Evaluation System)* und zum anderen um die britische *Research Assessment Exercise (RAE)* und deren Nachfolger, das *Research Excellence Framework (REF)*. Als Beispiele wurden sie gewählt, da in den beiden Ländern bereits umfangreiche Erfahrungen mit dieser Art von Instrument vorliegen. Der Fokus der Darstellung liegt hier nicht mehr nur auf den Instrumenten der Leistungsmessung selbst, sondern auch auf den Rückwirkungen dieser Aktivitäten in Wissenschaft und Politik.

Das Australian Research Evaluation System (RES) und seine Nachfolger

Das australische System der Forschungsförderung von Universitäten ist dual organisiert und setzt sich zusammen aus einer Grundfinanzierung und einer leistungsbezogenen Finanzierung. Hier ist ausschließlich die leistungsbezogene Mittelvergabe von Interesse, die sich ihrerseits aus zwei Komponenten zusammensetzt. Die beiden wichtigsten Forschungsförderer – das *Health and Medical Research Council (NHMRC)* und das *Australian Research Council (ARC)* – vergeben den Großteil ihrer Mittel in Form der Projektförderung, also als Zuwendung nach einer positiven Begutachtung von Projektanträgen. Vom Grundprinzip her entspricht dieses Verfahren im deutschen System der Mittelvergabe durch das DFG-Normalverfahren. Der verbleibende Teil wird auf der Basis einer indikatorenbasierten Leistungsmessung vergeben. Zu diesem Zweck teilen die Universitäten seit 1993 dem *Department of Education, Science and Technology (DEST)* verschiedene Daten mit. Hierzu zählen die Summe der Forschungsmittel, der Forschungsoutput in Form von Publikationen sowie die vergebenen höheren akademischen Grade (Master und PhD) (Geuna & Martin 2003: 294). Die erste leistungsbezogene Allokation öffentlicher Mittel fand in Australien im Jahr 1996 statt und wird seitdem regelmäßig wiederholt (Butler 2003: 40). Während in den ersten Jahren für den Indikator „Veröffentlichungen" eine Vielzahl von Publikationsformen berücksichtigt wurden, zählen seit 1995 nur noch Bücher, Buchkapitel, begutachtete Journal-Artikel und begutachtete Beiträge in Konferenzbänden.

Die Leistungsmessung im Bereich des Forschungsoutputs folgt dabei einem vergleichsweise einfachen Prinzip: Publikationen werden schlicht gezählt, gemessen wird also die Häufigkeit der Beteiligung am wissenschaftlichen Kommunikationssystem. Unterschiede, sei es in Bezug auf die Qualität, den Umfang, den Publikationsort oder den „Impact" der Publikationen, werden nicht berücksichtigt. Aufgrund der hohen Standardisierung, dem Prinzip der Öffentlichkeit, dem hohen Maß an Transparenz und der direkten Anbindung an Mittelzuweisungen wird das *RES* als „starkes" Verfahren bezeichnet (Gläser & Laudel 2007: 128). Dabei lässt es die Schlichtheit der Indikatoren zu, den Wert einer Publikation in Drittmitteln direkt zu beziffern. Dieser lag im Jahr 2001 bei A$ 3.000 für einen Zeitschriftenartikel und bei A$ 15.000 für ein Buch (Butler 2003: 40).

In der Literatur wird lebhaft über Anpassungseffekte diskutiert, mit denen sich Wissenschaftler und Universitäten auf diese Form der Forschungsevaluation einstellen. In einen Zusammenhang mit dem *RES* wird zwar eine Vielzahl von Phänomenen gebracht, empirisch belegt sind jedoch nur wenige Effekte. Grund dafür ist, dass Umfang und Art der Publikationsaktivitäten von einer Vielzahl von Faktoren abhängen und daher die Zurechnung der Veränderung des Publikationsaufkommens auf eine bestimmte Ursache naturgemäß schwierig ist. Interessant ist in diesem Zusammenhang eine Untersuchung von Linda Butler (2003). Sie ermittelt einen deutlichen Anstieg von Publikationen australischer Universitäten im *Science Citation Index* für sämtliche untersuchte Disziplinen. Für die Zurechnung des Effekts auf das *RES* sprechen dabei zwei Umstände. Erstens fällt der Anstieg des Publikationsaufkommens zeitlich zusammen mit der Einführung der Forschungsevaluation. Zweitens zeigt sich dieser Anstieg nur im universitären Bereich, in dem das System der leistungsbezogenen Mittelvergabe implementiert ist. In anderen Sektoren des australischen Wissenschaftssystems (wie z. B. im Bereich der außeruniversitären Forschung) findet sich das Phänomen nicht. Das oben beschriebene Wachstum lässt sich nicht bei sämtlichen Journalen des *SCIE* beobachten. Weitgehend ausgenommen von diesem Trend sind prestigeträchtige Journale, die zwar hoch zitiert sind, aber auch eine hohe Ablehnungsquote aufweisen. Butler erklärt diese Ausnahme mit Verweis auf die Evaluationskriterien des *RES*. Das Publikationsverhalten der Wissenschaftler passt sich derart an, dass es auf eine Erhöhung der Menge von im Rahmen der Leistungsmessung gezählten *SCI*-Publikationen zielt, nicht aber auf die Erhöhung des Anteils an Publikationen in den Top-Journalen, da das Prestige der Zeitschriften keine Berücksichtigung findet: „With no attempt made to differentiate between the quality, visibility or impact of different journals when funding is allocated, there is little incentive to strive for publication in a prestigious journal" (Butler 2003: 41).

Einige Beobachter dieses Phänomens vermuten, dass die gestiegene Anzahl an Publikationen nicht als Indiz einer Verbesserung der Forschungsleistung zu interpretieren ist, sondern vielmehr ihre Ursache in einer veränderten Publikationsstrategie hat:

> There is some evidence that the use of total numbers of publication as a performance measure may have led to ‚publishing inflation' – i.e., maximizing the numbers of articles produced by repetition, lowering quality standards, or the ‚salami slicing' of research into ‚least publishable units' (Geuna & Martin 2003: 283).

Die Frage, weswegen sich die einzelnen Wissenschaftler an diesem Prozess beteiligen, also auf Anreize reagieren, die zunächst auf der Ebene von Forschungsorganisationen wirken, lässt sich damit erklären, dass ein Teil der Universitäten die interne Vergabe von Mitteln an die selben Maßzahlen bindet, nach denen die Leistungsmessung von außen stattfindet. Das äußere System der Leistungsmessung wird gewissermaßen innerhalb der Organisation wiederholt (Gläser & Laudel 2007: 138).

In den letzten Jahren ist Bewegung in die konzeptionelle Entwicklung des australischen Evaluationssystems gekommen. Aufgrund der Kritik am System, die sich nicht zuletzt an der Schlichtheit der ihm zugrunde liegenden Indikatoren entzündet, hat die australische Regierung im Jahr 2004 eine Expertenkommission eingesetzt. Ziel war es, ein Verfahren zu entwickeln, das auch qualitative Komponenten berücksichtigt (Butler 2007: 566). Qualitativ meint dabei, dass der Forschungsoutput nicht nur durch eine einfache Zählung der Publikationen gemessen wird, sondern diese Messungen ergänzt werden durch Expertenurteile sowie quantitative Indikatoren, die das Gewicht oder die Bedeutung einer Publikation messen sollen. Für die Gruppe der Disziplinen *physical and biological sciences* wurde beispielsweise vorgeschlagen, neben der Anzahl hoch zitierter Papiere die Anzahl an Papieren in Spitzenjournalen, die Anzahl der Patente, die Erfolgsquote bei der Beantragung von Forschungsmitteln, die Anzahl an Einladungen zur Mitwirkung in Expertenkommissionen, die Höhe der von der Industrie eingeworbenen Forschungsmittel sowie den Mittelumfang der im Auftrag der Industrie durchgeführten Forschungsprojekte zu erfassen (DEST 2005: 21).

Dieser Vorschlag wurde trotz weit fortgeschrittener konzeptioneller Arbeiten nie umgesetzt, sondern scheiterte an einem Regierungswechsel. Auf den Weg gebracht wird nun von der neuen Regierung ein System, das unter dem Namen *Excellence in Research for Australia (ERA)* das im RES verkörperte Prinzip einer disziplinenübergreifend einheitlichen Leistungsmessung und -bewertung aufgibt. Stattdessen werden je nach Disziplin und disziplinenspezifischer Ausprägung des wissenschaftlichen Kommunikationssystems quantitative Maßzahlen mit der Beurteilung des Forschungsoutputs durch Experten kombiniert. Neben gerankten Publikationsmedien (Journale, Verlage, Konferenzen) wird Leistung – je nach Disziplin – durch Zitationsanalysen, an der Summe der eingeworbenen Forschungsmittel, der akademischen Ämter sowie der Patente und anderen intellektuellen Eigentumsrechte gemessen (ARC 2008a: 2f.).

Das Evaluationsverfahren verändert sich also in mehrerer Hinsicht. Erstens vergrößert sich das Set an Indikatoren, die zur Leistungsmessung herangezogen werden. Zweitens werden Anstrengungen unternommen, die Qualität des Forschungsoutputs zu bestimmen. Wo immer es möglich ist, findet dies auf der Basis quantitativer Maßzahlen, wie beispielsweise Zitationsanalysen, statt. Drittens orientiert sich das Verfahren von seinem Gesamtansatz her immer noch an externen und nach Möglichkeit quantifizierenden Messungen des Forschungsin- und des Forschungsoutputs. Allerdings soll diesem Ansatz nur in Disziplinen gefolgt werden, in denen sich der jeweilige Indikator auch bewährt hat (ARC 2008b: 1). Wo dies nicht der Fall ist, soll ersatzweise eine qualitative Leistungsbewertung durch Mitglieder der betreffenden Disziplin – also *peers* – vorgenommen werden.

Die Research Assessment Exercise (RAE) und der Research Excellence Framework (REF) in Großbritannien

Auf den ersten Blick zeigen sich deutliche Ähnlichkeiten zwischen den Systemen der öffentlichen Forschungsförderung in Großbritannien und Australien. Auch das britische System ist dual angelegt. Die eine Säule des Systems wird von der projektbezogenen Forschungsförderung gebildet, die von den Grundzügen her mit dem oben beschriebenen System der australischen Projektförderung zu vergleichen ist. Die zweite Säule des Systems ist die leistungsbasierte Vergabe von öffentlichen Mitteln durch sogenannte *Funding Councils*. Diese Art der Förderung zielt auf die Herstellung und Aufrechterhaltung einer Forschungsinfrastruktur (Hare 2003: 46).

In Großbritannien begannen Versuche mit diesem Instrument der Forschungsevaluation bereits zu Beginn der 1980er Jahre, ein Einsatz des Evaluationssystems fand erstmalig im Jahr 1986 statt. Seitdem wurden 1992, 1996, 2001 und 2008 *Research Assessment Exercises* durchgeführt. Der Beschreibung der RAE des Jahres 2001 ist das Ziel präambelartig vorangestellt, die Qualitätsmessung von Forschung direkt mit wissenschaftspolitischem Entscheiden zu verkoppeln: „The main purpose of the Research Assessment Exercise (RAE) is to enable the higher education funding bodies to distribute public funds for research selectively on the basis of quality."[9] Die Evaluation der Forschungsergebnisse beeinflusste die Mittelzuweisung an die Institute in den folgenden Jahren.

Das methodische Vorgehen der RAE fokussiert stark auf die Berücksichtigung von Qualität und weist damit deutliche Unterschiede zum ursprünglichen australischen System auf. Die Forschungsaktivitäten werden in Bereiche oder Forschungsfelder, sogenannte *Units of Analysis (UoA)*, zusammengefasst. Für jede *UoA* wird ein hochkarätiges Panel erfahrener Wissenschaftler aus den entsprechenden Forschungsbereichen zusammengestellt (Hare 2003: 47; Elkin 2002: 204), das für die Qualitätsbewertung zuständig ist. Die Bewertung der Forschungsleistung basiert auf variierenden Parametern. Dazu gehörten bisher (a) das Personal der betreffenden Forschungseinrichtung, (b) Publikationen, (c) Studierenden- und Promovierendenzahlen, (d) Umfang der Forschungsmittel und (e) Informationen zum Forschungsfeld sowie zur strategischen Ausrichtung der Einrichtungen. Das Panel hat nun die Qualität für sämtliche Einreichungen auf einer mehrstufigen Skala zu beurteilen. Bei der Eingruppierung auf der Skala fungieren die erhobenen Parameter als Informationsgrundlage, führen aber nicht direkt zu einem bestimmten Platz. Die Letztentscheidung über die Eingruppierung liegt bei den Experten. An dieser Skala orientiert sich die Vergabe von Forschungsmitteln, wobei ein Großteil der Mittel auf die beste Stufe entfällt, die mittleren Stufen wenig Mittel erhalten und die Einrichtungen der schlechtesten Stufe leer ausgehen.

Sowohl die Informationsgrundlage als auch die Skala haben sich in den Durchläufen der *RAE* mehrfach verändert. Während die *RAE* 1992 den gesamten Publikationsoutput der Wissenschaftler der Forschungseinrichtungen zu erfassen suchte und in diesem Zusammenhang mindestens auch sporadisch bibliometrische Indikatoren im Hintergrund zum Einsatz kamen (Bence & Oppenheim 2004: 56), ist in den *RAE* von 1996 und 2001 eine Hinwendung zu qualitativen Kriterien zu beobachten (Geuna & Martin 2003: 283). Durch die Beschränkung der Zahl von vier eingereichten Publikationen pro Wissenschaftler soll es den Mitgliedern der Panels ermöglicht werden, sich durch die Lektüre der Texte ein Bild von der Leistung des betreffenden Wissenschaftlers zu machen. Der dabei entstehende Aufwand wird von manchen Beobachtern zum Teil kritisch hervorgehoben (Bence & Oppenheimer 2004: 65).

Für das Verständnis der *RAE* und der Anpassungsreaktionen in der Wissenschaft ist es von Bedeutung, dass sich die Evaluation auf die Einheit ‚Forschungsinstitut' bezieht und die Einrichtungen trotz detaillierter Vorgaben von Seiten der *RAE* große Spielräume haben, zu entscheiden, welche Organisationsmitglieder im Rahmen der Exercise als Forscher gelten. Dieser Spielraum wird von den Einrichtungen strategisch genutzt, um mit Blick auf die Leistungsmessung und die zu vergebenden Mittel möglichst gut abzuschneiden. Ein Beobachter führt hierzu aus:

> So the department is invited to play games: does it put in more than thirty percent or less than thirty percent? If thirty percent will earn a 5*, that is a good multiplier but for few staff; if it put in sixty percent and only gets grade 3a that is a poor multiplier but for more staff (Brook 2003: 63).

Solche Optimierungsstrategien seitens der Institute hatten auf der Ebene des Systems weitgehende Effekte: Bei der Durchführung der *RAE* 2001 wurde bemerkt, dass nahezu alle Forschungseinrichtungen die Logik der Leistungsmessung verstanden und ihre Strategien entsprechend angepasst hatten. Zum Zeitpunkt der Meldung des Personals war absehbar, dass die Institute, die in die drei schlechtesten Kategorien fallen würden, keine Mittel bekämen. Die Einrichtungen reagierten darauf, indem sie nur die produktivsten Wissenschaftler benannten. In der Summe hatte das den Effekt, dass die Anzahl der Forscher und die Menge der Einreichungen zwar schrumpften, das Niveau der Forschung gemessen an der Skala der *RAE* sich insgesamt aber verbesserte:

> An unanticipated outcome in the 2001 Research Assessment Exercise was that everybody had got better. Indeed, whereas in 1996 the number for people in categories 4,5, and 5*, had been thirty-seven percent. A dire consequence was that, because the academic world had been so motivated by the Exercise and had so

> dramatically improved according to the criteria of the exercise, there was not enough money to give the anticipated reward... But in the end they came to the ingenious solution. All of the results should be mathematically adjusted and further modified. What this meant was if you were a 5 department you stayed just the same as you were before, but if you were a 3a department you lost about sixty percent of the money that you had been led to expect (Brook 2003: 63f.).

Neben der Optimierung der Ergebnisse der Leistungsmessung griffen die Forschungseinrichtungen aber auch zu weitergehenden Strategien, um ihre Chancen auf leistungsbezogene Mittel zu erhöhen. An erster Stelle zu nennen ist hier die Rekrutierung von Top-Wissenschaftlern zu dem Zweck, die Kategorie der Forschungseinrichtung auf der Skala des *RAE* zu verbessern (Stephan 2008: 314; Banatvala et al. 2005: 459). Solche Strategien mögen zwar aus der Sicht der rekrutierenden Einrichtung rational sein, bringen aber aus der Perspektive der Wissenschaftspolitik keine Vorteile. Im Gegenteil: Sie sind eine unerwünschte Konsequenz der Leistungsmessung, da sie zu einer unproduktiven Verwendung von Forschungsmitteln führen. Daher fühlte sich wiederum die Politik aufgefordert, das Instrument der Leistungsmessung anzupassen, um solche Effekte zu unterbinden:

> The resulting academic transfer market was considered to be a problematic feature of RAE 1996, so for RAE 2001, measures were taken to limit its effects notably by setting a cut of date for staff movements one year in advance of the deadline for eligible research. (Hare 2003: 53).

Die Research Assessment Exercise 2008 war die letzte, die unter diesem Namen durchgeführt wurde. An ihre Stelle tritt in Zukunft das *Research Excellence Framework (REF)*, das zwar mit den *RAE* die grundsätzliche Zielsetzung teilt, sich aber in den folgenden drei zentralen Punkten unterscheidet. Erstens bleibt das Konzept der Beurteilung von Forschungsleistungen durch *peers* zwar in Kraft, die Anzahl der *UoA* wird aber stark geschrumpft. Vorgesehen sind nunmehr 30 Bereiche im Vergleich zu 67 *UoA* in der *RAE* 2008 (HEFCE 2009a: 2). Zweitens wird neben dem Forschungsoutput und der strategischen Ausrichtung der zu bewertenden Forschungseinrichtungen nun auch die gesellschaftliche Relevanz der Forschung mit berücksichtigt. Und drittens werden erstmalig offiziell auch bibliometrische Indikatoren zur Messung von Forschungsleistungen eingesetzt. Dieser Einsatz ist freiwillig in dem Sinne, dass die verschiedenen Panels darüber entscheiden können, ob sie Zitationsanalysen nutzen wollen. Das *Higher Education Funding Council for England* räumt ein, dass Zitationsanalysen nicht für jedes Feld gleichermaßen geeignet sind. Die Stoßrichtung ist aber klar: Der Einsatz von Zitationsanalysen soll das Verfahren verschlanken, stärker standardisieren und den Aufwand letztlich reduzieren (HEFCE 2009a: 4).

Zwischenresümee

Die beiden Beispiele RES und der RAE sollen dazu dienen, ein Bild von der indikatorenbasierten Wissenschaftspolitik zu gewinnen. Als Zwischenresümee möchte ich die folgenden drei Punkte festhalten:

- *Bedeutung von zitationsbasierten Indikatoren*: Für die beiden Forschungsevaluationen lässt sich feststellen, dass Zitationsanalysen zwar eingesetzt werden, ihre Bedeutung aber gemessen an den eingangs beschriebenen wissenschaftspolitischen Visionen der 1970er Jahre vergleichsweise bescheiden ist. Neben ihnen finden andere Wissenschaftsindikatoren wie zum Beispiel Publikationszählungen und die Bilanzierung von Drittmitteln Verwendung. Expertenurteile spielen zumindest im britischen System eine Rolle, im australischen Modell waren und sind sie von eher untergeordneter Bedeutung. Dennoch lässt sich beobachten, dass die Relevanz von Indikatoren, die auf Zitations-Indexen basieren, in der Tendenz steigt, und zwar in beiden Systemen. Die britischen und australischen Systeme markieren vom Ausgangspunkt ihrer Entwicklung her in gewisser Weise zwei Extrempole: Während das australische System neben anderen Indikatoren den Forschungsoutput durch eine sehr einfache, gewichtete Zählung von Publikationen zu ermitteln suchte, begann das britische System mit einer sehr aufwändigen Begutachtung durch Fachkollegen. Mittlerweile nähern sich beide Systeme einem ähnlichen Modell an, wenngleich auch aus verschiedenen Richtungen. Sie entwickeln sich in Richtung einer Leistungsmessung und -bewertung, die eine quantitative Messung des Forschungsoutputs durch ein Set von Indikatoren unter Berücksichtigung von Zitationsanalysen zur Bestimmung der Qualität von Publikationen beinhaltet. Das australische System überwindet damit die Schlichtheit einer bloßen Zählung von Publikationen, in Großbritannien scheint es dagegen vorrangiges Ziel zu sein, für die Experten die Lasten aufwändiger Urteile zu reduzieren.
- *Rückwirkungen von Systemen der Leistungsmessung*: Die empirischen Beispiele zeigen, dass die Leistungsmessung zu Ketten von Reaktionen und Gegenreaktionen führen. Auch wenn wegen der oben angesprochenen Zurechnungsprobleme kein vollständiges Bild in Bezug auf die Effekte von Leistungevaluationen in der Wissenschaft vorliegt, finden sich in der Literatur einige Indizien dafür, dass ein Zusammenhang zwischen der Art der Leistungsmessung und der Art der Reaktionen existiert. Wegen der vergleichsweise hohen Komplexität des Instruments der Leistungsmessung reagieren englische Universitäten offenbar eher mit einer allgemeinen, unspezifischen Strategie: Sie konkurrieren vornehmlich um Spitzenwissenschaftler, die mit Blick auf verschiedene Indikatoren gut abschneiden. Die Reaktion australischer Universitäten besteht unter anderem darin, Steuerungsimpulse an die individuellen Wissenschaftler weiterzugeben.

Diese verändern ihre Publikationsstrategie dahingehend, dass sie ihre Publikationen bevorzugt in einem bestimmten Segment der *SCIE*-Journale unterbringen.

- *Anpassungen auf Seiten der Wissenschaftspolitik*: Eine dritte Beobachtung bezieht sich auf die Reaktionen auf der Seite der Wissenschaftspolitik. Im Fall beider Evaluationssysteme sieht sich die Politik gezwungen, auf nicht-intendierte Effekte der Leistungsmessung zu reagieren. Diese Reaktionen reichen von der Veränderung des Messinstruments (Australien, UK) über die Modifikation der Regeln, wie dieses Instrument zu handhaben ist (z.B. Einführung eines Stichtags, zu dem die in der Evaluation berücksichtigten Wissenschaftler in der Forschungseinrichtung beschäftigt sein müssen, UK) bis hin zu der Anpassung der Entscheidungsregeln zur Vergabe von Forschungsmitteln (wiederum UK). Diese Reaktionen zeigen an, dass eine indikatorbasierte wissenschaftspolitische Steuerung kein statisches Unterfangen ist, sondern einer starken Dynamik unterliegt. Und diese betrifft sowohl die Politik als auch die Wissenschaft.

Das Verhältnis von Wissenschaft und Politik in Zeiten indikatorenbasierter Steuerung

Die Ergebnisse des Zwischenresümees führen zu der weitergehenden und auf der Ebene soziologischer Theorie liegenden Frage, wie das Verhältnis von Wissenschaft und Politik beschaffen ist, in dem Evaluationsinstrumente dazwischen geschaltet sind. Der Diskussion um indikatorbasierte Mittelvergabe liegt häufig ein einfaches Kausalmodell zugrunde, auf dessen Ursachenseite eine leistungsbewertende Politik und auf dessen Folgen- oder Wirkungsseite die Wissenschaft, in der sich Strategien und Anpassungsvorgänge vollziehen, verortet wird. Gegen eine solche Perspektive sollen hier keine prinzipiellen Einwände vorgebracht werden. Vielmehr ist diese Perspektivenbeschränkung häufig nachgerade notwendig, beispielsweise um einen empirischen Nachweis des Zusammenhangs zwischen Leistungsmessung und Wandlungsprozessen innerhalb der Wissenschaft zu erbringen und Folgen eindeutig zurechnen zu können.[10] Die Absicht dieses letzten Argumentationsschritts ist aber eine andere. Es geht hier erstrangig um die Entwicklung eines übergreifenden theoretischen Rahmens, der den gesamten Bereich des Phänomens abdeckt. Daher wird im Folgenden eine Perspektive entwickelt, die den wechselseitigen Rückwirkungen in Wissenschaft und Politik Rechnung trägt.

Es bietet sich an, einen differenzierungstheoretischen Ausgangspunkt zu wählen und davon auszugehen, dass es sich bei Wissenschaft und Politik um gesellschaftliche Teilsysteme handelt, die gemäß verschiedener Logiken operieren. Diese von Weber bis in das neuere Verständnis der Systemtheorie hineinragende Figur gesellschaftlicher Differenzierung ist zu ergänzen durch die Unterscheidung verschiedener Typen von Systemen. Aufgrund der zentralen Rolle von strategischen Anpassungsprozessen, mit denen Organisationen (oder Teile von Organisationen) auf Evaluationen reagieren, liegt der Rückgriff auf eine Theorie nach, die über einen starken Akteursbegriff verfügt und die für solche Reaktionsmuster eine angemessenen begrifflichen Rahmen an zentraler Stelle bereithält. Aus diesem Grund wird hier einer differenzierungstheoretisch informierten Lesart des akteurszentrierten Institutionalismus der Vorzug gegeben gegenüber der ohne Frage sehr weit ausgearbeiteten und begrifflich konsistenten Systemtheorie Luhmann'scher Provenienz.

In Anknüpfung an Renate Mayntz (1988) und andere lassen sich drei Strukturdimensionen unterscheiden. Die oberste Ebene bildet die Differenzierung der Gesellschaft in funktionale Teilsysteme, die hier verstanden werden als „hochgradig generalisierte(r) sinnhafte(r) Orientierungen, die den Akteuren als allgemein verbreitete situationsdefinierende Fiktion gegenwärtig sind" (Schimank 2007: 220). Von einer Fiktion ist zu sprechen, weil erhebliche Diskrepanzen zwischen der generalisierten sinnhaften Orientierung und konkreten sozialen Situationen existieren und die Akteure sich dieser Diskrepanzen auch durchaus bewusst sind, sich aber dennoch an den simplifizierenden Abstraktionen orientieren (Schimank 1988: 632f.). Auch wenn mit den Teilsystemen Wirtschaft, Recht, Wissenschaft und Politik ähnliche gesellschaftliche Makrostrukturen wie in der Systemtheorie Luhmanns adressiert werden, unterscheidet sich die Konstitutionstheorie doch in wesentlichen Punkten. Während Luhmann für die erfolgreiche Ausdifferenzierung gesellschaftlicher Teilsysteme ein Bestandsproblem des übergeordneten Sozialsystems Gesellschaft voraussetzt (Luhmann 1997: 747f.), sind die Annahmen des akteurszen-trierten Institutionalismus deutlich schwächer. Folgt man Mayntz in diesem Punkt, handelt es sich hier um Formen sinnhafter Spezialisierung, die sich auf solche Bezugsprobleme beziehen können, es jedoch nicht zwangsläufig müssen. Zudem wird nicht grundsätzlich von einer autopoietischen Operationsweise ausgegangen, die den Funktionssystemen ein hohes Maß an Autonomie und eigenlogischem Prozessieren unterstellt. Stattdessen wird – letztlich auch mit Blick auf die empirische Verwendbarkeit der Theorie – mit einer mehr oder minder starken Spezialisierung und einem mehr oder minder hohen Grad an Ausdifferenzierung funktionaler Teilsysteme gerechnet. Teilsysteme haben dabei orientierende Wirkung auf das Handeln von Akteuren. Schimank zufolge führt die Zugehörigkeit eines Akteurs zu einem Teilsystems dazu, dass er weiß, welcher Richtung des *Wollens* er sich zuwenden kann (Schimank 2007: 220).

Fragt man im Rahmen dieser Theorie nach der Binnenstruktur gesellschaftlicher Teilsysteme, wird man auf Akteurskonstellationen verwiesen (Mayntz 1988: 24). Sie konstituieren sich aus dem Zusammenspiel mehrerer Akteure, die gewahr sind, dass sie ihre Intentionen nicht monologisch verfolgen können, sondern auf die Koordination ihres Handelns mit anderen Akteuren angewiesen sind (Schimank 2007: 221). Andere Akteure einer Konstellation wirken dabei nicht nur restriktiv auf das Handeln, sondern häufig auch handlungsermöglichend. Sie können unterstützend wirken oder durch die Art ihrer Handlungsorientierung Hindernis oder Widerstand darstellen. In Bezug auf Akteurskonstellationen rückt daher das *Können* von Akteuren in den Fokus der Aufmerksamkeit. Die dritte Strukturdimension ist die institutionelle Ordnung oder sind die normativen Orientierungen, denen sich ein Akteur ausgesetzt sieht. Diese Erwartungen (oder Vorgaben des *Sollens*) besitzen unterschiedliche Reichweiten und Grade der Formalisierung, und umfassen einfache Verhaltenserwartungen Mitgliedschaftserwartungen von Organisationen und formalisierte Rechtsnormen (Schimank 2007: 221).

Mit diesen Überlegungen sind nun die wesentlichen theoretischen Voraussetzungen gewonnen, um den empirischen Fall der indikatorenbasierten Leistungsmessung reflektieren zu können. Zunächst zur Seite der Politik: Im Zuge der wohlfahrtsstaatlichen Ausweitung der Zuständigkeiten des Staats ist der Umfang des Staatshaushalts stark angestiegen. Dies gilt auch für die Aufwendungen für die Wissenschaft, deren (in jüngster Zeit etwas abnehmendes) Größenwachstum über sechs Dekaden hinweg enorme Kostensteigerungen verursacht hat. Dies hat die politischen Akteure in eine Situation geführt, die durch zum Teil widersprüchliche Legitimationsanforderungen gekennzeichnet ist: Ein hohes und in der Tendenz steigendes Erwartungsniveau in Bezug auf die Leistungserbringung findet seine Ergänzung in der Forderung nach sparsamem und effizientem Umgang mit öffentlichen Mitteln. In dieser Situation ist es für die zuständigen Ministerien attraktiv, Instrumente zu nutzen, die eine Mittelallokation nach der Maßgabe der höchsten Effizienz versprechen. Der Einsatz dieses Beobachtungsinstruments hat aber auch noch einen Zusatznutzen: Die Legitimierungslasten verschieben sich von den politischen Akteuren auf das Evaluationsinstrument und auf die durchführenden Organisationen. Weiter oben wurde bereits festgestellt, dass sich für diesen Zweck ein Instrument anbietet, das sich des Mediums der Zahlen bedient.

Die Situation der wissenschaftlichen Akteure lässt sich dagegen wie folgt charakterisieren: Aufgrund ihrer Abhängigkeit von vornehmlich öffentlichen Ressourcen sind sie gezwungen, sich an der Leistungsmessung zu beteiligen und gegebenenfalls an diesem Prozess durch Bereitstellung oder Überprüfung von Daten aktiv mitzuwirken. Interessant ist dabei zu sehen, dass eine Beobachtung hier nicht nur in Richtung der Wissenschaft stattfindet, sondern auch in umgekehrter Weise. Die offenbar auf die jeweiligen Leistungsmessvorgänge abgestimmten und jeweils spezifischen Reaktionen und Anpassungsprozesse der Wissenschaft zeigen an, dass die wissenschaftlichen Akteure ihrerseits die Politik in der Handhabung des entsprechenden Leistungsmessinstruments beobachten und sich als Messobjekte mit Blick auf die Kategorisierungen, die der Messung zugrunde liegt, optimieren. Die Art und Weise der Ausgestaltung des Evaluationsinstruments scheint damit nicht nur bedeutsam zu sein für das Messergebnis selbst, sondern auch für die Art und Weise, wie die Wissenschaft auf die Beobachtung der Politik reagiert.

Die oben entwickelte Unterscheidung zwischen der Ebene der strategiefähigen Akteure einerseits und der Akteurskonstellationen andererseits erweist sich für den hier analysierten Gegenstand als fruchtbar, da es mit ihr gelingt, die intentionalen Strategien und transintentionalen Effekte auseinander zu halten. Für beide Akteursgruppen lässt sich das Entstehen von weiter reichenden transintentionalen Effekten vermuten. Dazu drei Beispiele:

- *Neutralisierung der Strategien sämtlicher Akteure*: In diesem Fall blockieren sich in der Tendenz die Strategien, so dass eine Situation entsteht, die ähnlicher Weise vermutlich auch ohne die Anwendung von Strategien eingetreten wäre. Ein Beispiel für eine solche Situation war im Zuge der britischen RAE zu beobachten, als sich eine große Zahl wissenschaftlicher Einrichtungen darum bemühte, im Rahmen der RAE einen bestimmten Rang zu erreichen, ab dem der Zufluss von Forschungsmitteln zu erwarten war. Die Politik reagierte darauf mit einer Strategie der Anpassung der Regeln zur Vergabe von Forschungsmitteln und neutralisierte diese Bestrebungen.
- *Externalitäten in der Wissenschaft*: Hier führt das Zusammenspiel der Akteursstrategien zu nicht-intendierten Effekten auf übergeordneter Ebene. Zu denken ist dabei an die Entstehung eines hoch-kompetitiven Arbeitsmarktes für exzellente Wissenschaftler durch die Konkurrenz der Forschungsorganisationen um Spitzenpersonal. Weitere mögliche Effekte wären die Überlastung der Redaktionen wissenschaftlicher Fachzeitschriften durch gezielte Einreichung von Manuskripten in einem spezifischen Segment von Journalen oder auch die Aufblähung des wissenschaftlichen Kommunikationssystems insgesamt.
- *Politisierung der Evaluation*: Sie findet auf verschiedenen Wegen statt. Hervorhebenswert sind hier Beispiele von koordiniertem Handeln wissenschaftlicher Akteure, das darauf gerichtet ist, die sachliche Angemessenheit des Evaluationsinstruments in Zweifel zu ziehen. Exemplarisch sei eine gemeinsam unterzeichnete Erklärung von Herausgebern einer beträchtlichen Anzahl an Journalen aus dem Bereich der Wissenschaftsforschung genannt, die sich gegen den Aufbau eines *European Reference Index for the Humanities (ERIH)* wenden (Weingart 2009: 1-5). Damit ist jedoch nur ein erster Schritt zu einer Politisierung getan, deren Ausgang ungewiss ist.

Mit einer letzten – eher spekulativen – Überlegung soll dieser theoretische Einordnungsversuch abgeschlossen werden. Führt man sich noch einmal den Zusammenhang vor Augen zwischen den wechselseitigen Beobachtungen von Akteuren aus Wissenschaft und Politik durch das Evaluationsinstrument hindurch, der Entwicklung von darauf bezogenen spezifischen Strategien sowie entstehenden transintentionalen Folgen, könnte man darauf kommen, dass die Gestaltung des Beobachtungsinstruments Einfluss auf die Eintrittswahrscheinlichkeit solcher transintentionaler

Effekte hat. Denn: Insbesondere wenn Akteure mit ihren Strategien in gleichgerichteter Weise auf Leistungsmessungen reagieren, treten derartige Effekte ein. Damit ist aber vermutlich vor allem dann zu rechnen, wenn die Instrumente der Leistungsmessung und -bewertung sehr einfach gebaut sind und den Akteuren eindeutige Strategien nahe legen, mit denen das Messergebnis beeinflusst werden kann. Dies mag unter anderem auch der Grund sein, weswegen – trotz des immer wieder beklagten hohen Aufwands von Alternativen – auf den Einsatz von sehr simplen Instrumenten der Leistungsmessung mittlerweile überwiegend verzichtet wird.

Forschungsevaluationen und die Zukunft des Zitations-Index

In diesem Aufsatz wurde ein Bogen gespannt von der Entwicklung des bibliometrischen Instrumentariums hin zu dessen Einsatz im Rahmen von Systemen der leistungsbezogenen Forschungsförderung. Zwar stellen bibliometrische Indikatoren nur ein Mittel neben anderen dar, um Wissenschaft zu vermessen. Sie sind aber von herausgehobenem Interesse, da sie die intertextuellen Referenzen nutzen, um auf aggregierter Ebene zumindest ihrem Selbstverständnis nach Bedeutendes von Unbedeutendem zu unterscheiden, Anschlussfähiges von Marginalem zu trennen und letztlich Förderungswürdiges gegenüber nicht Förderungswürdigem hervorzuheben. Das hohe Maß an Reaktivität der Wissenschaft einerseits aber auch die dauerhafte Unruhe in Bezug auf die Veränderung des Beobachtungsinstruments andererseits sind zurückzuführen auf die *stakes*, die auf dem Spiel stehen: Die politischen Akteure sehen sich widersprüchlichen Legitimationsanforderungen ausgesetzt, die wissenschaftlichen Akteure bangen um ihre Ressourcen. Von daher ist es eher unwahrscheinlich, dass sich etwas an der grundsätzlichen Konstellation – wechselseitige Beobachtung wissenschaftlicher und politischer Akteure durch die Brille des jeweiligen Evaluationsinstruments – ändert.

Damit soll allerdings keineswegs der Eindruck geweckt werden, dass diese Beobachtungskonstellation statisch ist. Erhebliche Veränderungsimpulse ergeben sich aus der Entwicklung von Messinstrumenten und gehen auch von der Digitalisierung der wissenschaftlichen Kommunikation aus. Anders formuliert: Nicht die Beobachtungskonstellation selbst verändert sich, sondern die in ihr zum Einsatz kommenden Instrumente. Auch wenn es zum heutigen Zeitpunkt nicht vollständig absehbar ist, wie zukünftige Instrumente der Leistungsmessung aussehen werden, lässt sich an den derzeit noch in der Entwicklung befindlichen Messmethoden ablesen, welche Gestalt sie annehmen könnten. Dabei erwarte ich, dass sich die Digitalisierung der wissenschaftlichen Kommunikation in vielfältiger Hinsicht als wirkmächtig erweisen wird. Mit Blick auf das Feld der Zitationsanalyse lässt sich von einer Ausweitung der Beobachtungsmöglichkeiten sprechen. Daneben eröffnet das Primat der digitalen Publikation und Distribution wissenschaftlicher Texte Einblicke in

Rezeptionsvorgänge. Auf den digitalen Vertriebswegen hinterlassen Rezipienten Datenspuren und diese könnten auch im Rahmen von Evaluationen genutzt werden. Ohne den Anspruch auf Vollständigkeit erheben zu wollen, werde ich mögliche Entwicklungspfade in drei Feldern skizzieren.

- *Zitations-Index*: Zu Zeiten der gedruckten Literatur gestaltete sich der Aufbau eines Zitations-Index mühsam. Die Zitationen mussten händisch aus den Publikationen herausgesucht und in eine Datenbank verbracht werden. Mit der Digitalisierung der wissenschaftlichen Kommunikation liegen Publikationen nun in elektronischer Form vor und die Zitationen lassen sich weitgehend automatisch extrahieren.[11] Durch die Reduzierung des Aufwands für die Bewältigung dieses Arbeitsschritts sind neben dem *Web of Science* weitere Zitationsdatenbanken entstanden (z.B. *Scopus*[12] und *Citebase*[13]), neue Dienste, die Zitationsdaten liefern (z.B. *Google Scholar*) entwickelt und Zitationsdaten in Fachdatenbanken integriert worden (z.B. *MathSciNet*[14] oder *SAO/NASA ADS*[15]). Zwar finden sich Hinweise darauf, dass diese Alternativangebote bislang noch nicht an die Qualität des Web of Science heranreichen[16], die Beispiele zeigen aber, dass die Verfügbarkeit von Zitationsdaten zunimmt. Eine zweite wichtige Tendenz im Feld der Zitationsanalysen ist die Entwicklung automatischer Evaluationstools, mit denen die Leistungen von Wissenschaftlern oder wissenschaftlichen Einrichtungen verglichen werden können. Mit *SciVal*[17] (Elsevier) und *InCite*[18] (Thomson & Reuters) haben beide Anbieter der großen Zitationsdatenbanken solche Tools im Angebot. Die Verfügbarkeit von Zitationsdaten und automatischen Evaluationstools spricht dafür, dass die Rolle von Zitationsanalysen bei der Beobachtung der Wissenschaft künftig eher zunehmen wird. Auch wenn die Qualität von Analysen vermittels automatischer Evaluationstools eher zweifelhaft ist, scheint es wahrscheinlich zu sein, dass Zitationsanalysen in Zukunft nicht mehr nur im Rahmen größer angelegter Evaluationsaktivitäten eingesetzt werden, sondern auch ad hoc, beispielsweise im Rahmen von Berufungsverfahren oder bei der Beantragung von Drittmitteln.
- *Usage-based Metrics*: Während der erste Entwicklungspfad die mit dem Zitations-Index geschaffenen Beobachtungsmöglichkeiten von ihrer Form her reproduziert, gehen so genannte *Usage-based Metrics* von anderen Elementen – nämlich Clicks oder Downloads – aus. Im Zuge der Rezeption eines wissenschaftlichen Textes findet eine Zitation erst zu einem recht späten Zeitpunkt statt, dem üblicherweise ein mehrschrittiger Prozess vorausgeht. Dieser beinhaltet die Recherche nach Literatur, die Sichtung der Rechercheergebnisse, die Beschaffung des betreffenden Textes und schließlich dessen Lektüre. Erst auf dieser Grundlage findet bei der Anfertigung eines weiteren Textes möglicherweise eine Zitation der ersten Publikation statt. Die bei der elektronischen Beschaffung von Publikationen anfallenden Daten können genutzt werden, um Indikatoren zu

entwickeln, die etwas über die nachgefragte Publikation, deren Autor oder den Publikationsort aussagen. Dies geschieht üblicherweise durch eine Auswertung der Downloadaktivitäten aus Publikationsdatenbanken oder Online-Repositorien. Brody, Harnad und Carr (2006) nutzen beispielsweise die Downloadraten von Volltexten, um einen *Usage Impact* zu ermitteln und zu prüfen, inwieweit dieser geeignet ist, den späteren *Citation Impact* vorauszusagen. Der Vorteil einer solchen Maßzahl liegt auf der Hand: Sie kann relativ schnell ermittelt werden während der *Citation Impact*, gerade im Fall von Fächern mit langsamer Rezeption und langen Rezeptionsdauern, erst nach einigen Jahren zuverlässig ermittelt werden kann. Eine Alternative zum bereits weiter oben erwähnten *Journal Impact Factor* entwickeln Bollen und van de Sompel (2008) auf der Grundlage von Nutzerdaten. Diese basiert ebenfalls auf Downloadraten von Volltexten und setzt – analog zum *JIF* – die Anzahl an Publikationen eines Journals in einem bestimmten Zeitraum in Beziehung zur Anzahl an Downloads dieser Publikationen. Bollen und van de Sompel machen darauf aufmerksam, dass der *Usage Impact Factor* eine eigene Dimension von „Impact" messe. Während der *JIF* auf einer Datengrundlage ermittelt wird, die durch Rezeptionshandlungen ausschließlich von Wissenschaftlern zustande kommt (eben Zitationen), bezieht der *Usage Impact Factor* auch die Rezeption durch andere Akteure mit ein. *Usage Impact* bezeichnet daher eine eigenständige Wirkungsdimension. Eine Umfrage zeigt, dass bei Wissenschaftlern, Bibliotheken und Verlagen eine große Aufgeschlossenheit gegenüber Indikatoren besteht, die auf Nutzungsdaten basieren (Shepherd 2007). Ob die *Usage-based Metrics* künftig im Rahmen von Evaluationsprozessen genutzt werden, scheint mir auch davon abhängig zu sein, ob es gelingt, die Manipulierbarkeit von Nutzerdaten weitgehend auszuschließen.[19]

- *Bookmark based metrics*: Eine weitere Datenquelle, die Einblicke in Rezeptionsvorgänge gibt, sind so genannte Online Reference Manager, also Literaturverwaltungsdienste wie *CiteULike*[20]. Ebenso wie Publikationsdatenbanken und Online-Repositorien lassen sie es mit vergleichsweise geringem Aufwand zu, Nutzerdaten als Nebenprodukt ihrer Verwendung zu sammeln: Während Nutzer mit ihrer Rezeption jeweils eigene Zwecke verfolgen, erzeugen sie große Mengen von Daten, die in aggregierter Form für die Beobachtungs- und Bewertungsprozesse geeignet sind. Im Fall von Literaturverwaltungsdiensten beziehen sich diese Daten auf Rezeptionsvorgänge wie die Speicherung von Dokumenten, die Annotierung oder Kategorisierung von Publikationen oder das Setzen von Lesezeichen (*bookmarks*). An letztgenannter Art der Rezeptionshandlung setzt Taraborelli an, um die Möglichkeit der Indikatorenentwicklung zu diskutieren. Unter anderem schlägt er einen „Popularity Index" vor, der Auskunft darüber gibt, wie viele Personen ein Lesezeichen für einen bestimmten Text gesetzt haben (Taraborelli 2008: 6). Bei diesem Indikator sieht er das

Potential, im Rahmen von Evaluationsaktivitäten zur Leistungsmessung beizutragen. Die Vorteile gegenüber anderen Indikatoren, die auf Nutzerdaten wie den eben angesprochenen Downloads basieren, sind in einer höheren Robustheit gegenüber Manipulationen und einer höheren Eindeutigkeit jedes einzelnen Vorgangs auf der Plattform zu sehen. Eine höhere Robustheit ist gegeben, weil die Plattform eine Benutzerregistrierung erfordert und die Manipulation der Daten durch automatische Programme erschwert wird. Von einer größeren Eindeutigkeit kann Taraborelli zufolge gesprochen werden, weil es möglich ist, das Setzen eines Lesezeichens einer individuellen Handlung eines Nutzers zuzurechnen (Taraborelli 2008: 9).

Die hier skizzierten neuen Möglichkeiten einer Indikatorkonstruktion schließen sich keineswegs gegenseitig aus. So machte Stevan Harnad den Vorschlag, Publikationen, Metadaten und Nutzerdaten in einem komplexen Indikator zu vereinen und im Rahmen von Forschungsevaluationen zu nutzen. Neben anderen Maßzahlen könnten der *Journal Impact Factor*, Zitationen, Co-Zitationen, Downloads und Co-Downloads zu einem komplexen Index verknüpft werden (Harnad 2009: 154). Sollte ein solcher Index in Zukunft genutzt werden, darf man gespannt sein, mit welchen Strategien die auf solche Weise vermessenen Akteure reagieren. Aber auch wenn diese Informationen nicht zu Evaluationszwecken genutzt werden würden, hätte die dem Index zugrunde liegende Datenbank noch einen anderen Zweck, den Harnad anspricht: die Nutzung „for search and navigation by research users" (Harnad 2009: 155). In diesem Sinne hätte sich ein Kreis geschlossen, denn diese Form der Nutzung entspricht der ursprünglichen Zwecksetzung des Zitations-Index: als ein Instrument der Recherche des Werdegangs von Ideen.

Anmerkungen

1 Mein Dank gilt Matthias Winterhager, Holger Schwechheimer und Peter Weingart für Hinweise, Erläuterungen und Einblicke in den Zitations-Index und in die Praxis der Forschungsevaluation zu ungezählten Gelegenheiten.
2 Klassische Wissenschaftsindikatoren sind die Summe eingeworbener Forschungsmittel (Drittmittel), die Anzahl an Patenten oder die in einer Institution beschäftige Personenzahl.
3 Die folgende Darstellung setzt zeitlich mit der Entstehung eines Zitations-Index ein, mit dem die Bedingungen der Möglichkeit einer regelmäßigen, begleitenden Beobachtung der Wissenschaft geschaffen wurden. Die Überlegung, wissenschaftliche Aktivitäten im Allgemeinen und wissenschaftliche Publikationen im Besonderen mittels Zahlen zu messen, ist allerdings wesentlich älter. Heute noch bekannte Pioniere sind F.J. Cole und N.B. Eales, P.L.K. Gross und E.M. Gross und vor allem A.J. Lotka (Schmidmaier 1984: 404f.). Diese frühen Untersuchungen, die sich quantitativer Mittel der Analyse von Publikationsaktivitäten bedienten, zeichnen sich dadurch aus, dass die Datengrundlage jedes Mal und entsprechend der Anforderungen des jeweiligen Erkenntnisinteresses in

mühevoller und zeitraubender Arbeit zusammengetragen werden musste. Eine permanente quantifizierende Beobachtung der Wissenschaft war mit diesen Mitteln nicht möglich.

4   Prominentes Beispiel dafür ist Derek de Solla Price, der in dieser Zeit an seiner Untersuchung des Größenwachstums der Wissenschaft arbeitete. Zu diesem Zweck kombinierte er verschiedene Indikatoren, die sich auf die personale und organisationale Dimension sowie den Publikationsoutput der Wissenschaft bezogen. Als Ergebnis stellte er fest, die Wissenschaft wachse gemessen an der Anzahl an Wissenschaftlern, Universitäten, wissenschaftlichen Zeitschriften und Publikationen sehr deutlich und die Zahl der in der Wissenschaft tätigen Personen verdopple sich etwa alle 15 Jahre (De Solla Price 1963: 23).

5   Vgl. hierzu Weinberg (1963). Dieser unterscheidet zwischen internen und externen Kriterien für die Vergabe von Forschungsmitteln, wobei er für die internen, innerwissenschaftlichen Exzellenzkriterien bemerkt, sie können nur von Wissenschaftlern des jeweiligen Fachs gehandhabt werden (insbes. 163).

6   Dass es sich dabei um eine zum Teil prekäre Unterstellung handelt, zeigt sich beispielsweise im Fall von Editorials, die häufig keine Wahrheitsbehauptungen aufstellen und zu begründen versuchen. Sie werden aber sehr wohl für die im Science Citation Index erfassten Zeitschriften mit abgedeckt.

7   Eine Beschreibung der Auswahlprozedur findet sich auf der folgenden Webseite: http://wokinfo.com/benefits/essays/journalselection/ (Abgerufen im Oktober 2011).

8   Siehe http://wokinfo.com/media/pdf/WoSFS_08_7050-1.pdf (Abgerufen im Oktober 2011). Beim SCIE handelt es sich nur um einen (wenngleich wichtigen) Teil des Web of Science. Neben dem SCIE umfasst das Web of Science auch noch die folgenden Zitations-Indexe: den Social Science Citation Index mit ca. 2.100 Journalen, den Arts & Humanities Index mit 1.200 Journalen und den Conference Proceedings Citation Index.

9   Siehe die Beschreibung der RAE 2001 auf der Website: http://www.rae.ac.uk/2001/AboutUs/ (Abgerufen im Oktober 2011). Eine nahezu gleich lautende Passage findet sich auch in der Begründung der letzten RAE (Siehe RAE 2005: 5).

10 Zu den Schwierigkeiten einer solchen Zurechnung siehe ausführlicher Gläser & Laudel (2007) und Butler (2007).

11 Siehe zur Beschreibung eines solchen Verfahrens exemplarisch Brody (2003) für die Zitationsdatenbank Citebase.

12 http://www.scopus.com/home.url (Abgerufen im Oktober 2011).

13 http://citebase.org (Abgerufen im Oktober 2011).

14 Siehe hierzu exemplarisch MathSciNet, eine der beiden großen Fachdatenbanken der Mathematik. Diese hält neben Abstracts und den Metadaten von Publikationen auch für 450 Journale die Zitationen bereit. (Siehe: http://www.ams.org/mathscinet/help/about.html, abgerufen im Oktober 2011).

15 Siehe für die Fachdatenbank MathSciNet http://www.ams.org/mathscinet/help/about.html und für SAO/NASA Astrophsics Data System http://doc.adsabs.harvard.edu/help_pages/citations.html (Abgerufen im Oktober 2011).

16 Vgl. hierzu Jasco 2005.

17 http://www.info.scival.com/ (Abgerufen im Oktober 2011).

18 http://researchanalytics.thomsonreuters.com/incites/ (Abgerufen im Oktober 2011).

19 Downloadzahlen können beispielsweise von den Autoren erhöht werden, indem sie ihre Artikel mehrfach herunterladen. Mit softwaretechnischen Hilfsmitteln ließe sich ein solches „self-promotion gaming" (Taraborelli 2008: 9) optimieren.

20 http://www.citeulike.org/ (Abgerufen im Oktober 2011).

Literatur

ARC, Australian Research Council (2008a): ERA Indicator Descriptors. URL: http://www.arc.gov.au/pdf/ERA_Indicator_Descriptors.pdf (Abgerufen im Oktober 2011)

ARC, Australian Research Council (2008b): ERA Indicator Principles. URL: http://www.arc.gov.au/pdf/ERA_Indicator_Principles.pdf (Abgerufen im Oktober 2011)

Banatvala, Jangu/Bell, Peter/Symonds, Malcolm (2005): The Research Assessment Exercise is bad for UK medicine. In: The Lancet 365, Feb. 5. 458-460

Bence, Valerie/Oppenheimer, Charles (2004): The Influence of Peer Review on the Research Assessment Exercise. In: Journal of Information Science 30 (4). 347-368

Bollen, Johann/van de Sompel, Herbert (2008): Usage Impact Factors: The Effects of Sample Characteristics on Usage-Based Impact Metrics. In: Journal of the American Society for Information Science and Technology 59 (1). 136-149

Brody, Tim (2003): Citebase Search: Autonomous Citation Database for e-Print Archives. sinn03 Conference on Worldwide Coherend Workforce. URL: http://citeseerx.ist.psu.edu/viewdoc/download?doi=10.1.1.91.9125&rep=rep1&type=pdf (Abgerufen im Oktober 2011)

Brody, Tim/Harnad, Steven/Carr, Les (2006): Earlier Web Usage Statistics as Predictors of Later Citation impact. In: Journal of the American Society for Information Science and Technology 57 (8). 1060-1072

Brook, Richard (2003): Research Survival in an Age of Evaluation. In: Max-Planck-Gesellschaft/Deutsche Forschungsgemeinschaft: Science Between Evaluation and Innovation (2003): 61-66

Butler, Linda (2003): Modifying Publication Practices in Response to Funding Formulars. In: Research Evaluation 12 (1). 39-46

Butler, Linda (2007): Assessing University Research. A Plea for a Balanced aApproach. In: Science and Public Policy 34 (8). 565-574

Carter, Herbert E. (1973): Letter of Transmittal. In: National Science Board, 1973: Science Indicators 1972. Report of the National Science Board 1973. Washington: U.S. Government Printing Office

De Solla Price, Derek J. (1963): Little Science, Big Science. Von der Studierstube zur Großforschung. Frankfurt am Main: Suhrkamp

DEST, Department of Education, Science and Training (2005): Research Quality Framework: Assessing the Quality and Impact of Research in Australia. Issue Paper. Endorsed for release for public consultation by the Expert Advisory Group for an RQF. URL: http://wwwmaths.anu.edu.au/other/ncms/rqf-research-quality-issues-paper.pdf (Abgerufen im April 2010)

Elkin, Judith (2002): The UK Research Assessment Exercise. In: Libri 52. 204-208

Garfield, Eugene (1955): Citation Indexes for Science. A New Dimension in Documentation Through Association of Ideas. In: Science 122. 108-111

Garfield, Eugene (1969) [1963]: Citation Indexes in Sociological and Historical Research. In: Essays of an Information Scientist 1. 43-46. Reprint from: American Documentation 14 (4). 289-291

Garfield, Eugene (1979): Citation Indexing – Its Theory and Application in Science, Technology and Humanities. New York et al: John Wiley & Sons

Garfield, Eugene (2006): The History and Meaning of the Journal Impact Factor. In: JAMA 295 (1). 90-93

Geuna, Aldo/Martin, Ben R. (2003): University Research Evaluation and Funding: An International Comparison. In: Minerva 41 (4). 277-304

Gläser, Jochen/Laudel, Grit (2007): Evaluation without Evaluators: The Impact of Funding Formulae on Australian University Research. In: Whitley/Gläser (2007): 127-151

Hare, Paul G. (2003): The United Kingdom's Research Assessment Exercise: Impact on Institutions, Departments, Individuals. In: Higher Education Management and Policy 15 (2). 43-62

Harnad, Stevan (2009): Open Access Scientometrics and the UK Research Assessment Exercise. In: Scientometrics 79 (1). 147-156

HEFCE (Higher Education Funding Council for England) (2009a): The Research Excellence Framework: A brief guide to the proposals. URL: http://www.hefce.ac.uk/research/ref/ resources/REFguide.pdf (Abgerufen im Oktober 2011)

HEFCE (Higher Education Funding Council for England) (2009b): Report on the pilot exercise to develop bibliometric indicators for the Research Excellence Framework. URL: http://www.hefce.ac.uk/pubs/hefce/2009/09_39/ (Abgerufen im Oktober 2011)

Heintz, Bettina (2007): Zahlen, Wissen, Objektivität: Wissenschaftssoziologische Perspektiven. In: Mennicken/Vollmer (2007): 65-86

Heintz, Bettina (2010): Numerische Differenz. Überlegungen zu einer Soziologie des (quantitativen) Vergleichs. In: Zeitschrift für Soziologie 39 (3). 162-181

Hirsch, Jorge E. (2005): An index to quantify an individual's scientific research output. In: Proceedings of the National Academy of Sciences of the United States of America 102 (46). 16569–16572

Jasco, Peter (2005): As we may search – Comparison of major features of the Web of Science, Scopus and Google Scholar citation based and citation-enhanced databases. In: Current Science 89 (9). 1537-1547

Lawrence, Peter A. (2003): The politics of publication. In: Nature 20 (20th March). 259-261

Luhmann, Niklas (1997): Die Gesellschaft der Gesellschaft. Band II. Frankfurt am Main: Suhrkamp

Max-Planck-Gesellschaft/Deutsche Forschungsgemeinschaft: Science Between Evaluation and Innovation (Hrsg.) (2003): A Conference on Peer Review. München: Max-Planck-Gesellschaft

Mayntz, Renate (1988): Funktionelle Teilsysteme in der Theorie sozialer Differenzierung. In: Mayntz et al. (1988): 11-44

Mayntz, Renate/Rosewitz, Bernd/Schimank, Uwe/Stichweh, Rudolf (Hrsg.) (1988): Differenzierung und Verselbständigung. Zur Entwicklung gesellschaftlicher Teilsysteme. Frankfurt am Main/New York: Campus

Mennicken, Andrea/Vollmer, Hendrik (Hrsg.) (2007): Zahlenwerk. Kalkulation, Organisation und Gesellschaft. Wiesbaden: VS Verlag für Sozialwissenschaften

Pritchard, Alan (1969): Statistical Bibliography or Bibliometrics? In: Journal of Documentation 25. 348-349

RAE (2001): Research Assessment Exercise 2001. Guidance to Panel Charis and Members: Criteria and Working Methods. URL: www.rae.ac.uk/2001/PanGuide/guide/guide.rtf (Abgerufen im Oktober 2011)

RAE (2005): RAE 2008. Guidance on Submissions. URL: http://www.rae.ac.uk/pubs/2005/03/rae0305.pdf (Abgerufen im Oktober 2011)

Schimank, Uwe (1988): Gesellschaftliche Teilsysteme als Akteursfiktionen. Kölner Zeitschrift für Soziologie und Sozialpsychologie 40 (4). 619-639

Schimank, Uwe (2007): Theorien gesellschaftlicher Differenzierung. Wiesbaden: VS Verlag für Sozialwissenschaften

Schmidmaier, Dieter (1985): Zur Geschichte der Bibliometrie. In: Zentralblatt für Bibliothekswesen 98 (9): 404-406

Shepherd, Peter T. (2007): The Feasibility of Developing and Implementing Journal Usage Factors: a Research Project Sponsored by UKSG. In: Serials: The Journal fort he Serials Community 20 (2). 117-123

Stephan, Paula E. (2008): Science and the University: Challenges for Future Research. In: CESifo Economic Studies 54 (2). 313-324

Taraborelli, Dario (2008): Soft peer review: Social software and distributed scientific evaluation. In: Proceedings ot the 8th International Conference on the Design of Cooperative Systems (COOP '08), Carry-Le-Rouet, May 20-23, 2008). 99-110

Weinberg, Alvin M. (1963): Criteria for Scientific Choices. In: Minerva 1 (3). 159-171

Weingart, Peter (2009): Editorial for Issue 47/1. In: Minerva 47 (1). 1-5

Whitley, Richard/Gläser, Jochen (Hrsg.) (2007): The Changing Governance of the Sciences. The Advent of Research Evaluation Systems. Sociology of the Science Yearbook 26. Dordrecht: Springer

Write me down, make me real – zur Gouvernemedialität digitaler Identität

Christoph Engemann

Einer der wahrscheinlich als am persönlichsten empfundenen Aspekte der eigenen Identität ist der eigene Name. Obwohl er nicht selbst gewählt, sondern von den Eltern gegeben ist, beziehen sich die meisten Menschen auf sich selbst mit und über ihren Namen. Rechtlich besteht in Deutschland sowohl ein Namensführungsrecht als auch eine Namensführungspflicht (vgl. Seutter 1996). Menschen können nicht keinen Namen haben. Dieser Gedanke eines namenlosen Menschen provoziert eine unmittelbare Irritation, die zeigt, wie sehr der Name als Eigenes und Unhintergehbares erlebt wird. Der Verlust der Erinnerung an diesen durch einen Unfall oder Krankheit ist für die Betroffenen zumeist katastrophal, und die Verweigerung des eigenen Namens ist eine häufige Praxis zur Erniedrigung von Insassen von totalitären Institutionen:

> Die Aufnahmeprozedur kann als ein Ent- und Bekleiden gekennzeichnet werden, wobei der Mittelpunkt physische Nacktheit ist. Selbstverständlich gehört zum Entkleiden auch die Wegnahme des Eigentums, denn die Menschen pflegen ihre persönliche Habe emotionell zu besetzen. Das vielleicht wichtigste dieser Besitztümer ist alles andere als physischer Natur, nämlich der volle Eigenname; wie auch immer danach gerufen wird – der Verlust des Namens kann eine erhebliche Verstümmelung des Selbst darstellen (Goffman 1973: 29).

Statt ihres Namens mussten die Insassen in deutschen Konzentrationslagern Nummern tragen. Als Steigerung der Stigmatisierung sind diese Nummern ab Beginn der vierziger Jahre den Häftlingen auf die Brust oder den Oberarm tätowiert worden. Unlöschbar blieb so die Geste des Entzugs des eigenen Namens in den Körper der Häftlinge eingeschrieben.

Ebensolches widerfuhr Sklaven, sie wurden oftmals gebrandmarkt, um sie als Besitz eines bestimmten Halters auszuweisen. Neben dieser Form der Stigmatisierung war es gängig, dass Sklavenhalter ihren Sklaven bei Erhalt umbenannten. Der Historiker Orlando Patterson beschreibt diese Praxis neben dem Verlust der Verfügung über den eigenen Körper und Aufenthaltsort als Bestandteil des „sozialen Todes" der die Versklavung für die Betroffenen bedeutete. Sich als Antwort darauf eigene Namen zu geben, die von den Sklaven untereinander benutzt und anerkannt wurden, war entsprechend eine Widerstandsstrategie, die häufig gewaltsam sanktioniert wurde (vgl. Patterson 1982: 56).

In Deutschland bleiben heute neben toten Soldaten, deren Identität nicht gesichert werden konnte, einzig früh- und totgeborene Kinder namenlos. Der Gesetzgeber bestimmt hier, dass bei Fehlgeburten bis zur 25. Schwangerschaftswoche und bei totgeborenen Kindern unter 1000 Gramm kein Name vergeben werden muss. Erst 1998 ist das Personenstandsgesetz in Deutschland dahingehend geändert worden, dass auf Wunsch der „Verfügungsberechtigten", mithin in der Regel der Eltern, der Vor- und Familienname des Kindes im Geburtenbuch eingetragen werden kann. Vorher blieben diese Kinder von Staats wegen namenlos. Lebendgeborene Kinder nach der 25. Schwangerschaftswoche erhalten in jedem Fall einen Namen und eine Geburtsurkunde – sie werden „beurkundet".

Diese Beurkundung eines Menschen ist das zentrale Element des staatlichen Identitätsregimes. Die Geburt, der Eintritt in ein Territorium gleichsam von innen, ist ein Schreibereignis. Ein Schreibereignis, bei dem das Kind in den Schriftraum Staat, in sein Namensregime und damit in das Recht eintritt. Der erste Paragraph des Bürgerlichen Gesetzbuches lautet dementsprechend wenig überraschend: „Die Rechtsfähigkeit des Menschen beginnt mit der Vollendung der Geburt."

Das Neugeborene ist mit der Trennung von der Mutter rechtsfähig,[1] es unterliegt bestimmten Rechten und Pflichten, die bis zu seiner Volljährigkeit von seinen Erziehungsberechtigten wahrgenommen werden. Binnen einer Woche haben diese, so bestimmt das Personenstandsgesetz, die Geburt anzuzeigen[2], und sollte die Anzeige länger als drei Monate verzögert werden, so sind Ermittlungen einzuleiten. Der Standesbeamte trägt ins Geburtenbuch ein, wer, wann, wo niederkommt, des Neugeborenen Geschlecht und vor allem ihre Namen.[3] Letztere bestehen aus Vor- und Nachname, wobei §1616 des Bürgerlichen Gesetzbuches bestimmt: „Das Kind erhält den Ehenamen seiner Eltern als Geburtsnamen". Den Vornamen wählen die Eltern, wobei sie auch hier rechtlichen Reglungen, wie denen nach Eindeutigkeit der Geschlechtszugehörigkeit unterliegen.[4] Dem Eintrag in das Geburtenbuch korrespondiert die Geburtsurkunde. Sie ist eine Kopie der Einträge im Geburtenbuch und allein dieses Korrespondenzverhältnis macht sie gültig. Eine Geburtsurkunde ohne zugehörigen Registereintrag ist aller Wahrscheinlichkeit nach eine Fälschung.[5] Während das Geburtenbuch beim Staat verbleibt, geht die Geburtsurkunde letztlich in den Besitz des Neugeborenen über. Die Einträge, die hier entstehen, werden ein Leben lang – und darüber hinaus – referenzialisiert werden. Name, Geburtsdatum, Geburtsort, eine Alltäglichkeit, die keineswegs selbstverständlich ist. Die Bedeutung dieses staatlich verfügten und organisierten Schreibaktes ist nirgends evidenter, als im Jahre 2004 von den United Nation gewählten Slogan für eine Kampagne für die weltweite Durchsetzung der Geburtsdokumentation: „Write me down, make me real!" (Write me down 2009)

In dieser knappen Formel sind die entscheidenden Elemente des geltenden staatlichen Identitätsregimes verdichtet: dem Ich wird nur dann der Status der Realität zugestanden, wenn es vom Staat in seine Register geschrieben wurde.[6]

Dieser Eintrag erfolgt beim Eintritt des Körpers in das Territorium, wobei dieser mit einem Namen versehen wird. Zwischen diesem Körper und dem zugehörigen Namen soll nun von Rechts wegen eine untrennbare Beziehung bestehen, die anhält, bis dieser Körper sein Leben verliert.[7] Dieser nun benamte Körper erhält mit der Geburtsurkunde ein Dokument beigegeben, dessen Originaleintrag beim Staat gespeichert wird. Menschen gelten nur als real, gelten als Bürger mit Rechten und Pflichten, wenn mit der Person ein staatlicher Registereintrag korrespondiert. Findet sich eine Person ohne solche Registereinträge, ohne Pass oder anderweitige Mittel, den Personenstand auszuweisen, so fällt diese unter §26 des Personenstandsgesetzes:

> Wird im Geltungsbereich dieses Gesetzes eine Person angetroffen, deren Personenstand nicht festgestellt werden kann, so bestimmt die zuständige Verwaltungsbehörde, welcher Geburtsort und Geburtstag für sie einzutragen ist; sie bestimmt ferner die Vornamen und den Familiennamen. Auf ihre schriftliche Anordnung trägt der Standesbeamte dies in das Geburtenbuch ein.

Es ließe sich an dieser Stelle viel sagen über die Mediengeschichte der Geburtsdokumentation. Es spielen hier verschiedene Aspekte zusammen, die mit Beginn moderner Staatlichkeit im 18. und 19. Jahrhundert konvergierten: Alphabetisierung, nationale Standardisierung von Bürokratien und ihren Formularen, staatliche Kontrolle der Medizin, Säkularisierung kirchlicher Aufschreibregime von Leben und Tod. Damit einhergehend die Standardisierung der Namensregimes: Durchsetzung des patrilinearen Vorname-Nachname Formats, staatliche Speicherung und Kontrolle des Namen-Raums inklusive der Forderung nach geschlechtlicher Vereindeu-tigung, Unveränderbarkeit des Namens ohne staatliche Genehmigung und die schon besagte Namensführungspflicht. Der Name, das vermeintlich Eigene, erweist sich als ein originärer Schauplatz staatlichen Handelns. Im eigenen Namen ist die Obrigkeit schon immer präsent, als Mensch mit Namen ist man Kind des Staates.

Pässe

Der Geburtsurkunde als Dokument, welches dem Menschen beim Eintritt ins Territorium von Innen beigegeben wird, korrespondieren der Pass und das Visum beim Eintritt von Außen. Der Grenzübertritt ist nur dann legal, wenn die Person einen Pass mit sich führt, welcher Identität und Staatsangehörigkeit ausweist. Oft reicht der Pass allein nicht aus, sondern der Einreisende hat zudem ein Visum vorzuweisen, das er in der Regel vor der Reise in der Botschaft des betreffenden Landes erhalten hat. „Remote Control" hat der Politikwissenschaftler Mark Salter (2003: 139) diese Verlegung der Grenzkontrolle in das Herkunftsland des Reisenden genannt. Ohne Pass ist, wie Brecht schon wusste,[8] der Mensch nichts. Beim Pass gilt, ebenso wie bei der Geburtsurkunde, dass nicht das im Besitz der jeweiligen Person befindliche Dokument das Wesentliche ist, sondern dessen Kopie. Der Registereintrag beim Staat, indem die auf dem Pass befindlichen Daten niedergeschlagen sind, stiftet die Gültigkeit desselben: „Individualität wird durch Vervielfältigung produziert, aber eben durch begrenzte Vervielfältigung. Eine Person ist gleich ein Ausweis plus ein interner behördlicher Ausweis über den ausgestellten Ausweis, also eine Kanzleikopie oder ein Registereintrag" (Groebner 2004: 168).

Ein Problem dieses Systems besteht in dem, was Valentin Groebner (2004: 162) „die Lücke zwischen Papier und Person" nennt. Pässe und Geburtsurkunden weisen zwar die Person aus, geben Auskunft über ihren Namen und Status, ob dieser Körper jedoch tatsächlich der ist, den er vorgibt, bleibt immer fraglich. Die Einführung von Photographien in Pässen und Ausweisen, sowie der Eintrag von biometrischen Angaben wie Größe, Haar- und Augenfarbe und seit kurzem von Fingerabdrücken und in Zukunft der DNA sind dem Versuch geschuldet, diese Lücke zu schließen. Es sind nicht allein Name, Geburtsort und –datum, der Körper wird von Staats wegen auf die Papiere eingeschrieben. Aber auch das Individuum schreibt seinen Körper selbst dort ein: alle Ausweise tragen noch ein besonderes biometrisches Merkmal, das den Körper mit dem Namen und hiermit mit dem Recht verschmilzt: die Unterschrift. Jede Unterschrift zitiert den eigenen Körper, sie gilt nur, wenn sie von eigener Hand erfolgt ist. Das Bürgerliche Gesetzbuch bestimmt im §126 „Schriftform" explizit: „Ist durch Gesetz schriftliche Form vorgeschrieben, so muss die Urkunde von dem Aussteller *eigenhändig* durch *Namensunterschrift* oder mittels notariell beglaubigten Handzeichens[9] unterzeichnet werden" [Hervorhebungen: C.E.].

Nur wenn man den eigenen Namen von eigener Hand schreibt, gilt die Unterschrift, erhält sie ihre rechtliche Wirkung.[10] Dabei reicht es nicht aus, den Vornamen zu schreiben, sondern die Unterschrift muss den Nachnamen enthalten. Pseudonyme sind zulässig, so diese im Rechtsverkehr eingeführt sind, d.h. im Konfliktfall nachvollziehbar ist, welche reale Person hinter diesem Pseudonym steht. Zudem schreibt der Gesetzgeber vor, wo, wie und mit welchen begleitenden Informationen eine Unterschrift auf einem Dokument zu erscheinen hat. So muss die Unterschrift den Text der Urkunde räumlich abschließen, eine echte „Unter"-schrift sein. Sie darf nicht, auch bei Formularen nicht, am oberen Rand stehen. Zusätzlich zum von eigener Hand gezeichneten Namen gibt die Urkunde häufig Auskunft über Zeit und Ort der Unterschrift. Der §126 BGB zur Schriftform verlangt jedoch nicht, dass Ort oder Zeit dokumentiert werden. Wenn diese in den Inhalt des Dokumentes aufgenommen werden, handelt es sich um eine Art Selbstauskunft der Unterzeichnenden.[11] Auch wenn das Dokument keine Orts- und Zeitangabe enthält; die Unterschrift zeigt an, dass dieser Körper, Träger dieses Namens, zu einem bestimmten Moment an dem Ort war, an dem das Dokument vorlag: „eine Unterschrift vergegenwärtigt den abwesenden Körper" (Hahn 1993: 205; vgl. Derrida 1988a: 312).

Diese Geste des Unterschreibens, die das Ich aufruft, seinen Willen hier und jetzt zu bezeugen, indem es eine Spur seines Körpers auf dem Papier hinterlässt, kann man das *sich durch die Signatur schreiben* nennen (Engemann 2011, im Erscheinen). In modernen Gesellschaften ist das sich durch die Signatur schreiben eine Kulturtechnik, die jeder Mensch, der am Alltagsleben teilnehmen möchte, beherrschen muss. Unter allen Schreiboperationen, die von Menschen vollzogen werden, ist die Unterschrift für besondere Anlässe vorbehalten. Die besondere Bedeutung der Unterschrift als sich zu sich selbst und Anderen im Sinne einer Beweisbarkeit der Intentionen und des Aufenthaltsortes ausweisend, ist den meisten Menschen bewusst.

Die historische Forschung hat erst in jüngerer Zeit dieses Phänomen zu untersuchen begonnen. Insbesondere aus der Medienwissenschaft sind in den letzten Jahren eine Reihe medienhistorischer Arbeiten hervorgegangen, die die historischen Entwicklungen der Erfassung von Menschen und ihren Körpern durch Aufzeichnungs- und Vervielfältigungsregime zur Generierung von Identität nachzeichnen (vgl. Torpey 2000; Groebner 2004; Tantner 2007). Diesen Regimes ist gemeinsam, dass ihr Schreibmedium Papier ist.

Medialität des Staates

Der Staat ist, so zeigt dieser kurze Abriss über die staatliche Gebundenheit des eignen Namens, ein Mediensystem. Wo Staat ist, wird geschrieben, was den anarchistischen Theoretiker Proudhon 1865, veranlasste folgendermaßen zu polemisieren: „Regiert werden heißt, bei jeder Handlung, bei jedem Geschäft, bei jeder Bewegung notiert, registriert, erfasst, taxiert, bestempelt, vermessen, bewertet, versteuert, patentiert, lizensiert, autorisiert, [...] zu werden" (Proudhon 1923: 87).

Bei Proudhon, wie bei vielen anderen auch nicht-anarchistischen Kritikern ebenso der Fall, wird das staatliche Schreiben als Überwachung gefasst. Solche, aus heutiger Sicht letztlich orwellianischen Phantasien, dominieren auch die politische Debatte über die gegenwärtige Digitalisierung des Staates. Auch wenn es genügend Tendenzen in diese Richtung gibt – wie die Entwicklungen um das Department for Homeland Security und der NSA in den USA zeigen, und wie in Deutschland Innenminister Schäubles Forderungen nach Online-Durchsuchungen belegen – orwellianisch argumentierende Analysen gehen letztlich fehl, die Komplexität und politischen Herausforderungen zu verstehen, die der gegenwärtige Wandel der Medialität des Staates mit sich bringt.

Boris Traue und ich haben vorgeschlagen, im Anschluss an die Medientheorie Friedrich Kittlers und die Gouvernementalitätstheorie Michel Foucaults die Medialitäten der Staatlichkeit als Gouverne*medialität* zu analysieren (Engemann & Traue 2006). Grundlage der Medientheorie Kittlers ist die Auffassung von Medien als

Mittel des Speicherns, Prozessierens und Übertragens von Daten. Das eine Kultur prägenden Medienregime nennt Kittler Aufschreibsystem: „das Netzwerk von Techniken und Institutionen [...], die einer gegebenen Kultur die Adressierung, Speicherung und Verarbeitung relevanter Daten erlauben" (Kittler 1995: 519).

Aufschreibsysteme unterliegen historischen Wandeln, und erst an den Brüchen zwischen zwei Formationen wird die Rolle der sonst gemeinhin übersehenen Medien in Strukturierung von Wissen und Wahrnehmung sichtbar. Medien, so Kittler, sind nicht einfach neutrale Kanäle, die Informationen übertragen, Medien strukturieren, was überhaupt als Information zugänglich ist. Kulturen, deren Aufschreibsystem auf Papier und dem Alphabet fußte, wie es unter anderem in Europa bis circa 1850 der Fall war, können z. B. Schall[12] und bewegtes Bild weder speichern noch übertragen und schon gar nicht prozessieren.

Die letzten 150 Jahre haben eine Folge rapider Medienrevolutionen gesehen; vom auf Papier beruhendem alphabetischen Monopol, über analoge Aufzeichnungsmedien wie Photographie und Grammophon, hin zum digitalen Computer. Der Computer, so Kittler (1995: 33), ist ein universelles Medium, dass alle anderen Medien in sich vereint. Die digitale Schrift repräsentiert Bild, Ton und Text im gleichen binären Code. Egal, wie ein Phänomen sich in der analogen Domäne darstellt, im digitalen ist es eine Kette von Nullen und Einsen, von diskreten Einheiten. Was auch bedeutet, dass unabhängig vom Ausgangsmaterial sich alles wechselseitig als Datum und Befehl, als input und output dienen kann.

Die Gouvernementalitätstheorie im Anschluss an Michel Foucault nimmt sich u.a. das Verhältnis zwischen Regierung und dem Selbst der Individuen zum Gegenstand. Dabei erweitert Foucault den Begriff des Regierens über das der bloßen staatlichen Intervention hinaus und zeigt die Verschränkung von Wissensproduktion über und in Individuen mit der Produktion des Selbst deren Führungen:

> Man muss diesem Wort die sehr weite Bedeutung lassen, die es im 16. Jahrhundert hatte. Es bezog sich nicht nur auf die politischen Strukturen und auf die Verwaltung der Staaten, sondern bezeichnete die Weise, in der die Führung von Individuen oder Gruppen gelenkt wurde: Regiment der Kinder, der Seelen, der Gemeinden, der Familien, der Kranken. Es deckte nicht bloß eingesetzte Formen der politischen oder wirtschaftlichen Unterwerfung ab, sondern auch mehr oder weniger bedachte und berechnete Handlungsweisen, die dazu bestimmt waren, auf die Handlungsmöglichkeiten anderer Individuen einzuwirken (Foucault 1987: 255).

Für Foucault bringt sich der Staat in diesen vielen lokalen Praxen des Regierens permanent selbst hervor; der Staat ist ein „herzustellendes Ziel", er ist: „zugleich das Bestehende, aber auch das, was noch nicht genügend existiert [...]. Die Regierungskunst muss also ihre Regeln bestimmen und ihre Handlungsweisen rationalisieren, indem sie sich sozusagen als Ziel vornimmt, das Seinsollen des Staates in ein Sein zu verwandeln" (Foucault 2008: 16). Schließlich: „Regieren nach dem Prinzip der Staatsräson bedeutet, dass man es so einrichtet, dass der Staat dauerhaft und stabil gemacht wird, dass er reich gemacht werden kann, dass er stark gemacht werden kann angesichts all dessen, was ihn zerstören könnte" (Foucault 2008: 17).

Im Anschluss an Foucaults Analysen hat sich seit den 1990er Jahren zunächst im anglo-amerikanischem Sprachraum, mit Ende der neunziger Jahre auch in Deutschland eine umfangreiche Diskussion entwickelt, die die neoliberalen Umgestaltungen des Staates zu analysieren sucht. Die zeitgenössische Regierung, so der recht einhellige Befund der *Studies of Governmentality* (Burchell et al. 1991; Bröckling et al. 2000, 2004), zeichnet sich durch die Produktion und Eskalation von Selbststeuerungspotentialen aus. Staatlichen, aber auch ökonomischen und kulturellen Prozessen ist gemein, dass Subjektivität als Ressource und Optimierungspotential gefördert und gefordert wird, die Individuen in ein paradoxes Feld von Freiheit und Notwendigkeit zur Selbstführung gestellt werden. Individualisierung, das Stiften von Differenzen, das Gestalten eines je eigenen, einzigartigen Selbst, so die Diagnose, ist kaum mehr eine individuelle Befreiung, sondern ein allgemeiner Zwang, der essentieller Bestandteil moderner Regierungen ist (vgl. Bröckling et al. 2000: 26). Ex-Kanzler Schröders Formel „Fördern und Fordern", wie der gesamte seit dem Machtantritt der Rot-Grünen Koalition im Jahre 1998 und bis heute über wechselnde Regierungen hinweggetragene Sozialstaatsreformmarathon, entspricht dieser Diagnose.

Die Konfrontation der Gouvernementalitätsforschung mit der Medientheorie erlaubt es, die medialen Aprioris gouvernementaler Wissensproduktion über das Selbst und die Bevölkerung zu befragen. Über Medien geben sich Individuen und der Staat jenes Wissen über sich selbst und Andere, das Gegenstand der modernen Regierungen ist. Regierungswissen ist ohne Medien nicht denkbar und moderne Regierungen zeichnen sich dadurch aus, dass sie die Medien selbst zum Gegenstand ihrer Politik machen. Gouvernemedialität ist der Versuch, angesichts dieses politisch Werdens der Medien das Wechselverhältnis zwischen Medien und gouvernementalen Praktiken zu fassen. Dabei bietet der gouvernemediale Zugriff sowohl eine gegenwarts- als auch eine historische Perspektive. Die medienwissenschaftliche Debatte hatte sich bereits früh mehr oder weniger bewusst im historischen Zugriff an dem Nexus zwischen Staatlichkeit und Medien abgearbeitet. Von Kittlers „Aufschreibsysteme 1800-1900" angefangen, das nicht zuletzt die Alphabetisierung der Bevölkerung um 1800 als Voraussetzung zur Produktion von funktionalen Staatsbürgern tauglich zum Beamtentum zeigt, über Bernhard Siegerts (1999) „Relais. Geschicke der Literatur als Epoche der Post 1751 – 1913", welches die Etablierung des Postsystems als Etablierung der Adressierbarkeit von Individuen, die dabei zu Bürgern werden, entschlüsselt, bis hin zu Cornelia Vismanns (2000) „Akten – Medientechnik und Recht", welches eine Geschichte des zentralen Mediums der Bürokratie, der Akte, bietet – alle diese Bücher situieren im Wechselverhältnis zwischen Medien und emergierender moderner Staatlichkeit. Sie zeigen nicht zuletzt, dass Staatlichkeit ohne Medien, aber auch moderne Medien ohne Staatlichkeit nicht denkbar sind.

Medienwandel der Staatlichkeit

Der vielbeschworene Übergang zur Informationsgesellschaft kann vor diesem Hintergrund als Medienwandel gefasst werden, als Übergang von einer papiervermittelten zu einer vollständig digitalen Vermittlung aller Verhältnisse. Dieser Prozess verläuft mit großen Ungleichzeitigkeiten: während Teile der Wirtschaft diesen Wandel schon vollzogen haben und Firmen wie Google ihre Wertschöpfung ausschließlich digital erzielen, hat Staatlichkeit diesen Wandel ins digitale Medium noch kaum vollzogen.

Moderne Staatlichkeit hatte papierne Akten als ihre Grundlage. Identitäten wurden genauso auf Papier geschrieben, wie Territorien auf Landkarten aufgezeichnet, Bevölkerungsstatistiken in Tabellen kompiliert und Akten auf Papier geführt wurden. Papier schließlich ist das Medium, mit dem nicht nur der Staat schrieb, sondern mit dem die gesamte kapitalistische Zirkulation sich schreibt. Vom Preisschild über den Vertrag bis zum Geldschein und Aktienbrief, die Welt des Kapitalismus ist eine lesbare Welt, die bis vor wenigen Jahrzehnten noch vollständig auf Papier gespeichert war.[13]

Momentan befindet sich diese kapitalistische Welt in einer paradoxen Situation: ihr ist vom Staat ein neues Medium gegeben worden; ein neues Medium, in dem sie sich fortschreibt und dynamisiert, aber dieses Medium ist für den Staat nicht lesbar. Dabei besteht dieses neue Medium Internet aus Schrift, aus binärem Code, Ketten von Nullen und Einsen, die Schaltzustände von Transistoren repräsentieren. Obwohl das Internet vom Staat erfunden und ursprünglich als militärische Infrastruktur aufgebaut wurde (vgl. Abbate 2000; Hefner & Lyon 1996), sind die Handlungen in diesem Medium dem Staat nicht transparent. Der Staat kann nicht lesen, wer schreibt.

Gegenwärtig bemühen sich weltweit Staaten, dieses Medium für sich lesbar zu machen. In diesen Zusammenhang gehört das am 1. Januar 2008 in Deutschland in Kraft getretene „Gesetz zur Neuregelung der Telekommunikationsüberwachung und anderer verdeckter Ermittlungsmaßnahmen sowie zur Umsetzung der Richtlinie 2006/24/EG". Telekommunikationsanbieter sind damit verpflichtet, Verbindungsdaten 6 Monate lang zu speichern. Der Staat kann auf dieser Grundlage jedoch gegenwärtig nicht lesen, wessen Hände im Moment des Schreibaktes an Keyboard und Maus sind oder waren. Die Lücke zwischen Schrift und Körper, die schon bei papierenen Pässen und Ausweisen so problematisch war und dort zur Einführung biometrischer Daten – eigenhändige Unterschrift, Passfoto, Größenangabe, Augenfarbe und besondere körperliche Merkmale – geführt hatte, ist im Internet für den Staat noch unüberbrückbar. Anhand der Verbindungsdaten können lediglich die IP-Nummern der Computer, an denen geschrieben wurde, identifiziert werden. Es kann jedoch nicht rechtsgültig nachgewiesen werden, wessen Hände Autoren dieser Schrifthandlungen waren. Somit bleibt auch der Name, der zu diesen Händen gehört, dem Staat unbekannt. Der Staat kennt die Namen derjenigen nicht, die in diesem Raum, der aus Schrift besteht, schreiben. Durch Sammeln und Kombinieren von Daten kann die Identität von Nutzern häufig extrapoliert werden. Solche Methoden benötigen jedoch große, idealerweise über längere Zeiträume gewonnene Datenmengen, um stabile Verhaltenssignaturen zu generieren. Verhaltenssignaturen jedoch unterliegen letztlich immer der Möglichkeit des Irrtums, da ein Individuum die Freiheit hat, sich jederzeit anders zu verhalten, als die Signatur es erwartbar macht. Gleichwohl sind diese Technologien Grundlage vieler kommerzieller Identitätsdienste der Werbewirtschaft, werden aber auch von Geheimdiensten genutzt. An der rechtlichen Situation ändert das nichts, denn der zweifelsfreie Bezug zwischen einer Person und digitaler Aktivität kann damit immer noch nicht bewiesen werden. Im Konfliktfall wird stattdessen der Inhaber des Anschlusses haftbar gemacht, von dem aus der entsprechende Computer Zugang zum Internet hatte. Beispielhaft für die möglichen Konsequenzen hierfür ist der im Jahre 2006 am Landgericht Hamburg ergangene Erlass einer einstweiligen Verfügung gegen einen Anschlussinhaber, über dessen IP-Adresse illegale Downloads getätigt worden waren:

> Die Verwendung einer ungeschützten WLan-Verbindung für den Zugang ins Internet birgt danach die keinesfalls unwahrscheinliche Möglichkeit, dass von – unbekannten – Dritten, die die ungeschützte Verbindung nutzen, solche Rechtsverletzungen begangen werden. Das löst Prüf- und gegebenenfalls Handlungspflichten aus, um der Möglichkeit solcher Rechtsverletzungen vorzubeugen. Rechtlich und tatsächlich sind die Antragsgegner in die Lage versetzt gewesen, wirksame Maßnahmen zur Verhinderung der streitgegenständlichen Rechtsverletzung zu treffen. (Landgericht Hamburg 2006)

Weiterhin heißt es im Urteil noch deutlicher:

> Weder das fehlende technische Verständnis noch die eigene Unkenntnis von der Möglichkeit der illegalen Musiknutzung über leicht zu installierende Tauschbörsenprogramme sowie von der Möglichkeit der Nutzung einer WLan-Verbindung durch unbefugte Dritte entlasten sie. Es hätte ihnen oblegen, sich zu informieren, welche Möglichkeiten für Rechtsverletzungen sie schaffen und wie sie solche Verletzungen hätten vorbeugen können. (Landgericht Hamburg 2006)

Hier wird der Anschlussinhaber für Urheberrechtsverletzungen haftbar gemacht, die er in diesem Fall wahrscheinlich nicht selbst begangen hatte, sondern Dritte über sein unverschlüsseltes WLan. Diese handelten jedoch jenseits des Dokumentationshorizonts der Aufschreibsysteme des Staates. Ihre Namen blieben unbekannt, ihre Verfügung über ihre Körper durch den Rechtsbruch unberührt. Stattdessen bemächtigt sich der Staat derer, deren Namen und Aufenthaltsort innerhalb seines Aufschreibregimes abbildbar sind. Es ist der Inhaber des WLan-Anschlusses, der vor Gericht erscheinen muss, der seinen Körper dorthin bewegen muss, dort seine Identität ausweisen muss, um schließlich den Urteilsspruch entgegenzunehmen.

Anders also als im Realraum, treten Menschen in diesen neuen Raum Internet ein und wählen ihre Namen jenseits einer staatlichen Registratur und Zertifizierung frei. Sie können ihre bürgerlichen Namen nutzen oder aber Pseudonyme, die sie ihren Vorlieben gemäß aussuchen, schließlich können sie anonym bleiben und sogar keinen Namen haben. Viele Nutzer haben inzwischen ein elaboriertes Wissen darüber entwickelt, welche Namen sie in welchen digitalen Kontexten gebrauchen. Ihrem Realnamen messen sie höhere Priorität zu als ihren Pseudonymen. Letztere haben insbesondere performativen Charakter und werden vom Publikum entsprechend gelesen. Ob sich jemand nach einem Musiker oder einer Romanfigur benennt, lässt Aufschluss über Interessen und Vorlieben der Person zu.

Wählt ein Nutzer die Anonymität, setzt das bereits ein Bewusstsein über das Problem der Identifizier- und Zuschreibbarkeit durch Speicherung und Auswertung von Datenspuren im Internet voraus. Es ist zudem ein gewisses technisches Sachverständnis notwendig, um Anonymität im Internet zu erlangen, und entsprechend ist davon auszugehen, dass Anonymisierungstools nur von bestimmten Gruppen genutzt werden. Tools wie *TOR* oder der *Java Anonymous Proxy JAP* der TU Dresden[14] verwischen die Spuren, die zu einem bestimmten Computer im Netz führen, und erlauben zudem, Daten so zu verschlüsseln, dass sie trotz Zugriff des Staates darauf für diesen während der Übertragung unlesbar bleiben. Da diese Systeme zukünftig in Deutschland ebenfalls unter die Vorratsdatenspeicherung fallen, bieten sie nur bedingte Anonymität. Mittels der gespeicherten Daten können nachträglich die IP-Nummern, der Anschlüsse, von denen aus *TOR* oder *JAP* genutzt wurde, festgestellt werden.

Die Durchsetzbarkeit des Rechts ist an die staatliche Lesbarkeit der Handlungen innerhalb eines Territoriums gebunden. Gegenwärtig gleicht das Internet eher dem Gegenteil eines geordneten, dem Aufschreibsystemen des Staates unterworfenen Territoriums: es entspricht eher dem Meer, einem offenen, referenzlosen Raum der sich durch seine permanente Veränderung einer Fixierung in Registern entzieht. Trotz digitaler Schrift kann das Internet, um ein Wort Kittlers (2002) zu nutzen, als ein Ozean des Undokumentierten bezeichnet werden. Zahlreich sind Meeresmetaphern im und um das Internet: zum Surfen wird der *Internet Explorer* oder der *Netscape Navigator* genutzt, gleichzeitig herrscht dort Software Piraterie (Bickenbach & Maye 1997). Statt des territorial gebundenen Rechts gilt auf dem Meer wie im internationalem Raum das Völkerrecht, welches „weich", ohne Sanktionen ist, da keine Macht dort ihr Gewaltmonopol beanspruchen kann. Kant benennt das Völkerrecht ein Gesetz im Zustand der Gesetzlosigkeit – was in der Konsequenz ein Status *extra societatem civilem* ist, den Hobbes im Leviathan drastisch beschreibt:

> To this warre of every man against every man, this is also consequent: that nothing can be unjust. The notions of Right and Wrong, Justice and Injustice have there no place. Where there is no common Power, there is no Law, where no Law, no Injustice. Force and Fraud are in warre the

two Cardinall vertues. Justice and Injustice are none of the Faculties neither of the Body, nor Mind. ... They are Qualities, that relate to men in Society, not in Solitude. It is consequent also to the same condition, that there be no Propriety, no Dominion, no Mine and Thine distinct; but onely that to be every mans that he can get; and for so long, as he can keep it (Hobbes 2000: 90).

Die Menschen, so Hobbes, handeln in Abwesenheit des Rechts also für sich allein, nehmen soviel sie können, und das Konzept des Eigentums existiert nicht. Das Internet ist in Abwesenheit des Staates ein freies Feld freier Beute (vgl. Smitt 1997), was die Content-Industrie auch nicht müde wird zu beklagen (Ziegler 2008). Tatsächlich verhalten sich die Nutzer im Internet wie Piraten, unter Missachtung der Nutzungs- und Verwendungsbefugnisse der Daten nehmen sie sich soviel Musik, Filme und Software, wie es technischer Sachverstand, Bandbreite und Speicherplatz ihnen erlaubt. Die Bemühungen der Einführung einer Digitalen Identität stehen in diesem Zusammenhang; um unterscheiden zu können, was mein und was dein ist, ist es notwendig unterscheidbar zu machen, wer ich bin und wer du bist. Aus Piraten sollen Bürger werden und dazu ist es ist notwendig, die flottiernenden Akteure in diesen Raum außerhalb des Raums in das Recht einzuholen, indem man sie als zu diesem oder jenem Staat gehörig aufschreibt.

Identitätsregime im Internet

Das Problem der Identität im digitalen Raum ist nicht neu, und ein Blick in die Geschichte des Internet zeigt, dass schon seit etwa 15 Jahren sowohl von politischer als auch von wirtschaftlicher Seite daran gearbeitet wird, Menschen im Netz ebenso zuverlässig identifizieren zu können, wie im Realraum auch (vgl. Engemann 2003; Hornung 2005; Humer 2008). Noch tritt den Nutzern dagegen weniger der Aspekt ihrer rechtsgültigen Identifikation im Internet entgegen, als vielmehr der mit steigender Anzahl von Online-Accounts verbundene Aufwand, die unterschiedlichen Selbst-Repräsentationen, Informationen und Passwörter zu verwalten. Je mehr das eigene Selbst digital vermittelt wird, je mehr die Digitalisierung die Facettierung des Selbst in verschiedenen *Social-Networks* forciert, desto komplexer sind die Herausforderungen an die Individuen, sich zu und durch ihre digitalen Identitäten in Beziehung zu setzen.

Entlang dieser beiden Pole - staatlich-administrativer Implementierung digitaler Identitätsregime auf der einen Seite und nutzerzentriertem Identity Management auf der anderen – lässt sich die gegenwärtige Entwicklung digitaler Identität in den USA und Europa grob aufschlüsseln.

In Zentraleuropa, hier vor allem Deutschland, Frankreich, Österreich und Belgien, besteht eine mehr als zehnjährige Kontinuität der politischen und juristischen Forcierung von staatlich vergebenen digitalen Identitäten. In Deutschland sind unter anderem der für das Jahr 2009 vorgesehene elektronische Personalausweis (ePA), die GesundheitsCard und das für Steuersachen vorgesehene JobCard Verfahren Bestandteil dieser Bemühungen (vgl Hornung 2005). In den USA ist ein solch staatlich verfügtes digitales Selbst noch kaum denkbar. Der mit dem REAL-ID Act von 2005 unternommene Versuch der Einführung eines landeseinheitlichen Personalausweises mit prospektiver digitaler Identitätskomponente scheiterte am öffentlichen Widerstand. Gleichzeitig forcieren seit etwa 2006 der private Sektor und die freie Programmiererszene die Entwicklung von Protokollen und Standards für die digitale Identität. Alle relevanten Unternehmen, *Google, Yahoo, Microsoft, IBM, Sun* etc. arbeiten an entsprechenden Lösungen und investieren erhebliche Mittel, um entsprechende Produkte für Industrie und Endkunden anbieten zu können. Für erstere ist das Verwalten von identitätsrelevanten Daten wie Zugangs- und Zugriffsberechtigungen, aber auch der Schutz Eigner wie von Kundendaten ein zentrales Problem. Für Endkunden gilt das ebenso, hier wird aber zudem erwartet, dass digitale Identität zur nächsten „Killer-Applikation" wird, dabei ähnliche generative Effekte zeitigt wie das *Web 2.0* und *Social-Networks*, indem die User zugleich als Konsumenten und als Produzenten fungieren. Ob eine Monetarisierung der digitalen Identität tatsächlich gelingt, ist noch unklar, aber die Akteure bringen sich in Position. Trotz dieser Unterschiede zwischen der anglo-amerikanischen und der europäischen Entwicklung, liegt beiden ein gemeinsames Problem zugrunde. Sicherheit und Datenschutz sind nicht integraler Bestandteil des Designs des Internet. Ursprünglich als militärische Kommunikationsinfrastruktur für einen beschränkten Nutzerkreis entworfen, lauteten die Designprinzipien Simplizität, Redundanz und einfache Erweiterbarkeit (Baran 1962). Ziel war die Sicherung der Kommunikationsfähigkeit der *Command & Control* Strukturen des US-amerikanischen Militärs im Falle eines Atomkriegs.[15] Mit der Übergabe des Internet durch die *National Science Foundation* an private Internet Service Provider im Jahre 1994 setzte die kommerzielle Nutzung und das bis heute anhaltende explosionsartige Wachstum des Internet ein (Abbate 2000: 199). Kapitalismus vermittelt sich im und durch das Netz neu. In diesem Prozess treten Voraussetzungen des Kapitalismus in Erscheinung, die in der Debatte bislang unbeachtet geblieben waren. Das Problem der Identität ist eines davon. Die beiden eingangs geschilderten Entwicklungen digitaler Identität in den USA und Europa entsprechen dabei zwei Perspektiven, die man auf das Phänomen der Identität einnehmen kann. Die amerikanische Perspektive stellt das Individuum und seine Kontrolle über die als zum Selbst gehörig empfundenen Aspekte in den Vordergrund. In der Europäischen Perspektive überwiegt (noch) ein staatlicher Blickwinkel, bei dem die Identifizierbarkeit von Menschen und damit die rechtsgültige Sicherung von Transaktionen im Internet im Vordergrund steht. In liberal-kapitalistischen Gesellschaften sind beide Perspektiven Elemente der Gouvernemedialität der digitalen Identität und stehen untrennbar miteinander in Beziehung.

Tauschen

Der Name und der Körper, diese zentralen Elemente staatlicher Identifikationsregime, sind für den Vertragsabschluss beim Warentausch unerlässlich. Der Vertrag wird erst gültig, wenn er von den beiden Tauschpartnern unterzeichnet wird, wenn der eigene Körper von eigener Hand den eigenen Namen niederschreibt und den Willen bekundet, diesen Tausch einzugehen. Aber, so wäre einzuwenden, nicht jeder Tausch findet in Schriftform statt. Tatsächlich ist in Deutschland die Schriftform für den Kauf- oder Werkvertrag nicht notwendig; lediglich in bestimmten, klar definierten Fällen verlangt der Gesetzgeber die Schriftform nach §126 BGB.[16] In allen anderen Fällen geht das Bürgerliche Gesetzbuch grundsätzlich von der Formfreiheit aus, überlässt also den Tauschpartnern die Wahl, in welcher Art und Weise sie ihre Willen äußern möchten. Geschäfte können rechtsgültig ohne Unterschrift per Fax oder Mausklick abgeschlossen werden.

Für mündliche Geschäfte kennt das Deutsche Recht „das Geschäft für den, den es angeht". Alltägliche Bargeschäfte wie beim Bäcker fallen unter dieses Prinzip, bei dem der Vertragspartner keinerlei Interesse an der Identität seines Vertragspartners hat, da das Problem der Solvenz nicht auftritt. Davon unberührt bleibt jedoch, dass auch bei anonymen und mündlich Tausch- und Vertragshandelnden deren Namen virtuell anwesend sind. Virtuell in dem Sinne, als dass beide Vertragspartner unter dem Potential handeln, dass im Falle eines Betruges oder anderen Deliktes der Staat angerufen wird, um festzustellen, wer dort wann, wie gehandelt hat. Voraussetzung hierfür ist unter anderem, dass der Staat innerhalb eines Territoriums keine Menschen duldet, deren Körper keine Namen tragen. Auch wenn die Tauschenden beim Brötchenkauf anonym bleiben, wissen sie, dass ihr Gegenüber einen Namen trägt und im Konfliktfall der Staat die situative Anonymität aufheben kann. Der Staat verschriftlicht dann die Situation nachträglich: Zeugenaussage, Kriminalermittlung und Forensik sind die Mittel der nachträglichen Verschriftlichung von Situationen, die sich nicht im Voraus im Medium der Schrift abgespielt haben.[17] Mit ihrer Hilfe dokumentiert der Staat, von welchem Körper welche *Hand*lungen wann und wo ausgegangen waren. Dabei wird natürlich auch der Name, den der Besitzer dieses Körpers trägt, festgestellt und für dessen Adressierung verwand. Innerhalb eines Territoriums sollen keine Ereignisse, keine Handlungen, stattfinden, die sich diesem Potential entziehen. Wo noch keine etablierte Methodik vorliegt, gibt der Staat wissenschaftliche Gutachten in Auftrag. Es ist dieses Potential, dass dem Recht zu Geltung verhilft und innerhalb eines Territoriums die Transaktionssicherheit gewährleistet. Die Möglichkeit der ex-ante und ex-post Verschriftlichung und damit Lesbarmachung der Welt durch den Staat, ist ein entscheidender Faktor, um den Tausch auf Dauer stellen zu können. Im Kapitalismus sind Menschen virtuell immer in der Schrift; derjenigen Schrift, die es dem Staat erlaubt, die Welt zu lesen.

Mit dem Internet schreibt sich der Kapitalismus in der elektronischen Schrift fort, *E-commerce*, der elektronische Tausch, ist allein in Deutschland ein 50 Milliarden Euro-Markt (Bitkom 2007). Über 40 Millionen Deutsche nutzen das Netz (siehe ARD-ZDF-Onlinestudie 2009), ihre Tauschgeschäfte laufen dabei formlos ab. Ein Kauf wird durch einen einfachen Mausklick oder eine eMail getätigt, keine Unterschrift schreibt Namen und Körper der Tauschenden ein. Im Internet handeln die Menschen zwar in der Schrift des neuen Mediums, aber nicht in der im Realraum durchgesetzten, im Körper ankernden, Schrift des Staates.

Die Vorratsdatenspeicherung, vor allem aber die digitale Identität, wie sie in Deutschland und Europa propagiert wird, sind Versuche, im Schriftraum Internet Inseln der Lesbarkeit herzustellen, so dass Handlungen darin für den Staat lesbar werden. Genau wie im Realraum wird dabei immer ein konkreter Körper als Ausgangspunkt einer Handlung gesetzt. Genau wie im Realraum wird im Konfliktfall letztlich dieser Körper zur Verantwortung gezogen, festgenommen werden. Festgenommen im realen Raum, auch wenn er nur virtuell gehandelt hatte. Um dieses zu erreichen, muss für den Staat im Internet lesbar sein, wer wann wo welche Handlung vollzieht. Er muss in der Lage sein, im Internet Menschen mit derselben Präzision identifizieren zu können wie im Realraum.

Die Bundesrepublik hat vergleichsweise früh damit begonnen, rechtliche und technische Instrumente zu entwickeln, die den Vertragsschluss im Internet erlauben. Ein zentrales Element ist hier die Digitale Signatur, die rechtlich der eigenhändigen Unterschrift gleichgestellt ist. Bereits 1997 wurde im Rahmen des Informations- und Kommunikationsdienste-Gesetzes (IuKDG) eine erste entsprechende Gesetzgebung erlassen. Im Jahre 2001 folgte dann das zwischenzeitlich mehrfach revidierte Signaturgesetz (SigG)[18] mit dem der Gesetzgeber die Anforderungen an eine digitale Signaturlösung spezifiziert. Das am 1.8.2001 in Deutschland in Kraft getretene "Gesetz zur Anpassung der Formvorschriften des Privatrechts und anderer Vorschriften an den modernem Rechtsgeschäftsverkehr" regelt schließlich, in welchen Fällen die elektronische Unterschrift die handschriftliche Form ersetzen kann. Dem §126 BGB, der bestimmte, dass die eigenhändige Unterschrift für Verträge oder Urkunden unerlässlich war, wurde nun der §126a beigegeben: „Soll die gesetzlich vorgeschriebene schriftliche Form durch die elektronische Form ersetzt werden, so muss der Aussteller der Erklärung dieser seinen Namen hinzufügen und das elektronische Dokument mit einer qualifizierten elektronischen Signatur nach dem Signaturgesetz versehen."

Mithin könnte jetzt mithilfe Digitaler Signaturen im Internet elektronisch unterzeichnet werden. Tatsächlich fanden diese Änderungen aber bis heute kaum Niederschlag im Alltag der Internetnutzer. Trotz mittlerweile zehnjähriger Bemühungen und erheblichem Ehrgeiz ist es den Bundesregierungen – von Kohl angefangen unter dem 1996 das erste Signaturgesetz erlassen wurde, über Rot-Grün bis hin zur derzeit regierenden Großen Koalition – nicht gelungen, die digitale Signatur auf breiter Ebene zu etablieren. Die Gründe liegen zum einem im bislang fehlenden Nutzwert für die Bürger sowie den relativ hohen Kosten von ca. 75€ für Lesegerät und Karte und plus jährlichen Gebühren von ca. 15€. Der Bürger muss also seine eigene Unterschrift erst einmal kaufen, bevor er sie benutzen kann.

Nicht zuletzt um die massenhafte Verbreitung der digitalen Signatur zu fördern, betreibt die Bundesregierung derzeit zwei Großprojekte: die digitale Gesundheitskarte, bei der alle krankenversicherten Bundesbürger eine signaturbasierte Chipkarte erhalten, weiterhin der digitale Personalausweis, der ebenfalls eine digitale Signatur enthält. Schließlich basierte auch drittens das Projekt für den elektronischen Einkommensnachweis ELENA[19] zur Verwaltung von Sozialleistungen wie dem Arbeitslosengeld II auf der digitalen Signatur. ELENA wurde nach massiven Protesten bezüglich des zentralisierten Charakters der Datenspeicherung und Kritik an den Datenschutzvorkehrungen im Sommer 2011 eingestellt.

Nach Maßgabe der im März 2005 vom Bundeskabinett beschlossenen „eCard Strategie der Bundesregierung" (siehe Verwaltung Innovativ 2005) sollten diese drei Systeme kompatibel gestaltet werden.[20] Für die elektronische Gesundheitskarte die seit 2011 sukzessive ausgegeben wird und den elektronischen Personalausweis gilt die Kompatibilitätsforderung weiter. Die Verfahren basieren auf der digitalen Signatur, mit der sich der Bürger gegenüber dem System identifiziert, seine Daten verwaltet und verschlüsselt, sowie sicherstellen kann, dass seine Daten von den beteiligten Akteuren und Behörden als ihm gehörend anerkannt werden.

Sollten diese beiden Projekte erfolgreich zur Durchführung kommen, wäre Deutschland eine der ersten Industrienationen, die ihre Population vollständig mit einer digitalen Identität ausgestattet hätte.[21] Über die Krankenversicherungspflicht, als auch die Ausweispflicht[22] würden effektiv alle Bundesbürger in den nächsten Jahren eine signaturfähige Chipkarte erhalten. Zu ihren bürgerlichen Namen erhalten damit die Bundesbürger ihre vom Staat verbürgte digitale Identität in Form einer auf einer Chipkarte gespeicherten Chiffre. Im Moment der Authentifikation wird sie per PIN freigeben und ihre mathematische Verwandtschaft mit einer korrespondierenden Chiffre in den staatlich autorisierten Registern abgefragt. Wird diese bestätigt, so ist die Signatur als gültig anerkannt, und das Individuum kann sich ausweisen.

Wie der Name, identifiziert die digitale Signatur den Bürger, wie der Name soll diese Signatur nur auf einen bestimmten Körper verweisen. Im Unterschied zur eigenhändigen Unterschrift enthält die digitale Signatur jedoch keine direkte Spur des Körpers. Derzeit ist der Körper nur auf den Trägermedien der digitalen Signatur repräsentiert. Die Gesundheitskarte speichert Körperdaten wie Blutgruppe und medizinische Informationen, der Personalausweis erlaubt zusätzlich die digitale Speicherung von Fingerabdrücken. Diese Daten gehen jedoch in den Authentifikationsprozess mit der Digitalen Signatur nicht ein, lediglich der Besitz der Karte und das Wissen der PIN-Nummer verweisen hier mittelbar auf den jeweiligen Körper des Bürgers. Technisch besteht die Möglichkeit zur Fusion von biometrischen und Signaturdaten, und wird der Körper per Biometrie erst eingeschrieben in die Chiffre, die einmalige Folge von Nullen und Einsen, die einem Bürger als digitale Signatur zugeschrieben ist, so schließt sich die Lücke zwischen dem Körper und dem staatlichen Identifikationsmedium fast vollständig. Das digitale Register der vom Staat als legitim anerkannten Identitäten enthielte dann genau wie im papierbasierten System eine Spur des jeweiligen Körpers.

Überall dort, wo die Signatur zum Einsatz kommt, herrscht rechtlich eindeutige Zuordbarkeit der digitalen Handlungen. Sie können auf einen Namen, auf einen Körper zurückverfolgt werden. Wessen Hände am Keyboard waren, kann rechtsgültig einwandfrei belegt werden. Inwieweit sich diese Zuordbarkeit allgemein durchsetzen wird, ist davon abhängig, wie sehr die Digitale Signatur vom Gesetzgeber und vom Markt gefordert wird. Für viele *E-Government* Anwendungen ist die Signatur vorgeschrieben. Zusammen mit der Gesundheitskarte erhofft sich die Bundesregierung so die kritische Masse für eine allgemeine Durchsetzung der Digitalen Signatur im elektronischen Rechtsverkehr zu erreichen.

Im privaten Bereich, beim Handel im Internet z.B., bietet die Signatur Vorteile bei der Haftungssicherung. Betrügereien, wie sie bei ebay alltäglich sind, können mit der digitalen Signatur effektiv unterbunden werden. *Phishing*-Attacken, bei der Betrüger über das Netz vorgeben, Vertreter vertrauenswürdiger Institutionen zu sein, um an sensible Daten wie Kontozugangsnummern und Kreditkarteninformationen zu gelangen, könnten Nutzer durch eine einfache Abfrage der Legitimität der Adressdaten abwehren. Ebensolches gilt für die Bekämpfung von Spam; eine E-Mail, die durch Signatur beglaubigt ist, wäre zu einer konkreten Person rückverfolgbar, Filtermechanismen könnten entsprechend einfacher zwischen vertrauenswürdigen und vertrauensunwürdigen Sendern diskriminieren.

Auch könnten Identitätsmanagementtools auf der Signatur aufsetzen, die einerseits Pseudonymität, andererseits aber Rückverfolgbarkeit im Konfliktfall ermöglichen. Somit wäre dem auch von politischer Seite anerkannten Bedürfnis nach situativer Anonymität zum Schutz der Redefreiheit und vor Überwachung genüge getan, während gleichzeitig die Durchsetzbarkeit des Rechts gesichert wird.[23] Für Betreiber von Internetforen und anderer Onlinedienste ergeben sich administrative Möglichkeiten, die in Verbindung mit gesetzgeberischen Anforderungen die Nutzung von signaturbasierten Identitätsmanagementlösungen sinnvoll machen. Über eine Altersabfrage könnte beispielsweise sichergestellt werden, dass Erwachsene keinen Zugang zu einem Angebot haben, das sich an Kinder und Jugendliche richtet. Der Zugang zu Pornographie oder anderen Inhalten, bei denen der Gesetzgeber ein Mindestalter verlangt, könnte ebenfalls auf Signaturbasis erfolgen. Weiterhin ermöglicht eine signaturgestützte Abbildung der Transaktionsbeteiligten und möglicherweise ihrer Aufenthaltsorte die Besteuerung und Bezollung des digitalen Handels.

Schließlich eröffnen sich für den Schutz des geistigen Eigentums im Internet neue Möglichkeiten. Der Kauf und Zugriff auf digitale Waren wie Musik, Filme oder Videospiele kann an die Authentifikation mittels digitaler Signaturen gebunden werden (Engemann 2003: 32). Über in die Dateien eingebettete digitale Wasserzeichen wäre nachvollziehbar, ob ein Kunde seine Dateien z.B. per *File-Sharing* weitergegeben hat. In elaborierteren Varianten ist ein digitales Identitätssystem denkbar, indem an jedem *Device* die Nutzer identifiziert und entsprechend Zugriffs- und Bearbeitungsrechte zugewiesen werden. So kann die Portabilität von Daten durch ihre rechtmäßigen Besitzer bei gleichzeitigem Schutz der Rechte der Urheber gewährleistet werden. Anders als bei bisherigen *Digital Rights Management* Systemen könnten Nutzer beispielsweise einen Film in beliebigen Formaten auf beliebige Geräte transferieren, solange sie auf diesen mittels digitaler Signatur angemeldet sind. Auf Geräten Dritter, die sich nicht mittels Digitaler Signatur als zugriffsberechtigt ausweisen können, würde der Film dagegen solange nicht laufen, bis diese Person beim Urheber die entsprechenden Rechte erstanden hat.

Hier eröffnen sich auch Potentiale für Datenschutz und die Monetarisierung von Daten und *Content* durch die Individuen selbst. Zu unterscheiden, was mein und dein ist, ist damit nicht allein ein Privileg der etablierten *Content*-Industrie, sondern im Interesse der Individuen selbst. Zum einen können mit der digitalen Signatur die Verarbeitung und Nutzung ihrer Daten auf Basis verifizierter Identitäten regulieren: Familienfotos im Netz z.B. ausschließlich Familienmitgliedern zugänglich machen. Weiterhin könnte ihre Rolle als Produzenten von Content gestärkt werden. Das Geschäftsmodell des *Web 2.0.* basiert nicht zuletzt darauf, dass jeder Nutzer mit seinen Daten und Beiträgen den Gesamtwert des Netzes erhöht,[24] ohne dass vom Anbieter der Wert seines individuellen Zutrags transparent gemacht wird. Wenn Individuen ihre Daten auf Grundlage der Signatur effektiv schützen und verwalten können, können sie ihre Beiträge zum Gegenstand von Tauschgeschäften machen. Sie können als Mit-Produzenten des Wertes des jeweiligen Netzes entsprechende Vergütung verlangen.

Für Staat, Wirtschaft und Individuen gibt es somit konvergierende Interessen, die digitale Signatur zu nutzen. Insbesondere im Rahmen der von der Bundesregierung forcierten Signaturprojekte, ist zu erwarten, dass es zu governemedialen Politiken kommt, die darauf abzielen, die Individuen zu veranlassen, sich durch die Signatur zu schreiben. Für die Individuen selbst ist eine solche Form der Identifikation rational, genießen sie doch so Haftungsschutz und haben eventuell ökonomische Vorteile.

Gouvernemedialität der digitalen Identität

An der Bruchstelle zwischen papiergebundener Identität und digitaler Identität wird sichtbar, wie sehr Namen und Unterschriften in der Moderne immer schon gouvernemedial gewesen sind. Sie sind ein Kreuzungspunkt zwischen dem Aufschreibsystem Staat, den Individuen und ihren Körpern. So eigen und individuell Namen erscheinen, unter Bedingungen moderner Gouvernemedialität existieren sie nur als Doppelung: in Form des Namens, mit dem das Individuum sich selbst adressiert und identifiziert, plus des entsprechenden Registereintrags über diesen Namen im staatlichem Archiv. Namen machen Menschen und ihre Handlungen für den Staat lesbar. Wessen Name nicht in diesen Registern steht, dem steht es nicht frei, innerhalb des Geltungsbereiches des jeweiligen Staates zu handeln. Weder steht es dieser Person frei, am Geschäftsverkehr teilzunehmen, da ihre Identifizierung im Haftungsfall erschwert ist, noch soll diese Person überhaupt Handlungen vollziehen, da auch hier im Konfliktfall der Handelnde nicht auffindbar ist.

Was aber im Raum unter der Adresse „Name" gegebenenfalls gesucht wird, ist ein Körper. Die moderne Gouvernemedialität kennt keine Engel und Götter am Anfang von Kausalketten,[25] in ihr stehen immer Körper an dieser Stelle. In den letzten zweihundert Jahren haben moderne Nationalstaaten Aufschreibsysteme etabliert, die es ermöglichen, Kausalketten auf individuelle Körper zurückzuschreiben. Das Recht, insbesondere das Haftungsrecht, basiert auf dieser Potenz. Keine Handlung innerhalb eines Territoriums, die nicht ex-post verschriftlicht werden könnte, die mit dem Arsenal von Kriminalistik und Forensik von der Flüchtigkeit des Ereignisses in die Stetigkeit der Schrift überführt werden könnte. Ein Territorium ist ein lesbarer Raum, ein Raum der Spuren.

Körper haben entsprechend innerhalb eines Territoriums nicht ohne Namen zu sein. Sie halten sich nur legitim innerhalb dieses Raums auf, wenn sie geschrieben sind, wenn ihr Registriertsein nachgewiesen werden kann. Kein Eintritt eines Körpers in ein Territorium soll ohne diesen Nachweis eines legitimen Namens verbleiben. Das „write me down make me real" ist an die Schwellen des Territoriums gebunden: Muttermund und Grenzübergang.

Die Unterschrift schließlich hat eine Sonderstellung in diesem Regime. Sie ist der dem Individuum verfügbare Aufruf des Aufschreibsystems Staat. Wo die Hand des Individuums den Namen schreibt - die „eigenhändige Namensunterschrift" - erzeugt sie eine Signatur. Eine Signatur ist die von der Staatlichkeit garantierte Präsenz des Körpers bei einem Schreibakt, der einen Willen bezeugt. Sie ist der Punkt, an dem Körper, Name und Staat einander berühren, wo das eigene Schreiben immer schon den Staat mitschreibt. Dies gilt für die eigenhändige Namensunterschrift wie für die digitale Signatur. „Our identities have no bodies" schrieb John Perry Barlow (1996) in seiner berühmten „Declaration of the Independence of Cyberspace", mit der er die Staatlichkeit der Industrienationen als „weary giants of flesh and steel" für das Internet für unzuständig erklärte. Heute zeigt sich, dass diese Verabschiedung des Körpers aus dem Internet, die gerade auch in der medienwissenschaftlichen Literatur der neunziger Jahre gang und gäbe war, vorschnell gewesen ist.

Es ist die Kontinuität des Kapitalismus, die trotz des Medienbruchs zwischen analoger und digitaler Welt die Re-Implementierung von Körpern und mit ihnen der Staaten, die sie regieren, erzwingt. Die Kommerzialisierung des Internet, seine Entwicklung zu einer genuinen Sphäre des Tausches, erfordert den Vertrag. Vertraglichkeit fordert das sich durch die Signatur schreiben, denn Verträge erhalten ihre Gültigkeit nur durch die Unterschrift. Digitale Verträge die den vollgültigen Rechtsschutz wie Verträge auf Papier genießen benötigen die digitale Signatur. Digitalen Signaturen wiederum sind staatliche Zustellungen von Körpern in einem Medium indem Körper abwesend sind. Mithin treibt die Kommerzialisierung des Internet mindestens punktuell die Etablierung einer staatlich garantierten Körperrepräsentation im Internet hervor. Digitale Signaturen gibt den Menschen Körperrepräsenationen in einem Medium, das als körperlos gilt.

Es stellt sich hier die Frage, ob der Eintritt in das Internet zu einem ähnlich rigide reglementiertem Schreibereignis wird, wie der Eintritt in ein Territorium. Ist es absehbar, dass der Aufenthalt im Internet an das Vorhandensein einer offiziellen, in staatlichen Registern verbrieften Identität gebunden wird? Wird es ein „write me down make me real", gleichsam eine Geburt und ihre Beurkundung in den *Cyberspace* geben? Oder werden alternativ die Interfaces zum Internet zu Grenzen wie territoriale Ränder eines Staats? Würde also der Eintritt ins Internet zu einem Grenzübertritt, mit allen rechtlichen Konsequenzen, die damit einhergehen? Angesichts der ubiquitären Verbreitung des Internet, die zumindest für Europa, Korea und Japan sowie im Wesentlichen auch für die USA als total bezeichnet werden kann, würde sich hier das Verhältnis von Körper, Grenzen und ihren Medien gleichsam umdrehen: es kämen nun nicht mehr die Körper zur Grenze und ihren Medien, sondern die Medien als Grenze zu den Körpern.

Noch, so ist an dieser Stelle festzuhalten, ist der Eintritt des Körpers in das Netz eine Möglichkeit, die den Individuen als Option zur Verfügung steht. Es obliegt ihrer Entscheidung, ob sie ihre Namen und körperliche Präsenz qua Signatur offiziell machen möchten, ob sie ihre durch den Staat gegebenen digitalen Körper als Signatur ins Internet eintreten lassen. Es ist aber klar, das in dem Zuge, indem Handeln digital wird und die Welt sich digital zu schreiben beginnt, es also zu einem Zusammenfallen der Welt der Handlungen und ihrer Verschriftlichung kommt,[26] sich die Forschungsperspektiven der Gouvernemedialität eröffnen: welche Verhältnisse der Regierung des Selbst und der Regierung des Staates wird sich auf Grundlage dieses Aufschreibsystems entwickeln? Was sind die Potentiale der Biomacht unter Bedingungen digitaler Körperrepräsentation. Was ist das Archiv in diesem digitalen Aufschreibsystem? Zu was werden Institutionen unter den skizzierten Bedingungen neuer Medien? Schließlich wo liegen die Bruchlinien und Verwerfungen in der zeitgenössischen Gouvernemedialität?

Festzuhalten ist jedoch, dass die digitale Signatur als Vermittlung von Individuen, ihren Körpern, ihren Namen und der Staatlichkeit im neuen Schriftraum Internet der Nexus der sich gegenwärtig entfaltenden Gouvernemedialität ist. Die von Foucault beschriebenen Elemente gouvernementaler Politiken, das Selbst und die Körper, werden durch die digitale Signatur im Internet als auf den Staat vermittelte etabliert und für Politiken adressierbar. Zugleich entsteht in diesem neuen Raum die Population von im Netz abgebildeten Bürgern, deren Leben und Sterben, Kräfte und Fähigkeiten in nicht gekannter Auflösung repräsentiert werden können. Es bleibt abzuwarten, welche Praktiken der Biomacht, des Regierens von sich selbst und anderen, welche Führung von Führungen sich aus diesem gouvernemedialen Potential entwickeln werden.

Anmerkungen

1. Eine bemerkenswerte Konstruktion weist in dieser Hinsicht das Erbrecht auf: §1923 II BGB besagt: „Wer zur Zeit des Erbfalls noch nicht lebte, aber bereits gezeugt war, gilt als vor dem Erbfall geboren." Juristen sprechen hier im Futur II vom Nasziturus – lat. „dem der geboren werden wird". Das Kind im Mutterleib tritt das Erbe an, als wäre es schon geboren. Kommt es nicht zur Geburt, verfällt das Erbe wieder.
2. §16 Personenstandsgesetz.
3. Vgl. §21 & §22 Personenstandsgesetz.
4. Das deutsche, wie auch das französische Recht, sind hier im internationalen Vergleich besonders rigide (vgl. Seuter 1996; siehe auch Groebner 2004: 162).
5. In Deutschland werden die Geburtenbücher dezentral in den örtlichen Standesämtern – derzeit ca. 4000 – aufbewahrt. Es existiert keine zentrale Kopie, die alle Einträge zusammenfasst.
6. Über Rechte und Pflichten ist damit noch keine Aussage getroffen. Wer als Ausländer erfasst ist, hat andere Rechte als derjenige dessen, Staatsangehörigkeit als Deutsch im Register vermerkt ist.
7. Der Grabstein schließlich schreibt dieses Verhältnis über den Tod hinaus fest: an diesem Ort liegt dieser Körper, mit diesem Namen.
8. „Der Pass ist der edelste Teil von einem Menschen. Er kommt auch nicht auf so einfache Weise zustand wie ein Mensch. Ein Mensch kann überall zustandkommen, auf die leichtsinnigste Art und ohne gescheiten Grund, aber ein Pass niemals. Dafür wird er auch anerkannt, wenn er gut ist, während ein Mensch noch so gut sein kann und doch nicht anerkannt wird" (Brecht 1962: 7).
9. Handzeichen sind Unterschriften Schreibunkundiger und werden für den Rechtsverkehr akzeptiert, so sie notariell beglaubigt sind.
10. Ausnahmen von dieser Regelung werden vom Gesetzgeber einzeln bestimmt, so gibt es Vorschriften z. B. im Falle von Vertretungsgeschäften, Krankheit oder bei Schreibunkundingen etc.
11. Für bestimmte Ereignisse sehen die Formvorschriften die Aufnahme von Zeit und Ort vor: z. B. bei der eidesstattlichen Versicherung § 27 V VwVfG und der Beglaubigung § 33 III Nr. 4 und § 34. „Ort und Tag der Verhandlung" sollen – nicht müssen – in eine notarielle Urkunde aufgenommen werden, s. §§ 9 II BeurkG.

12 Töne waren zwar im Notationssystem schreibbar, Geräusche jedoch nicht. Letztere, so Kittlers Argument (1986) werden erst Gegenstand ästhetischer Produktion geworden, als sie per Grammophon aufzeichenbar sind.
13 Werner Sombart schreibt in seiner Geschichte des Kapitalismus (1987: 118): „Man kann schlechthin Kapitalismus ohne doppelte Buchführung nicht denken...". Diese essentielle Technik kapitalistischen Wirtschaftens, hatte als ihre Voraussetzung die Verfügbarkeit von Papier als Schreibgrund. Papier, im 11. Jahrhundert nach Europa gekommen, entwickelte sich schnell zur billigen Alternative zum Papyrus. Die permanenten Löschoperationen, das ständige Ausstreichen der Einträge, die die doppelte Buchführung verlangt, waren auf Papyrus nicht möglich. Zu knapp, zu teuer war dieses Schreibmaterial, als dass man einmal darauf geschriebenes wieder ausstreichen würde. Vgl. Meinen 2003; außerdem Siegert 2003: 47ff.
14 Die Software TOR ist unter der Adresse https://www.torproject.org/ herunterzuladen. Der Java Anonymous Proxy JAP ist auf der Seite http://anon.inf.tu-dresden.de/ zu finden (Beide abgerufen im Januar 2009).
15 Mercedes Bunz macht die These stark, dass mit dem ARPANET vor allem ein effizienterer Gebrauch der über das Land verstreuten Computerressourcen beabsichtigt war. Dem ist entgegenzuhalten, dass in den einschlägigen ARPA-Studien von Paul Baran die Überlebensfähigkeit von Kommunikationsstrukturen im Vordergrund steht. Vgl. Bunz 2008; Baran 1962: 18.
16 Im einzelnen: arbeitsrechtliche Kündigung oder Auflösungsvertrag (§ 623 BGB), beim Arbeitszeugnis (§ 630 BGB,), beim Versprechen einer Leibrente (§ 761 BGB), bei einer Bürgschaftserklärung (§ 766 BGB), beim Schuldversprechen (§ 780 BGB), bei einem Schuldanerkenntnis (also einem Vertrag, der das Bestehen einer Schuld anerkennt) (§ 781 BGB), beim Testament (§ 2247 Abs. 1 BGB).
17 In der Fernsehserie CSI wird diese ex-post Verschriftlichung allabendlich als Spektakel vorgeführt.
18 Der volle Titel lautet: Gesetz über Rahmenbedingungen für elektronische Signaturen und zur Änderung weiterer Vorschriften (SigG).
19 ELENA ist nicht mit der ELektronischen STeuererklärung ELSTER zu verwechseln. ELSTER benutzt bislang ein eigenes Authentifikationsschema, das nicht auf der digitalen Signatur beruht.
20 Zwischen den beteiligten Ministerien herrscht erhebliche Konkurrenz, den jeweils im Haus entwickelten Standards und Verfahren zur allgemeinen Durchsetzung zu verhelfen. Doppelentwicklungen und schwierige Standardisierungsprozesse verhindern entsprechend die schnelle Durchsetzung einheitlicher Lösungen.
21 In Österreich ist das bereits der Fall. Alle acht Millionen Bürger haben die so genannte E-Card, die von denselben Firmen wie in Deutschland hergestellt und vertrieben werden.
22 Wobei entgegen der weit verbreiteten Annahme keine Pflicht besteht, den Ausweis mit sich zu führen. Es besteht lediglich die Pflicht, einen Ausweis zu besitzen und dieses ggf. nachweisen zu können.
23 So wird es auch von der EU als Empfehlung an die Mitgliedsstaaten ausgegeben (siehe Council of Europe 2003).
24 So genannte ‚Metcalfe's law' besagt, dass der Wert eines Netzwerkes mit Quadrat der Anzahl der Teilnehmer wächst.
25 Die Medien der mittelalterlichen Gouvernementalität, wie unlängst von Giorgio Agamben (2007) beschrieben wurde, waren dagegen Engel. Ihre Rolle und Einfluss im Gefüge der Macht und Ereignisse ein wesentliches Problem der zeitgenössischen Diskussion um das gute Regieren.
26 Womit der alte Traum der Bürokratie von der Tilgung der Differenz zwischen Welt und ihrer Registratur seine Einlösung fände. Vgl. Siegert 2006: 159.

Literatur

Abbate, Janet (2000): Inventing the Internet. Cambridge, MA: The MIT Press
Agamben, Giorgio (2007): Die Beamten des Himmels: Über Engel. Frankfurt am Main: Verlag der Weltreligionen
ARD-ZDF-Onlinestudie (2009). URL: http://www.ard-zdf-onlinestudie.de/ (Abgerufen im Januar 2009)
Baran, Paul (1962): On distributed Communications Networks. URL: http://www.rand.org/pubs/papers/2005/P2626.pdf (Abgerufen im Januar 2009)
Barlow, John Perry (1996): A Declaration of the Independence of Cyberspace. URL: http://homes.eff.org/~barlow/Declaration-Final.html (Abgerufen im Januar 2009)
Bickenbach, Matthias/Maye, Harun (1997): Zwischen fest und flüssig - Das Medium Internet und die Entdeckung seiner Metaphern. In: Gräf/Krajewski (1997): 80-98
Bitkom – Bundesverband Informationswirtschaft, Telekommunikation und neue Medien e.V. (2007): Der elektronische Handel boomt. URL: http://www.bitkom.org/de/presse/49919_43665.aspx (Abgerufen im Januar 2009)
Brecht, Bertolt (1962): Flüchtlingsgespräche. Berlin/Frankfurt am Main: Suhrkamp
Bröckling, Ulrich/Krasmann, Susanne/Lemke, Thomas (2000): Gouvernementalität der Gegenwart: Studien zur Ökonomisierung des Sozialen. Frankfurt am Main: Suhrkamp
Bröckling, Ulrich/Krasmann, Susanne/Lemke, Thomas (2004): Glossar der Gegenwart. Frankfurt am Main: Suhrkamp
Bunz, Mercedes (2008): Vom Speicher zum Verteiler. Die Geschichte des Internet. Berlin: Kulturverlag Kadmos
Burchell, Graham/Gordon, Colin/Miller, Peter (Hrsg.) (1991): The Foucault Effect. Studies in Governmentality. Chicago: Chicago University Press
Caplan, Jane/Torpey, John (2001): Documenting Individual Identity: The Development of State Practices in the Modern World. Princeton/Oxford: Princeton University Press
Council of Europe (2003): Declaration on freedom of communication on the Internet. Adopted by the Committee of Ministers on 28 May 2003 at the 840th meeting of the Ministers' Deputies. URL: https://wcd.coe.int/ViewDoc.jsp?id=37031 (Abgerufen im Januar 2009)
Derrida, Jaques (1988a): Signatur, Ereignis, Kontext. In: Derrida (1988b): 291-314
Derrida, Jaques (1988b): Randgänge der Philosophie. Wien: Passagen Verlag
Engemann, Christoph (2003): Electronic Government - Vom User zum Bürger. Zur kritischen Theorie des Internets. Bielefeld: transcript
Engemann, Christoph (2012): Der Wille ein Selbst zu schreiben - Die Gouvernemedialität der digitalen Identität (im Erscheinen)
Engemann, Christoph/Traue, Boris (2006): Governmediality of the Life Course. URL: www.governmediality.net (Abgerufen im Januar 2009)
Foucault, Michel (1987): Das Subjekt und die Macht. In: Foucault, Michel (1987): Jenseits Von Strukturalismus und Hermeneutik. Frankfurt am Main: Athenäum-Verlag
Foucault, Michel (2008): Geschichte der Gouvernementalität. Band 1 und 2: Sicherheit, Territorium, Bevölkerung. Die Geburt der Biopolitik. Frankfurt am Main: Suhrkamp
Goffman, Erving (1973): Asyle: über die soziale Situation psychiatrischer Patienten und anderer Insassen. Frankfurt am Main: Suhrkamp
Gräf, Lorenz/Krajewski, Markus (Hrsg.) (1997): Soziologie des Internet. Handeln im elektronischen Web-Werk. Frankfurt am Main: Campus Verlag
Groebner, Valentin (2004): Der Schein der Person - Steckbrief, Ausweis und Kontrolle im Europa des Mittelalters. München: C.H. Beck
Gumbrecht, Hans U./Pfeiffer, K. Ludwig (Hrsg.) (1993): Schrift. München: Wilhelm Fink Verlag
Hahn, Alois (1993): Handschrift & Tätowierung, In: Gumbrecht/Pfeiffer (1993): 209-218

Hefner, Katie/Lyon, Matthew (1996): Where Wizards Stay Up Late: The Origins of the Internet. Darby: Diane Pub Co
Kittler, Friedrich A. (1986): Grammophon, Film, Typewriter. Berlin: Brinkmann & Bose
Kittler, Friedrich A. (1995): Aufschreibesysteme 1800/1900. München: Wilhelm Fink Verlag
Hobbes, Thomas (2000): Leviathan. Cambridge: Cambridge University Press
Hornung, Gerrit (2005): Die digitale Identität. Baden-Baden: Nomos
Kittler, Friedrich (2002): Optische Medien. Berliner Vorlesungen 1999. Berlin: Merve
Landgericht Hamburg (2006): Urteil vom 26.7.2006 (Az. 308 O 407/06). URL: http://www.lexexakt.de/glossar/lghamburg2006-07-26.php (Abgerufen im Januar 2009)
Meinen, Gloria (2003): Routen und Routinen. In: Siegert/Vogl (2003): 195-219
Patterson, Orlando (1982): Slavery and Social Death: A Comparative Study. Cambridge MA: Harvard University Press
Proudhon, Pierre-Joseph (1923): General Idea of the Revolution in the Nineteenth Century. London: Freedom Press
Salter, Mark B. (2003): Rights of Passage. The Passport in International Relations. Boulder: Lynne Rienner Publishers
Seutter, Konstanze (1996): Eigennamen und Recht. Tübingen: Niemeyer
Siegert, Bernhard (1999): Relais. Geschicke der Literatur als Epoche der Post 1751 - 1913. Berlin: Brinkmann U. Bose
Siegert, Bernhard (2003): Passage des Digitalen - Zeichenpraktiken der neuzeitlichen Wissenschaften 1500-1900. Berlin: Brinkmann und Bose
Siegert, Bernhard (2006): Passagiere und Papiere. Schreibakte auf der Schwelle zwischen Spanien und Amerika (1530 bis 1600). München: Wilhelm Fink Verlag
Siegert, Bernhard/Vogl, Joseph (Hrsg.) (1997): Europa. Kultur der Sekretäre. Berlin: Diaphanes Verlag
Schmitt, Carl (1997): Der Nomos der Erde im Völkerrecht des Jus Publicum Europaeum. Berlin: Duncker & Humblot
Sombart, Werner (1987): Der moderne Kapitalismus: 3 Bände in 6 Teilen. München: DTV
Tantner, Anton (2007): Ordnung der Häuser, Beschreibung der Seelen. Wien: Studien Verlag
Torpey, John (2000): The Invention of the Passport. Cambridge: Cambridge University Press
Verwaltung Innovativ (2005): Bundeskabinett beschließt gemeinsame eCard-Strategie. URL:http://www.verwaltung-innovativ.de/nn_684508/DE/Presse/Artikel/ArtikelArchiv/2005/20050314__bundeskabinett__beschliesst__gemeinsame__ecard__Strategie__artikel.html (Abgerufen im Januar 2009)
Vismann, Cornelia (2000): Akten: Medientechnik und Recht. Frankfurt am Main: Fischer
Write me down (2009). URL: http://www.writemedown.org/ (Abgerufen im Januar 2009)
Ziegler, Peter-Michael (2008): Offener Brief: Bundeskanzlerin soll Künstlerrechte schützen. URL: http://www.heise.de/newsticker/meldung/Offener-Brief-Bundeskanzlerin-soll-Kuenstlerrechte-schuetzen-202865.html (Abgerufen im Januar 2009)

IV. Vom Protokollanten zum Mittler

Wenn das Wohnzimmer zum Labor wird.
Medienmessungen als Akteur-Netzwerk[1]

Matthias Wieser

Der Zusammenhang zwischen Messung, Sozialität und Medienwandel wird nicht erst mit den sog. Neuen Medien virulent, sondern lässt sich bereits am Beispiel der kommerziellen Fernsehforschung veranschaulichen. Zu diesem Zweck wird im Folgenden eine Heuristik dargestellt, die aus der Wissenschafts- und Technikforschung entlehnt ist (1.). Hierbei handelt es sich um die Akteur-Netzwerk-Theorie (ANT) von Bruno Latour, Michel Callon und anderen, die inzwischen in verschiedenen Forschungsfeldern wie Wirtschaft, Recht, Religion, Politik und Alltagskultur produktiv ‚angewendet' und rezipiert wird.[2] Sie bietet einen sehr guten Rahmen, auch Phänomene der Medienwissenschaften zu analysieren. In diesem Beitrag wird mittels des Vokabulars der ANT die deutsche Quotenforschung analysiert. Zuvor wird die Differenz dieses Ansatzes zu anderen Ansätzen der Medienforschung herausgestellt, insbesondere mit Bezug auf die Thematisierung der kommerziellen Fernsehforschung (2.). Besonderes Charakteristikum der ANT ist die Herausstellung der Performativität von Forschung, die ihre Gegenstände mit hervorbringt, und die Betonung der Beteiligung technischer Artefakte daran. Die Fernsehzuschauermessung lässt sich im Sinne der ANT als einen Übersetzungsprozess beschreiben, in dem ein obligatorischer Passagepunkt technisch eingerichtet wird, der Inskriptionen produziert, die wiederum mit anderen Inskriptionen kombiniert werden (3.). Das Messgerät stellt den zentralen Akteur der Quotenforschung dar. Bislang konnte sich das Messgerät behaupten, trotz oder gerade wegen einer Reihe von Transformationen der Fernsehquotenforschung (4.). In den letzten Jahren ist jedoch das Messgerät und somit das ganze Netzwerk Zuschauermessung destabilisiert worden, was den ‚Ding-Charakter' des Messgerätes im Sinne der ANT offensichtlich macht (5.). Abschließend wird in einem Fazit diese soziotechnische Form von Zuschauermessung mit aktuellen Studien zur Sozial-Vermessung auf *Social Network Service*-Portalen verglichen, um den Wandel von Medienmessformen als Verschiebung von Sozialitätsformen aufzuzeigen (6.).

Die Überlegungen sind ein theoretisches Gedankenexperiment, das in der ANT neben empirischen Feldstudien und historischen Analysen nicht unüblich ist. Es geht weniger darum, die sozialtheoretischen Untiefen dieses Ansatzes und ihre vermeintliche Radikalität, welche Latour auch gerne polemisch formuliert, zu ergründen, als vielmehr darum die ANT praktisch und operativ zu nutzen. Folgende

Überlegungen sind aber eher heuristischer als empirischer Natur. Für eine angemessene ANT-Analyse müsste eine Ethnographie der Zuschauermessung vollzogen werden, d.h. den tatsächlichen Praktiken der Zuschauermessung in den Redaktionen und Chefetagen eines oder mehrerer Fernsehsender, in den Büros der Fernsehforscherinnen der GfK und des AGF sowie in den Wohnzimmern der ‚gemessenen' Zuschauerinnen gefolgt werden.[3] Stattdessen wird auf einige schriftliche Darstellungen dieser Praxis zurückgegriffen (vgl. AGF o.J.; Buß & Darschin 2004; Horizont-Medien AG & AGF 2008; Meyen 2001). Den Hintergrund der Ausführungen bilden die beiden Anliegen, Medien- und Techniksoziologie sowie Cultural Studies und Science & Technology Studies in einen produktiven Dialog zu bringen.

1 Medien als Akteur-Netzwerk

Im Zuge der zunächst wissenssoziologischen und später praxeologischen Wende der Wissenschafts- und Technikforschung ist ein Ansatz zu besonders umstrittener Berühmtheit gelangt: Die Akteur-Netzwerk-Theorie (vgl. Bammé 2009; Pickering 1992; Sismondo 2009). Dieser Ansatz, der im Laufe der 1980er Jahre in Frankreich entstanden ist, ist vor dem Hintergrund poststrukturalistischer Theorieansätze zu verorten (vgl. Wieser 2008). Philosophisch formuliert geht es diesem Ansatz um eine Unterminierung der klassischen okzidentalen Differenz von Subjekt und Objekt der Erkenntnis.

Zwei Annahmen der ANT sind im Folgenden von besonderer Relevanz. Die erste ist ihre viel umstrittene Symmetriethese, die sämtliche Akteurs- und Handlungstheorien über Bord wirft. So schreibt beispielsweise Michel Callon:

> Action, including its reflexive dimension that produces meaning, takes place in hybrid collectives comprising human beings as well as material and technical devices, texts, etc. [...]. These agencies are [...] made up of human bodies but also of prostheses, tools, equipment, technical devices, algorithms, etc. The notion of a cyborg aptly describes these agencements (Callon 2005: 4).

Diese Symmetriethese ist v.a. methodisch zu verstehen, wonach nicht *a priori* festgelegt werden soll, wer oder was ein Akteur ist, sondern die verteilten Handlungsfähigkeiten beschrieben werden sollen (vgl. Callon 2006).

Die zweite Annahme betrifft die Performativität von Wissenschaft als Forschung. So haben Bruno Latour und Steve Woolgar bereits in ihrer Laborstudie Ende der 1970er Jahre betont, dass wissenschaftliche Phänomene nicht bloß von technischen Instrumenten *abhängen*, sondern dass Letztere die Phänomene auch *hervorbringen* (vgl. Latour & Woolgar 1979: 64). Diese Einsicht ist von Michel Callon als Performativitätsansatz in die Wirtschaftssoziologie mit eingebracht worden. Callon zeigt, dass auch die Wirtschaftswissenschaft ihre Phänomene nicht bloß beschreibt, sondern mit hervorbringt – sei es beispielsweise den nutzenmaximierenden Akteur oder den Markt: „economics [...] performs, shapes and formats the economy, rather than observing how it functions" (Callon 1998a: 2). Donald MacKenzie (2006) bringt dies auf die griffige Formel, dass wirtschaftswissenschaftliche Modelle keine Kameras, sondern Motoren der Wirtschaft sind.[4]

Spätestens seit Ende der 1990er Jahre haben die ANT und auch andere Varianten einer praxeologischen Wissenschafts- und Technikforschung auf andere Forschungsfelder gewirkt, wie etwa die Organisationsforschung, Medizinsoziologie, oder, wie gerade angesprochen, die Wirtschaftssoziologie, und haben auf sozial-, gesellschafts- und modernisierungstheoretische Diskussionen Einfluss genommen. Nur innerhalb der Mediensoziologie und der Medienwissenschaften ist dieser Ansatz bislang ziemlich unberührt geblieben, obwohl das Konzept der Übersetzung deutliche Parallelen zu Konzepten wie Mediatisierung oder Medialisierung im Sinne der (philosophischen) Medientheorie hat.[5] In den letzten Jahren wurden jedoch einige Versuche unternommen, die ANT in die Medienforschung einzubringen (vgl. Couldry 2006; Hemmingway 2007; Loon 2007; Teuerlings 2004; Thielmann 2008; Schüttpelz 2009).[6]

Nimmt man als Ausgangspunkt das klassische und technische Modell von Kommunikation, das viel diskutierte und umstrittene Sender/Empfänger-Modell, als Folie zur analytischen Einteilung medienkommunikationswissenschaftlicher Studien und Ansätze, dann lassen sich diese in drei Gruppen aufteilen: Diejenigen, die die eine Seite des Kanals (Produktion) thematisieren, diejenigen, die die andere Seite (Konsum/Rezeption/Aneignung) betonen und schließlich diejenigen, die die Botschaft zwischen Sender und Empfänger behandeln (Film- und Fernsehanalysen). Der Kanal selbst bleibt aber in den meisten Arbeiten unberücksichtigt, sieht man von ein paar zur Medienforschung konvertierten Literaturwissenschaftlern wie Marshall McLuhan und Friedrich Kittler ab.[7] Eine Medienanalyse mittels der ANT nimmt genau den Kommunikationskanal ins Visier, wobei die Medien als solche – als Medien oder in der Sprache der ANT als „Mediatoren" (Latour 2005: 37-42) – in den Blick geraten und nicht bloße Träger von Botschaften und Interessen der Produzenten oder Konsumenten sind. Medien sind aktive Schaltstellen in der Kommunikation von x und y.[8] Zugespitzt formuliert: Es geht um die Aneignung der Medien und nicht die Aneignung der Produzenten oder des Publikums.[9]

2 Die Quotenforschung und ihre Erforschung

Die kommerzielle Fernsehzuschauerforschung basiert auf einem überholten Modell der Medienwirkungsforschung: dem Stimulus-Response-Modell. Dieses funktioniert nach einem simplen Ursache-Wirkungs-Modell und dem Modell der Einwegkommunikation, nachdem Medieninhalte von allen Rezipienten gleich wahrgenommen werden. Unabhängig von einer Analyse des Medieninhalts, wie der tatsächlichen Rezeption, Nutzung oder Aneignung, werden Annahmen über die Wirkung einer Fernsehsendung gemacht. Wenn viele Leute eine Fernsehsendung ansehen, dann ist sie gut. Werbung, die währenddessen (und mit Abstrichen vorher oder hinterher) gezeigt wird, kann teuer verkauft werden, weil viele Leute diese Sendung schauen und somit die Werbung. Da man auch hier von der simplen Stimulus-Response-Logik ausgeht, heißt das: Je mehr Leute die Werbung sehen, desto mehr Leute werden das Produkt kaufen, oder zumindest erhöht sich dadurch die Wahrscheinlichkeit, weil sich mehr Leute von der Werbung angesprochen fühlen könnten.[10] Dieses Modell geht von einem passiven oder besser mechanischen Zuschauer aus. Es konstruiert das Medium als *black box* bzw. bloßen Transmitter und den Medieninhalt als leeren Signifikanten. Der Medieninhalt bleibt eine Leerstelle und wird interessanterweise erst wiederum durch das Ergebnis der Messung bestimmt, wenn z.B. Sendungen nach bestimmten Zielgruppen klassifiziert werden. Das Medium selbst bleibt unsichtbar und es spielt letztlich keine Rolle, ob Fernsehzuschauer oder Zeitungsleserinnen gemessen werden. Genauso unsichtbar wie das Medium bleibt die Vielzahl an zwischengeschalteten Artefakten und Technologien der Zuschauerforschung selbst.

Die politische Ökonomie oder Kulturindustriethese thematisiert die Quotenmessung in der Hinsicht, dass eine bestimmte ökonomische Sicht – die des Marktes – kulturelle Produktionen wie das Fernsehen dominiert, herrichtet und somit eine demokratische Öffentlichkeit untergräbt (vgl. Prokop 1998). Für die Systemtheorie stellt die Quotenmessung eine systemische Beobachtung des Systems der Massenmedien dar, die aus Subjekten, Akteuren oder Zuschauern Quoten macht; allerdings macht die Systemtheorie keine Aussagen darüber, *wie* diese Beobachtungen vonstatten gehen (vgl. Luhmann 2004). Aus Sicht des interpretativen Paradigmas und auch der Cultural Media Studies wurde bisher betont, dass die Quotenmessung ein bloßes Artefakt ist, das mit den tatsächlichen Praktiken der Zuschauerinnen und den tatsächlichen Wirkungen auf diese nichts zu tun hat; denn schließlich ist Fernsehen eine soziale und interpretative Tätigkeit (vgl. Hall 1999; Holly et al. 2001; Neumann-Braun 2000; Winter 1995).[11] Ob ein Fernseher eingeschaltet ist oder nicht, sagt weder etwas über die Wirkung der vermittelten Inhalte (einer Werbung, eines Filmes, Berichts, usw.), noch über die Nutzung und Aneignung des Inhalts (Analyse, Parodie, Zerstreuung, Hintergrund- bzw. Sekundärmedium, usw.) aus. Es wird also bloß die Quantität und nicht die Qualität gemessen.

Eine ANT-Perspektive beschreibt dagegen, wie Quoten hervorgebracht werden. Sie verfolgt die Quoten vom Wohnzimmer in die Büros der Fernsehforscherinnen und von dort in die Redaktionsbüros der Sender und in die Zeitungen und Zeitschriften, die über das Fernsehen berichten. Dabei enthält sich die ANT einer Erklärung und versucht minutiös aufzuzeigen, *wie* und *mit welchen Mitteln* ein Zuschauer von der professionellen Fernsehforschung hergestellt wird. Es geht folglich darum zu untersuchen, wie Medien ihre Zuschauer herstellen, ohne dabei gleich auf irgendwelche Kapitalinteressen, Habitus oder Ähnliches zu verweisen (vgl. Bourdieu 1998). Es geht vielmehr darum, den eingesetzten Technologien Aufmerksamkeit zu schenken und zu schauen, wie sie einen bestimmten Zuschauer hervorbringen.[12] Es gilt aufzuzeigen, „wie ein Publikum entsteht", jedoch nicht im Sinne John Fiskes (1997) und seinem Herausstellen der Polysemie von Medientexten sowie eines heterogenen Publikums handelnder Subjekte. Es geht nicht um die Praktiken und Techniken des Zusehens, sondern um die Praktiken und Techniken des „Zuschauermachens". Erforscht wird, wie ein konkretes Publikum entsteht und zwar jenes, welches am nächsten Morgen bei der Programmdirektorin in Form von Zahlen, Tabellen und Kurven auf dem Schreibtisch liegt. Der Schwerpunkt liegt auf der Referenz, d.h. auf dem Prozess des Verweisens der Fernsehforschung auf „das Publikum". Die Kritik der Cultural Studies am Zuschauerbegriff der Medienforschung wurde aber nicht nur im Rahmen der Analysen konkreter Rezeptions- und Aneignungspraktiken formuliert, sondern auch dort, wo die diskursive Konstruktion des Publikums durch die Quotenforschung im Vordergrund stand, wie in Ien Angs Studie (1991, 2001). Ang hat allerdings nicht den deutschen Markt analysiert, sondern den US-amerikanischen im Vergleich zum britischen und niederländischen, und ihre Analyse bezieht sich auf die 1980er Jahre, als die Fernsehforschung durch Kabel, Satellit und Videorekorder in eine Krise gekommen ist.[13] Vorliegender Beitrag geht in der Hinsicht über Angs Analyse hinaus, weil er erstens die deutsche Fernsehforschung zum Thema macht, zweitens die heutige Krise durch Digitalisierung und Internet aufgreift und drittens durch Hinzunahme des Vokabulars der ANT der Technik und Materialität bzw. den soziotechnischen Konstellationen größere Aufmerksamkeit schenkt. Mehr noch, die Differenz zwischen einer diskursanalytischen Lesart von Quoten in der Tradition der Cultural Studies bei Ang und einer ANT-Lesart liegt in der Betonung der materiellen Performativität von Repräsentationen. Ang geht es um eine Dekonstruktion des Diskurses der Publikumsforschung bzw. um das „Othering" der tatsächlichen Zuschauerinnen durch den „institutional point of view" der Quotenforschung. Es geht ihr darum, aufzuweisen, dass Quoten „falsche" oder unzutreffende Repräsentationen sind, welche die vielfältigen und heterogenen Praktiken, Erfahrungen und Situationen des Fernsehens überdeterminieren und somit einen ständigen Bedeutungsüberschuss produzieren. Die soziale Welt der tatsächlichen Zuschauerinnen entzieht sich der diskursiven Schließung und somit der vollen Repräsentation (vgl. Ang 1991: 164). Eine Rekonstruktion der Quotenforschung mittels der ANT hingegen interessiert sich für die Frage, wie Quoten mobilisiert werden und dadurch Welten erschaffen. Jan Teuerlings bringt die Differenz wie folgt auf den Punkt:

> So the network approach to communication differs from the cultural studies approach in that ‚meaning' is only of secondary importance, focussing instead on what representations do in the network – how they function. In this sense it is useless to try to ‚deconstruct' audience ratings [...]. What matters most about audience ratings is not whether they are exact or approximate the truth

'out there', but how they function within the network. As long as there are enough actors willing to believe the audience ratings they are a useful tool for mobilising actors (Teuerlings 2004: 89).

3 Die Fernsehquotenforschung in Deutschland

Die Quote[14] ist immer noch das Hauptinstrument in der Fernsehbranche trotz eines inzwischen populären Diskurses über den Sinn und Unsinn von Quoten in Zeitungen, Zeitschriften oder gar in Fernseh- und Kinofilmen[15] selbst (vgl. hierzu Thiele 2006: 314-325). Eine Sendung wird produziert, wenn sie verspricht, Quote zu bringen, weil sich dadurch teure Werbeminuten verkaufen lassen, wovon der Sender lebt. „Was nicht gemessen werden kann, lässt sich beim Werbekunden auch nicht in Bares umwandeln" (Brechtel 2008c: 23), wie es im Horizont-Mediaguide, der in Zusammenarbeit mit der Arbeitsgemeinschaft Fernsehforschung (AGF) anlässlich ihres zwanzigjährigen Bestehens entstanden ist, heißt.[16]

In der Sprache der ANT ist die Quotenmessung ein zentraler Akteur in der Medienpraxis. Neben Schauspielerinnen und Präsentatoren, Produzentinnen, Werbemachern und Unternehmen nimmt die Quote sogar die Rolle des Hauptakteurs ein.[17] Sie ist Repräsentant der Zuschauerin bei den Verhandlungen um Programm- und Werbeplanung. Die Quote soll den Fernsehsendern und -machern Auskunft darüber geben, was die Zuschauer sehen wollen und den (fernseh-)werbetreibenden Unternehmen, ‚wo es sich lohnt, Werbung zu schalten'. Aus Sicht der ANT ist nun zu fragen, *wie* aus einem bestimmten Fernsehzuschauer eine Zahl, oder ein Teil einer Zahl, auf einem Papier wird, jedoch nicht aus der Sicht eines Statistikers, sondern einer ethnographischen Beobachterin. Bildlich gesprochen, wie aus der *couch potato* ein gemessener Zuschauer wird.[18] Räumlich gesehen, wie wir von einem Raum, dem Wohnzimmer, zum anderen Raum, dem Redaktionsbüro bzw. dem der Progammdirektorin, kommen. Diesen Prozess bezeichnet die ANT als Übersetzungsprozess (vgl. Abb. 1).

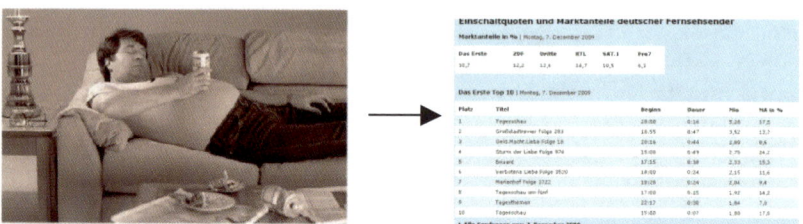

Abbildung 1: Mögliche Visualisierung zweier Eckpunkte eines Übersetzungsprozesses am Beispiel Fernsehforschung; Quelle: VRZHU (Abgerufen am 26.06.2009), DasErste.de (Abgerufen am 07.12.2009).

Um gemessener Zuschauer zu werden, muss ein menschlicher Akteur erst mit dem entsprechenden technischen Gerät ausgerüstet werden. Dies ist zunächst in den 1960ern der Tammeter, dann ab 1974 der Teleskomat, der später dann Telemetron 97 hieß, und heutzutage der GfK-Meter, der zunächst Telecontrol hieß und seit 2009 TC Score heißt (vgl. Kunkel 2008). Der gemessene Zuschauer ist somit ein anderer Cyborg[19] als der alltägliche Zuschauer. Er hat eine andere Fernbedienung bzw. ein extra Gerät an seinem Fernseher. Er ist ein unterschiedlicher Hybrid-Akteur, denn er verschmilzt mit dem Messgerät zu einem anderen Akteur (vgl. Latour 2006d: 484-499). Das Messgerät hat ein bestimmtes Skript, das den Zuschauer in ein bestimmtes Netzwerk einbindet und dafür sorgt, dass der Zuschauer dies auch bereitwillig tut. Dadurch verändert sich die Zuschauerin, denn sie ist nun eine (mehr oder weniger) überwachte Zuschauerin, die sich zumindest die Frage stellt, ob diese „Überwachung" ihr Fernsehverhalten beeinflusst. Doch nicht nur die Zuschauerin verändert sich, sondern auch der Raum, da durch die Anbringung des Messgeräts das Wohnzimmer zum Labor wird.[20]

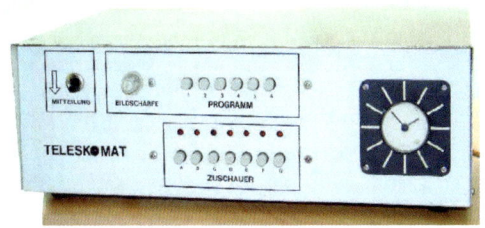

Abbildung 2: Das Equipment des gemessenen Zuschauers: Der Teleskomat; Quelle: Horizont-Medien & AGF (2008: 6).

Dieses Messgerät stellt im Vokabular der ANT einen „obligatorischen Passagepunkt" dar (Callon 2006: 147). Es ist der Knoten im Netzwerk Fernsehforschung, der von den an diesem Netzwerk beteiligten Akteursgruppen seit seiner Einführung in den 1960er Jahren bis heute passiert werden muss. Es ist der Akteur, der das Netzwerk zusammenhält und stabilisiert. Infratest in Zusammenarbeit mit Nielsen & Attwood etablierte die erste Version des obligatorischen Passagepunktes, den Tammeter (vgl. Kunkel 2008).[21] Dieses Objekt wurde konstruiert, um das Problem zu lösen, welches durch die Einführung des ZDF 1963 akut wurde: „Wie viele Zuschauer schauen unsere Sendungen?". Im Jahre 1974 wurde der Tammeter durch den Teleskomat, der von Allensbach in Zusammenarbeit mit Infas entwickelt wurde, ersetzt (vgl. Abb. 2). Dieser lieferte fast sekundengenaue (alle 30 Sekunden) statt minutengenaue Daten. Diese Daten wurden per Telefonleitung statt Lochkarte und nicht haushalts-, sondern personenbezogen ermittelt. Dadurch ließen sich auch Tausend-Kontakt-Preise ausweisen, was einen bisher eher unbedeutenden Akteur im Fernsehforschungsnetzwerk erstarken ließ: die Werbeplanung. Durch die Einführung des Teleskomaten wurde also der Akteur „Werbeplanung" besser in das Netzwerk Fernsehforschung eingebunden. Durch den Teleskomat, wie bereits durch seinen Vorgänger und seine Nachfolger, entsteht ein konkretes Zeichen aus dem komplexen sozialen Prozess des Fernsehschauens, das sich dann wiederum zu Papier bringen lässt. Das partikulare und dichte Erlebnis Fernsehen wird somit vom Messgerät geformt oder artikuliert. Artikulation bedeutet nicht abbilden oder 1:1 wiedergeben, sondern übersetzen, verschieben und verändern (vgl. Latour 2006d). Aus dem Fernseherlebnis wird ein Signal, das besagt, dass zu einer bestimmten Zeit und an einem bestimmten Ort ein bestimmtes Programm eingeschaltet ist. Der Teleskomat produziert Inskriptionen oder „immutable mobiles", die den Kern der Wissenschaften aus Sicht der ANT ausmachen. Latour definiert „immutable mobiles" wie folgt: „Kurz: Man muss Objekte erfinden, die mobil, aber auch unveränderlich, präsentierbar, lesbar und miteinander kombinierbar sind" (Latour 2006b: 266).

So generiert der Teleskomat bzw. der GfK-Meter Inskriptionen, die Eigenschaften von „unveränderlichen Mobilen" haben. Sie sind mobil, flach, relativ unveränderlich[22] und präsentierbar. So wie jede Phase eines explodierenden Sterns auf Millimeterpapier aufgezeichnet wird, so wird die Senderwahl aufgezeichnet und täglich per Modem an die Forscherinnen geschickt. Fernsehen wird in technische Zeichen übersetzt, die wiederum in Tabellen, Zahlenkolonnen und Grafiken übersetzt und anschließend mit anderen Inskriptionen in Bezug zueinander gesetzt werden; und zwar mit demographischen Daten, den Daten aus flankierend durchgeführten Fragebogenerhebungen und Sinus-Analysen. Diese Zahlen werden veröffentlicht und sie dienen weiteren Akteursgruppen als Ausgangspunkt für weiteres Handeln wie z.B.: Die Sendung wird abgesetzt; auf einen anderen Sendeplatz gelegt; hier lohnt es sich Werbung für Frauen über 40 zu platzieren, oder dort sind die Werbeminuten teuer usw. Die Inskriptionen des Teleskomats lassen sich also mit anderen Inskriptionen neu mischen und kombinieren, was noch dadurch potenziert wird, dass die Inskriptionen unterschiedlichen Ursprungs und Maßstabs sein können. Die Quotenergebnisse werden mit weiteren Daten und Ergebnissen aus Umfragen und Studien kombiniert. So beruht etwa die Auswahl der Panelhaushalte auf den Erhebungen der Arbeitsgemeinschaft Media-Analyse, die sich auf den Mikrozensus bezieht (vgl. AGF o.J.). Die Quotenergebnisse wiederum werden z.B. seit dem Jahr 2000 mit Sinus-Milieu-Analysen kombiniert, denn schließlich gilt es, Individualisierungsprozesse aufzugreifen und nicht „nur" die klassischen sozialstrukturellen Merkmale, sondern auch Milieus und Lebensstile „abzubilden", die so Namen tragen wie etwa „DDR-Nostalgiker" (traditionelles Milieu) oder „Smart Shopper" (mainstream Milieu) (vgl. Krekeler 2008a: 9). Das Fernsehen wird somit in ein eindeutiges und dekontextualisiertes Symbolsystem übertragen, welches von Ort zu Ort ohne Veränderung übertragbar ist und somit die Arbeit an verschiedenen sozialen Orten einheitlich ausrichtet. Dieses Symbolsystem wird zudem mit weiteren eindeutigen und dekontextualisierten Symbolsystemen kombiniert. Dadurch entsteht eine ganze Übersetzungskette, die man als „zirkulierende Referenz" (Latour 2002b: 36-95) bezeichnen kann, wodurch man sich relativ einfach hin- und herbewegen kann. In der polemischen Zuspitzung der ANT wird die Quote somit zu einem Akteur, weil sie etwa Medienmacher oder Werbetreibende zwingt, bestimmte Entscheidungen zu treffen und in bestimmte Richtungen zu handeln. Durch die Quote werden verschiedene Akteure mit unterschiedlichen Interessen miteinander verbunden und diese bilden das Netzwerk Fernsehforschung: Fernsehanstalten, Werbeagenturen und Unternehmen.[23] Der GfK-Meter ist dabei der Repräsentant oder Delegierte der Zuschauerinnen.

Durch den soeben skizzierten Übersetzungsprozess werden die einzelnen Zuschauerinnen zu dem, was Ang (1991, 2001) ein „taxonomisches Kollektiv" nennt. Erst durch den Übersetzungsprozess wird das, was man „die Zuschauer" nennt, hergestellt. Mittels verschiedener Techniken wird aus der Vielzahl an tatsächlichen Fernsehzuschauerinnen (actual audiences) „DAS Fernsehpublikum" (the television audience) (Ang 1991: 2f., 2001: 473-480).[24] Bei dieser Transformation spielt das technische Messgerät, der GfK-Meter, eine besondere Rolle: „Kleine Box, große Wirkung", wie es bei der AGF auch selbst heißt (Brechtel 2008a: 18). Diesem Übersetzungsprozess kann man panoptische Züge abgewinnen, denn er macht ein für die Branche verstreutes, unsichtbares und stilles Publikum auf eine bestimmte Weise sichtbar, so dass es kontrollierbar, kalkulierbar und regierbar wird – und dadurch domestiziert wird. Dieser Forschung ist demnach eine Wissenspolitik inhärent (vgl. Ang 2001: 455-464). Im Vergleich zu Foucaults Panoptikum ist diese Wissenspolitik aber begrenzt, da sie nicht direkt die tatsächliche verkörperte Zuschauerin diszipliniert.[25] Die Praxis der kommerziellen Fernsehforschung lässt sich mit Latour als „Arbeit der Reinigung" (Latour 2002a) verstehen, die viel Aufwand betreibt, um die Praktiken des Fernsehens zu „reinigen". Diese Praxis ist aber eine produktive „funktionierende Simplifikation" (Luhmann 2003: 97 zit. n. Belliger & Krieger 2006a: 17), die einige Akteure erst handlungsfähig macht und kooperieren lässt. Um Ang zu zitieren: „the abstract and decontextualized definition of ‚television audience' as a taxonomic collective may be epistemologically limited, but at the same time it is institutionally enabling" (Ang 1991: 35)![26]

Durch die Quotenforschung werden bestimmte Handlungsweisen, organisatorische Abläufe und Formen von Sozialität erst gewonnen und nicht abgebildet, wobei die materielle und technische Infrastruktur keine unbedeutende Rolle spielt. Dies verdeutlicht die Performativität der Quotenforschung und ihrer Artefakte. Vor allem die technische Infrastruktur hält das Netzwerk Fernsehforschung zusammen und organisiert die Institution. In dieser Hinsicht lassen sich, in Anlehnung an Latour (2005: 175-183; Latour & Hermant 1998), Zweifel gegenüber der foucaultschen Schlussfolgerung Angs vorbringen. Die Praxis der Quotenforschung lässt sich besser als Oligoptikum anstatt als Panoptikum verstehen. Unter einem Oligoptikum versteht Latour das Gegenteil eines Panoptikums:

> Oligoptica [...] do exactly the opposite of panoptica: they see much *too little* to feed the megalomania of the inspector or the paranoia of the inspected, but what they see, they *see it well* [...]. From oligoptica, sturdy but extremely narrow views of the (connected) whole are made possible – as long as connections hold. Nothing it seems can threaten the absolutist gaze of panoptica, [...]; the tiniest bug can blind oligoptica (Latour 2005: 181).

Anstelle der Allmacht und Kontrolle des Wächters über die Insassen im Panoptikum, auch durch Internalisierung dieser Regierungslogik durch die Insassen, wird im Oligoptikum die begrenzte Sicht und Kontrolle betont. So gilt auch für die Quotenforschung, dass sie nur einen kleinen Ausschnitt dessen misst, was sie vorgibt zu messen. Diesen Ausschnitt, Fernsehen an/aus, misst sie gut. Der Alltagspraktik Fernsehen in seiner Fülle gerecht zu werden, kommt sie dabei jedoch nicht nach.[27]

4 Transformationen der Fernsehquotenforschung

Das Netzwerk ‚Quotenforschung' war lange Zeit eine *black box* – ein funktionierendes und stabilisiertes Netzwerk, das den Output, den man benötigte, produzierte. Dem Messgerät wurde die Kompetenz zugeschrieben, „angemessen" die Tätigkeit ‚fernsehen' zu messen, zu vermitteln und zu übertragen: eine „harte Währung" in der Sprache der AGF (2008: 10). Inzwischen ist die Zuschauerforschung jedoch instabil geworden, durch das Thematisieren ihrer Begrenztheit, sowohl wie bereits erwähnt im medienkommunikationswissenschaftlichen als auch im populären Diskurs, und durch die abtrünnigen Zuschauerinnen und neue Technologien: durch neue Cyborgs und soziotechnische Assemblagen. In Krisenmomenten zeigt sich, dass diese Technik ein „Ding" im Sinne Latours (1998) ist und eben kein rein technisches Instrument. Seine bislang akzeptierte Faktizität verliert zunehmend seine Unterstützer (Alliierte) und zeigt immer mehr seine Konstruiertheit. Das Ding (latein.: *res*!) wird nicht nur als Sache, sondern immer mehr als Verfahren und Verhandlung deutlich.

Die soziotechnische Identität des „gemessenen Zuschauers" hat sich im Verlauf von mehreren Umbruchsphasen verändert. So markiert die Umstellung vom Tammeter auf den Teleskomat in den 1970er Jahren, d.h. von haushaltbezogener zu personenbezogener Messung, eine erste Individualisierung der Haushalte. Einen wichtigen Einschnitt auf beiden Seiten des Atlantiks stellen die 1980er Jahre dar: Während die Verbreitung von Kabel- und Satellitenübertragung, die Vervielfachung von Fernseh(spezial)sendern wie MTV und CNN und der Videorekorder in den USA zu einer Krise der dortigen bisherigen Messforschung führte, kam es in

Deutschland, wie in anderen europäischen Staaten, zu einer Stärkung der Messforschung. In den USA führte das durch MTV & Co sowie Videorekorder entstandene Angstbild vom „Zipping and Zapping" (Vorspulen und Umschalten) in eine Krise und Kontroverse um die Zuschauermessung, wobei sich die Werbebranche natürlich mehr fürchtete als die Fernsehsender (vgl. Ang 1991: 43-97). Dort führte diese Krise erst zur Einführung des Personenmeters, den es in Deutschland bereits seit 1974 gab. In den USA wurden bis dahin nicht Personen, sondern Haushalte erfasst und zusätzlich mittels Tagebücher demographische Daten erhoben. Die Tagebücher mussten aber der neuen Technologie weichen. Man vertraute nicht mehr den eigentlichen Fernsehzuschauern, sondern nur noch dem neuen technischen Messgerät – mit dem Argument, dieses würde objektiv messen. Selbst in diesem Fall gab es aber die – und so auch thematisierte – „Schwachstelle Mensch", denn schließlich muss der gemessene Zuschauer zunächst das Gerät einschalten, um gemessen zu werden. Bald gab es die ersten Studien, die herausfanden, dass die Messbereitschaft nach Alter und Geschlecht variierte, so dass die Forscherinnen schon von einem „passiven Messen" träumten (Ang 1991: 82). In Deutschland erlebte die Zuschauermessung hingegen einen Boom, weil Mitte der 1980er das Privatfernsehen erst eingeführt wurde, was sich auch materiell in der Zahl der erfassbaren Sender am Messgerät niederschlug. Mit dem Wechsel vom Teleskopie-Verfahren zur GfK-Zuschauerforschung und der Einführung des GfK-Meters wurde die zukünftige Mediennutzung sogar dadurch mitgeformt, dass ihm die künftige Mediennutzung, eine erweiterte Programmauswahl, bereits miteingeschrieben wurde. Zwar wurde dies als Vorteil im Vergleich zum Teleskopie-Messgerät gewertet (vgl. Otto 2007: 226f.),[28] es führte aber zu einer Erschütterung des (idealtypischen) Selbstverständnisses der Beziehung von Fernsehen und Publikum. Durch die Einführung des Privatfernsehens bekam das bislang mehr oder weniger unangefochtene Verständnis vom „Publikum als Öffentlichkeit" in Deutschland Konkurrenz von dem US-amerikanischen Modell des „Publikums als Markt" (Ang 2001: 465-473). Diese Ambivalenz kommt noch heute zum Ausdruck, zumindest in den Feuilletons, wenn es um die Finanzierung der öffentlich-rechtlichen Sender, um „Unterschichtenfernsehen" oder „Qualitätsfernsehen" geht. Die Zuschauermessung hat dieser Umbruch jedoch nicht negativ tangiert, sondern ganz im Gegenteil erst richtig beflügelt, zumal sie an einem ‚Publikum als Öffentlichkeit' nie interessiert war. Sie hat stets die Zuschauerinnen nicht als Bürger, sondern als Verbraucher modelliert. Abgesehen von einem kleinen Feintuning im Jahre 1989/90, als sich durch die Wiedervereinigung Deutschlands die zu messende deutsche Grundgesamtheit änderte, kommt die Zuschauermessung eigentlich erst gegenwärtig in Bedrängnis, was sich an einigen Innovationen beim Messen, die sich in den letzten zehn Jahren immer mehr häufen, als auch an einem Rhetorikwandel der Fernsehforschung und einigen Diskussionen und Kontroversen ablesen lässt.

Durch die Zunahme an Vermessungen im Sinne einer perfekten „Vermessung der Welt" und neuer technischer Entwicklungen, die immer sozial mitgeformt sind, wird der „Gegenstand", die Zuschauerin, immer fragmentierter, komplexer und widersprüchlicher und er entzieht sich immer mehr der Normierung (vgl. hierzu auch Ang 1991: 88-89). Je genauer und differenzierter die Messmethoden werden, desto vielfältiger wird auch das Bild des untersuchten Phänomens, denn letztlich untergräbt der Traum vom Panoptikum die Effektivität des Oligoptikums. Die bisherige Reinigungsarbeit der Quotenmessung stößt durch immer genauere und differenziertere Messungen an ihre Grenzen und produziert immer mehr Hybride und Ungewissheiten.[29] Wenn der Konsens darüber, was Fernsehen ist, wie es operationalisiert und gemessen wird, ins Wanken gerät, verflüssigt sich die vermeintlich „harte Währung" Quote. Dann kann schnell aus einem relativ stabilen Akteur-Netzwerk eine Kontroverse werden.

5 Krise der Zuschauerforschung?

Die kommerzielle Fernsehforschung steht vor großen Herausforderungen bzw. steckt in einer Krise, je nach Perspektive. Inhalte der Fernsehsender lassen sich nicht mehr nur mittels Fernseher abrufen, sondern der *content* kann mit ‚auf Reisen' genommen werden, ob per Handy, iPod oder Laptop. Die Branche spricht von einem sog. Crossmedia-Problem. Es lassen sich bestimmte Inhalte wie z.b. die *Tagesschau* mittels verschiedener Geräte abrufen. Das Internet hat sich als Alternative etabliert, genauso das spätere Schauen von Sendungen anstatt ihre Live- oder Erstausstrahlung und schließlich ist das Handy-Fernsehen angeblich auf dem Vormarsch (vgl. Brechtel 2008b: 21). Der bislang stabile Akteur Fernsehforschung wird somit labil und Klassifikationen werden fragwürdig. So debattiert man z.B. darüber, ob das Anschauen einer *Tagesschau*-Sendung über tageschau.de eine Online-Nutzung oder Fernsehnutzung ist. Diesbezüglich sagt eine Fernsehforscherin: „Bei nicht-linearen TV muss noch geklärt werden, wann es sich um TV- und wann um Internetnutzung handelt" (zit. n. Kunkel 2008: 7). Gerade aufgrund der entstandenen Mobilität und Entkoppelung von Zeit und Raum wird der zentrale Akteur der Fernsehforschung, der GfK-Meter, in Frage gestellt. Die stationäre Messbox an einem Gerät ist offensichtlich in die Jahre gekommen und wird wohl bald von verschiedenen Softwareprogrammen abgelöst. In Kasachstan und demnächst in Großbritannien werden schon natürlich poppig bunt gebrandete und portable Messgeräte eingesetzt, die Anspielungen an Handys und mp3-Player machen (vgl. Sara 2008: 14). In deutschen Panelhaushalten steht jedoch seit 2009 ein neues Gerät.

Abbildung 3: Das neue Equipment des gemessenen Zuschauers: Der TC Score; Quelle: GfK.com (Abgerufen am 2.11.2009)

Der alte GfK-Meter Telecontrol XL ist durch den neuen TC Score ausgetauscht worden, der auch Fernsehkonsum via digitales Antennenfernsehen (DVB-T) und Festplattenrekorder (PVR) messen kann (vgl. Abb. 3). Von nun an wird auch so genanntes „zeitversetztes Fernsehen" erfasst, allerdings bis nur drei Tage nach der Fernsehausstrahlung eines Programms. Laut der deutschen Fernsehforscher ist alles darüber hinaus irrelevant: „Was später kommt, wird man schlecht dem Medium Fernsehen zuordnen können" so der AGF-Vorstandsvorsitzende Florian Ruckert (zit. in DPA-Meldung 10.11.2009). In den USA ist man anderer Meinung. Hier wird seit der 1980er-Krise bis zu einer Woche aufgezeichnetes Material erfasst. In Deutschland hält man trotz Crossmedia- und Medienkonvergenz-Rhetorik und -Aktivitäten weiterhin am „alten" Distributionsweg fest: Fernsehen ist an den Fernseher im Haushalt gebunden bzw. zumindest an bestimmte damit verbundene Eigenschaften wie die Zeit- und Raumfixierung (vgl. Otto 2007: 225). Insbesondere die Distributionswege haben sich in den letzten Jahren geändert, was die Fernsehforschung besonders trifft, weil sie genau am Distributionsweg ansetzt. Letztere erforscht ja nicht die Produktion von Inhalt, nicht den Inhalt selbst und auch nicht die Nutzung des Inhalts, sondern lediglich die Länge des Empfangs davon (das An, Ab- und Umschalten). Dies war, solange Fernsehen über Antenne und „einfachen" Fernsehkabel verbreitet wurde, kein Problem, da Messverfahren im analogen Bereich (Erfassung von Sendefrequenzen) vergleichsweise einfach sind.

Während es dem Zuschauer gleichgültig ist, über welches Endgerät er fernsieht, bereitet dies der Fernsehforscherin einige Probleme. So wird beispielsweise das Sehen einer Sendung oder eines Ausschnitts mittels YouTube oder per livestream im Messverfahren nicht berücksichtigt.[30] Das neue Messgerät erfasst jedoch einige widerspenstige Praktiken der Zuschauer wie sog. *Ad-Skipping* (das Überspringen von Werbeblöcken) und *Time Shift* (Schnellvorlauf). Gleichzeitig relativiert die Fernsehforschung – mehr als zwanzig Jahre nach Ulrich Becks Überlegungen zur „Risikogesellschaft" (1987) – die ‚bürgerliche Kleinfamilie'. Der gemeinsame Familienabend vorm Fernseher, ob bei *Dalli Dalli* oder *Wetten dass...?*, scheint nun auch für die Forscherinnen Geschichte zu werden. Es wird Raum für neue und andere Lebensformen geschaffen. So können mit dem neuen Gerät auch Gäste gemessen werden. Spätestens seit *Sex & the City* weiß man, dass Frau ungern alleine (oder gar mit Mann) schaut, und Männerabende, an denen gemeinsam Fußball, Boxen oder Formel 1 geschaut wird, sind auch seit Längerem nicht unüblich. Ob Mann oder Frau, bis zu sechzehn Personen können zum Tatortabend eingeladen werden, wenn sie alle ihren Beitrag zur Quote liefern sollen. Ein gemessener Gastzuschauer ist allerdings aus Sicht der Fernsehforschung ein zweidimensionales Wesen, das sich lediglich durch sein Geschlecht und Alter auszeichnet (vgl. Berchtel 2008b: 21). So wie sich Diskussionen um „neue" Vergemeinschaftungsprozesse im Gästezähler materialisieren, so schlägt sich die Mobilisierung der Gesellschaft in der Messforschung nieder. Bereits vor ein paar Jahren wurde die Zählung von ausländischen Mitbürgern und Nicht-EU-Bürgern eingeführt (vgl. Kunkel 2008: 7) und mit dem neu eingeführten TC Score wird neben dem bereits erwähnten zeitsouveränen Fernsehen und der Gästenutzung auch die Außerhausnutzung beispielsweise in Hotels erfasst (vgl. Berchtel 2008b).

Die relativ neuen und populärer werdenden Nutzungsformen via Live-Stream, Internet (IPTV) und Handy sind jedoch noch in Planung und umstritten. So warnt etwa der Leiter der ZDF-Medienforschung davor, aufgrund von Hypes um neue Systeme sich von der etablierten telemetrischen Messung der Fernsehnutzung zu verabschieden; es gehe nicht um die Ausstattung der Geräte, sondern die Nutzung (vgl. Brechtel 2008b: 22). Dies mutet etwas grotesk an, denn gemessen wird nicht die Nutzung, sondern nur der Verbindungsstatus eines Gerätes zu einem Netzwerk bzw. ob und wie lange ein Sender eingeschaltet ist oder nicht.[31] Diese Rhetorik lässt sich vor dem Hintergrund von Grenzziehungspraktiken, Deutungshoheit und Definitionsmacht sehr gut verstehen.

Die Rhetorik der Fernsehpublikumsforschung stellt sich darum langsam um. Galt es früher zu wissen „wieviele wann schauen", später dann, „wer wann was schaut", wird jetzt die Blickrichtung umgedreht und gewissermaßen dem Motto der zeitgenössischen Ethnographie à la George Marcus (1995) oder eben Bruno Latours (1987) gefolgt, frei nach dem Slogan „follow the content" (Borgfeld 2008: 4). Demnach geht es nicht mehr darum, zu schauen, ob, wann und wo eine Nachricht ankommt bzw. abgerufen wird, sondern den Weg einer Nachricht zu verfolgen bzw. diese zu *tracken*. In den Worten des stellvertretenden Vorsitzenden der AGF Martin Berthoud ist die Aufgabe der Fernsehforschung die „schnelle und zuverlässige [Lieferung von: M.W.] Fernsehnutzungsdaten unabhängig vom Verbreitungsweg und Nutzungszeitpunkt oder -ort" (zit. n. Borgfeld 2008: 4) – eine völlig neue Sichtweise vor dem Hintergrund bisheriger Quotenmessung, da dieses Netzwerk bislang von einem Verbreitungsweg sowie Nutzungszeitpunkt und -ort abhängig gewesen ist.

Es zeigt sich, dass die „Reinigungspolitik" der deutschen Quotenforschung an seine Grenzen gestoßen ist und immer weitere Hybride geschaffen hat. Hinzu kommt die Destabilisierung des Akteur-Netzwerkes Quotenforschung. Das Netzwerk hat sich transformiert und verschoben. Der bislang etablierte obligatorische Passagepunkt, der GfK-Meter, wird problematisch. Dadurch verliert er seine Vormachtstellung und ist nur mehr ein Teil des Netzwerkes. Das Kalkulationszentrum GfK/AGF kann jetzt auch auf andere Akteure zurückgreifen.[32] Die Zukunft der Quotenforschung entscheidet sich daran, wie ein neuer obligatorischer Passagepunkt etabliert bzw. inwiefern der GfK-Meter modifiziert wird, um seine Vormachtstellung zu bewahren.[33]

6 Fazit und Ausblick: Alte und neue Medienmessungen

Im vorangegangenen wurde eine neue Lesart der deutschen Quotenforschung und der Studie von Ang durch die Brille der ANT angeboten. Mittels einer Reihe von Begriffen und Konzepten der ANT wurde aufgezeigt, wie die Quotenforschung als ein Akteur-Netzwerk beschrieben werden kann. Dabei hat sich gezeigt, wie das traditionelle Akteur-Netzwerk der Quotenforschung durch neue soziotechnische Assemblagen labil geworden ist. Während die Fernsehforschung noch über entsprechende Übertragungen und Veränderungen alter Messformen auf neue Nutzungsformen debattiert, haben sich schon längst andere Formen der Medienmessung etabliert. Den neuen Medienmessungen im sog. Web 2.0 ist es inhärent, dass sie Daten sammeln und die Userin vermessen. „Ein [...] Akteur kommt in patches und applets, welche gegoogled und gedownloaded werden können" wie es bei Latour (2005: 207; Übersetzung: M.W.) heißt. Oder wie es die Informatikerin Bettina Berendt (2008) formuliert: „You Are a Document Too". Zu der unglaublichen Akkumulation von Datenspuren kommen potente Datamining-Programme, die Daten suchen, sammeln, kombinieren und in verschiedenste Relationen setzen können (vgl. Latour 2007; Wehner 2008a, 2008b).

Zum Abschluss sollen als Ausblick zwei vergleichende Aspekte zwischen den „alten" und „neuen" Medienmessungen angesprochen werden. *Erstens*, im Gegensatz zum Einschalten des Teleskomaten wird die Vermessung der Medienutzerin nun zu einer bereitwilligen Selbstvermessung: Die Messung steht im Dienste der Dienstleistung am Selbst wie an persönlichen Geschmack angepasste Musik aus dem Internetradio Last.fm. Während Kundenkarten noch mittels Prämiengeschenken und Rabatten zur Überwachung des Einkaufsverhaltens verführen müssen, passiert dies, zumindest bisher, im sog. Web 2.0 mittels „Vergnügen". Dieses ist quasi schon in die technische Plattform miteingeschrieben. Die Userin liefert in Interaktion mit diesen Programmen selbst ein Profil über ihren Lebens- und Nutzungsstil: religiöse und politische Weltanschauung, sexuelle Präferenzen, Musikgeschmack usw.[34] Die Mediennutzerin nimmt selbst aktiv und zu einem gewissen Grad spielerisch an der Vermessung teil. Dadurch sind einerseits ihre Gestaltungsmöglichkeiten größer geworden und andererseits genauere und differenziertere Profile ihrer Nutzung mit weniger Aufwand möglich.[35] *Zweitens*, das sog. Web 2.0 bindet einen „Alliierten" viel effizienter und auf eine qualitativ andere Art ein, als es die Fernsehforschung macht: die Statistik und die quantitative empirische Sozialforschung. Während beim Fernsehen zusätzliches technisches Gerät und flankierende Meinungsumfragen vonnöten sind, um etwa Zielgruppen zu bestimmen, sind statistische Verfahren bei studiVZ oder Facebook integrativer Bestandteil des Netzwerks. In diesem Sinne sind *Social Network Services* tatsächliche eine *social software* oder „Sozialtechnologie", obschon die verhandelten Inhalte die gleichen wie in vielen anderen Kontexten (Schulhof, Café, Disko, usw.) sind. Die neue Qualität liegt darin, wie ein Akteur, in diesem Falle die Statistik, eingebunden ist. Beim Web 2.0 operiert sie automatisiert selbst im Netzwerk und ist nicht bloß lose daran gebunden. Statistische Verfahren der Mediennutzung sind Bestandteil des entsprechenden Medienangebots. In der Fernsehforschung muss die Verbindung zwischen Mediennutzung und Medienmessung über einige Umwege hergestellt werden, insbesondere über menschliche Akteure wie Installateure, Call-Center-Agenten, Meinungsforscher und Umfrageinstitute, aber auch nicht-menschliche Akteure wie den TC Score oder statistische Auswertungsprogramme. Demgegenüber ist die Vermessung der Userin paradoxerweise sowohl flexibler als auch stabiler als die der Fernsehzuschauerin. In Anlehnung an die These „technology is society made durable" Latours (2006c) ist das Akteur-Netzwerk eines *Social Network Service* einerseits stabiler als beim Fernsehen, weil jeder Klick und jede „Aktivität" vermessen und in Relation gesetzt wird. Andererseits ist es gleichzeitig flexibler oder variabler, weil die Vermessung innerhalb des Netzwerkes bzw. der Plattform stattfindet und keine Repräsentativität von Kategorien außerhalb des Netzwerkes, wie gemäß der deutschen Gesellschaft usw., anstrebt. Während die Quotenforschung noch anonymisiert war, ist die Messung bei *Social Network Services* personalisiert, (teil)öffentlich und individualisiert.

Anmerkungen

1   Für wertvolle Hinweise danke ich den Herausgebern, Rainer Winter und Cristina Beretta.
2   Über den Sinn und Unsinn dieses Namens lässt sich streiten, was von den Vertretern dieses Ansatzes selbst bevorzugt getan wurde (vgl. z.B. Latour 2005, 2006e), denn schließlich geht es diesem Ansatz weder um Akteure im klassisch handlungstheoretischen Sinne noch um Netzwerke, seien sie sozial *oder* technisch (soziale Netzwerkanalyse und Computernetzwerke). Deutschsprachige Einführungen in die ANT geben Belliger & Krieger (2006); Kneer (2009) und Schulz-Schaeffer (2000: 102-145) und in das Werk von Bruno Latour: Degele & Simms (2004); Kraus (2006); Rufing (2009) und Simms (2004).

3   Die Gesellschaft für Konsumforschung (GfK) erhebt im Auftrag der Arbeitsgemeinschaft Fernsehforschung (AGF), in der die großen öffentlich-rechtlichen und privaten Sendeanstalten vertreten sind, die Fernseheinschaltquoten (vgl. AGF o.J.; AGF 2008).
4   Wenn man an das Wirken der „Chicago Boys" in Chile in den 1970ern und 1980ern denkt, von Naomi Klein (2007) vor einem ganz anderen theoretischen Hintergrund als „Schock Kapitalismus" beschrieben, oder an die Entwicklung einiger postkommunistischer Staaten wie z.B. Polen, wird das Formen von Ökonomien durch ökonomische Theorie und Modelle sehr anschaulich.
5   Die Abwesenheit der ANT mag auch darin begründet sein, dass sich mit den Schriften Friedrich Kittlers in Deutschland eine eigene am Poststrukturalismus geschulte Denkrichtung, welche die Materialität der Medienkommunikation thematisiert, herausgebildet hat (vgl. z.B. Kittler 1985).
6   Im Strategiepapier der Gesellschaft für Medienwissenschaft (2008) wird die ANT inzwischen auch als zentrale Medientheorie genannt. Die von Lev Manovich (2001) ins Leben gerufene „Software Studies Initiative" (http://lab.softwarestudies.com) geht, dem Ansatz der ANT und der Science Studies ganz ähnlich, der empirischen Erforschung der soziomateriellen Konstruktion von Software nach, d.h. wie Kodes, Programme, Applikationen, Plattformen usw. die (Alltags-)Welt formen und in welchen kulturellen Kontexte diese geformt werden (vgl. auch Fuller 2008). In die gleiche Richtung zielt auch die von Susan Leigh Star (1999) beschriebene und praktizierte „Ethnographie der Infrastruktur".
7   Der zentrale Unterschied zur ANT liegt darin, dass diese ethnografisch und an Praktiken orientiert ist, während McLuhan (2001) und Kittler (1985) große medienhistorische Umbrüche und Erfahrungen und Wahrnehmungen im Blick haben.
8   Medien sind das Dritte in der Sprache des französischen Wissenschafts- und Kommunikationsphilosophen Michel Serres (z.B. 1987), der als *spiritus rector* der ANT gilt. In *dieser* Hinsicht trifft sich die ANT mit McLuhans (2001: 7) Losung, dass Medien die Botschaft sind.
9   Es wird sich jedoch zeigen, dass im Fall der Publikumsforschung stärker die Produzentinnenseite die Medien für ihre Zwecke zu mobilisieren weiß, während dies im Fall des Web 2.0 zumindest noch stärker die Konsumentinnen sind.
10 An dieser Grundlogik ändert die Zielgruppenorientierung letztlich nichts.
11 Wobei in diesem Zusammenhang entgegen mancher verkürzten Darstellungen der Medienforschung der Cultural Studies darauf hingewiesen werden sollte, dass „die ganz konkrete, individuell eigensinnige Umgangsweise mit Medien nicht als ein selbstursprüngliches Moment, sondern als Effekt einer komplexen medialen Konstellation betrachtet werden" muss (Stauff & Thiele 2007: 266; vgl. auch Winter 1995: 82-108, 219-222).
12 Die Differenz des ANT-Ansatzes zur Systemtheorie, politischen Ökonomie und dem Strukturalismus bringt Latour (2005: 183) wie folgt pointiert zur Geltung: „whenever anyone speaks of a ‚system', a ‚global feature', a ‚structure', a ‚society', an ‚empire', a ‚world economy', an ‚organization', the first ANT reflex should be to ask: ‚In which building? Through which corridor is it accessible? Which colleagues has it been read to? How has it been compiled?'".
13 Matthias Thiele (2006) hat eine Diskursanalyse der Fernsehquoten vorgelegt, die neben dem Spezialdiskurs Fernsehquotenforschung insbesondere die populäre Diskursivierung der Quote in Zeitungen, Zeitschriften sowie im Fernsehen selbst thematisiert und problematisiert (vgl. auch Stauff & Thiele 2007: 261-267).
14 Die Einschaltquote ist der prozentuelle Anteil ausgewählter Empfangshaushalte (Panelgruppe), die zu einem gegebenen Zeitpunkt eine bestimmte Sendung verfolgt haben, an der Gesamtmenge aller Empfangshaushalte.
15 In diesem Zusammenhang sei exemplarisch auf den Film *Free Rainer* von Hans Weingartner (2007, Deutschland/Österreich, Kinowelt) verwiesen.
16 Eine Quotenforscherin des amerikanischen Fernsehsenders NBC bringt den Sinn ihrer Arbeit gegenüber Ang (1991: ix) auf die griffige Formel: „delivering audiences to advertisers".

17 Im Sinne Susan Leigh Stars und James Griesemers (1989) ist die Quote ein „Grenzobjekt", das sich dadurch auszeichnet, dass sich verschiedene soziale Welten in ihm kreuzen, sich um dieses organisieren, und es somit für wechselseitige perspektivische Zugänge und Kooperationschancen der Akteure dieser sozialen Welten sorgt. Zur Differenz von pragmatistischer Wissenschaftsforschung und ANT vgl. Strübing (2005).
18 Vgl. Michael (2000: 96-116) zum Hybrid-Akteur ‚Zuschauer-Fernbedienung' vor dem Hintergrund von populären Diskursen über die *couch potato* und der sozialwissenschaftlichen Diskussion über Körper und Technik.
19 Zum Begriff des Cyborg vgl. klassisch Haraway (1995).
20 Wir haben hier klassisch, wie im wissenschaftlichen Experiment, den Fall, dass einerseits die gelieferten Fakten künstlich erzeugt sind und diesen Rahmen auch nicht verlassen können, und andererseits diese Fakten aber nicht bloß zurechtgemacht sind. Vgl. zur Ausdehnung des Labors ins Feld Latour (2006a).
21 Wichtig ist hier, dass ein bestimmtes technisches Ding in die Welt und an eine strategisch wichtige Stelle im Netzwerk gesetzt wurde, und da Technik länger und stabiler Sozialität bindet (Latour 2006c), bleibt das Grundprinzip dieses Ding meist lange erhalten. Weiterentwicklungen sind eher als ‚tuning', auch im Sinne Pickerings (1995), zu verstehen.
22 Inskriptionen sind wie jede Konstruktion nicht unveränderlich, allerdings kommt es auf die Stabilität der Konstruktion sowie auf den aufzubringenden Aufwand an, diese zu destabilisieren. Dementsprechend wird alles Mögliche dafür getan, dass die Konstruktion stabil ist. Deswegen wird viel Arbeit aufgebracht und es werden viele Ressourcen gebündelt, um Inskriptionen unveränderlich zu machen: Je mehr Arbeit aufgewendet wird und je mehr Alliierte eingebunden sind, desto unveränderlicher sind sie (vgl. Latour 2006b).
23 In Deutschland werden alle sog. Marktpartner (Sender, Agenturen und Kunden) in die Organisation miteingebunden (zumindest in der technischen Kommission), allerdings nicht die Zuschauer. Sie bleiben bislang auf ihren Repräsentanten, das GfK-Meter und Umfrageergebnisse, beschränkt. Doch der Repräsentant nimmt, vergleichbar mit politischen Repräsentanten, seine Aufgabe nicht vernünftig wahr. Er ist ein Mittel der Industrie, welche verzweifelt auf der Suche nach *dem* Publikum ist (Ang 1991).
24 Interessanterweise wird die skizzierte ‚Objektivierung' und ‚Verdatung' der Fernsehnutzung dann im Diskurs über die Quote wieder mit Affektivität und Subjektivität aufgeladen. Vgl. zur „Quoten-Subjektivierung" Thiele (2006: 314-325) und Stauff & Thiele (2007: 261-265).
25 Tiehle (2006) stellt jedoch durchaus die Relevanz der Quoten für das tatsächliche Fernsehen und ihre Orientierungs- und Vergleichsfunktion für die Zuschauerinnen heraus (vgl. auch Stauff & Thiele 2007: 264f; Wehner 2008a: 369f).
26 „Die abstrakte und aus dem Zusammenhang gerissene Definition des ‚Fernsehpublikums' als eine taxonomische Gemeinschaft mag zwar epistemologisch gesehen begrenzt sein, doch gleichzeitig steigert sie die Möglichkeiten der Institutionen!" (Ang 2001: 476).
27 Zugegebenermaßen weisen auch die Ausführungen von Ien Ang in diese Richtung, wenn sie von einem „incomplete panoptic arrangement" (1991: 87) spricht.
28 So stellt Isabell Otto (2007: 227) fest: „Das GfK-Meter bildet das Fernsehverhalten nicht einfach ab; die Apparatur legt viel mehr die Möglichkeiten fest, in denen die Zuschauer sich selbst mit dem Medium in Beziehung setzen können."
29 Vgl. Latour (2002a) zur Produktion von Hybriden durch die Arbeit der Reinigung.
30 Allerdings finden auf z.B. YouTube und Last.fm andere Vermessungen, Korrelationen und Relationssetzungen etwa durch Klicks und Tags statt (Wehner 2008a, 2008b).
31 Generell gibt es aber Überlegungen hinsichtlich neuem sog. Nutzerverhalten (z.B. offene Schnittstellen). Und die neuen Messgeräte, die derzeit installiert werden, können immerhin schon IPTV- und HDTV-Signale verarbeiten (vgl. Berchtel 2008b: 22).

32 Zum Begriff des Kalkulationszentrums vgl. Latour (1987).
33 An dieser Kontroverse müsste nun eine detaillierte Akteur-Netzwerk-Analyse ansetzen, was den Rahmen dieses Artikels sprengen würde.
34 Ein Problem ist die Frage, wem die Daten gehören. Derzeit wird so getan, als gehören die Daten den Netzwerkbetreibern und nicht ihren Nutzerinnen (vgl. Zschunke 2008).
35 Diese ‚Überwachung' als Teil gegenwärtiger Lebenskultur bietet auch ein spannendes Feld für andere Forschungsansätze wie etwa die mit der ANT verwandten governmentality studies im Anschluss an Foucaults späte Schriften und Vorlesungen, in denen sich die Frage der Selbstregierung und -regulierung stellt.

Literatur

AGF (o.J.): Fernsehforschung. URL: http://www.agf.de/fsforschung (Abgerufen am 15.1.2010)
AGF (2008): Wer steht hinter den Einschaltquoten. In: Horizont-Medien/AGF (2008): 10-13
Ang, Ien (1991): Desperately Seeking the Audience. London: Routledge
Ang, Ien (2001): Zuschauer, verzweifelt gesucht. In: Adelmann et al. (2001): 454-483
Adelmann, Ralf/Hesse, Jan-Otmar/Keilbach, Judith/Stauff, Markus/Thiele, Matthias (Hrsg.) (2001): Grundlagentexte zur Fernsehwissenschaft. Theorie, Geschichte, Analyse. Konstanz: UVK
Adelmann, Ralf/Hesse, Jan-Otmar/Keilbach, Judith/Stauff, Markus/Thiele, Matthias (Hrsg.) (2006): Ökonomien des Medialen. Tausch, Wert und Zirkulation in den Medien- und Kulturwissenschaften. Bielefeld: transcript
Bammé, Arno (2009): Science and Technology Studies. Ein Überblick. Marburg: Metropolis
Beck, Ulrich (1987): Risikogesellschaft. Auf dem Weg in eine andere Moderne. Frankfurt am Main: Suhrkamp
Belliger, Andréa/Krieger, David J. (2006a): Einführung in die Akteur-Netzwerk-Theorie. In: Belliger/Krieger (2006b): 13-50
Belliger, Andréa/Krieger, David J. (Hrsg.) (2006b): ANThology. Ein einführendes Handbuch zur Akteur-Netzwerk-Theorie. Bielefeld: transcript
Berchtel, Detlev (2008a): Kleine Box, große Wirkung. In: Horizont-Medien/AGF (2008): 18-19
Berchtel, Detlev (2008b): Auf neuen Wegen zum Fernsehnutzer. In: Horizont-Medien/AGF (2008): 20-22
Berchtel, Detlev (2008c): Wo gucken sie denn? In: Horizont-Medien/AGF (2008): 23
Berchtel, Detlev (2008d): Arbeiten mit der Quote. In: Horizont-Medien/AGF (2008): 24-25
Berendt, Bettina (2008): You Are a Document Too. Web Mining and IR for Next-Generation Information Literacy. In: ECIR. Proceedings of the IR research, 30th European conference on Advances in information retrieval. 3
Borgfeld, Wolfgang (2008): Editorial. In: Horizont-Medien/AGF (2008): 4
Bourdieu, Pierre (1998): Über das Fernsehen. Frankfurt am Main: Suhrkamp
Bromley, Roger/Göttlich, Udo/Winter, Carsten (Hrsg.) (1999): Cultural Studies. Grundlagentexte zur Einführung. Lüneburg: Zu Klampen
Buß, Michael/Darschin, Wolfgang (2004): Auf der Suche nach dem Fernsehpublikum. Ein Rückblick auf 40 Jahre kontinuierliche Zuschauerforschung. In: Media Perspektiven 1. 15-27
Callon, Michel (1998a): The Embeddedness of Economic Markets in Cconomics. In: Callon (1998b): 1-57
Callon, Michel (Hrsg.) (1998b): The Laws of the Markets. Oxford: Blackwell
Callon, Michel (2005): Why Virtualism Paves the Way to Political Impotence. Callon Replies to Miller. In: Economic Sociology 6 (2): 3-20

Callon, Michel (2006) [1986]: Einige Elemente einer Soziologie der Übersetzung. Die Domestikation der Kammmuscheln und der Fischer der St. Brieuc-Bucht. In: Belliger/Krieger (2006b): 135-174

Couldry, Nick (2006): Akteur-Netzwerk-Theorie und Medien. Über Bedingungen und Grenzen von Konnektivitäten und Verbindungen. In: Hepp et al. (2006): 101-117

DasErste.de (2009): Einschaltquoten und Marktanteile deutscher Fernsehsender. URL: http://www.daserste.de/programm/quoten.asp (Abgerufen am 07.12.2009)

Degele, Nina/Simms, Timothy (2004): Bruno Latour (*1947). Post-Konstruktivismus pur. In: Hofmann et al. (2004): 259-275

Döring, Jörg/Thielmann, Tristan (Hrsg.) (2009): Mediengeographie. Theorie, Analyse, Diskussion. Bielefeld: transcript

DPA (2009): TV im Internet als Problem für Quotenforscher. URL: http:// www.handelsblatt.com/news ticker/technologie/medien-tv-im-internet-als-problem-fuer-quotenforscher;2481729 (Abgerufen: 15.01.2010)

Fiske, John (1997): Wie ein Publikum entsteht. Kulturelle Praxis und Cultural Studies. In: Hörning/Winter (1997): 238-263

Fricke, Werner (Hrsg.) (1998): Innovationen in Technik, Wissenschaft und Gesellschaft. Beiträge zum Fünften Internationalen Ingenieurkongress der Friedrich-Ebert-Stiftung am 26. und 27. Mai 1998 in Köln. Bonn: Friedrich-Ebert-Stiftung

Fuller, Matthew (Hrsg.) (2008): Software Studies. A Lexicon. Cambridge, MA: MIT Press

Gesellschaft für Medienwissenschaft (2008): Kernbereiche der Medienwissenschaft. URL: http://www.gfmedienwissenschaft.de/gfm/webcontent/files/GfM_MedWissKernbereiche2.pdf (Abgerufen am 01.05.2010)

GfK.com (2009): Marktforschung. URL: http://www.gfk.com/group/press_information/picture_archive /market_research/index.de.html (Abgerufen am 02.11.2009)

Hall, Stuart (1999) [1973]: Kodieren/Dekodieren. In: Bromley et al. (1999): 92-110

Haraway, Donna (1995) [1985]: A Cyborg Manifesto. Science, Technology and Socialist-Feminism in the Late Twentieth Century. In: Haraway/Hammer (1995): 33-72

Haraway, Donna/Hammer, Carmen (Hrsg.) (1995): Die Neuerfindung der Natur. Primaten, Cyborgs und Frauen. Frankfurt am Main: Campus

Hemmingway, Emma (2007): Into the Newsroom. Exploring the digital production of regional television news. London: Routledge

Hepp, Andreas/Krotz, Friedrich/Moores, Shaun/Winter, Carsten (Hrsg.) (2006): Konnektivitäten, Netzwerke und Flüsse. Konzepte für eine Kommunikations- und Kulturwissenschaft. Wiesbaden: VS Verlag für Sozialwissenschaften

Hofmann, Martin L./Korta, Tobias F./Niekisch, Sibylle (Hrsg.) (2004): Culture Club. Klassiker der Kulturtheorie. Frankfurt am Main: Suhrkamp

Holly, Werner/Püschel, Ulrich/Bergmann, Jörg (Hrsg.) (2001): Der sprechende Zuschauer. Wie wir uns Fernsehen kommunikativ aneignen. Wiesbaden: Westdeutscher Verlag

Horizont-Medien/AGF (2008): Mediaguide 09/2008. Fernsehforschung 20 Jahre AGF. Frankfurt am Main: Deutscher Fachverlag

Hörning, Karl H./Winter, Rainer (Hrsg.) (1997): Widerspenstige Kulturen. Cultural Studies als Herausforderung. Frankfurt am Main: Suhrkamp

Jäckel, Michael/Mai, Manfred (Hrsg.) (2008): Medienmacht und Gesellschaft. Zum Wandel öffentlicher Kommunikation. Frankfurt am Main: Campus

Katz, Elihu/Blumler, Jay G. (Hrsg.) (1974): The Uses of Mass Communication. Current Perspectives on Gratification Research. Beverly Hills, CA: Sage

Katz, Elihu/Blumler, Jay G./Gurevitch, Michael (1974): Utilization of Mass Communication by the Individual. In: Katz/Blumler (1974): 19-32

Kittler, Friedrich A. (1985): Aufschreibesysteme 1800/1900. München: Fink

Klein, Naomi (2007): Die Schock-Strategie. Der Aufstieg des Katastrophen-Kapitalismus. Frankfurt am Main: S. Fischer

Klingler, Walter/Roters, Gunnar/Zöllner, Oliver (Hrsg.) (1998): Fernsehforschung in Deutschland. Themen – Akteure – Methoden. Baden-Baden: Nomos
Kneer, Georg (2009): Akteur-Netzwerk-Theorie. In: Kneer/Schroer (2009): 19-40
Kneer, Georg/Schroer, Markus (Hrsg.) (2009): Handbuch Soziologische Theorien. Wiesbaden: VS Verlag für Sozialwissenschaften
Kneer, Georg/Schroer, Markus/Schüttpelz, Erhard (Hrsg.) (2008): Bruno Latours Kollektive. Kontroversen zur Entgrenzung des Sozialen. Frankfurt am Main: Suhrkamp
Krauss, Werner (2006): Bruno Latour. Making Things Public. In: Moebius/Quadflieg (2006): 430-444
Krekeler, Michael (2008a): Forscher verschaffen Einblicke in Milieus. In: Horizont-Medien/AGF (2008): 8-9
Krekeler, Michael (2008b): Wissen ist Macht. In: Horizont-Medien/AGF (2008): 27
Kunkel, Nico (2008): Nutzerverhalten, auf die Sekunde genau erfasst. In: Horizont-Medien/AGF (2008): 5-7
Latour, Bruno (1987): Science in Action. How to Follow Engineers and Scientists Through Society. Milton Keynes: Open University Press
Latour, Bruno (1998): Ein Ding ist ein Thing. Eine philosophische Plattform für eine europäische Linkspartei. In: Fricke (1998): 165-182
Latour, Bruno (2002a) [1991]: Wir sind nie modern gewesen. Versuch einer symmetrischen Anthropologie. Frankfurt am Main: Fischer
Latour, Bruno (2002b) [1999]: Die Hoffnung der Pandora. Untersuchungen zur Wirklichkeit der Wissenschaft. Frankfurt am Main: Suhrkamp
Latour, Bruno (2005): Reassembling the Social. An Introduction to Actor-Network-Theory. Oxford: Oxford University Press
Latour, Bruno (2006a) [1983]: Gebt mir ein Laboratorium und ich werde die Welt aus den Angeln heben. In: Belliger/Krieger (2006b): 103-134
Latour, Bruno (2006b) [1986]: Drawing things together. Die Macht der unveränderlich mobilen Elemente. In: Belliger/Krieger (2006b): 259-308
Latour, Bruno (2006c) [1991]: Technik ist stabilisierte Gesellschaft. In: Belliger/Krieger (2006b): 369-398
Latour, Bruno (2006d) [1994]: Über technische Vermittlung. Philosophie, Soziologie und Genealogie. In: Belliger/Krieger (2006b): 483-528
Latour, Bruno (2006e) [1999]: Über den Rückruf der ANT. In: Belliger/Krieger (2006b): 561-572
Latour, Bruno (2007): Beware, Your Imagination Leaves Digital Traces. URL: http://www.brunolatour.fr/poparticles/index.html (Abgerufen am 08.05.2010)
Latour, Bruno/Hermant, Emilie (1998): Paris, ville invisible. URL: http://www.brunolatour.fr/virtual/index.html (Abgerufen am 14.06.2008)
Latour, Bruno/Woolgar, Steve (1979): Laboratory life. The Social Construction of Scientific Facts. Princeton, NJ: Princeton University Press
Loon, Joost van (2007): Media Technology. Critical Perspectives. Maidenhead: Open University Press
Luhmann, Niklas (2004) [1995]: Die Realität der Massenmedien. Wiesbaden: VS Verlag für Sozialwissenschaften
MacKenzie, Donald (2006): An Engine, not a Camera: How Financial Models Shape Markets. Cambridge: MIT Press
Manovich, Lev (2001): The Language of New Media. Cambridge, MA: MIT Press
Marcus, George E. (1995): Ethnography in/of the World System. The Emergence of Multi-Sited Ethnography. In: Annual Review of Anthropology 24. 95-117
McLuhan, Marshall (2001) [1964]: Understanding Media. The Extensions of Man. London: Routledge
Meyen, Michael (2001): Mediennutzung. Mediaforschung, Medienfunktionen, Nutzungsmuster. Konstanz: UVK
Michael, Mike (2000): Reconnecting Culture, Technology and Nature. From Society to Heterogeneity. London: Routledge

Moebius, Stephan/Peter, Lothar (Hrsg.) (2004): Französische Soziologie der Gegenwart. Konstanz: UVK
Moebius, Stephan/Quadflieg, Dirk (Hrsg.) (2006): Kultur. Theorien der Gegenwart. Wiesbaden: VS Verlag für Sozialwissenschaften
Moebius, Stephan/Reckwitz, Andreas (Hrsg.) (2008): Poststrukturalistische Sozialwissenschaften. Frankfurt am Main: Suhrkamp
Morley, David (1992): Television, Audiences and Cultural Sudies. London: Routledge
Neumann-Braun, Klaus (2000): Publikumsforschung – im Spannungsfeld von Quotenmessung und handlungstheoretische orientierter Rezeptionsforschung. In: Neumann-Braun et al. (2000): 181-204
Neumann-Braun, Klaus/Müller-Doohm, Stefan (Hrsg.) (2000): Medien- und Kommunikationssoziologie. Eine Einführung in zentrale Begriffe und Theorien. Weihnheim: Juventa
Otto, Isabell (2007): Mediengeschichte des Messens. Zu den Umbauten der *Media-Analyse*. In: Schneider/Otto (2007): 213–230
Peymani, Bijan (2008): Aus den Mühen der Ebene zum Gipfel. In: Horizont-Medien/AGF (2008): 26
Pickering, Andrew (Hrsg.) (1992): Science as Practice and Culture. Chicago: University of Chicago Press
Pickering, Andrew (1995): The Mangle of Practice. Time, Agency, and Science. Chicago: University of Chicago Press
Prokop, Dieter (1998): Warum Einschaltquoten und Hitlisten kein demokratisches Bild der Publikumswünsche ergeben. In: Klingler et al. (1998): 955-966
Rufing, Reiner (2009): Bruno Latour. Paderborn: Fink
Sara, Christina (2008): Andere Länder, andere Sitten. In: Horizont-Medien/AGF (2008): 14-17
Schneider, Irmela/Otto, Isabell (Hg.) (2007) Formationen der Mediennutzung II. Strategien der Verdatung. Bielefeld: transcript
Schulz-Schaeffer, Ingo (2000): Sozialtheorie der Technik. Frankfurt am Main: Campus
Schüttpelz, Erhard (2009): Die medientechnische Überlegenheit des Westens. Zur Geschichte und Geographie der immutable mobiles Bruno Latours. In: Dörring/Thielmann (2009): 67-110
Serres, Michel (1987): Der Parasit. Frankfurt am Main: Suhrkamp
Simms, Timothy (2004): Soziologie der Hybridisierung: Bruno Latour. In: Moebius/Peter (2004): 379-393
Sismondo, Sergio (2009): Introduction to Science and Technology Studies. Oxford: Blackwell Publishing
Star, Susan L./Griesemer, James R. (1989): Institutional Ecology, 'Translations' and Boundary Objects. Amateurs and Professionals in Berkeley's Museum of Vertebrate Zoology, 1907-39. Social Studies of Science 19. 387-420
Star, Susan L. (1999): The Ethnography of Infrastructure. American Behavioural Scientist 43. 377-391
Stauff, Markus/Thiele, Matthias (2007) Mediale Infografiken. Zur Popularisierung der Verdatung von Medien und ihrem Publikum. In: Schneider/Otto (2007): 251–268
Strübing, Jörg (2005): Pragmatistische Wissenschafts- und Technikforschung. Theorie und Methode. Frankfurt am Main: Campus
Teurlings, Jan (2004): Dating Shows and the Production of Identities. Institutional Practices and Power in Television Production. Dissertation. Freie Universität Brüssel, Belgien. URL: http://home.medewerker.uva.nl/j.a.teurlings/bestanden/Teurlings_DatingShows.pdf (Abgerufen am 30.07.2008)
Thiele, Matthias (2006): Zahl und Sinn. Zur Effektivität und Affektivität der Fernsehquoten. In: Adelmann et al. (2006): 305-330
Thielmann, Tristan (2008): Der ETAK Navigator. Tour de Latour durch die Mediengeschichte der Autonavigationssysteme. In: Kneer et al. (2008): 180-219
VRZHU (26.06.2009): Bullets of Love. The Vrzhu Press Poetry & Arts Blog. URL: http://vrzhu.typepad.com/vrzhu/2009/06/part--of-the-mission-statement-here-at-the-vrzhu-

research-bureau-a-wholly--imaginary-subsidiary-of-vrzhu-press-is-to-res.html (Abgerufen am 07.12.2009)

Wehner, Josef (2008a): ‚Taxonomische Kollektive' – Zur Vermessung des Internets. In: Willems (2008): 363-382

Wehner, Josef (2008b): ‚Social Web' – Rezeptions- und Produktionsstrukturen im Internet. In: Jäckel/Mai (2008): 197-218

Willems, Herbert (Hrsg.) (2008): Weltweite Welten. Internet-Figurationen aus wissenssoziologischer Perspektive. Wiesbaden: VS Verlag für Sozialwissenschaften

Wieser, Matthias (2008): Technik/Artefakte: Mattering Matter. In: Moebius/Reckwitz (2008): 419-432

Winter, Rainer (1995): Der produktive Zuschauer. Medienaneignung als kultureller und ästhetischer Prozeß. München: Quintessenz

Zschunke, Peter (2008): Mehr Informationen als die Stasi je hatte. URL: http://www.stern.de/digital/online/soziale-netzwerke-mehr-informationen-als-die-stasi-je-hatte-608599.html (Abgerufen am 15.01.2010)

Not only Angels in the Cloud. Rechenpraxis und die Praxis der Rechner

Jan-Hendrik Passoth

Einleitung

Ein digitaler Schatten umgibt uns, wie eine Wolke aus Daten hinterlassen zunehmend alle unsere Aktivitäten digitale Spuren: Kameras im öffentlichen Raum zeichnen unsere Bewegungen auf, unsere Mobiltelefone teilen bei jedem Ortswechsel zumindest unserem Telefonanbieter, meist aber auch einer ganzen Reihe anderer Akteure unseren aktuellen Aufenthaltsort mit, RFID Chips lösen, eingeklebt in die aus der Stadtbücherei entliehenen Bücher, Einträge in Überziehungslisten aus. Vor allem aber unsere Medienaktivitäten werden zunehmend protokolliert und ausgewertet. Konnten wir unter den Bedingungen der klassischen Massenmedien noch recht sicher sein, dass wir nur dann unter Beobachtung standen, wenn wir uns zum Anschließen der GFK Apparaturen entschieden hatten, sind wir unter Internetbedingungen der Dauerbeobachtung ausgesetzt: unsere Aktivitäten hinterlassen Spuren im *Logfile* des Anbieters, im *Cache* des eigenen Browsers, in den Verbindungsprotokollen der Internet Service Anbieter. Neben den üblichen drei Mitschreibern - Anbieter, Browser, Provider - klinken sich daneben zusätzlich ganze Horden von Beobachtern und Protokollanten ein: werbetreibende Unternehmen nutzen *Tracking-Cookies*, Suchmaschinen verfolgen unsere Reisewege durchs Netz, um Assoziationen zwischen Webseiten auszuwerten und eine große Menge an Angeboten nutzen inzwischen Auswertungen von Nutzungsdaten zur Restrukturierung ihres Angebots. Wissens- und Datenorganisatoren wie *Google*, die mittels schöner und einfacher Dienste Ordnung und Klarheit im Gewirr der Angebote versprechen, schreiben mit, was gesucht wird, was geklickt wird, wie gesucht wird und wann, in welcher Kombination mit welcher anderen Aktivität was gelesen und gesendet wird, welche Bilder gemacht, geschaut und heruntergeladen werden. *Social Networks* wie *Facebook*, *XING* oder *StudiVZ* bemühen sich, alle Aktivitäten auf ihren Plattformen auch mit den Aktivitäten außerhalb zu verbinden und so die Mitschriften mit weiteren Angaben anzureichern.

Die Daten und Protokolle, die sich so ansammeln, bleiben aber selbstverständlich nicht einfach auf Serverfestplatten liegen. Sie werden verarbeitet, ausgewertet, statistischen Verfahren unterzogen, geclustert, zu Profilen zusammengefasst und zu Trends und Aktualitäten verrechnet. Die Protokollanten sind eben nicht nur aufmerksame Beobachter, sie sind auch Verarbeiter, denn auf der Basis dieser Verrechnungen und Profilbildungen, dieser Cluster und Näherungsrechnungen wird beständig das verändert, was wir zu sehen und zu hören bekommen. Was uns Online-Radios wie *last.fm* oder *Blip* vorspielen, ist nicht, was wir wählen, sondern was aufgrund unserer bisherigen Hörprofile im statistischen Vergleich zu den Hörprofilen Anderer möglicherweise zu dem passt, was wir gerade gewählt haben. Was uns *Google* zeigt, ist nicht, was wir gesucht haben, sondern was wir, bezogen auf unsere bisherigen Suchen im Vergleich zu anderen Nutzungen der Suchmaschine gesucht haben könnten. All diese Rechenpraxen sind Internet-Gegenwart - eigentlich auch schon nicht mehr besonders aktuell. *Cloud Computing* - das Verlagern der Daten- und Programmspeicherung und -verarbeitung in Netzwerkumgebungen, in denen leistungsfähige Rechnerfarmen und riesige Datenspeicher die Kapazitäten moderner Heimrechner enorm übertreffen, und *pervasive Computing* - das Internet der Dinge (und der Dienste) - sind schon längst ebenfalls dabei, alltäglich zu werden.

Womit wir es zu tun haben, sind eine Vielzahl neuer Rechenpraktiken einerseits, einer qualitativ wie quantitativ aber viel mehr ins Gewicht fallenden Anzahl neuer Praktiken, die mit Rechnern verwirklicht sind, andererseits. Der Titel dieses Beitrags – „Not only Angels in the Cloud" – verweist auf ganz unterschiedliche, aber zusammenhängende Phänomene. Auf der einen Seite hat er eine warnende, normative Konnotation, der ich hier nicht nachgehen werde. Dass sich in den globalen Datennetzen nicht nur Gutwillige aufhalten, ist sicher wahr, aber auch nicht sonderlich verwunderlich. Eine zweite Konnotation aber leitet diesen Beitrag an: der Verweis auf die Engel – Ἄγγελος, die Boten und Mittler - ist ein Verweis auf eine zweifache Problematik der (medien-)soziologischen Theorie. Erstens hält diese hartnäckig an einem Medienbegriff fest, der in der Metaphorik des Botentums, also des unveränderten Übertragens und Vermittelns konstruiert ist. Als Mittler - darauf hat Sybille Krämer (2008) hingewiesen – sind Medien aber geradezu immer an der Produktion und Transformation der Inhalte beteiligt, was sie (ver-/über-)mitteln. Nun sind die Engel zweitens eine der Formen, in denen westliche Weltbilder und Mythologien gewohnt sind, nichtmenschliche Aktivitäten symmetrisch zum Handeln der Menschen zu beschreiben. Je stärker aber die nicht mehr ganz so neuen Medientechniken zur Alltäglichkeit werden, desto deutlicher wird jenseits von Mystik und Metaphysik, dass wir als menschliche Akteure nicht allein sind. Am operativen Vollzug jener Aktivitäten sind ganz Andere als wir selbst beteiligt: Algorithmen, Mechanismen und Prozeduren – Artefakte und Software also, die im besten und klarsten Sinne *Social Software* ist. Sozial deswegen, weil sie, ganz im Sinne von „Socius", dem Begleiter, ständig bei uns ist und immer da mitspielt, wo wir uns gern der Idee hingeben, souveräne Spieler zu sein. Wenn wir Medien als Mittler, nicht als Boten begreifen wollen, müssen wir unser begriffliches Repertoire auf noch ganz andere nicht-menschliche Aktivitäten als die der Engel einstellen.

In diesem Beitrag werde ich diese Dimensionen zu skizzieren versuchen. In einem ersten Schritt werde ich die oben genannte These zu belegen versuchen und dazu einige der prägenden Charakteristika soziologischer und kulturwissenschaftlicher Medientheorien nachzeichnen und zeigen, wie sehr diese nach dem Modell der Übertragung und der Übermittlung konstruiert sind. Im zweiten Schritt werde ich eine praxistheoretische Heuristik zur Analyse von Medientechniken skizzieren: Mit einem symmetrisch gewendeten Praxisbegriff, der auch jene Beiträge zum sozialen Geschehen beschreibbar macht, die von Rechnern (rechnenden Geräten) realisiert werden, der also neben menschlicher Rechenpraxis die Praxis der Rechner erfasst, lässt sich, so meine These, ein Medienbegriff entwickeln, der diese als Mittler, nicht als Boten versteht. Damit aber wird ein zentraler Bestandteil üblicher Medienbegriffe erklärungsbedürftig. Medien sind schließlich – von McLuhan über Heider und Luhmann – wirksam, indem sie nicht sichtbar sind. Ich werde deshalb vorschlagen, diese Unsichtbarkeit der Medien nicht als deren je eigenen Beitrag zu verstehen, sondern statt dessen als spezifische Leistung solcher Techniken, die als Infrastrukturen gerade für das „taken-for-granted" bestimmter diskursiver Praktiken sorgen. Ich werde dann in einem dritten Schritt versuchen, eine dieser infrastrukturell gepackten schwarzen Kisten diskursiver Praxis zu öffnen. Dabei werde ich mich vor allem auf einen bestimmten Teil von diskursiver Praxis beziehen, die schon im Falle klassischer Massenmedien fest mit der medialen Infrastruktur verwoben waren und die maßgeblichen Anteil an der jeweils mit ihr verbundenen Adressierung von Produzenten und Rezipienten haben: Praktiken der Messung, der Kalkulation und der Schätzung, kurz: Rechenpraktiken. Dabei werde ich zeigen, wie unter dem Deckmantel des Medienwandels, in den Tiefen der medientechnischen Infrastrukturen sich eine Praxis radikal verändert, die dafür sorgt, dass man mit einem (eigentlich unbekannten) Publikum rechnen kann (Passoth & Wehner 2011). In einem letzten Schritt werde ich versuchen, die zugrunde liegende These zu generalisieren: Medienwandel ist eben gerade nicht auf den Wandel einer der sozialen Praxis externen Technik zurückzuführen, sie geht auch nicht im Wandel der Umgangsweisen mit einer Medientechnik auf. Vielmehr ist Medienwandel dadurch gekennzeichnet, dass sich die heterogenen Arrangements von Praxisformen verändern, die durch Medientechniken infrastrukturell zusammengehalten werden. Medienwandel ist ein beständiger Prozess der Rekonfiguration dieser Arrangements, der durch die Zurechnung auf die Medientechnik eher verdeckt als sichtbar gemacht wird.

Medien als Boten, Medien als Mittler

Die These, dass soziologische und kommunikationswissenschaftliche Medientheorien in der Menge nach dem Modell des Boten gebaut sind, der sich selbst aus der

Übermittlung höflich heraus hält, impliziert selbstverständlich nicht, dass diese nie über ein störungsfrei gedachtes Sender/Empfänger Modell hinausgekommen wären. Das wäre vor dem Hintergrund der Analysen klassischer Medientheorien von Innis (1951) über McLuhan (1962, 1964) bis Kittler (1985, 1986) und Luhmann (1996, 1997) ziemlich vermessen und auch dazu noch falsch. Gerade McLuhan hatte ja gerade aus der fundamentalen Abwehr einer informationstechnischen Shannon-Weaver-Sicht (1963) seine Wirksamkeit bezogen und Luhmann begreift Kommunikation – als dreizügigen Prozess der Selektion von Information, Mitteilung und Verstehen – grundsätzlich als erst am Ende begonnen, so dass von Übermittlung nicht ausgegangen werden kann. Die These impliziert aber, dass die in den jeweiligen Praxen mittätigen Medientechniken bislang nicht als immer wieder aufs Neue kontingent tätige Beteiligte angenommen wurden. Das hat mit einem spezifischen Technikverständnis von Sozialtheorien im Allgemeinen, medientheoretischen Konzepten im Besonderen zu tun. In der langen Geschichte ihres Umgehens mit technischen Phänomenen ist ein Großteil der Sozialtheorie einer der Besonderheiten der Technik auf den Leim gegangen. Wenige Autoren haben aus der Einsicht, dass es sich bei Technik um stabilisierte Gesellschaft handelt (Latour 1991), versteckt in undurchsichtigen schwarzen Kisten, um komplexitätsreduzierende evolutionäre Errungenschaften, die per funktionierender Simplifikation (Luhmann 1997) sich selbst undurchsichtig machen, tatsächlich die Konsequenz gezogen zu fragen, wie im Einzelfall diese technische Stabilisierung funktioniert. In der (gar nicht mehr so unglaublich) neuen Wissenschafts- und Technikforschung ist das in den letzten Jahrzehnten zentral geworden. Hier sind schwarze Kisten geöffnet, sind symmetrisch auch jene konkreten soziotechnischen Konstellationen auseinander genommen worden - nur leider bislang ohne systematischen Anschluss an Sozial- oder Medientheorie.

Was die Medientheorien statt dessen getan haben, kann man als systematische Externalisierung der Medientechniken bezeichnen (Passoth & Wieser 2011). Das passiert nicht immer auf dem identischen Weg, aber interessanterweise auf die gleiche Weise wie in der Sozialtheorie überhaupt. Nur einige Beispiele für die unterschiedlichen Formen, um nicht in eine langweilige Exegese zu driften: Auf der einen Seite stehen dabei jene Ansätze, die Medientechniken als eine spezifisch anhängige Größe bestimmter sozialstruktureller und kultureller Phänomene zu denken versucht haben. Allen voran sind dies etwa klassische und aktuellere kritische Theorien (Bourdieu 1998; Enzensberger 1970; Horkheimer & Adorno 1969a), die die jeweils attestierten Charakteristika medialer Formgebungen als Folge der jeweils herrschenden sozialen und dabei vor allem ökonomischen Macht- und Kräfteverhältnisse begriffen. Als widerspruchsentleerte und deshalb dumpf akzeptierte Einwegberieselung mit den immer gleichen Stereotypen, Schemata und sowieso insgesamt flachen Bildern und Texten sind Radio, Fernsehen, Kino, Popmusik und Jazz zum Globalkomplex des Kulturindustriellen verschmolzen. Dessen Charakteristika braucht man dann schon deshalb nicht mehr analysieren, weil seine dunkle Fratze eh schon bekannt ist: es ist die Maske des ausbeuterischen und entfremdenden Kapitalismus, an deren trügerischem Grinsen die Kulturindustrien beständig arbeiten.

Auf der anderen Seite lassen sich solche Ansätze charakterisieren, die sich vor allem auf Medieninhalte bzw. auf das, was aktive Rezipienten so Schönes und Widerständiges damit tun können, eingestellt haben (Fiske 1987; Hall 1980; Winter 2001). In ihrem Interesse für die vielen partikularen, nicht verallgemeinerungsfähigen und nicht typisierbaren kreativen Mediennutzungen einerseits, ihrer Faszination im Hinblick auf die Polysemie und Anschlussoffenheit auch scheinbar platter und dumpfer Medientexte andererseits haben sie sich gegen jegliche Betrachtung der medialen Form gerichtet. Immer vorsichtig und völlig zu Recht darauf bedacht, keinerlei determinierenden Kräfte anzunehmen, weder bestimmter Lesarten der Medientexte noch der sie mittelnden Medientechniken, haben sie ein Bild einer umkämpften und umstrittenen Ausdeutung der modernen Gesellschaft gezeichnet, an der die je genutzten Medientechniken keinen Anteil haben. Ihr Beitrag ist schon deshalb uninteressant, weil er, wenn er nicht von kreativen Produzenten und Rezipienten genutzt wird, um Bedeutungen zu realisieren, keine Rolle spielt. Und wenn diese Medientechniken nutzen, dann kann man ja gleich bei deren Nutzungspraktiken bleiben.

Mit dem zuvor Gesagten ist selbstverständlich keine Generalkritik verbunden. Der Fokus auf die sozialstrukturellen und kulturellen Bedingungen der Produktion und Rezeption von Medieninhalten sowie der auf die Transformation dieser Bedingung durch das kreative, zuweilen subversive Nutzen eben dieser Inhalte aber muss lediglich ergänzt werden durch eine ebenso in Grenzen bleibende Analyse der Beiträge der Medientechniken. Nimmt man dabei eine reflexive und an techniksoziologischer Arbeit orientierte Perspektive ein, dann erscheinen die vormals so klaren und uninteressanten Medientechniken als erstens überhaupt nicht determinierend, sondern als in Wahrscheinlichkeit transformierte Unwahrscheinlichkeiten. Zweitens sieht man, dass sich unter dem Deckmantel des reibungslosen Funktionierens eine instabile und hochgradig fragile Verwebung ganz unterschiedlicher Praxisformen befindet. Jene Medientechniken, die sich derzeit und seit Mitte der 1990er Jahre um die paketvermittelnden Übertragungssteuerungsprotokolle der Internetprotokollfamilie ausbilden, lassen diese instabilen und hochgradig fragmentierten Verwebungen noch beobachten. Das liegt auch daran, dass die medientechnischen Stabilisierungen, die bei den klassischen Massenmedien über Jahrzehnte hinweg immer weiter verfestigt wurden, im Fall der neuen Medientechniken noch nicht eine ähnliche Festigkeit erlangt haben. Es liegt aber auch daran, dass mit den neuen Medientechniken Praxisformen verbunden sind, die qualitativ sich von jenen unterscheiden, die wir von den traditionellen Medien gewohnt sind.

Eine praxistheoretische Heuristik zur Analyse von Medientechniken

Ein an (gar nicht mehr so) aktuellen Konzepten der Techniksoziologie orientiertes Verständnis von Medientechniken kann möglicherweise helfen, aus der Sackgasse des mediensoziologischen Desinteresses an den Medientechnologien herauszukommen. Technische Entwicklungen sind immer bis ins Tiefste verbunden mit sozialen und kulturellen Prozessen, immer realisiert durch ein fluides Gefüge sozialer Praxis. Die Erfindungen und Einrichtungen bestimmter technischer Artefakte ist das instabile Ergebnis einer heterogenen Koordination, in denen das technische Artefakt als Grenzobjekt geformt, eingerichtet und umgebaut wird, bis es im praktischen Einsatz als funktionierende Technik behandelt werden kann. Im Prozess seiner Entstehung, ebenso aber auch in den vielen Formen seiner Nutzung und Umnutzung werden all jene Eigenschaften erst mit ihm verbunden, von denen mediensoziologische Externalisierungen annehmen, dass sie die jeweiligen Techniken von Beginn an besitzen. Im Folgenden skizziere ich eine praxistheoretische Heuristik zur Analyse von Medientechnologien. Für die Fruchtbarkeit einer solchen Heuristik für die klassischen Probleme der Mediensoziologie sowie für die Analyse der medientechnischen Arrangements der immer noch so genannten „neuen Medien" haben Matthias Wieser und ich an anderer Stelle geworben (Passoth & Wieser 2011). Hier sollen nur einige ihrer Grundzüge skizziert werden. Sie beruht auf einer Verbindung von nach-klassischer Praxistheorie und Actor-Network Theory, die in post-pluraler Attitüde (Passoth 2011) von einem symmetrisch gefassten Praxisbegriff ausgehend Medientechniken und -infrastrukturen aus Stabilisierungsstrategien erster und zweiter Ordnung neben anderen versteht.

Um die Sprachnähe des Kommunikationsbegriffs, die Nähe des pragmatistischen Handlungsbegriffs zu mentalistischen Vorstellungen und die Konfusion von Aktivität und Agency in der ANT zu vermeiden (Passoth 2006), bezeichne ich in Anlehnung an die von Turner (2007) sogenannten nach-klassischen Praxistheorien im Sinne von Schatzki (1996, 2002), Rouse (2002) oder Taylor (1983, 1992) die relationierende Operation des Sozialen als Praxis. Der Begriff der Praxis ist etymologisch dem der Handlung (und, allerdings weniger deutlich) dem der Kommunikation vorzuziehen, ist es doch ein Verbalsubstantiv, das im Griechischen von πράσσω („tun", „verrichten") abgeleitet ist. Handeln hingegen verweist auf den instrumentellen Einsatz des Körperlichen und legt damit (zumindest etymologisch) Handlungstheorien auf instrumentell handelnde Akteure fest. Der Kommunikationsbegriff ist etymologisch zweideutig: er verweist einerseits auf Prozesse des Verbindens, was ihn zu einem guten Kandidaten für einen Begriff für die relationierende Operation des Sozialen macht, andererseits aber auf das Teilen und damit auf eine falsche Fährte. In Abgrenzung zu den Praxistheorien Giddens (1979,

1988) und Bourdieus (1976, 1987), die mit Praxis vor allem nicht reflektiertes Routinehandeln bezeichnen, aber auch anders als Schatzki oder Reckwitz, die Praxis als „a nexus of doings and sayings" (Schatzki 1996) verstehen, plädiere ich für eine symmetrische Praxistheorie und meine mit Praxis vollzogene Zusammenhänge körperlicher oder dinglicher Aktivität.

In dieser Definition sind drei zentrale Elemente enthalten. *Erstens* wird die Symmetriethese der ANT (Latour & Woolgar 1979; Latour 1995, 2007), die dazu auffordert Menschen und Dinge, also menschliche und nichtmenschliche Aktoren gleich zu behandeln, radikalisiert. Schon die ANT hatte die These Bloors (1976) verallgemeinert, dass bei der Erforschung von wissenschaftlichen Innovationen und von sozialem Wandel im Allgemeinen das, was sich durchsetzt, und das, was als Fehlschlag behandelt wird, mit den gleichen Begriffen, symmetrisch also, analysiert werden müssen. Der hier vorgeschlagene Praxisbegriff beruht auf dem Argument, dass diese Verallgemeinerung nicht weit genug geht. Nicht, dass Symmetrie zum Analyseprinzip wird, handelt der ANT ihre Widersprüchlichkeiten ein, sondern dass sie Symmetrie zu sehr auf Akteure statt auf Aktivität bezieht. Dem entgeht ein symmetrisch verstandener Praxisbegriff, indem er die Zurechnung auf identifizierbare agierende Einheiten (Aktoren) nicht in die Bestimmung der Operation des Sozialen aufnimmt, sondern als nachgelagertes Strukturierungsprinzip für Praxis versteht. Praxistheoretisch werden nicht menschliche und nicht-menschliche Aktoren, sondern körperliche und dingliche Aktivitäten, deren vollzogene Zusammenhänge Praxis ausmachen, symmetrisch behandelt. *Zweitens* entgeht der Praxisbegriff einer behavioristischen Fehlinterpretation, indem er nicht Aktivität, sondern Zusammenhänge von Aktivität zum Ausgangspunkt macht. „Unterhalb" der Praxis ist alles was passiert, nur ereignishafte Aktivität: Muskeln bewegen sich, Stimmapparate produzieren Laute, Zahnräder laufen, Neuronen oder Transistoren schalten. Praxis ist erst das, was zustande kommt, wenn Aktivitäten als zusammenhängend behandelt werden, und es ist erst dieses soziale, nicht individuelle Behandeln, das Praxis vollziehbar macht. *Drittens* wird eben der Vollzug von Praxis betont: Operativität spielt also nicht nur auf der Ebene der dinglichen und körperlichen Aktivität eine Rolle, sondern ebenso für die Zusammenhänge von Aktivität, die allein durch Vollzug stabilisiert und destabilisiert werden. Mit dieser dreiteiligen Konzeption von Praxis: körperliche und dingliche Aktivität (1), Vollzug (Performance) von Zusammenhängen (2) und Formen der Stabilisierung und Destabilisierung (3) werden weitere Fragen eröffnet. Aus der Betonung der Stabilisierung und Destabilisierung von Praxen und deren Vollzug folgt die Frage, ob sich unterschiedliche Formen der Strukturierung des Sozialen ausmachen lassen. Aus der Verallgemeinerung des Symmetrieprinzips auf Aktivität folgt die Notwendigkeit der Bestimmung des Verhältnisses von Praxis und Agency, also der Möglichkeiten, in bestimmten Vollzügen von Zusammenhängen körperlicher und dinglicher Aktivität als identifizierbarer und adressierbarer Akteur zu gelten. Aus der Betonung von Dinglichkeit und

Körperlichkeit von Aktivität einerseits, Formen der Stabilisierung und Destabilisierung andererseits ergibt sich eine ganz bestimmte Position für Technik im Allgemeinen, Medientechniken im Speziellen innerhalb einer praxistheoretischen Architektur.

Wenn man Praxis als vollzogene Zusammenhänge körperlicher und dinglicher Aktivität begreift, dann geht die Frage nach den Strukturen des Sozialen über in eine Frage nach den Formen der Stabilsierung der Zusammenhänge von Körpern und Dingen, deren Aktivität zum Vollzug der Praxen beitragen. Jede Form der Stabilisierung von Praxis muss damit auskommen, woraus Praxis besteht: Körper und Dinge und das, was sie an Aktivität hervorbringen können. Die Strukturen - oder besser: die Strukturierungen – stecken im Vollzug von Praxen, nicht darunter, darüber oder dahinter. Der praktische Sinn Bourdieus ist (aber nicht notwendig) etwas, das die beteiligten Körper ausbilden, ebenso wie ihre mentalen Strukturen, ihre Vorstellungen, Wünsche oder Gelüste. Für die Ausbildung und Stabilisierung von Praxen spielen sie sicherlich eine gewisse Rolle, aber sie ist vergleichbar mit den materialen Eigenschaften der Artefakte, Dinge und Geräte und der Anordnung der Zeichen auf dem Papier derjenigen Texte, die an diskursiven Praxen beteiligt sind. Stabilisiert und auch wieder destabilisiert werden Praxen letztlich durch unterschiedliche Formen des Relationierens solcherart disponierter Körper und Artefakte. Jede Form von Praxis, die vorrangig auf verkörperten Vollzügen aufbaut, ist ein recht instabiles und voraussetzungsreiches Gebilde. Routinierte Praxis bedarf langwierig trainierter Körper und mentaler Dispositionen, um wiederholbar zu sein. Es sind die Umstände, die, wie Knorr-Cetina so treffend es ausdrückte, in dem bestehen, „was herumsteht" (Knorr-Cetina 1991: 68), die für komplexere, integrierte Formen von Praxis die Basis bilden. Hier trifft sich komplexe soziologische Theorie mit dem *common sense*: Es gibt keine universitäre Lehre ohne Hörsaal oder zumindest wäre sie dann anders, es gibt keine Beichte ohne Beichtstuhl, kein wissenschaftliches Wissen ohne Bücher und Labore, keine Finanzkrise ohne Börse und Reuters-Terminal.

Strukturstabilisierungen sind jeweils Projekte, bei denen Praxis mittels Diskursivierung, Habitualisierung und Technisierung (selbst wieder spezifisch stabilisierte Praxisformen) so gestützt wird, so dass sich im Gefüge der verschiedenen Projekte temporär stabilisierte Konfigurationen herausbilden (Passoth 2011). Diskursivierung soll jene Form von Praxis bezeichnen, die visuelle, textuelle und materiale Semantiken herstellen, aufrechterhalten und abbauen. Unter Habitualisierung verstehe ich all jene Praktiken des Trainings und der Gewöhnung, mittels derer sich Routinen und Regelmäßigkeiten gleichsam in Körper und Dinge einschleifen. Mit Technisierung schließlich bezeichne ich all jene Praktiken, bei denen Pläne, Standardisierungen, Formalismen, kurz also: kausale Simplifikationen, so unter großem Aufwand in Maschinen oder in die Organisation von Praktiken eingelassen werden, dass die zugehörigen Projekte der Simplifikation nicht mehr zu erkennen sind.

Damit sind drei Formen der Stabilisierung bezeichnet, die sich in der Art und Weise unterscheiden, wie sie Praxis stabilisieren. Während Projekte der Diskursivierung und deren Ergebnisse (Texte, Bilder, Designs) etwas denotativ und konnotativ ausdrücken, vorschreiben oder anzeigen, das dann gelesen, gedeutet, ausgelegt, bestritten und abgelehnt werden kann, ist das bei Projekten der Habitualisierung und Technisierung nicht so. Habitualisierungen schleifen sich unbemerkt in die Körper und die Dinge ein, sie entstehen und werden häufig ohne Ausdrücklichkeit verändert. Dazu gibt es Ausnahmen, etwa das Training des Körpers im Sport oder das Anlegen von Pfaden durch beständiges Gehen des selben Wegs. Allerdings haben solche ausdrücklichen Habitualisierungen in der Regel mit einem Nebeneinander von Habitualisierung und Technisierung zu tun: Im Sport wird mit Plänen und Geräten gearbeitet, um den widerspenstigen Körper zu habitualisieren, beim Anlegen von Wegen durch Begehen und Befahren spielt die Beschaffenheit des Schuhwerks und der Räder eine Rolle.

Im Gegensatz zu anderen sind technische Stabilisierungen durch eine besondere Eigenart geprägt, der Luhmann schon mit seiner Formulierung „funktionierende Simplifikation" und Latour mit seinen „black boxes" auf der Spur waren. Indem Techniken eingerichtet werden, werden die Prozesse, Regeln, Schemata und Bedingungen, die in *Hard-*, *Soft-* und *Wetware* eingebaut werden, quasi versteckt. Wenn Technik funktioniert, dann braucht es den Blick in die schwarze Kiste nicht. Als Variante der Strukturstabilisierung und -destabilisierung neben anderen ist Technik besonders wirksam, vollzieht sie doch die kontinuierliche Aufrechterhaltung der Strukturierung in Form von Automatismen, Algorithmen oder in Form von Bedingungskonstrukten, die nur noch mit Eingaben gefüttert werden müssen. Latour hat das als Prozesse der Delegation (Latour 1991, 1996) beschrieben, bei denen Akivitäten, die eigentlich auch mittels menschlicher Handlungen realisiert werden könnten, in technisches Gerät übersetzt werden. Projekte der Technisierung, also Projekte der Strukturstabilisierung von Praxis mittels Technik, passieren nicht von einem Moment auf den anderen. Vielmehr handelt es sich um eine Verschiebung der Möglichkeiten der Realisierung von Praxis auf der Basis anderer körperlicher und dinglicher Aktivitäten, die erst durch Technisierung ihres Vollzugs jeweils stabilisiert werden. Dass es sich bei solchen Übersetzungen nicht um eins-zu-eins Übertragungen, sondern um jeweils spezifische Rekonstruktionen handelt, hat bereits Callon mit Referenz zu Serres (1992) argumentiert. In der hier skizzierten Terminologie kann man ergänzen: Praxis, die mittels Technik stabilisiert wird, wird genau durch diese Stabilisierung eine andere und kann daher auch nicht durch „Zurückübersetzung" in lediglich körperliche Realisierungen wieder zurückgesetzt werden.

Stabilisierung aber ist niemals eindeutig und das nicht nur aufgrund des Nebeneinander und Gegeneinander unterschiedlicher Projekte der Stabilisierung, die nicht notwendig Homologien aufweisen. Jedes Projekt der Stabilisierung von Praxis bleibt unvollständig und enthält zudem immer eine ganze Reihe von Möglichkeiten, die nicht der stabilisierten Form entsprechen und die immer wieder aufgegriffen werden können, wenn nicht zusätzliche Einrichtungen dafür sorgen, dass das unwahrscheinlicher wird. Diskursivierung, Habitualisierung und Technisierung sind nicht vollständig in der Lage, die sich beständig verändernde Praxis so zu stabilisieren, dass innerhalb der entstehenden Konfigurationen nur noch bestimmte – und keine andere – Praxis mehr möglich ist: Semantiken können umgedeutet werden oder sie sind, manchmal entgegen der Projekte ihrer Herstellung und Aufrechterhaltung, derart performativ, dass sie ganz andere Möglichkeiten hervorbringen als zuvor angenommen. Habitualisierungen schleifen zwar Körper und Dinge ein, das aber verhindert keinesfalls, dass eben gerade durch Gewöhnung an Routinen oder durch Abnutzung von Materialien nicht wieder ganz andere Praxen möglich werden. Technisierungen schließlich führen, gerade weil die kausalen Simplifikationen den Techniken nicht mehr direkt anzusehen sind, zu *Workarounds*, zu Umnutzungen oder auch schlicht zu Defekten, die in Konsequenz wieder andere Praxis eröffnen.

Die Einrichtung und der Umbau von Praxiskonfigurationen erfolgen durch das Zusammenfügen von Diskursivierungen, Habitualisierungen und Technisierungen – sozusagen Steckgliedern des Sozialen. Im Aufbau von Konfigurationen werden Diskursivierungen, Habitualisierungen und Technisierungen derart zusammen gesteckt, dass sich aus ihrem Zusammenspiel die Stabilität der so eingerichteten Konfiguration von Praktiken verstärkt. Unter Infrastrukturen verstehe ich in Anlehnung an die soziologische Infrastrukturforschung (Star & Ruhleder 1996; Hanseth & Monteiro 1997; Sims 2007) jene Konfigurationen von Praxis, die technisch selbst wiederum technisierte Stabilisierungen auf Dauer stellen. Techniken können auch nur einmal ablaufen, sie sind dennoch Techniken. Beispiele für solche Techniken etwa sind Sprengstoffe, zu deren Zündung körperliche und dingliche Aktivität erforderlich sind – aber genau je einmal. Jene Techniken, bei denen Zusammenhänge von körperlicher und dinglicher Aktivität so stabilisiert werden, dass andere Techniken immer wieder Praxis stabilisieren, bezeichne ich als Infrastrukturen. Schon aus dem bislang Beschriebenen ist klar, dass die hier zu gebende begriffliche Bestimmung der Medientechniken von derjenigen praxeologischen Definition von Medien abweicht, die Andreas Reckwitz gegeben hat. Indem er sie als als „spezifisches Ensemble materialer Artefakte" (Reckwitz 2006) bezeichnet, vermischt er die oben beschriebene Unterscheidung zwischen den – immer materiellen – körperlichen und dinglichen Aktivitäten, deren vollzogenen Zusammenhänge Praxis hervorbringen und den je spezifischen Formen der Stabilisierung solcher Praxis. Mediale Infrastrukturen (man kann auch verkürzend von Medientechniken sprechen) – so begriffen als technische Stabilisierungs- und Destabilisierungseinrichtung von Praxen – gehen nicht im Ensemble der Artefakte auf. Medientechniken, so der Vorschlag für eine Arbeitsdefinition, sind jene Infrastrukturen, die wiederum zur Stabilisierung vor allem diskursiver Praxis etabliert und verwendet werden. Sie verkapseln technisch ein ganzes Arrangement unterschiedlicher Praxisformen, das sich sternförmig (Latour 2007) um eine diskursive Praxis herum eingerichtet hat.

Rechenpraxis und die Praxis der Rechner

Wenn mit Medientechniken jene Infrastrukturen bezeichnet werden, die technisch ein ganzes Arrangement von Praxisformen temporär auf Dauer stellen, die sich wiederum um eine diskursive Praxis herum gebildet hat, dann ist Medienwandel nicht so sehr der Wandel der medientechnischen Verpackung, sondern ein Wandel des Arrangements von Praxisformen, die in ihr verwoben sind. Der viel zitierte Medienwandel von den klassischen Massenmedien zu den netzbasierten neuen Medien ist daher nicht schon deshalb interessant, weil wir jetzt vor Monitoren statt vor Fernsehern sitzen oder weil wir jetzt mit den Anbietern von Medieninhalten in einen interaktiven Austausch treten können. Interessant an ihm ist die Rekonfiguration von Praxisformen, die mit den alten oder neuen Medientechniken verbunden sind.

Ein Beispiel für eine für das Gefüge der Massenmedien zentrale, aber nur in Ansätzen untersuchte Praxisform sind Praktiken des Messens und des Rechnens. Sie kommen als soziologisch interessantes Thema seit einigen Jahren vermehrt zur Sprache, insbesondere in den Bereichen der neuen ökonomischen Soziologie und der politischen Soziologie. In Anlehnung an die Debatten in der Wissenschafts- und Technikforschung der letzten Jahrzehnte beginnt man sich für die Bedeutung von Quantifizierungen und Zahlenförmigkeiten für die moderne Wirtschaft, die Organisation von Wissenschaft oder die Regierungspraxen moderner Staaten und transstaatlicher Gebilde zu interessieren, und für die vielschichtigen und sozialen Prozesse der Einrichtung, des Betriebs, der Aufrechterhaltung, aber auch des Widerspruchs und des Kampfes gegen jene infrastrukturell gewordenen Praxen, die Messungen, Quantifizierungen und Zahlenförmigkeiten hervorbringen. So haben Michel Callon (Callon 1988; Callon & Law 2005; Callon & Muniesa 2005) und Donald MacKenzie (2006) die Implementation ökonomietheoretischer Elemente in den Marktmaschinen der Finanzökonomie untersucht und dabei z.B. nachgezeichnet, wie der Handel mit Derivaten, der uns heute vor dem Hintergrund der großen Krise der Märkte fast wieder so unheimlich ist wie den Händlern noch vor etwa einem Jahrhundert, überhaupt durch die Einrichtung von Verfahren der Beobachtung, Aggregation und Umrechnung von Realmarktaktivitäten zu etwas Anderem als Glücksspiel werden konnte. Ähnlich hat Patric Carroll (2006) in einer historisch-soziologischen Untersuchung des gerade industrialisierten Irlands gezeigt, welche Zähl-, Mess- und Klassifikationstechniken so essentielle politische Konzepte wie Territorium und Bevölkerung überhaupt erst hat verwenden lassen.

Mit Luhmann kann man auch sagen, dass Kalkulationen Möglichkeitshorizonte aktualisieren, also aus einem Raum von Möglichkeiten Bestimmtes herauslösen und so neue Möglichkeitsräume eröffnen, sprich: Sinn zu prozessieren. Mit dem Begriff der *Qualkulation* verweisen Callon und Law (Callon & Law 2005) in Anlehnung an Cochoy (2002, 2008) und Thrift (2004) darauf, dass mit dem Erzeugen von Kalkulationen immer eine Unmenge an Entscheidungen, Bewertungen und Beurteilungen zusammenhängen, mittels derer etwa bestimmt werden muss, was eigentlich für zählenswert gehalten wird und wieso, mit welcher Gewichtung und in Bezug auf welche Skala, warum eigentlich diese Skala und keine andere und so weiter. Der Vollzug von Kalkulationen beinhaltet also immer ein weitläufiges Netz aus Qualifikationen und Klassifikationen und damit ein riesiges Potential an Kontingenzen. Prozesse der Verrechnung, so die Debatte, lassen sich nicht auf Erzeugung von Zahlenmaterial reduzieren, sondern sind immer vielmehr Prozesse des Herauslösens und Aussortierens bestimmter Ereignisse aus ihrem jeweiligen Kontext und des Zusammenfügens der so entstandenen Beobachtungen zu neuen Zusammenhängen, Prozesse der Manipulation und Transformation und der Produktion von Ergebnissen. Diese Ergebnisse, so Callon und MacKenzie, sind dann auch performativ, d.h. sie erzeugen Ereignisse, von denen sie zugleich sagen, dass sie sie eigentlich nur abbilden. Wie das passiert, hat Cochoy (Cochoy 2008) mit dem Begriff der *Calqulation* zu beschreiben versucht: In seiner Studie zum Einkaufen in Supermärkten konnte er feststellen, wie Ergebnisse von Klassifikation und Kalkulation – den Abschätzungen von Preisen, Mengen, Qualitäten oder Geschmackseigenschaften - zu Angleichungen, zu Durchsetzungen und zum Bestreiten anderer *Qualkulationen* führen und so zu Prozessen des Anpassens aneinander.

In Bezug auf inzwischen traditionelle Medientechniken spielen Mess- und Rechenpraktiken eine zweifache Rolle: sie sind wirksam als Praktiken der Produktion von Nachrichtenattraktoren einerseits, als Praktiken der Erzeugung von Selbstbeobachtungen des Medienbetriebs andererseits (Wehner 2010). Im ersten Fall fällt das auf, wenn sich kriegerische Konflikte publikumswirksam in Zahlen von getöteten Zivilisten, der Klimawandel mit extremen Visualisierungen von Temperaturschwankungen und -anstiegen, das Chaos zur Urlaubszeit mittels Staulängen und Wartedauern darstellen lassen. Im anderen Fall sind Medienproduzenten - Sender also oder Verlage – und die in den Medien vorkommenden Akteure- Politiker z.B. oder Stars und Sternchen - vor allem mittels quantitativer Größen beobachtbar und vergleichbar, etwa mittels regelmäßiger Auflagen-, Verkaufs- und Reichweitenzahlen, mittels Einschaltquote und werberelevanter Zielgruppe oder mittels zusammengefasster Umfrage- und Marktbeobachtungswerte (Hasse & Wehner 2005). In Bezug auf neuere Medientechnologien, insbesondere aber nicht ausschließlich jene, die auf der Basis internetbasierter Dienste eingerichtet werden, fällt schnell auf, dass Mess- und Rechenpraktiken hier eine ganz andere Qualität haben. Das liegt nicht nur an der signifikanten Ausweitung des Spektrums der mess- und verrechenbaren Aktivitäten – schließlich kann nahezu jede Aktivität registriert und protokolliert werden – sondern vor allem daran, dass Mess- und Rechenpraktiken nicht mehr eine sekundäre Rolle der (meist nachträglichen) Korrektur der jeweiligen Angebote spielen, sondern in die Praktiken der Produktion und Distribution von Inhalten eingebunden werden (Wehner & Passoth 2012).

Ein gutes Beispiel dafür sind Vorschlagsdienste für zu rezipierende Inhalte, etwa im Falle des Musikhörens über Plattformen wie *last.fm*, *iTunes Genius* oder *Pandora*. Sie liefern dem einzelnen User ein Hörerlebnis, das aufgrund der statistischen Auswertung seiner bisherigen Hörgewohnheiten im Vergleich mit den Hörgewohnheiten anderer Nutzer besonders gut dem tatsächlichen Musikgeschmack entsprechen soll. Die Einbindung dieser Mess- und Rechenpraktiken in Praxiskomplexe des Musikhörens verändern diese deutlich, sind wir doch gewohnt, Musikgeschmack und ästhetische Vorlieben als etwas zu denken, das sich rationalem Kalkül und formaler Begründung entzieht. Sie haben zu tun mit Stimmung, mit den Umständen, unter denen Musik gehört wird, damit, ob gerade Freunde anwesend sind, von denen man annimmt, dass sie einen bestimmten Geschmack teilen und von vielen Bedingungen mehr. Dennoch arbeitet die Erstellung der jeweils errechneten Musikauswahl gerade damit, von allen diesen Kontexten abstrahierte Beobachtungen des Musikhörens zu sammeln, diese mit Verfahren zu verrechnen und zu aggregieren, die den Nutzern fast immer nicht bekannt sind und genau so den nächsten Titel vorzuschlagen. Dass diese Beobachtungen von den Kontexten abstrahieren, kann man allein schon daran sehen, dass für das Vermessen des Hörens völlig unerheblich ist, ob der vermeintliche Nutzer tatsächlich hört: ob er also per Volumenregler sich der Berieselung entzogen oder gar den Raum verlassen hat oder ob jemand ganz Anderes am Rechner sitzt, ist der automatisierten Messpraxis völlig egal. Die Ergebnisse dieser Beobachtungen führen zu weiteren Titeln und weitere Titel zu weiteren Beobachtungen. Das erzeugt auch schon mal Probleme – etwa, dass der Musikdienst dann immer Titel spielt, die der Nutzer gar nicht hören will. Als Nutzer hat man nun die Möglichkeit, sich dem zu beugen und seine Musikpräferenzen kampflos aufzugeben oder aber sich mühsam darum zu kümmern, dass das so erzeugte Profil die unerwünschten Daten schnell vergisst.

Nun handelt es sich bei diesen Rechenpraxen keineswegs um ad hoc Berechnungen, die immer wieder neu und mit immer wieder ungewisser Form vollzogen werden. Vielmehr stellen die meisten Angebote im Netz Versuche dar, solche Rechenpraxen und die mit ihnen ermöglichten Sinnselektionen gewissermaßen auf Dauer zu stellen. Das hat auf der einen Seite damit zu tun, dass die Verfahren der Kalkulation, mittels derer diese Plattformen Nutzungsaktivitäten verrechnen und qualifizieren, dann besonders vielschichtige und abwechslungsreiche, dennoch aber ähnlich genug erscheinende Ergebnisse liefern, wenn große Zahlen von kontextlosen Beobachtungen aggregiert werden. Das hat aber auch damit zu tun, dass es sich um Infrastrukturen und technische Installationen handelt, dass also Rechenpraxis zu großen Teilen (technisierte) Praxis der Rechner ist. Als solche treten sie vor allem dann in den nicht mehr thematisierungsnotwendigen Hintergrund, wenn sie, was sie leisten, in schwarze Kisten stecken. Indem sie den Nutzer wissen lassen, dass sie die vorgeschlagenen Titel nicht etwa per Zufall auslosen oder der Laune eines manchmal mürrischen, manchmal gutgelaunten DJ überlassen und dass alle Eingriffe in den Fluss der Titel mittels eindeutiger Mechanismen (Abwählen, Löschen) zu bewerkstelligen sind, richten sie Qualkulationsweisen und Rechenpraxen als technisierte und infrastrukturell voraussetzbare Praktiken ein und helfen so mit, Routinen des tatsächlichen Musikhörens zu produzieren. Hat sich das Profil z.B. einmal auf das Spielen besonders interessanter elektronischer Musik eingestellt, lassen sich andere Hörwünsche entweder nur auf Kosten der Konsistenz dieses gut funktionierenden Profils erreichen oder indem man dieses Profil und seine Vorschläge als Technik der Erzeugung einer Serie von Elektromusik behandelt und für das Hören von Jazz auf andere Techniken zurückgreift: auf das Radio etwa, auf andere Musikplattformen oder auf das Anlegen eines neuen Profils für eben diese Musik, das man, wenn es einmal gut funktioniert, dann auch nicht mehr für Elektromusik nutzt.

Medienwandel als Rekonfiguration heterogener Arrangements von Praxisformen

Um die Rolle der Medientechniken beschreiben und interpretieren zu können, fehlt insbesondere der Mediensoziologie (aber auch der allgemeinen Soziologie) das konzeptionelle Vokabular. Einer Entwicklung eines solchen steht aber eine verbreitete Sicht auf die Medientechnologie im Weg, die auf unterschiedlichen Varianten einer Externalisierung beruht. Ich habe versucht zu zeigen, dass man dieser Sicht eine an den Entwicklungen in der Wissenschafts- und Techniksoziologie einerseits, an aktuellen Praxistheorien andererseits orientierte Perspektive entgegensetzen und zu einer praxistheoretischen Heuristik zur Analyse von Medientechniken ausbauen kann. Diese versteht Medientechniken als Infrastrukturen, also als wiederum technisch stabilisiertes Gefüge unterschiedlicher Praxisformen, das sich um eine diskursive Praxis eingerichtet hat. Medienwandel ist dann weder bloß technischer Wandel, noch ein Wandel der Umgangsweisen von Nutzern mit einer Medientechnik, sondern die beständige Rekonfiguration heterogener Arrangements von Praxisformen. Damit gewinnt man zumindest zweierlei: zum Einen ist Medienwandel dann ein beständiger Prozess des Umbaus immer nur temporär stabilisierter Praxis „unter der Haube" medientechnischer Entwicklungen, zum Anderen lässt sich so der Blick auf jene verschiedenen Praxisformen richten, die sonst im Hintergrund bleiben, obwohl sie sich zuweilen viel grundsätzlicher verändern als die technischen Oberflächen.

Am Beispiel der Rechenpraxis, also jener Praxis, die algorithmisiert immer stärker an Rechner delegiert wird, habe ich exemplarisch eine dieser Praxisformen in den Blick genommen. Weitet man den Blick nun zum Ende noch ein wenig aus, dann erkennt man, dass die Praxis des Rechnens, die ich hier am recht speziellen Fall neuer Musikplattformen beschriebenen habe, schon seit langem fest zum Arrangement der Medientechnologien gehören: Zur Infrastruktur des Fernsehens gehören neben den Techniken der Aufnahme, des Schnitts, des Sendens, des Aufnehmens und des Abspielens auch ganze Welten diverser als Techniken verwendeter Praktiken der Klassifikation und der Qualifikation, Rechenpraxen also im Sinne von *Qualkulationen* und *Calqulationen*, wie z.B. Techniken der Zuschauerforschung, der Pilottests, Marktstudien mit vielfältigstem methodologischen Repertoire, der Werbewirksamkeitsmessung und der Aufmerksamkeits- und Impactabschätzung. Zur Infrastruktur des Buchdrucks und der Zeitungs- und Zeitschriftenproduktion lassen sich neben Abverkaufsmessungen und Anzeigenpreisen, Reichweitenberechnungen und Kontaktzahlen noch Unmengen solcher technisierter Rechenpraxen zählen. Und man erkennt ebenfalls, dass es gerade die Praxis des Rechnens ist, bei der man tatsächlich von einer qualitativen Veränderung sprechen kann. Überspitzt formuliert: Unter dem Deckmantel der gesteigerten Responsivität, Interaktivität und Mobilität, deren Rolle für die Veränderungen der Umgangsweisen mit Medientechnologien unklar bleibt, hat sich schon längst eine Praxis verändert, die direkt auf das Gefüge von Medienproduktion, Produkt und Rezeption Einfluss nimmt. Ob man es als Nutzer – Hörer, Anbieter oder Musikverleger – will oder nicht: die Auswahl der gespielten Titel wird einem Algorithmus überlassen, mit dem man wohl oder übel umgehen muss.

Musikplattformen sind zugegeben ein recht harmloser Fall: Die Exit-Option steht in Form der alten Vinyl-Platte oder des Radios immer offen – selbstverständlich zum Preis des Einlassens auf gewohnte Rechenpraxis in Form von Charts, Rotation und Telefonbefragung. Schaut man aber mit dem an ihnen geschulten Blick auf klassische Massenmedien oder auf andere „neue" Medien, dann sieht man, dass solche qualitativen Veränderungen der Rechenpraxis eben nicht nur am Einzelfall der Musikplattformen stattfinden: Das Protokollieren aller möglichen Aktivitäten, die Delegation von Entscheidungen an Algorithmen und die Steigerung des Ausmaßes der direkten und indirekten Implementation in das Mediengeschehen sind allgegenwärtig bei Suchmaschinen, Nachrichtenanbietern, Plattformen zur politischen Meinungsbildung und zur Verwaltung persönlicher Finanzen, aber eben auch in den Debatten über die Umbaumaßnahmen an klassischen Verfahren der Publikumsmessung wie der Einschaltquote. Je mehr wir unseren Alltag, unsere Arbeitswelt, unsere politischen Entscheidungen und das Institutionengefüge kontemporärer Gesellschaften mit Informations- und Kommunikationstechnologien verkabeln, desto zentraler ist ihre Rolle für die jeweils so verkabelten Praktiken. Am Beispiel der Finanzmärkte ist das schon heute sehr deutlich: große Teile des weltweiten Handels werden von Algo-Trade Verfahren wie dem High Frequency oder dem Low Latency Trading abgewickelt und Investmenthäuser investieren massive Summen, nur um noch wenige Millisekunden schnellere Reaktionszeiten ihrer rechnenden Mitarbeiter zu ermöglichen. Mit Algorithmen muss man wohl rechnen, gerade weil diese in zunehmendem Maße mit uns rechnen.

Literatur

Bloor, David (1976): Knowledge and social imagery. London: Routledge & Kegan Paul
Bourdieu, Pierre (1976): Entwurf einer Theorie der Praxis auf der ethnologischen Grundlage der kabylischen Gesellschaft. Frankfurt am Main: Suhrkamp
Bourdieu, Pierre (1987): Sozialer Sinn. Kritik der theoretischen Vernunft. Frankfurt am Main: Suhrkamp
Bourdieu, Pierre (1998): Über das Fernsehen. Frankfurt am Main: Suhrkamp
Callon, Michel (Hrsg.) (1988): The Laws of the Markets. Oxford: Blackwell
Callon, Michel/Law, John (2005): On qualculation, agency, and otherness. In: Environment and Planning 23. 717-733
Callon, Michel/Muniesa, Fabian (2005): Economic markets as calculative collective devices. In: Organization Studies 26. 1229-1250
Carroll, Patrick (2006): Science, Culture, and Modern State Formation. Berkeley, CA: University of California Press
Cochoy, Frank (2002): Une sociologie du packaging, ou l'âne de Buridan face au marché. Paris: Presses Universitaires de France
Cochoy, Frank (2008): Calculation, qualculation, calqulation: Shopping cart's arithmetic, equipped cognition and clustered consumers. In: Marketing Theory, 8, 15-44
Conradi, Tobias/Derwanz, Heike/Muhle, Florian (Hrsg.) (2011): Strukturentstehung durch Verflechtung. Akteur-Netzwerk-Theorie(n) und Automatismen. Paderborn: Fink
Enzensberger, Hans Magnus (1970): Baukasten zu einer Theorie der Medien. In: Kursbuch 20. 159-186
Fiske, John (1987): Television Culture. London: Routledge
Giddens, Anthony (1979): Central Problems in Social Theory. Action, Structure and Contradiction in Social Analysis. Berkeley, CA: University of California Press
Giddens, Anthony (1988): Die Konstitution der Gesellschaft. Grundzüge einer Theorie der Strukturierung. Frankfurt am Main: Suhrkamp
Greif, Hajo/Werner, Matthias (Hrsg.) (2011): Vernetzung als soziales und technisches Paradigma. Wiesbaden: VS Verlag für Sozialwissenschaften
Hall, Stuart (1980): Encoding/decoding. Centre for Contemporary Cultural Studies: Culture, Media, Language: Working Papers in Cultural Studies, 1972-79. London: Hutchinson. 128-138
Hanseth, Ole/Monteiro, Eric (1997): Inscribing behaviour in information infrastructure standards. In: Accounting, Management and Information Technologies 7. 183-211
Hasse, Raimund/Wehner, Josef (2005): Innovation und Wettbewerb im Mediensystem – eine netzwerktheoretische Perspektive. In: Medienwissenschaft – Science des Mass Médias Suisse 1. 23-33
Horkheimer, Max/Adorno, Theodor W. (1969a): Kulturindustrie. Aufklärung als Massenbetrug, In: Horkheimer/Adorno (1969b): 128-176
Horkheimer, Max/Adorno, Theodor W. (Hrsg.) (1969b): Dialektik der Aufklärung. Philosophische Fragmente. Frankfurt am Main: Fischer

Innis, Harold (1951): The Bias of Communication. Toronto: University of Toronto Press
Kittler, Friedrich (1985): Aufschreibesysteme 1800/1900. München: Wilhelm Fink Verlag
Kittler, Friedrich (1986): Grammophon Film Typewriter. Berlin: Brinkmann & Bose
Knorr-Cetina, Karin (1991): Die Fabrikation von Erkenntnis. Zur Anthropologie der Naturwissenschaft. Frankfurt am Main: Suhrkamp
Krämer, Sybille (2008): Medium, Bote, Übertragung: Kleine Metaphysik der Medialität. Frankfurt am Main: Suhrkamp
Latour, Bruno (1991): Technology is society made durable. In: Law (1991): 103-131
Latour, Bruno (1995): Wir sind nie modern gewesen. Versuch einer symmetrischen Anthropologie. Berlin: Akademie Verlag
Latour, Bruno (1996): On Interobjectivity. In: Mind, Culture and Activity 3. 228-245
Latour, Bruno (2007): Eine neue Soziologie für eine neue Gesellschaft. Einführung in die Akteur-Netzwerk-Theorie. Frankfurt am Main: Suhrkamp
Latour, Bruno/Woolgar, Steve (1979): Laboratory Life. The Social Construction of Scientific Facts. Thousand Oaks, CA: Sage
Law, John (Hrsg.) (1991): A Sociology of Monsters. Essays on Power, Technology and Domination. London: Routledge
Luhmann, Niklas (1996): Die Realität der Massenmedien. Opladen: Westdeutscher Verlag
Luhmann, Niklas (1997): Die Gesellschaft der Gesellschaft. Frankfurt am Main: Suhrkamp
MacKenzie, Donald (2006): An Engine, not a Camera: How Financial Models shape Markets. Cambridge, MA: MIT Press
McLuhan, Marshall (1962): The Gutenberg Galaxy: The Making of Typographic Man. Toronto: University of Toronto Press
McLuhan, Marshall (1964): Understanding Media: The Extensions of Man. New York, New American Library
Passoth, Jan-Hendrik (2006): Kollektive, Dinge und die Dinge des Kollektiven. Anmerkungen zu Bruno Latours: Wir sind nie modern gewesen. In: Peuker/Voss (2006): 37-52
Passoth, Jan-Hendrik (2011): Fragmentierung, Multiplizität und Symmetrie. Praxistheorien in postpluraler Attitüde. In: Conradi et al. (2011): 259-278
Passoth, Jan-Hendrik/Wehner, Josef (2011): Ein Publikum mit dem man rechnen kann. Jahrestagung der Sektion „Medien- und Kommunikationssoziologie" der Deutschen Gesellschaft für Soziologie zum Thema „The People Formerly Known as the Audience" am 27-28.10.2011 in Trier
Passoth, Jan-Hendrik/Wieser, Matthias (2011): Medien als soziotechnische Arrangements. Zur Verbindung von Medien- und Technikforschung, In: Greif/Werner (2011): 101-121
Peuker, Birgit/Voss, Martin (Hrsg.) (2006): Verschwindet die Natur? Die Akteur-Netzwerk-Theorie in umweltsoziologischem Diskurs. Bielefeld: transcript
Reckwitz, Andreas (2006): Die historische Transformation der Medien und die Geschichte des Subjekts. In: Ziemann (2006): 89-107
Rouse, Joseph (2002): How Scientific Practices Matter: Reclaiming Philosophical Naturalism. Chicago, IL: The University of Chicago Press
Schatzki, Theodore R. (1996): Social Practices. A Wittgensteinian Approach to Human Activity and the Social. Cambridge, MA: Cambridge University Press
Schatzki, Theodore R. (2002): The Site of the Social. A Philosophical Account of the Constitution of Social Life and Change. University Park, PA: Pennsylvania State University Press
Serres, Michael (1992): Hermes III. Übersetzung. Berlin: Merve
Sims, Benjamin (2007): The Day after the Hurricane: Infrastructure, Order, and the New Orleans Police Department's Response to Hurricane Katrina. In: Social Studies of Science 37. 111-118
Soeffner, Hans-Georg (Hrsg.) (2012): Transnationale Vergesellschaftungen. Verhandlungen des 35. Kongresses der Deutschen Gesellschaft für Soziologie in Frankfurt am Main 2010. Herausgegeben in deren Auftrag von Hans-Georg Soeffner. Wiesbaden: VS Verlag für Sozialwissenschaften

Star, Susan L./Ruhleder, Karen (1996): Steps Toward an Ecology of Infrastructure: Design and Access for Large Information Spaces. In: Information Systems Research 7. 111-133

Sutter, Tilmann/Mehler, Alexander (Hrsg.) (2010): Medienwandel als Wandel von Interaktionsformen. Wiesbaden: VS Verlag für Sozialwissenschaften

Taylor, Charles (1983): Social Theory as Practice. Oxford: Oxford University Press

Taylor, Charles (1992): Sources of the Self. The Making of the Modern Identity. Cambridge, MA: Harvard University Press

Thrift, Nigel (2004): Movement-Space: The Changing Domain of Thinking Result from the Development of New Kinds of Spatial Awareness. In: Economy and Society 33. 582–604

Turner, Stephen P. (2007): Practice Then and Now. In: Human Affairs 17. 110-125

Weaver, Warren/Shannon, Claude E. (1963): The Mathematical Theory of Communication. Champaign, IL: University of Illinois Press

Wehner, Josef (2010): Numerische Inklusion – Wie die Medien ihr Publikum beobachten. In: Sutter/Mehler (2010): 183-210

Wehner, Josef/Passoth, Jan-Hendrik (2012): Von der Quote zum Nutzerprofil – Quantifizierung in den Medien. In: Soeffner (2012): CD-ROM

Winter, Rainer (2001): Die Kunst des Eigensinns. Cultural Studies als Kritik der Macht. Weilerswist: Velbrück Wissenschaft

Ziemann, Andreas (Hrsg.) (2006): Medien der Gesellschaft – Gesellschaft der Medien. Konstanz: UVK

„E-Partizipation" – Politische Beteiligung als statistisches Ereignis

Oliver Märker & Josef Wehner

Im Folgenden gehen wir auf sog. *Online-Bürgerbeteiligungen* näher ein, wie sie in den letzten Jahren in vielen Städten Deutschlands durchgeführt wurden. Damit sind Verfahren angesprochen, in denen auf der Ebene der Kommunalpolitik Bürger die Gelegenheit bekommen, ihre Meinungen und Ideen zu vorgegebenen Planungsvorhaben – wie z.b. dem kommunalen Haushaltsplan, einem Stadtentwicklungsprojekt oder einer Leitbildentwicklung – der Politik mitzuteilen. Was diese Beteiligungen für den thematischen Zusammenhang des vorliegenden Sammelbandes interessant macht, sind zwei Auffälligkeiten: Zunächst einmal ist festzustellen, dass in diesen Verfahren, wie der Begriff bereits vermuten lässt, das Internet als Basismedium der Beteiligung fungieren soll. Die insbesondere durch die sog. Web 2.0-Wende des Internets bereitgestellten Eingriffs- und Mitwirkungspotentiale, wie sie sich in Weblogs, Wikis und anderen kollaborativen Diensten im World Wide Web konkretisieren, werden im Rahmen dieser Verfahren als geeignete infrastrukturelle Voraussetzungen für ein neues Zeitalter der politischen Partizipation „von unten" gewertet (Kuhn 2006; Macintosh & Tambouris 2009). Die zweite Auffälligkeit besteht darin, dass auf vielen dieser Beteiligungsplattformen die statistische Erfassung und Auswertung der Beteiligungsaktivitäten eine zentrale Rolle spielt. Wer sich auf die entsprechenden Seiten begibt, sieht vor allem Zugriffs- und Besucherstatistiken, numerisch codierte Vorschlagslisten und -rankings oder grafisch animierte (Zwischen-)Auswertungen von zuvor errechneten Beteiligungsaktivitäten.[1] Sich zu beteiligen bedeutet hier immer auch verdatet und vermessen zu werden. *E-Partizipation* wird so zu einer Funktion computeriell unterstützter Protokollier- und Analysemöglichkeiten: Eine zuvor noch unübersichtliche und unzugängliche Vielfalt partikularer Erwartungshaltungen, Meinungen und Erfahrungen soll durch statistische Bearbeitungen in übersichtliche numerische Verhältnisse und auf diese Weise – so unsere, die weitere Argumentation leitende Annahme – in ein für alle Beteiligten beobachtbares Geschehen übersetzt werden. Statistiken, Listen und andere zahlenbasierte Darstellungen sollen den Teilnehmenden dabei helfen, sich auf den Plattformen zu orientieren, herauszufinden, welche Beiträge und Themen für sie interessant sein könnten und eigene Meinungen mit denen anderer zu vergleichen.

Wir wollen auf diese Zusammenhänge im Folgenden am Beispiel der sog. *Online-Bürgerhaushalte* etwas näher eingehen. Damit ist eine Spielart der Online-Bürgerbeteiligungen angesprochen, die in den letzten Jahren von kommunalen Verwaltungen initiiert wurden, um Bürgermeinungen zum Thema Finanzen einzuholen (vgl. Märker & Wehner 2011). Wie solche Verfahren üblicherweise gedeutet werden, in welche demokratiebegrifflichen Traditionen sie eingeordnet werden, wollen wir in einem ersten Schritt grob skizzieren. Unsere Beobachtung dazu ist, dass sowohl in den stärker gestaltungsorientierten und anwendernahen wie auch in den (politik-)wissenschaftlichen Diskussionen zu internetgestützten Beteiligungsverfahren Lesarten angeboten werden, in denen die Orientierung an der Frage überwiegt, in welchem Verhältnis beobachtbare Projekte zu klassischen politischen Mitwirkungsidealen stehen, dagegen die im Vorliegenden im Vordergrund stehenden, möglicherweise das Besondere internetgestützter Kommunikation viel stärker ausmachenden Aspekte einer statistikbasierten Vermittlung der Beziehungen zwischen den Beteiligten kaum beachtet werden (*Kapitel 1*). In einem zweiten Schritt wollen wir deshalb am Beispiel der Online-Bürgerhaushalte auf verschiedene Ausprägungen einer solchen Quantifizierung der Partizipation etwas näher eingehen. Wir wollen zeigen, wie auf den entsprechenden Online-Plattformen Programme der Verdatung und Analyse am Zustandekommen dessen beteiligt sind, was in vermeintlich neutraler Perspektive nur protokolliert und zurückgespiegelt werden soll. Statistikprogramme und darauf basierende Ordnungsfunktionen wie etwa Beitrags- und Vorschlagslisten oder Filter- und Sortierhilfen erfassen über einen definierten Zeitraum die Teilnehmerbeiträge, werten diese aus und stellen zwischen diesen Beziehungen her, um sie in entsprechende, sich immer wieder aktualisierende Systematiken (Listen, Karten, Tags) zu übersetzen. Mit ihrer Hilfe werden so zu Beginn noch relativ zusammenhanglos wirkende Beiträge in eine allmählich sich stabilisierende Ordnung (z.B. Ideen- und Vorschlagsrankings) übersetzt (*Kapitel 2*). So gesehen lassen sich Online-Bürgerbeteiligungen als ein weiteres Fortsetzungskapitel in der Geschichte statistisch geprägter politischer Inklusionsverfahren verstehen. Mit dem Internet werden auch im politischen Raum bislang unbekannte Möglichkeiten der Vermessung von Meinungen, Erwartungen und Erfahrungen der Bürger gewonnen, ebenso der Vermittlung und Relationierung entsprechender Beitragsaktivitäten, die nicht nur, aber eben auch für den Verlauf und die Ergebnisfindung der hier im Vordergrund stehenden Beteiligungsverfahren von Bedeutung sind (*Kapitel 3*).

1 Partizipation und neue elektronische Medien

Seit dem Entstehen der modernen Demokratie bilden die Regelungen der Teilhabe der Bürger am politischen (Kern-)Geschehen einen Gegenstand nicht enden wollender Kontroversen. Immer wieder wurden die jeweils institutionalisierten (Publikums-)Beziehungen zwischen Politik und Bürgerschaft als reformbedürftig betrachtet und Neuregelungen der Beziehungen im Sinne eines Ausbaus der (Bürger-)Beteiligung („Partizipation") gefordert (Bora 2005). Begründet werden solche Forderungen auf unterschiedliche Weise. So wird vor allem immer wieder auf Fehlentwicklungen der Beteiligungsverhältnisse im Sinne eines Auseinanderlaufens von normativ einklagbaren und faktisch gewährten Formen der Beteiligung der Bürger an öffentlichen Meinungs- und Entscheidungsbildungen hingewiesen (siehe z.B. Imhof et al. 2006). Aber auch in solchen Szenarien und Diagnosen, in denen die Gesellschaft insgesamt betreffende krisenartige Entwicklungen und Risiken mit chronischen Problembearbeitungs- und Steuerungsdefiziten des Staates in Verbindung gebracht werden, wird von manchen Autoren eine stärkere Einbeziehung der Bürger bzw. Betroffenen in relevante Planungs- und Entscheidungsverfahren als Teilstrategie einer Lösung dieser Probleme für sinnvoll gehalten (siehe z.B. Van den Daele & Neidhardt 1996). In jedem Fall sind die Zweifel an der Legitimität oder Funktionalität der bestehenden Regelungen der politischen Teilhabe und die Forderungen, diese neu zu verhandeln und zu organisieren, durch demokratietheoretische Vorüberlegungen motiviert, die zwischen den faktisch realisierten Partizipationsverhältnissen und den gleichzeitig real vorhandenen, über das aktuelle Niveau hinausweisenden, jedoch durch die bestehende Gesellschaft restringierten Partizipationsmöglichkeiten zu unterscheiden erlauben.

Dass die Partizipationsverhältnisse nicht so sind, wie sie sein könnten bzw. sein sollten, wurde in der Vergangenheit auch mit den Defiziten der vorhandenen Informations- und Kommunikationsmöglichkeiten begründet. Deshalb kann nicht überraschen, dass die neuen elektronischen Medien mit ihren Eingriffs- und Mitwirkungspotentialen von Anfang an als eine große Chance auf die Realisierbarkeit alternativer Beteiligungsmöglichkeiten gewertet wurden (Geser 2000). Eine spürbare Öffnung der Politik für Bürgerinteressen und -ideen scheint mit Hilfe des Internets nicht länger nur wünschenswert, sondern auch zu technisch, ökonomisch und organisatorisch vertretbaren Konditionen machbar zu sein (Priddat 2002). Trotz vieler Enttäuschungen bei der Umsetzung und kritischer Relativierungen der z.T. sehr euphorisch geratenen Ausgangserwartungen werden die neuen digitalen Medien auch heute noch als Chance gewertet, die bislang unter den Bedingungen der Massenmedien verordnete Zuschauer- gegen eine aktivere Produzentenrolle einzutauschen und damit die erforderliche Infrastruktur für die Umsetzung der Forderungen nach einer weitreichenden Umgestaltung der politischen Publikumsbeziehungen zu gewinnen (Mossberger et al. 2008). Während den Massenmedien immer wieder vorgehalten wurde, dass sie den öffentlichen Raum auf populistische Themen reduzieren und in eine von nur wenigen Interessensgruppen beherrschte Arena verwandeln, in der die offizielle Politik zu theatralischer Inszenierung und professionell betriebener Selbstmedialisierung tendiert (Meyer 2001), gelten die neuen digitalen Medien und ihre vielfältigen zivilgesellschaftlichen Nutzungen als Hinweise auf eine Stärkung deliberativer bzw. partizipativer Demokratieideale und Überwindung restriktiver Bedingungen der Beteiligung der Bürger am politischen Geschehen (vgl. Habermas 2006). Das Internet wird hier zum Medium einer Gegenöffentlichkeit, in der die Orientierung an Sachfragen dominiert, bislang ausgegrenzte Gruppierungen und Interessen stärker einbezogen werden und auf eine Zwischenschaltung von Interessen aggregierenden intermediären Instanzen verzichtet werden kann.[2]

Die Idee, mit Hilfe des Internets innovative Formate der politischen Teilhabe zu schaffen, hat in den letzten Jahren auch auf staatlicher Seite immer mehr Anhänger und Promotoren gewonnen. Insbesondere auf der Ebene der Kommunen sind Bemühungen feststellbar, durch internetgestützte Verfahren die Publikumsbeziehungen von Verwaltung und Politik nicht nur im Sinne einer Effizienzsteigerung zu reformieren (*E-Government*), sondern auch von mehr Mitsprachemöglichkeiten offener zu gestalten (*E-Partizipation*). Im Vergleich zur Bundes- und Länderebene, auf der die neuen digitalen Medien – siehe die parteieigenen Homepages oder die Podcasts und Twitter-Aktionen politischer Spitzenfunktionäre – tendenziell stärker für Verbesserungen der Informationsangebote und Dienstleistungen, für Politikvermittlung- und Wahlkampfzwecke und damit auch für neue Formen der medialen Selbstinszenierung genutzt werden, haben sich in den letzten Jahren viele Städte – oftmals in Reaktion auf lokalen zivilgesellschaftlichen bzw. medialen Druck – dazu entschlossen, Partizipationsforderungen nachzugeben und in internetbasierte Beteiligungsverfahren zu investieren (siehe Initiative ePartizipation & Stiftung Mitarbeit 2007; Albrecht et al. 2008; Kubicek et al. 2009, 2011).

Im Folgenden wollen wir auf diese Ansätze einer internetgestützten Reformierung der politischen Teilhabebedingungen näher eingehen. Allerdings nicht in der Absicht, hierzu ein weiteres, auf den Realitätsgehalt der Reformideen bzw. -projekte Bezug nehmendes Qualitätsurteil zu fällen. Es soll also nicht um die Frage gehen, ob diese neuen internetbasierten Bürgerbeteiligungsverfahren tatsächlich zu einer Auffrischung deliberativer und partizipativer Ideale und damit zu einer Stärkung des Projekts demokratischer Selbstregulierung beitragen bzw. welche Faktoren dies verhindern. Vielmehr wird eine Besonderheit dieser Verfahren zur Sprache kommen, die u.E. in der bisherigen Debatte bislang zu wenig berücksichtigt wurde. Gemeint sind die verschiedenen zahlenbasierten Darstellungen, wie sie auf vielen dieser Beteiligungsplattformen zu sehen sind. Online-Bürgerbeteiligungen, so unsere These, stehen für einen besonderen Gebrauch der Möglichkeiten, Netzaktivitäten zu verdaten und zu analysieren. Sie dienen der Berechnung des Bürgerwillens. Ihre Vorläufer sind deshalb auch weniger die Bürgerversammlung oder der politische Stammtisch, vielmehr die politischen Wahlen und politischen Meinungsumfragen. Begründen wollen wir diese These im Rahmen einer genaueren Betrachtung sog. *Online-Bürgerhaushalte*. Hierbei handelt es sich um Verfahren der onlinebasierten Öffentlichkeitsbeteiligung in Fragen der Haushaltskonsolidierung, die seit einigen Jahren in vielen Städten Deutschlands auf der kommunalen Ebene mit relativ hohen finanziellen, organisatorischen und technischen Investitionen vorangetrieben werden. Die Bürger haben im Rahmen solcher Verfahren die Gelegenheit, sich über einen Zeitraum von mehreren Wochen mit der Finanzlage ihrer Kommune vertraut zu machen. Des Weiteren können sie sich im Rahmen einer vorgegebenen Methode zu geplanten haushälterischen (Spar-)Maßnahmen äußern und auch mit eigenen Spar- oder Ausgabevorschlägen an Verwaltung und Politik richten. Solche, auf kommunalpolitische Belange bezogene Verfahren bilden seit einigen Jahren – ohne Zweifel auch wegen der weltweiten Finanz- und kommunalen Haushaltskrise – ein auffälliges, vielleicht sogar das gegenwärtig bedeutsamste Experimentierfeld staatlich organisierter Bürgerbeteiligungen im Internet.

2 „Online-Bürgerhaushalte"

Mit Blick auf die Prophezeiungen vieler Web 2.0 Visionäre wäre zu erwarten, dass die Online-Beteiligungsangebote vor allem dazu dienen, die unterschiedlichen Erwartungen und Problemlagen der Bürger und die damit verbundenen besonderen Perspektiven, Wissensformen und Deutungen mit Hilfe der interaktiven Potenziale des Internets einzufangen und in einen verständigungsorientierten Dialog über den Beteiligungs- bzw. Dialoggegenstand zu führen. Tatsächlich stehen auf den hier vorgestellten Plattformen jedoch weniger kommunikative Verständigungsideale im Vordergrund als vielmehr Teilnahmebedingungen, die eine statistische Verdatung und Auswertung der Beiträge unterstützen. Sich an einem Online-Bürgerhaushalt zu beteiligen bedeutet, sich auf ein Verfahren einzulassen, dass so konfiguriert ist, dass verschiedene computerbasierte Verrechnungs- und Analyseprogramme mit ausreichenden Datenmengen versorgt werden.

Schon mit dem Aufrufen der Beteiligungsplattform werden Nutzer zu „Unique Visitors", deren Aktivitäten (z.B. Seiten- oder Vorschlagsaufrufe, Suchaktivitäten, Verweildauer) automatisch verdatet und ausgewertet werden können. Jene distanzierten, in der Literatur gern als sog. „Lurker" beschriebenen, das heißt von den Mitmachoptionen des Netzes keinen Gebrauch machenden und sich unbeobachtet wähnenden Besucher (vgl. Stegbauer & Rauch 2001), sind hier keine Ausnahme. Auch sie irritieren das Geschehen auf den Plattformen, da sie – vermutlich weitgehend unwissentlich – Daten erzeugen, deren automatisierte Erfassung und Auswertung für den weiteren Verlauf der Beteiligung von Relevanz sind. Verweildauer und

Navigationen der Plattformbesucher lassen sich beispielsweise für Zwecke der Nutzerfreundlichkeit des Verfahrens auswerten. Absolute Zahlen der Besuche und Teilnehmenden und ihre Veränderungen (Besucher- bzw. Zugriffsstatistiken) sind von Interesse, da sie als Gradmesser für den Aufmerksamkeitswert und die Relevanz einer Beteiligung gelten.

Wer sich nun – wie üblich bei diesen Verfahren – registrieren lassen will, um die Beteiligungsfunktionen zu nutzen, wird bei dieser Gelegenheit immer häufiger auch nach dem Alter, dem Geschlecht, dem Bildungsniveau und manchmal auch nach dem Wohnbezirk gefragt. Aus den entsprechenden Daten sollen soziodemografische Teilnehmerprofile und -statistiken erstellt werden, die ganz unterschiedlichen Verwendungszwecken dienen. Mit ihrer Hilfe will man differenzierter einschätzen können, ob das Verfahren von den Bürgern akzeptiert wird und wie es im Vergleich zu anderen Beteiligungsverfahren in anderen Städten abschneidet. Solche Vergleiche spielen besonders in der Außendarstellung der Verfahren, etwa bei der Rechtfertigung der eingesetzten finanziellen und personellen Ressourcen, eine wichtige Rolle. Im Gegensatz zu den im Laufe einer Beteiligung gewonnenen Bürger-Ideen und -Vorschlägen, deren Bedeutung für den Haushalt in Verwaltung und Politik erst einmal beraten und entschieden werden muss, scheinen Beteiligungsstatistiken noch während, spätestens mit Beendigung des Verfahrens sich für Legitimationszwecke besser zu eignen. So lassen sich zahlenbasierte Vergleiche zwischen dem gerade aktuell abgeschlossenen Verfahren und älteren, bereits zurückliegenden Verfahren herstellen. Vor allem aber kann die Relevanz eines Verfahrens mit ihrer Hilfe auch über den lokalen Kontext hinausgehend für Außenstehende in anderen Kommunen vermittelt werden – in einer Sprache, die auch für die Massenmedien anschlussfähig ist.[3] In beiden Fällen bilden Besucher- und Teilnehmerstatistiken ein Ranking mit Vergleichskriterien (z.B. die Beteiligungsquote als Verhältnis von Einwohner- und Teilnehmendenzahl oder die Zahl der Bewertungen pro Teilnehmenden) und mit (variierenden) Referenzen (wie etwa das vielfach prämierte Bürgerhaushaltsverfahren der Stadt Köln), in dem die abgeschlossenen Verfahren entsprechende Plätze zugewiesen bekommen. Das heißt, nicht nur die Bedingungen der Teilnahme am Beteiligungsverfahren, ebenso die Suche nach entsprechenden Sinnbezügen, Erfolgskriterien und -faktoren, wie auch die Argumentationen für eine Unterstützung oder Ablehnung der Beteiligung orientieren sich an den Möglichkeiten der Vermessung von Internetaktivitäten.

Statistische Zugriffe erwarten die Teilnehmenden jedoch vor allem dann, wenn sie nach der Registrierung der Aufforderung der Politik folgen, die Plattform mit Beiträgen zu füllen und sich in das eigentliche Beteiligungsgeschehen einzumischen beginnen. Beispielhaft verkörpert diese Kombination aus Web 2.0 Ideen, Bürgerpartizipation und Möglichkeiten der Bürgervermessung das *Vorschlagseingabe- und -bewertungsverfahren*, so wie es in den weiter oben genannten Städten eingesetzt wurde. Bei diesem, dem Petitionswesen nachempfundenen, aber auch an die „Like-

Economy" des Internets (vgl. Gerlitz 2011) erinnernden Beteiligungsverfahren geht es vor allem darum, die Bürger von der Politik vorgegebene (Spar- und Ausgabe-) Maßnahmen bzw. Vorschläge zur Haushaltsplanung durch ein Pro- oder Contra-Votum bewerten zu lassen. Zusätzlich können die Teilnehmenden auch eigene Vorschläge, strategische Überlegungen oder Kommentare verfassen, die dann ebenfalls einer Pro- und Contra-Bewertung unterzogen bzw. mit weiteren Kommentierungen bedacht werden können (vgl. Abbildung 1).

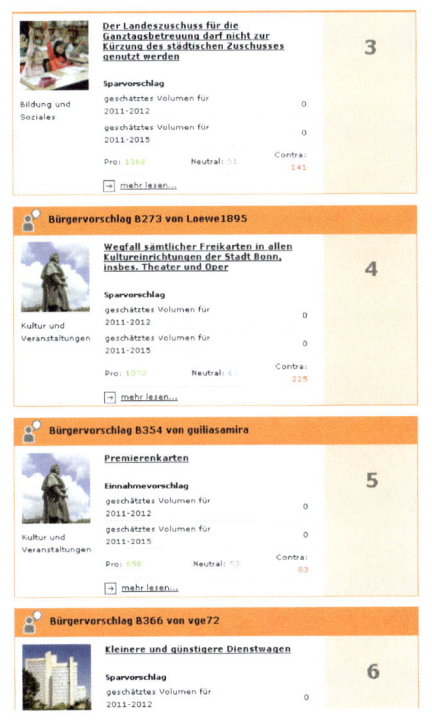

Abbildung 1: Vorschlagsliste des Online-Bürgerhaushalts der Stadt Bonn[4]

Vorschläge, die im Laufe des Verfahrens die meisten Pro-Stimmen auf sich vereinigen können, rangieren dann auf den vorderen Plätzen einer Vorschlagsliste, die in der Regel mit Beendigung des Verfahrens an die Politik weitergereicht wird. Vorschläge bzw. Maßnahmen – ob nun durch die Politik vorgegeben oder durch die Bürger selbst eingegeben – erhalten aufgrund ihrer jeweiligen Stimmanteile eine für alle Teilnehmenden sichtbare Listen-Platzierung, durch die sie in ein Besser- bzw. Schlechter-Verhältnis zu allen übrigen Vorschlägen gebracht werden. Die

Platzierung auf einer solchen Liste ist nicht endgültig. Da im Laufe des Verfahrens immer wieder neue Teilnehmende dazukommen und Vorschläge bewerten, aber auch bereits registrierte Teilnehmende ihre Bewertungen korrigieren können, steigen Vorschläge im Laufe eines Verfahrens, zumindest in der Anfangsphase, häufiger auf und ab. Während etwa bei herkömmlichen politischen Umfragen Meinungsbilder zu einem Thema erhoben und fixiert werden, die sich jedoch möglicherweise bereits nach kurzer Zeit unter dem Eindruck neuer Ereignisse und Informationen (die Umfrageergebnisse eingeschlossen) wieder ändern können, haben wir es hier mit einem sich in Echtzeit aktualisierenden „Live-Ranking" zu tun. Das heißt, die Vorschlagslisten bilden bis zum Ende des Verfahrens „unfertige Realitäten", welche die Teilnehmer auffordern, den Blick vom Beteiligungsgeschehen nicht abzuwenden, auch die Bewertungen anderer Teilnehmenden und die daraus hervorgehenden Abstimmungsverhältnisse zur Kenntnis zu nehmen sowie eigene Meinungen und bisherige Bewertungen in ihrem Lichte zu prüfen. Die Ergebnisse solcher Prüfungen, soweit sie sich in neuen Bewertungen und Kommentaren niederschlagen, fließen in die Berechnungen wieder ein und werden anschließend als korrigierte Zwischenstände den Teilnehmern zurückgespiegelt. Den Teilnehmenden wird also ein gewisses Maß an Wettbewerbsbereitschaft abverlangt. Sie sollen ein „statistisch relevantes" (Konkurrenz-)Verhalten zeigen, möglichst viele Klicks erzeugen, „Pros" und „Contras" zu den Vorschlägen abgeben und andere Teilnehmer motivieren, mit Pro-Stimmen auf ihre Vorschläge zu reagieren.

Als eine verwandte Spielart dieser Zirkularität aus Beteiligungsaktivitäten und Registrier-, Analyse- und Repräsentationsweisen lassen sich all jene visuellen Übersetzungen statistischer Zusammenhänge verstehen, wie sie auf den Plattformen zu sehen sind. Zahlen und statistische Auswertungen zu den Beteiligungsaktivitäten werden z.T. in spezielle infografische Formate übersetzt, die ebenfalls über Beteiligungszwischenstände des Verfahrens Auskunft geben sollen. So zeigen geostatistische Darstellungen wie z.B. elektronische Stadtkarten an, wie sich die Beiträge über eine Stadt verteilen, welche Stadtteile bzw. -bezirke besonders aktiv sind und relativ viele Beiträge schreiben oder Stimmen abgeben, wo in der Stadt welche Vorschläge eher negativ oder positiv bewertet werden oder wo sich welche thematischen Schwerpunkte bilden (vgl. Abbildung 2).

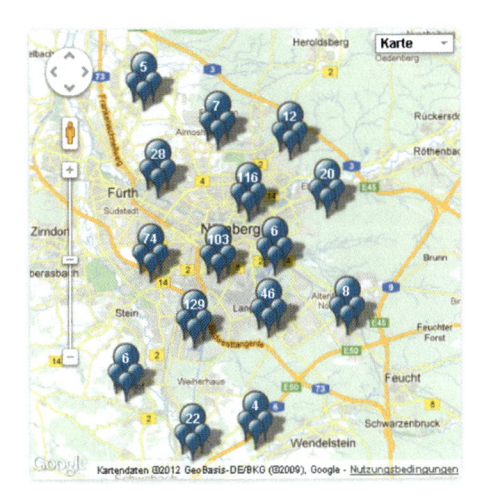

Abbildung 2: Darstellung räumlicher Vorschlagscluster[5]

Solche elektronischen Stadtkarten, wie sie auf den hier beschriebenen Plattformen zu finden sind, erinnern an jene „Public Displays of Connection", wie sie von Donath und Boyd (2004) beschrieben werden. Auch sie sollen über Beziehungen zwischen den Teilnehmenden und deren Aktivitäten informieren, ein Feedback geben zu thematischen Schwerpunkten und aktuellen Beteiligungsbereitschaften und deren Verhältnissen, aber eben auch weitere Aktivitäten motivieren. Auch solche Ansichten spiegeln immer nur aktuelle Zwischenstände der Beteiligungen wider. Sie fordern dazu auf, durch das Setzen oder Bewerten von Vorschlägen neue (konkurrierende) Aktivitätszentren zu schaffen und dadurch Verschiebungen – gewollt oder ungewollt – in der räumlichen Verteilung der Beteiligungsaktivitäten zu bewirken.

Dieser Aufforderungs- und Mobilisierungscharakter der Plattformen zeigt sich vielleicht am deutlichsten, wo nach Gemeinsamkeiten und Unterschieden zwischen den Beiträgen gesucht wird, um daraus Teilnehmerprofile und Themenkataloge zu formen. Solche Zusammenfassungen und Übersichten dienen im einfachsten Fall dazu, die Teilnehmenden mit Listen thematisch verwandter Beiträge zu versorgen. Üblicherweise verfassen Nutzer ihre Beiträge ohne Querbezüge zu anderen Beiträgen. Mit Hilfe von Such- und Filterfunktionen kann sich der Einzelne jetzt thematisch verwandte Beiträge zeigen lassen (siehe Abbildung 3).

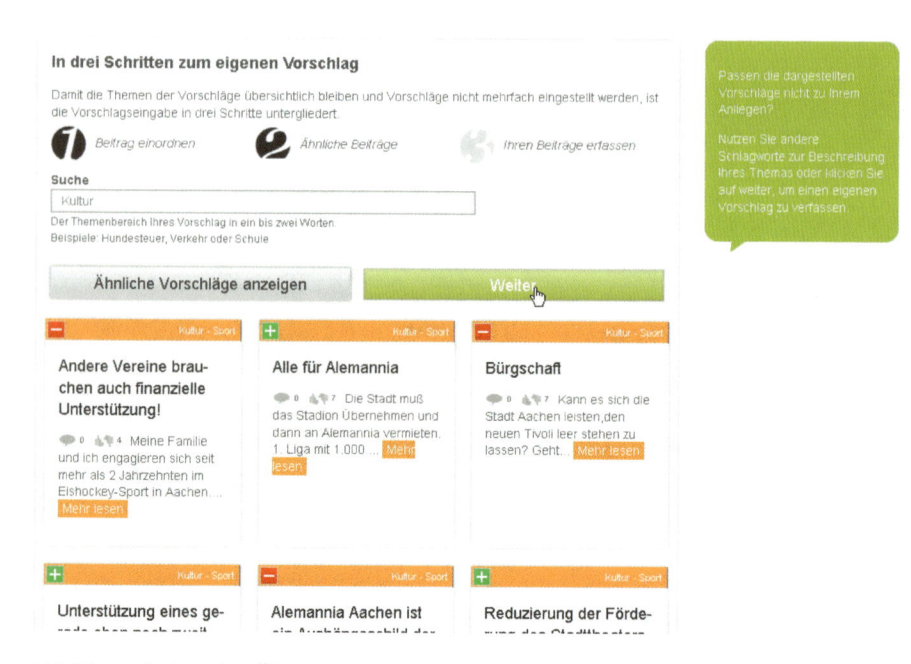

Abbildung 3: Anzeige Ähnlicher Vorschläge bei der Vorschlagsabgabe[6]

Auch wenn zum gegenwärtigen Zeitpunkt noch unbestimmt bleibt, wie mit den entsprechenden Hinweisen umgegangen werden soll, wird dennoch erkennbar, dass die Teilnehmenden darauf achten sollen, nicht bloß zu wiederholen, was bereits andere vor ihnen geschrieben haben. Sie sollen angezeigte Informationsmöglichkeiten nutzen, um die Qualität ihrer eigenen Beiträge zu steigern.[7] Die Aktivitäten der Teilnehmenden werden bereits hier durch die auf den Plattformen installierten statistischen Programme nicht nur protokolliert, ausgewertet und zurückgespiegelt, sondern immer auch vermittelt und in Beziehung gesetzt. Algorithmen helfen den Teilnehmenden beim Filtern und Sortieren der Einträge im Hinblick auf thematische Zugehörigkeiten und Unterschiede. Sie machen – mit Hilfe der Monitoring- und Feedbacksysteme – das Beteiligungsgeschehen beobachtbar und in Gestalt zahlenbasierter Repräsentationen für weitere Thematisierungen und Bearbeitungen verfügbar, unterstützen die Suche nach Ähnlichkeiten und Unterschieden der Beiträge und fordern dazu auf, Hinweise auf solche Zusammenhänge zur Kenntnis zu nehmen. Aktivitäten wie das Suchen oder Überprüfen von Inhalten auf einer Plattform werden vorstrukturiert, die zuvor ebenfalls auf Online-Plattformen zu leisten waren – jedoch noch ohne solche programmierten Selektions- und Orientierungshilfen. Umgekehrt werden auch die eigenen Beiträge nicht einfach an andere Teilnehmende weitergegeben, sondern von „künstlichen", auf den jeweiligen Plattformen installierten Assistenten gefiltert, ausgewertet, in bestimmten Registern aufgenommen und in (errechnete) Beziehungen zu anderen Beiträgen gebracht.

Diese wechselseitigen Bezugnahmen zwischen Aktionen der Teilnehmenden, den Vermessungsalgorithmen und deren (aktuellen) Verrechnungsoutputs, seien es Zahlen, Rankings, Karten oder Graphen, machen an den Plattformgrenzen nicht halt, sondern werden auch in Beziehung gesetzt zu anderen Internetpräsenzen und mit diesen verwoben. So können Teilnehmende, die für einen Vorschlag werben wollen, dies nicht nur „offline" im Kreise ihrer Freunde und Bekannten tun, sondern eben auch online durch Mobilisierung ihrer Netzwerkverbindungen. Solche Bewerbungen eines Vorschlags außerhalb der Plattform wurden zu Beginn der ersten Verfahren noch als Verletzung von Beteiligungsspielregeln gewertet. Zwar wurde noch hingenommen, wenn Teilnehmende auf eigenen Webseiten für die Unterstützung eines Vorschlags warben. Dagegen irritierten Versuche, große Pro- oder Contra-Stimmenmengen über soziale Netze wie *Facebook* zu mobilisieren, um beispielsweise vorgeschlagene Sparmaßnahmen seitens der Politik im Ranking zu stürzen oder alternative Maßnahmen zu unterstützen. In dieser Einstellung gaben sich Erwartungen zu erkennen, die im Sinne eines „Vorzugsbeteiligungsverständnisses" an die Teilnehmenden adressiert wurden, andererseits zeigte sich aber auch, dass die vorgegebenen Beteiligungsregeln Spielräume enthielten, die für verfahrensoppositionelle Aktionen beispielsweise im Sinne von „flash campaigns" genutzt werden konnten. Mittlerweile werden „Pro-aktiv" und auch „Teilenfunktionen" auf den Beteiligungsplattformen der Online-Bürgerhaushalte angeboten, um Vorschläge oder aktuelle Ranglisten direkt in die Timeline eines Social-Media-Dienstes, wie zum Beispiel *Facebook*, *Google+* oder *Twitter*, zu übernehmen. Diese Verschränkung wird noch deutlicher, wenn „I-Like-Funktionen" direkt eingebettet werden, also z.B. „Social-Media-Zählwerke" unterhalb eines Vorschlages. Beiträge z.B. in *Facebook* oder in *Twitter* werden ebendort eigenen Quantifizierungsmechanismen unterworfen, indem verschiedene Zählvorrichtungen darüber informieren, was anderen Teilnehmenden gefällt. Dies kann dann in der Folge wiederum Einfluss auf das weitere Beitragsverhalten nehmen.

3 Bürger als Messobjekte

Statistische Methoden und die Möglichkeiten der Verwendung ihrer Ergebnisse für Zwecke der Steuerung und Kontrolle gelten als wichtige Erfolgsvoraussetzungen moderner Staatlichkeit (Foucault 2006). Mit der Statistik und den mit ihr verbundenen Möglichkeiten des Messens und Vergleichens konnte sich eine Vorstellung von bzw. Wissen über die Bevölkerung bilden und damit auch das System der staatlich-administrativen Funktionen. Und es sind ebenfalls statistikbasierte Zahlensysteme und darin eingeschlossene Bewertungsmöglichkeiten, die die Politik über Stimmungslagen und Präferenzen ihrer Wähler informieren. Parteien orientieren sich – nicht nur in Hinblick auf die interne strategische Ausrichtung, sondern auch auf die öffentlich geführten Auseinandersetzungen – vor allem an Wahlergebnissen und Umfragewerten (vgl. Woolf 1989; Rose 1991; Keller 2007). Politische Wahlen und Umfragen bilden deshalb die primären Formen der Einbeziehung der Bürger in das politische Geschehen. Im Vergleich dazu haben der persönliche Kontakt oder die politische Versammlung nur einen symbolischen Wert. Aktuelle Neuregelungen politischer Inklusion, wie sie im Vorliegenden diskutiert wurden, scheinen hier keine Ausnahme zu bilden. Gerade dort, wo Web 2.0-Visionen, die auf die neue Souveränität des Nutzers abheben, mit bürgerzentrierten politischen Beteiligungsidealen zusammenfließen sollen, wird auf Verfahren der Quantifizierung und Analyse das Beteiligungsgeschehen gesetzt. Nicht die möglichst unzensierte Einbeziehung bislang ungehörter Gruppen und deren Erfahrungen, Meinungen und Ideen steht im Vordergrund oder die Schaffung von Voraussetzungen für eine an Begriffen wie Dialog oder Verständigung orientierte Beteiligungskultur. Solche Lesarten mögen zur Begründung und Verteidigung der Verfahren beitragen, zur Analyse taugen sie jedoch nur bedingt, da sie besondere Gestaltungs- und Nutzungsoptionen, die das Internet für die Politik bereit hält, außer Acht lassen. Jedenfalls geht es bei Beteiligungsverfahren, wie wir sie hier vorgestellt haben, immer auch um den Versuch, eine für alle Beteiligten komplexer und flüchtiger werdende Wirklichkeit der politischen Meinungen und Erwartungen mit Hilfe numerischer bzw. statistischer Verfahren in überschaubare und transparente Darstellungsformen zu übersetzen (vgl. Dölemeyer 2012). Sie sind vom Grundgedanken her so ausgelegt, dass aus teilnehmenden Bürgern statistisch erfassbare und vergleichbare (Mess-)Objekte werden. Nur solche Beiträge werden berücksichtigt bzw. können auf den Ablauf des Beteiligungsgeschehens Einfluss nehmen, die sich den Verdatungs- und Analysemöglichkeiten und den darauf aufsetzenden Filter- und Sortierfunktionen der Plattformen fügen.[8]

Offensichtlich wird diese statistische Fundierung der E-Partizipation vor allem dort, wo auf der Basis von fortlaufend aktualisierten Zahlensystemen und entsprechenden grafischen Darstellungen darüber informiert wird, ob ein Verfahren angenommen wird, welche Vorschläge bzw. Themen sich durchsetzen können und ob die zu Beginn gesetzten Ziele erreicht werden. Auswertungen und Übersichten bilden gleichsam Zwischenresultate bisheriger Beteiligungen, die die Weiterführung des Verfahrens orientieren, indem sie die Spielräume des dann noch möglichen Verhaltens begrenzen. Solange das Verfahren läuft, geben solche Hinweise Anlass zu weiteren Aktivitäten (etwa: Korrekturen bei der Bewertung, neue Vorschläge und Kommentare), die ebenfalls Eingang in die Messverfahren finden und in entsprechend angepassten Zahlensystemen berücksichtigt werden, was erneut zu Reaktionen führen kann usw. Die Teilnehmenden werden mit automatisierten, in Echtzeit erstellten Zwischenauswertungen ihrer bisherigen Beteiligungsaktivitäten konfrontiert und dazu angehalten, ihr eigenes Abstimmungsverhalten zu reflektieren, mit den Beiträgen anderer zu vergleichen und bereits vorgenommene Bewertungen zu korrigieren. Insofern als die Ergebnisse solcher Prüfungen wieder in die Statistiken der Plattformen eingehen, ließe sich auch von einem zirkulären, auf Zwischenauswertungen immer wieder Bezug nehmenden Vorwärtsbewegen der Beteiligungsaktivitäten in Richtung sich langsam, im Laufe des Verfahrens stabilisierender Stimmenverhältnisse und Themen- und Vorschlagsrankings sprechen.[9] So wird es beispielsweise im Laufe der hier beschriebenen Verfahren immer schwieriger bzw. aufwändiger, neue Vorschläge bzw. Themen einzubringen oder Platzierungen eines Vorschlags zu verbessern.[10] Vor allem gegen Ende des Verfahrens wird es unwahrscheinlicher, dass neue Vorschläge noch so viel Stimmenpotential mobilisieren und auf sich beziehen können, um auf vordere Plätze zu gelangen – allein schon deshalb, weil die automatisierten Sortier-, Filter- und Überblicksfunktionen die Aufmerksamkeiten besonders der neu hinzu kommenden Teilnehmer bündeln und auf die vorderen Plätze lenken. Mit einem Vorschlag weiter oben auf einer Liste der Plattform zu stehen hat den Vorteil, tendenziell eher wahrgenommen zu werden als konkurrierende Vorschläge am Listenende.[11] Die sich so verfestigenden Zwischenresultate begründen eine gewisse Pfadabhängigkeit der Beteiligung; sie lassen aus einem zu Beginn noch relativ offenen Verfahren einen sich allmählich verengenden Beteiligungskorridor entstehen.

Hiermit soll nicht behauptet werden, dass durch die Teilnahmebedingungen festgelegt wäre, wie von den Teilnehmenden abgestimmt oder welche Vorschläge verfasst werden – im Gegenteil, die auf den Plattformen zu sehenden, sich immer wieder verändernden Vorschlagslisten, Beteiligungsdiagramme und sonstigen Anzeigen müssen immer wieder neu gedeutet werden.[12] Listen, Balken oder Diagramme bilden Darstellungsformate, die einer schnellen Erfassbarkeit und Beurteilung des Beteiligungsgeschehens dienen sollen. Dennoch sind auch sie zunächst einmal vor dem Hintergrund persönlicher Meinungen und Erfahrungen zu erfassen und zu bewerten. Um jedoch Relevanz für das Verfahren zu gewinnen, müssen die Ergebnisse dieser Decodierungs- und Aneignungsarbeit wieder in verfahrenskompatible, adressierbare Beiträge übersetzt werden, das heißt in Mitteilungsformen, die für die Programme der Verdatung und statistischen Auswertung anschlussfähig und weiterverarbeitbar sind. Nur so können die Teilnehmerstatistiken, Vorschlagslisten und Beitragscluster entstehen. Und nur so kann das kreislaufartige Ineinandergreifen von Beteiligungsaktivitäten und statistischer Protokollierung und Analyse sich weiter fortsetzen.

Von solchen Überlegungen ausgehend, ließe sich der in letzter Zeit gerade in Bezug auf die populären Ideen von „mehr Demokratie im Netz" aufgestellten Forderung, den Eigensinn bzw. *Code* der digitalen Medien genauer in den Blick zu nehmen (so z.B. Langlois et al. 2009; Marres & Rogers 2005), in Richtung einer Analyse der vermittelnden Qualitäten des Vermessens nachkommen (vgl. Wehner 2010). Unsere eigenen Überlegungen können dazu freilich nur als Vorarbeit verstanden werden. So wäre genauer zu untersuchen, wie Messverfahren für Prozesse der politischen Partizipation im Internet überhaupt entwickelt werden, welche Faktoren (z.b. beteiligungspolitische Leitideen) hierbei eine Rolle spielen und welche Beteiligten welchen Einfluss gewinnen.[13] Auch ist unbekannt, welche Voraussetzungen erfüllt sein müssen, damit überhaupt die Bürger sich auf die neuen Beteiligungsangebote und die mit ihnen verbundenen Verdatungen und Analysen einlassen. Es wäre interessant, mehr darüber zu erfahren, wie die zahlenbasierten Darstellungen des Beteiligungsgeschehens im Laufe des Verfahrens angeeignet werden und in welcher Weise die verschiedenen zahlenförmigen Ansichten einer Plattform das Beitragsverhalten der Teilnehmenden beeindrucken.[14] Zwar liegen Untersuchungen darüber vor, wie quantitative Unterschiede im Netz (Anzahl von Verlinkungen, Anzahl von Downloads, Besucherzahlen etc.) unterschiedliche Aufmerksamkeitswerte verkörpern. Wie jedoch auf den hier besprochenen Plattformen gelistete Vorschläge oder grafische Darstellungen aufgenommen werden, ob bzw. wie sie zu Vergleichen und Selbstverortungen der Teilnehmenden anregen, welche Aufmerksamkeitseffekte daraus wiederum für das weitere Beitragsverhalten resultieren, und welches Deutungswissen dabei zur Geltung kommt – all dies ist zum gegenwärtigen Zeitpunkt noch völlig unklar. Schließlich wäre genauer zu untersuchen, wie sich im Verlauf eines E-Partizipationsverfahrens Verbindungen zu anderen, „außen vor" gelagerten politischen Aktivitäten im Internet herstellen, welche Relevanz z.B. die Möglichkeiten der Verlinkung zwischen Online-Beteiligungsplattformen und sozialen Netzwerkseiten wie *Facebook* für den Verlauf eines Verfahrens haben. Antworten auf solche Fragen könnten helfen zu klären, in welchem Verhältnis die hier beobachtbaren Verfahren zu vergleichbaren statistikbasierten Publikumsbeziehungen im Internet stehen, in welcher Weise sie an die Vorläuferentwicklungen und Traditionen der „Politik der großen Zahlen" (Desrosières 2005) anknüpfen, das heißt an die administrativen Methoden der Bevölkerungsvermessung und politischen Publikumsbeziehung (Umfragen, Wahlen), und wie letztendlich die Vermessung des Bürgers sich zum generellen Trend einer durch die Verbreitung des Internets geförderten, immer mehr Bereiche der Gesellschaft erfassenden Quantifizierung verhält.

Anmerkungen

1   Wir beziehen uns hier auf Online-Beteiligungsplattformen, wie sie für Aachen („*www.aachen-rechnet-mit-ihnen.de*"), Bonn („*www.bonn-packts-an.de*"), Gütersloh („www.*buergerhaushalt.guetersloh.de*"), Essen („*www.essen-kriegt-die-kurve.de*"), Frankfurt (*www.frankfurt-fragt-mich.de*), Köln („*buergerhaushalt.stadt-koeln.de/2012/*"),

Solingen („*www.solingen-spart.de*"), Stuttgart („*www.buergerhaushalt-stuttgart.de*") oder Trier („*www.buergerhaushalt-trier.de*") eingerichtet wurden.

2   In ihrer Überblicksstudie unterscheiden Grunwald et. al. (2006) zwischen Forschungen, die der Frage nach der Relevanz neuer Medien entweder im Zusammenhang binnen- bzw. parteipolitischer Beteiligungsformen (z.B. Online-Wahlkämpfe, Virtuelle Parteitage, neue Formen der öffentlichen Kommunikation), zivilgesellschaftlicher Bewegungen (Internetunterstützung bei der Rekrutierung von Mitgliedern, Protestaktionen) Bezug nehmen oder aber der Publikumsbeziehungen zwischen politischem Zentrum und Peripherie (z.b. Online-Bürgerhaushalte) nachgehen. Siehe dazu auch die Beiträge in Leggewie (2007) und Zittel & Fuchs (2007) sowie den Überblick bei Wimmer (2007: 186-224). Andere Studien unterscheiden weniger gegenstandsbezogen, gehen dafür stärker auf die theoretisch-methodische Vorannahmen ein und zeigen, wie Unterschiede in den demokratietheoretischen Vorverständnissen zu abweichenden Einschätzungen des Demokratisierungspotentials der neuen Medien führen (vgl. Martinsen 2009). Ein weiterer Zugang bringt die Unterschiede in der Beurteilung der politischen Relevanz des Internets damit in Verbindung, dass in der Analyse einmal von den kommunikativen Potentialen des Internets, ein anderes Mal von institutionellen Vorgaben der Mediennutzung ausgegangen wird (vgl. Schmalz-Bruns 2001).

3   Relativ hohe Beteiligungsquoten werden deshalb wie gerne im Sinne eines demonstrativen Zahlengebrauchs benutzt, um den Erfolg und die Relevanz eines Verfahrens zu dokumentieren und sich im Kreis der Anbieter von Online-Verfahren zu positionieren. Dazu zwei Beispiele: So begründet der Oberbürgermeister von Stuttgart, Wolfgang Schuster, seine Zufriedenheit mit dem Verlauf des ersten Stuttgarter Bürgerhaushalts, dass „es […] offenbar sehr viele Bürger [gibt], die sich für ihre Stadt interessieren und engagieren." Weiter heißt es in dem Artikel: „Fast 9000 Stuttgarterinnen und Stuttgarter haben sich an dem Verfahren beteiligt, 1745 Vorschläge gemacht und 243.000 Bewertungen abgegeben. Damit sei auf Anhieb die Werte vergleichbarer Städte wie Köln oder Essen deutlich übertroffen worden" (*www.stuttgarter-zeitung.de/inhalt.stuttgarter-buergerhaushalt-sillenbucher-baedle-ist-spitzenreiter.1b97c397-b6f6-49d4-9153-d184cc3427ae.html*) (Abgerufen am 14.10.2011). Welche interpretativen Freiheiten die statistischen Vergleiche gewähren, zeigt das Beispiel Wildeshausen in der NWZ Online: „Von einem ‚gigantischen Erfolg' sprach Bürgermeister Dr. Kian Shahidi. Es sei ‚hervorragend gelaufen', meinte Dr. Guido Schimm, stellvertretender Geschäftsführer der Kommunalen Datenverarbeitung Oldenburg (KDO). Die Beteiligung am ersten Wildeshauser Bürgerhaushalt sei überraschend groß gewesen, lautete die Bilanz am Freitag. Seit dem 26. September wurden mehr als 55.000 Aufrufe der Internetseite ‚*www.buergerhaushalt.wildeshausen.de*' gezählt. Insgesamt 101 Wildeshauser haben sich für das Verfahren freischalten lassen; 19 Vorschläge gingen ein. Die Abstimmung endete am 31. Oktober. […] Shahidi meinte, die Beteiligung zeige, dass die Bürger ein Interesse an dieser Form der Mitwirkung haben. Verglichen mit dem Bürgerhaushalt-Projekt der Millionenstadt Köln habe Wildeshausen sogar die Nase vorn. So gab es in Köln 537 Vorschläge, in Wildeshausen 19. Umgerechnet auf die Teilnehmerzahl der Wittekindstadt auf eine Quote von 0,5 Prozent – Köln dagegen nur auf 0,3." (*www.nwzonline.de/Region/Kreis/Oldenburg/Artikel/2727459/Beteiligung-besser-als-in-Metropole-K%F6ln.html*, zuletzt abgerufen am 24.11.2011).

4   Quelle: *www.bonn-packts-an.de* (Abgerufen am 16.01.2011)

5   Darstellung von Beiträgen nach Häufigkeiten in einer Karte. Beispiel aus dem Online-Dialog zur Lärmaktionsplanung der Stadt Nürnberg *www.nuernberg-aktiv-gegen-laerm.de* (Abgerufen am 15.02.2012)

6   Quelle: *www.ffm.de* (Abgerufen am 6.01.2012)

7   Es ist nur noch ein kleiner Schritt, die Teilnehmenden aufzufordern, die Beziehungen ihrer Beiträge zu ähnlichen Beiträgen anzugeben und zu qualifizieren (etwa durch: „weitergehender Vorschlag", „abgeschwächter Vorschlag", „Präzisierung" o.ä.). Ausreichend dafür wäre bereits der Hinweis, statt einen neuen Vorschlag einzugeben, einen bereits vorhandenen zu kommentieren

oder durch die Abgabe einer Bewertung zu unterstützen. Oder aber die Teilnehmenden werden, noch während sie an ihren Beiträgen schreiben, darauf aufmerksam gemacht, dass bereits ähnliche Beiträge von anderen Teilnehmenden verfasst wurden, oder dass relevante Informationen zu ihrem Beitragsthema vorliegen, die sie berücksichtigen sollten.

8   Äußerungen, die auf den ersten Blick solchen Erwartungen nicht entgegenkommen, wie etwa Freitextkommentare, sind davon nicht ausgenommen. Auch sie werden statistischen Behandlungen unterzogen, um sie anschließend in Listen erscheinen zu lassen oder für thematische Überblicksfunktionen einzugruppieren. Hinzu kommt, dass sie so zu formulieren sind, dass sie sich im Wettbewerb um Pro-Stimmen erfolgreich behaupten.

9   Vgl. dazu auch Sunstein (2007), der diesen Gedanken radikalisiert, wenn er Blogs, Dienste wie Twitter, Foren, Soziale Netzwerke, aber auch persönliche Filter- und Sucheinstellungen dafür verantwortlich macht, dass immer mehr quasi kokonartig sich einspinnende Diskussionsgemeinschaften entstehen, in denen sich Gleichgesinnte über ihre Themen verständigen und gleichzeitig gegen Andersdenkende abschirmen. Nach Sunstein stärkt das Netz die Konnektivität und Mobilisierbarkeit von Gruppierungen, Initiativen, Bewegungen, schwächt bzw. verhindert dagegen den Kontakt und die Auseinandersetzung mit Andersdenkenden.

10 Das belegen die Untersuchungen von Taubert et al. (2011). Andere Faktoren, die eine zu Beginn des Verfahrens noch bestehende Offenheit zu schließen tendieren, betreffen die Methodik der Beteiligung, die anfällig ist für das Einschleusen von tendenziell populistischen Themen und Meinungen („Abschaffung teurer Dienstwagen"). Die Möglichkeiten des Pro- und Contra-Abstimmens unterstützen immer auch solche Vorschläge, die Ressentiments gegenüber Verwaltung und Politik bedienen. Massengeschmackstaugliche Themen und Meinungen haben deshalb gute Chancen auf vordere Plätze, die dann auch noch mal durch die hier in den Vordergrund gestellten Monitoring- und Strukturierungshilfen verstärkt würden. Aber dieser Zusammenhang wäre noch genauer zu untersuchen.

11 Zur Wirkung von kollektiven statistischen Faktoren wie z.b. veröffentlichten Downloadzahlen von Musiktiteln auf das Entscheidungsverhalten Einzelner und die Aufmerksamkeitsverteilung im Internet siehe Salganik et al. (2006).

12 Beteiligungsquoten, Aktivitätskurven oder Teilnehmerprofile haben – jenseits ihrer vordergründigen zahlenförmigen Eindeutigkeit – immer auch eine Bedeutung, die von den Teilnehmern erst einmal erschlossen werden muss: „[Zahlen] vermitteln irgendwie den Eindruck von etwas Vorläufig-Endgültigem. Sie bieten eine Basis für Anschlussoperationen. […] Leider haben Zahlen aber auch nur die beiden Möglichkeiten: zuzunehmen oder abzunehmen. Alles andere ist Zutat, ist Interpretation" (Luhmann 1981a: 327). Die Verbreitung von bzw. der Umgang generell mit Messverfahren und -ergebnissen erfordert also den Erwerb entsprechender Decodierungskompetenzen (vgl. Vormbusch 2007).

13 Auch wenn die hier angesprochenen Online-Bürgerbeteiligungen wichtige Ausgangsannahmen teilen, so unterscheiden sie sich doch in der methodischen und technischen Umsetzung dieser Annahmen. Jedes Beteiligungs-Projekt erzeugt eine Fülle von Verhandlungs-, Abstimmungs- und Entscheidungslasten, wie sie generell für die Entwicklung und Einführung von Messverfahren angenommen werden. Vgl. dazu Heintz (2007) und Vormbusch (2007).

14 So fällt auf, dass nicht nur die Zwischenergebnisse der Verfahren, sondern auch diese selbst immer wieder problematisiert werden. Online-Bürgerhaushalte sind ein Beispiel dafür, wie Messverfahren im Internet aus dem „toten Winkel" der Teilnehmer hervortreten und in deren Gesichtsfeld geraten. Noch während des Verfahrens werden technische, methodische oder organisatorische Mängel oder Verbesserungsvorschläge – teils auf der Plattform selbst, teils in Blogs oder Foren – veröffentlicht und diskutiert. Auch wenn solche „Beteiligungen zweiter Ordnung" nicht immer in Weiterentwicklungen der Verfahren einfließen, so scheinen sie doch immerhin den Blick für deren Selektivität und Kontingenz zu schärfen. Vermutlich werden auch deshalb die Verfahren selbst stärker ins Blickfeld geraten und zu einem weiteren Feld partizipativer Ansprüche werden.

Literatur

Albrecht, Steffen/Kohlrausch, Niels/Kubicek, Herbert/Lippa, Barbara/Märker, Oliver/Trénel, Matthias (2008): E-Partizipation - Elektronische Beteiligung von Bevölkerung und Wirtschaft am E-Government. Studie im Auftrag des Bundesministeriums des Innern, Ref. IT1. Hrsg. v. Agentur Zebralog und Institut für Informationsmanagement Bremen. Bremen

Bora, Alfons (2005): „Partizipation" als politische Inklusionsformel. In: Gusy/Haupt (2005): 15-34

Bluhm, Harald/Münkler, Herfried (Hrsg.) (2002): Gemeinwohl und Gemeinsinn. Berlin: Akademie Verlag

Conradi, Tobias/Derwanz, Heike/Muhle, Florian (Hrsg.) (2012): Strukturentstehung durch Verflechtung. Akteurnetzwerktheorie und Automatismen. München: Fink Verlag

Desrosières, Alain (2005): Die Politik der großen Zahlen. Eine Geschichte der statistischen Denkweise. Berlin, Heidelberg, New York: Springer

Dölemeyer, Anne (2012): Re-Membering New Orleans. Planung, Partizipation und Repräsentation nach *Katrina*. In: Conradi et al. (2012): 193-218

Donath, Judith/Boyd, Dana (2004): Public Displays of Connection. In: BT Technology Journal 22 (4). 71-82

Foucault, Michel (2006): Sicherheit, Territorium, Bevölkerung. Geschichte der Gouvernementalität. Bd.1. Frankfurt am Main: Suhrkamp

Gerlitz, Carolin (2011): Die Like Economy. Digitaler Raum, Daten und Wertschöpfung. In: Leistert/Röhle (2011): 101-122

Geser, Hans (2000): Auf dem Weg zur Neuerfindung der politischen Öffentlichkeit. Das Internet als Plattform der Medienentwicklung und des sozio-politischen Wandels. In: Martinsen/Simonis (2000): 401-429

Grunwald, Armin/Banse, Gerhard/Coenen, Christopher/Hennen, Leonhard (2006): Demokratie und Internet – Zum Stand der Diskussion. Berlin: edition sigma

Gusy, Christoph/Haupt, Heinz-Gerhard (Hrsg.) (2005) Inklusion und Partizipation. Politische Kommunikation im historischen Wandel. Frankfurt am Main: Campus Verlag

Habermas, Jürgen (2006): Political Communication in Media Society: Does Democracy Still Enjoy an Epistemic Dimension? The Impact of Normative Theory on Empirical Research. In: Communication Theory 16. 414-426

Heintz, Bettina (2007): Zahlen, Wissen, Objektivität: Wissenschaftssoziologische Perspektiven. In: Mennicken/Vollmer (2007): 65-87

Imhof, Kurt/Blum, Roger/Bonfadelli, Heinz/Jarren, Otfried (Hrsg.) (2006): Demokratie in der Mediengesellschaft. Wiesbaden: Verlag für Sozialwissenschaften

Initiative eParticipation & Stiftung Mitarbeit (Hrsg.) (2007): E-Partizipation. Beteiligungsprojekte im Internet. Bonn: Verlag Stiftung MITARBEIT.

Keller, Felix (2007): Figuren des Publikums. Politischer und Diagrammatischer Raum. In: Schneider/Otto (2007): 153-170

Kubicek, Herbert/Lippa, Barbara/Westholm, Hilmar (2009): Medienmix in der Bürgerbeteiligung – Die Integration von Online-Elementen in Beteiligungsverfahren auf lokaler Ebene. Berlin: edition sigma

Kubicek, Herbert/Lippa, Barbara/Koop, Alexander (2011): Erfolgreich beteiligt? Nutzen und Erfolgsfaktoren internetgestützter Bürgerbeteiligung – Eine empirische Analyse von zwölf Fallbeispielen. Gütersloh: Bertelsmann Stiftung

Kuhn, Frank (2006): Elektronische Partizipation: Digitale Möglichkeiten, Erklärungsfaktoren, Instrumente. Wiesbaden: VS Verlag für Sozialwissenschaften

Langlois, Ganaele/Elmer, Greg/McKelvey, Fenwick/Devereaux, Zachary (2009): Networked Publics: The Double of Code and Politics on Facebook. In: Canadian Journal of Communication 34. 415-434

Latour, Bruno/Weibel, Peter (Hrsg.) (2005): Making Things Public. Cambridge: MIT Press
Leggewie, Claus (Hrsg.) (2007): Von der Politik- zur Gesellschaftsberatung. Neue Wege öffentlicher Konsultation. Frankfurt am Main, New York: Campus Verlag
Leistert, Oliver/ Röhle, Theo (Hrsg.) (2011): Generation Facebook. Über das Leben im Social Net. Bielefeld: transcript
Luhmann, Niklas (1981a): Theoretische und praktische Probleme der anwendungsbezogenen Sozialwissenschaften. In: Luhmann (1981b): 321-334
Luhmann, Niklas (1981b): Soziologische Aufklärung 3. Opladen: Westdeutscher Verlag
Macintosh, Ann/Tambouris, Efthimios (Hrsg.) (2009): Electronic Participation. First International Conference, ePart 2009. Linz, Austria, September 2009 Proceedings. Berlin, Heidelberg, New York: Springer
Marcinkowski, Frank/Pfetsch, Barbara (Hrsg.) (2009): Politik in der Mediendemokratie. Wiesbaden: VS Verlag für Sozialwissenschaften
Märker, Oliver/Trénel, Matthias (Hrsg.) (2003): Online-Mediation. Neue Medien in der Konfliktvermittlung – mit Beispielen aus Politik und Wirtschaft. Berlin. edition sigma
Märker, Oliver/Wehner, Josef (2011): Online-Bürgerbeteiligung in Kommunen. Anfänge – Aktuelle Verfahren – Weiterführende Fragen. In: Forum Wohnen und Stadtentwicklung 4. 201-206
Marres, Noortje/Rogers, Richard (2005): Recipe for Tracing the Fate of Issues and their Publics on the Web. In: Latour/Weibel (2005): 922-935
Martinsen, Renate (2009): Öffentlichkeit in der „Mediendemokratie" aus der Perspektive konkurrierender Demokratietheorien. In: Marcinkowski/Pfetsch (2009): 37-69
Martinsen, Renate/Simonis, Georg (Hrsg.) (2000): Demokratie und Technik – (k)eine Wahlverwandtschaft? Opladen: Leske + Budrich
Mennicken, Andrea/Vollmer, Hendrik (Hrsg.) (2007): Zahlenwerk. Kalkulation, Organisation und Gesellschaft. Wiesbaden: Verlag für Sozialwissenschaften
Meyer, Thomas (2001): Mediokratie. Die Kolonialisierung der Politik durch die Medien. Frankfurt am Main: Suhrkamp
Mossberger, Karen/Tolbert, Caroline J./McNeal, Romona S. (2008): Digital Citizenship. The Internet, Society and Participation. Cambridge, MA, London: MIT Press.
Priddat, Birger P. (2002): eGovernment/eDemocracy: Eine neue Dimension der Gemeinwohlermittlung in der Politik. In: Bluhm/Münkler (2002): 289-310
Rose, Nikolas (1991): Governing by Numbers: Figuring out Democracy. In: Accounting, Organizations and Society 16 (7). 673-692
Salganik, Matthew J./Dodds, Peter S./Watts, Duncan J. (2006): Experimental Study of Inequality and Unpredictability in an Artificial Cultural Market. URL: http://www.sciencemag.org/content/311/5762/854.short (Abgerufen am 10.10.2011)
Schmalz-Bruns, Rainer (2001): Internet-Politik. Zum demokratischen Potential der neuen Informations- und Kommunikationstechnologien. In: Simonis et al. (2001): 108-131
Schneider, Irmela/Otto, Isabell (Hrsg.) (2007): Formationen der Mediennutzung II: Strategien der Verdatung. Bielefeld: transcript
Simonis, G./Martinsen, R./Saretzki, T. (Hrsg.) (2001): Politik und Technik. Analysen zum Verhältnis von technologischem, politischem und staatlichem Wandel am Anfang des 21. Jahrhunderts (PVS-Sonderheft 31). Wiesbaden: Westdeutscher Verlag
Stegbauer, Christian/Rauch, Alexander (2001): Die schweigende Mehrheit – „Lurker" in internetbasierten Diskussionsforen. In: Zeitschrift für Soziologie 30 (1). 47–64
Sunstein, Cass R. (2007): Republic.com 2.0. Revenge of the blogs. Princeton: University Press
Sutter, Tilmann/Mehler, Alexander (Hrsg.) (2010): Medienwandel als Wandel von Interaktionsformen. Wiesbaden: VS Verlag für Sozialwissenschaften.
Taubert, Niels/Krohn, Wolfgang/Knobloch, Thomas (2011): Evaluierung des Kölner Bürgerhaushalts. Kassel: University Press

Van den Daele, Wolfgang/Neidhardt, Friedhelm (Hrsg.) (1996): Kommunikation und Entscheidung. Politische Funktionen öffentlicher Meinungsbildung und diskursiver Verfahren. WZB-Jahrbuch 1996. Berlin: edition sigma

Vollmer, Hendrik (2003): Grundthesen und Forschungsperspektiven einer Soziologie des Rechnens. In: Sociologia Internationalis 41. 1-23

Vormbusch, (2007): Die Kalkulation der Gesellschaft. In: Mennicken/Vollmer, (2007): 43-64

Wehner, Josef (2010): Numerische Inklusion – Wie die Medien ihr Publikum beobachten. In: Sutter/Mehler (2010): 183-210

Wimmer, Jeffrey (2007): (Gegen)Öffentlichkeit in der Mediengesellschaft: Analyse eines medialen Spannungsverhältnisses. Wiesbaden: VS Verlag für Sozialwissenschaften

Woolf, Stuart (1989): Statistics and the Modern State. In: Society for Comparative Study of Society and History 31 (3). 588-604

Zittel, Thomas/Fuchs, Dieter (Hrsg.) (2007): Participatory Democracy and Political Participation. Can Participatory Engineering Bring Citizens Back In? Routledge ECPR studies in European political science; New York: Routledge

Über die Autorinnen und Autoren

Ralf Adelmann, Dr., ist Akademischer Rat am Institut für Medienwissenschaften an der Universität Paderborn. Momentane Forschungsschwerpunkte: Wissens- und Ordnungsstrukturen digitaler Medien, Medienökonomien der Populärkultur, mobile Medien, dokumentarische Bildformen, Visuelle Kulturen. Aktuelle Publikationen: *Von der Freundschaft in Facebook*. In: Leistert, Oliver/Röhle, Theo (Hrsg.) (2011): Generation Facebook. Über das Leben im Social Net. Bielefeld: Transcript. *"Oh, Oh, Oh, let's count some more." Hochschulrankings als mediale Form*. In: Zeitschrift für Medienwissenschaft 4 (2011).

Goetz Bachmann, Dr., arbeitet als Research Associate und Senior Lecturer am Centre for Cultural Studies, Goldsmiths, University of London. Sein Forschungsschwerpunkt ist die Verbindung arbeits-, organisations-, medien- und wissensethnographischer Fragestellungen und Methoden, augenblicklich vor allem im Hinblick auf das social web.

Mario Donick, M.A., ist am Lehrstuhl für Rechnerarchitektur am Institut für Informatik der Universität Rostock tätig. Daneben ist er Promotionsstudent am Lehrstuhl für Kommunikationswissenschaft der Universität Rostock. Aktuelle Veröffentlichungen: *Qualitatives Evaluationsverfahren für interkulturelle E-Learning-Szenarien am Beispiel des Online-M.Sc „Visual Computing"* (mit Tavangarian, Djamshid). In: Apostolopoulos, Nicolas et al. (Hrsg.) (2012): Grundfragen Multimedialen Lehrens und Lernens. E-Kooperationen und E-Praxis. Tagungsband GML². *„Eine Maus hat gerade Thagor umgebracht." Kontext und Sprachhandeln in textbasierten virtuellen Welten*. In: WISSENSCHAFT in progress 2 (2008).

Christoph Engemann, Dipl.-Psychologe, ist wissenschaftlicher Mitarbeiter am Internationalen Kolleg für Kulturtechnikforschung und Medienphilosophie (IKKM) in Weimar. Arbeitsschwerpunkte: Gouvernementalität & Gouvernemedialität, Digitale Identität, E-Government, Genealogie der Transaktion. Veröffentlichungen: *Im Namen des Staates: Der elektronische Personalausweis und die Medien der Regierungskunst*. In: Zeitschrift für Medien- und Kulturforschung 1 (2011). *Verteiltes Überleben – Paul Barans Antwort auf die atomare Bedrohung*. In: Schmieder, Falko (Hrsg.) (2010): Überleben - Historische und aktuelle Konstellationen. München: Wilhelm Fink.

Martina Joisten, Dr., arbeitet als freie Dozentin für Interaktionsdesign an der Rheinischen Fachhochschule und der Universität zu Köln und ist selbständige User Experience-Beraterin. Arbeitsschwerpunkte: empirische Erarbeitung von Interaktionskonzepten, die praktische Verwendung von Entwurfsmustern im Designprozess und Design von computervermittelten Interaktionssystemen und von Softwareanwendungen für mobile Geräte.

Oliver Märker, Dr., ist geschäftsführender Gesellschafter der Zebralog GmbH & Co KG. Er berät Politik, Verwaltungen und Nichtregierungsorganisationen bei der Konzeption, Einführung und Umsetzung elektronisch unterstützter Beteiligungsverfahren. Aktuelle Publikationen: *Bürgerbeteiligte Haushaltskonsolidierung – Leitideen, Verfahren, Ergebnisse* (zusammen mit Josef Wehner). In: der gemeindehaushalt 1 (2011). *E-Partizipation - Heilsbringer für mehr Jugendbeteiligung? Betrachtet am Beispiel online-moderierter Verfahren in Kommunen."* In: Jugend für Europa. Deutsche Agentur für das EU-Programm „Jugend In Aktion" (Hrsg.) (2010): Partizipation junger Menschen. Nationale Perspektiven und europäischer Kontext. Bonn: Jugend für Europa. Märker. *Studie: E-Partizipation in Deutschland.* In: JeDEM – eJournal of eDemocracy and Open Government 1 (2009).

Hannah Mormann, Dipl.-Soz., arbeitet im Arbeitsbereich Organisationssoziologie der Universität Bielefeld und ist Mitglied der Bielefeld Graduate School in History and Sociology. Sie forscht zu den Themen Standardsoftware und Globalisierung aus organisationssoziologischer und techniksoziologischer Perspektive. Aktuelle Veröffentlichung: *Technologie(n) der Unsicherheitsbewältigung. Zum Einsatz von SAP-Standardsoftware in Organisationen.* In: Soeffner, Hans-Georg (Hrsg.) (2010): Unsichere Zeiten. Herausforderungen gesellschaftlicher Transformationen. Verhandlungen des 34. Kongresses der Deutschen Gesellschaft für Soziologie in Jena 2008. Wiesbaden: VS Verlag für Sozialwissenschaften.

Jan Hendrik Passoth, Dr. phil., ist Post-Doc im Graduiertenkolleg „Innovationsgesellschaft heute: Die reflexive Herstellung des Neuen" an der TU Berlin. Auf der Basis von soziologischer Theorie und Science and Technology Studies arbeitet er an Problemen von sozialer Struktur und Infrastruktur, menschlicher und nichtmenschlicher Praxis und diskursiver und materieller Kultur. Veröffentlichungen u.a.: *Von der Quote zum Nutzerprofil – Quantifizierung in den Medien* (mit Josef Wehner). In: Soeffner, Hans-Georg (Hrsg.) (2012): Transnationale Vergesellschaftungen. Verhandlungen des 35. Kongresses der Deutschen Gesellschaft für Soziologie in Frankfurt am Main 2010. Wiesbaden: VS Verlag. *Agency without Actors? New Approaches to Collective Action.* (herausgegeben zusammen mit Birgit Peuker und Michael Schillmeier) London: Routledge (2012). *Fragmentierung, Multiplizität und Symmetrie. Praxistheorien in post-pluraler Attitüde.* In: Conradi, Tobias et al. (Hrsg.) (2011): Strukturentstehung durch Verflechtung? Paderborn: Fink.

Andreas Schmitz, M.A., ist Mitarbeiter im DFG-geförderten Projekt „Prozesse der Partnerwahl in Online-Kontaktbörsen" am Lehrstuhl für Soziologie I der Otto-

Friedrich-Universität Bamberg. Forschungsschwerpunkte: Partnerwahlforschung, relationale Sozialtheorie und generalisierte Modelle in der Statistik. Publikationen: "*Online dating: Social innovation and a tool for research on partnership formation*" (mit Hans-Peter Blossfeld). In: Zeitschrift für Familienforschung 3 (2011). *Indicating Mate Preferences by Mixing Survey and Process-generated Data. The Case of Attitudes and Behaviour in Online Mate Search* (mit Jan Skopek, Florian Schutz, Doreen Klein, Hans-Peter Blossfeld). In: Historical Social Research 34 (2009). *Identifying Artificial Actors in E-Dating – A Probabilistic Segmentation Based on Interactional Pattern Analysis* (mit Olga Yanenko und Marcel Hebing) (2011): In: Gaul, Wolfgang et al. (Hrsg.) (2012): Challenges concerning the Data Analysis, Computer Science, and Optimization. Heidelberg: Springer.

Niels Taubert, Dr., ist wissenschaftlicher Mitarbeiter am Institut für Wissenschafts- und Technikforschung an der Universität Bielefeld. Schwerpunkte der Forschung liegen auf der Schnittfläche von Wissenschafts-, Technik- und Mediensoziologie. Aktuelle Publikationen: „*Online Editorial Management Systeme und die Produktion wissenschaftlicher Fachzeitschriften*" In: Leviathan 40 (2012). *Open Access – Wandel des wissenschaftlichen Publikationssystems* (zusammen mit Peter Weingart). In: Sutter, Tilmann/Mehler, Andreas (Hrsg.) (2010): Medienwandel als Wandel von Interaktionsformen. Wiesbaden: VS Verlag. *Open Access*. In: Simon, Dagmar et al. (Hrsg.) (2010): Handbuch Wissenschaftspolitik. Wiesbaden: VS Verlag.

Hendrik Vollmer, PD Dr., ist Akademischer Oberrat auf Zeit an der Fakultät für Soziologie der Universität Bielefeld und Redakteur der Zeitschrift für Soziologie. Arbeitsschwerpunkte: Mikrosoziologie, Organisationssoziologie, Soziologische Theorie, Spieltheorie. Neuere Publikationen: *Tracking the Numbers: Across Accounting and Finance, Organizations and Markets* (mit Andrea Mennicken und Alex Preda). In: Accounting, Organizations and Society 34 (2009). *Zahlenspiele und Regierungsphantasien*. In: WestEnd – Neue Zeitschrift für Sozialforschung 5 (2008). *How to Do More With Numbers. Elementary Stakes, Framing, Keying, and the Three-Dimensional Character of Numerical Signs*. In: Accounting, Organizations and Society 32 (2007).

Uwe Vormbusch, PD Dr., ist gegenwärtig Vertretungsprofessor für Soziologische Gegenwartsdiagnosen an der FernUniversität in Hagen. Seine Forschungsschwerpunkte liegen in der Arbeits- und Wirtschaftssoziologie, der Gesellschaftstheorie sowie der Soziologie der Kalkulation. Aktuelle Publikationen: *Die Herrschaft der Zahlen. Zur Kalkulation des Sozialen in der kapitalistischen Moderne*. Frankfurt/New York: Campus Verlag (2012, im Erscheinen). *Soziologie der Finanzmärkte* (herausgegeben zusammen mit Herbert Kalthoff). Bielefeld: Transcript Verlag (2012, im Erscheinen). *Karrierepolitik. Zum biografischen Umgang mit ökonomischer Unsicherheit*. In: Zeitschrift für Soziologie 38 (2009).

Josef Wehner, PD Dr., ist wissenschaftlicher Mitarbeiter der Fakultät für Soziologie der Universität Bielefeld. Arbeitsschwerpunkte: Mediensoziologie, Soziologie des Rechnens, Soziologie der Politik. Veröffentlichungen u.a.: *Von der Quote zum Nutzerprofil – Quantifizierung in den Medien* (mit Jan-Hendrik Passoth). In: Soeffner, Hans-Georg (Hrsg.) (2012): Transnationale Vergesellschaftungen. Verhandlungen des 35. Kongresses der Deutschen Gesellschaft für Soziologie in Frankfurt am Main 2010. Wiesbaden: VS Verlag. *Gesellschaft im Spiegel der Zahlen – Die Rolle der Medien* (mit Jan-Hendrik Passoth und Tilmann Sutter). In: Krotz, Friedrich/Hepp, Andreas (Hrsg.) (2012): Mediatisierte Welten. Forschungsfelder und Beschreibungsansätze. Wiesbaden: VS Verlag. *„Social Web" – Rezeptions- und Produktionsstrukturen im Internet*. In: Jäckel, Michael/Mai, Manfred (Hrsg.) (2008): Medienmacht und Gesellschaft. Frankfurt am Main: Campus.

Matthias Wieser, Dr., ist Universitätsassistent am Lehrstuhl für Medien und Kulturtheorie am Institut für Medien- und Kommunikationswissenschaft der Alpen-Adria-Universität Klagenfurt. Forschungsinteressen und Arbeitsschwerpunkte: zeitgenössische Sozial-, Kultur- und Medientheorien, Cultural Studies und Science & Technology Studies. Veröffentlichungen: *Technik/Artefakte: Mattering Matter*. In: Moebius, Stephan/Reckwitz, Andreas (Hrsg.) (2008): Postrukturalistische Sozialwissenschaften. Frankfurt am Main: Suhrkamp. *Naturen, Artefakte und Performanzen: Praxistheorie und Actor-Network Theory*. In: Peuker, Birgit/Voss, Martin (Hrsg.) (2006): Verschwindet die Natur? Bruno Latour in der umweltsoziologischen Diskussion. Bielefeld: transcript. *Postcolonial, gender & science studies als Herausforderung der Soziologie* (zusammen mit Julia Reuter). In: Soziale Welt 57 (2006).

Julie Woletz, M.A., leitet derzeit die Abteilung für User Experience Forschung bei phaydon | research + consulting in Köln und promoviert parallel am Institut für Kulturanthropologie und Europäische Ethnologie der Universität Frankfurt am Main. Ihre Forschungsinteressen sind Mensch-Maschine Kommunikation und Interaktion, Interfaces (HCI), Usability, digitale Medien und Medienkulturen. Wichtigste Publikationen: *Vom Betrachter zum Gestalter. Neue Medien in Museen – Strategien, Beispiele und Perspektiven für die Bildung.* (herausgegeben zusammen mit Michael Mangold und Peter Weibel) (2007). Baden-Baden: Nomos. *Digital Storytelling from Artificial Intelligence to YouTube*. In: Kelsey, Sigrid/St. Amant, Kirk (Hrsg.) (2008): Handbook of Research on Computer Mediated Communication. Information Science Reference. Hershey, PA: IGI Global.

Printed by Printforce, the Netherlands